图 3-1 考察昆明地区震旦系及寒武系含磷岩层，磷矿中生命大爆发的轨迹

图 10-12 考察云南磷化集团露天开采磷矿剥离层黑色半风化黏土页岩及重介质选矿场

图 11-3　考察以色列 Agroweblab 智慧农业试验田

图 11-5　近地 γ 射线感应测土车（车前端圆柱体为铯 γ 射线感应器）

地球磷资源流与肥料跨界融合

许秀成　侯翠红　主编

化学工业出版社

·北京·

本书围绕"全球磷资源开采寿命有多久？如何永续利用全球磷资源？"这一热点问题展开，系统分析了地球磷的来源及赋存形态、地球磷资源的形成及流向，梳理和总结了中国磷矿开采、磷化工生产、磷肥产品生产及磷肥农业使用过程的经验及存在问题，论述了肥料领域颠覆性创新理论及肥料跨界融合创新理念，并提出了磷资源可持续发展利用的新模式，既是一部反映我国磷资源来龙去脉的著作，也是一部启迪青年创新能力的读本。

本书可供涉磷企业及决策机构、行业协会、大中型肥料企业技术人员阅读，也可供大专院校肥料等相关专业师生参考。

图书在版编目（CIP）数据

地球磷资源流与肥料跨界融合/许秀成，侯翠红主编．—北京：化学工业出版社，2019.10
ISBN 978-7-122-35028-2

Ⅰ.①地⋯ Ⅱ.①许⋯ ②侯⋯ Ⅲ.①磷-化学工业-研究-中国②磷肥-化肥工业-研究-中国 Ⅳ.①F426.7

中国版本图书馆CIP数据核字（2019）第165048号

责任编辑：刘　军　张　艳　　　　　文字编辑：赵爱萍
责任校对：刘　颖　　　　　　　　　装帧设计：关　飞

出版发行：化学工业出版社（北京市东城区青年湖南街13号　邮政编码100011）
印　　装：中煤（北京）印务有限公司
787mm×1092mm　1/16　印张17½　彩插1　字数424千字　2020年1月北京第1版第1次印刷

购书咨询：010-64518888　　售后服务：010-64518899
网　　址：http://www.cip.com.cn
凡购买本书，如有缺损质量问题，本社销售中心负责调换。

定　价：128.00元　　　　　　　　　　　　　　　　　　　　　版权所有　违者必究

富地研究所智库学术委员会
《地球磷资源流与肥料跨界融合》编审委员会

主任：金　涌

委员：金　涌　　中国工程院院士　清华大学教授
　　　刘炯天　　中国工程院院士　郑州大学教授
　　　赵玉芬　　中国科学院院士　厦门大学教授
　　　黎乐民　　中国科学院院士　北京大学教授
　　　谢联辉　　中国科学院院士　福建农林大学教授
　　　张福锁　　中国工程院院士　中国农业大学教授
　　　赵秉强　　中国农业科学院　研究员
　　　许秀成　　郑州大学　　　　教授
　　　侯翠红　　郑州大学　　　　教授

本书编写人员名单

主　　编：许秀成　侯翠红
编写人员：许秀成　郑州大学
　　　　　侯翠红　郑州大学
　　　　　李英翔　云天化股份有限公司
　　　　　李耀基　云天化股份有限公司
　　　　　师永林　云天化股份有限公司
　　　　　苗俊艳　郑州富谊联科技有限公司
　　　　　王艳语　郑州富谊联科技有限公司
　　　　　修学峰　中国磷复肥工业协会
　　　　　胡　敏　中国磷复肥工业协会
　　　　　张卫峰　中国农业大学
　　　　　袁俊宏　中国化学矿业协会
　　　　　邢光熹　中国科学院南京土壤研究所
　　　　　王慎强　中国科学院南京土壤研究所
　　　　　汪　玉　中国科学院南京土壤研究所

前 言

本书是一本特殊的出版物。它作为"郑州大学-云天化-富谊联"面对全球的肥料智库——富地研究所（Fertilizer Development Institute）的第一本智库研究报告，由我国化工领域专业科技出版社——化学工业出版社公开出版发行，这是一次新的尝试。本书的风格、内容都与一般的科技图书有所不同。

智库（Think tank）也称思想库。"智库"集中一群"智者"就某一专题为决策者提供科学、客观、公正而全面的决策建议。智库的英文名称也可译为"思想坦克"，美国知名智库兰德公司（RAND Construction Company，RAND 是 Research And Development 研究与开发的缩写）是美国最重要的以军事为主的综合性战略研究机构。公司性质是非营利的民办研究机构，它虽然是一家民营公司，但它注册的经营范围却涉及政治、军事、经济、科技和社会。美国兰德公司确实是一辆巨大的思想坦克。自 1948 年成立以来，先后汇集了 800 位"智者"的研究成果，在很大程度上影响和左右着美国的政治、经济、军事和外交等一系列重大事务的决策。兰德公司成功地预测了"中美建交"和"德国统一"，也对"中国 21 世纪的空军""中国的汽车工业""日本的高科技""俄罗斯的核力量""数字化战场上美国快速反应部队"等重大课题形成过研究报告。

富地研究所（Fertilizer Development Institute）是专注研究全球肥料领域的智库，为关系到全球粮食安全、合理利用资源、人类健康的肥料问题提供宏观决策支持性质的建议。智库的使命是为政府、协会、企业的决策者和执行者提供建议；它不是纯粹的学术探讨，而是将学术探讨中得出的结论，转化为有可操作性的建议；智库不是咨询公司，它既解决当前应急的课题，但更重要的是开展长期的战略研究。智库肩负着如此重大的使命！为完成本研究报告，我们系统收集和整理了 181 篇参考文献，其中，中文 135 篇，英文和日文 46 篇；涉及 92 家国内外高校、企业，其中，国内 59 个、国外 33 个；涉及国内外与研究报告相关的专家 110 人，其中国内 87 位，国外 23 位。他们大多是在所涉领域做出了贡献的人物。本研究报告力求能提供科学、宏观、全面的决策建议，这与一般专著的风格不同。

本智库研究报告选择一个国家热点问题——全球磷资源开采寿命有多久？如何永续利用全球磷资源？（提出问题）；分析地球磷来自何方？地壳中有多少磷？地球磷资源流向何方？（分析地球磷的"来龙去脉"）；介绍中国磷矿开采过程、磷化工生产过程、磷肥产品生产过程、磷肥农业使用过程的经验及存在的问题。分析磷在社会性消费流程中的效率，指出解决问题的途径（解决问题、提出建议）。通常，智库研究报告通过提出问题、分析问题和解决问题，浓缩为一两万字的研究报告，提供给决策方参考。但为了完成研究报告需要 10~20 倍篇幅的基础资料作为背景材料，这些背景材料构成了本书的主要内容。

本研究报告的构成为：智库研究报告中文本、英文本，作为背景资料的专著，共计 12 章。第 1 章：地球磷来自何方？介绍宇宙的发生与发展，属于天文知识。第 2 章：地壳中磷的赋存形态。第 3 章：地球磷资源的形成。第 4 章：地球中的磷流向何方，属于地理知识。第 5 章：中国磷资源及其流向至第 10 章：如何永续利用地壳中的磷？为"人间"状态。创新科学工作者应该上知"天"，下知"地"，更应知"人间"。这样有助于更深层次认识自己的研究领域，并可能诱发出相关研究领域的颠覆性创新。第 11 章：肥料领域颠覆性创新理论。第 12 章：肥料跨界融合创新，为肥料领域各级决策者提供更新的创新观念。对于肥料企业，相关高校和设计研究机构有大批的中青年技术骨干，在此创新大潮中，他（她）们发挥着承上启下的作用，提高广大中青年科技人才的创新素质是当前相关企业、高校、设计研究部门的迫切任务。

当今，科学技术日新月异，创新发明层出不穷。决策者除需掌握科学的决策方法，从决策者个人的经验决策到委托专业人士进行可行性研究（也称孤立决策），委托专职机构进行系统决策（宏观、微观决策支持系统决策）外，还必须紧跟时代发展步伐，更新创新观念。2015 年的创新观念强调"颠覆性"创新；2017 年强调"引领性"创新；2018 年强调"跨界融合"创新。这种快速变化，绝不是炒概念，而是我们科技进步快速发展的要求。正因为我国科技队伍的万马奔腾，促使我国科技口号日新月异。

本书得到了国家"十三五"重点研发计划"作物专用高效复混肥料的研制与产业化"（2016YFD0200401）课题的资助，特此致谢！

本书非常适合全球涉磷企业、行业协会、国内涉磷决策机构及企业、大中型肥料企业技术人员及高校师生参考，在帮助企业通过颠覆性技术创新、跨界融合创新，走出困境的同时，为全球磷资源永续利用提供决策参考。

许秀成　侯翠红
2019 年 5 月

目 录

智库磷研究报告 ··· 001
The Think Tank Report on Phosphorus ···································· 012
绪论 ·· 030

第 1 章　地球磷来自何方 / 033

1.1　宇宙大爆炸 ·· 033
1.2　宇宙的前世今生 ··· 033
　　1.2.1　宇宙未来的 4 种推测 ·· 034
　　1.2.2　宇宙前世的 4 种推测 ·· 034
　　1.2.3　宇宙同源 ··· 035
1.3　磷素的来源 ·· 037
参考文献 ·· 039

第 2 章　地壳中磷的赋存状态 / 041

2.1　地球基本知识 ·· 041
2.2　磷在地壳中的分布 ··· 045
参考文献 ·· 046

第 3 章　地球磷资源的形成 / 048

3.1　磷质来源 ··· 048
3.2　磷矿资源基本知识 ··· 049
3.3　世界磷矿资源 ·· 050
　　3.3.1　磷矿资源量 ·· 050
　　3.3.2　磷矿资源分布 ·· 051
　　3.3.3　磷矿开采量 ·· 052
　　3.3.4　磷矿资源品位 ·· 053

3.4 世界磷矿开采寿命预测 ·· 054
参考文献 ·· 055

第4章 地球中的磷流向何方? / 056

4.1 地球磷循环的基本过程 ·· 056
4.2 地球陆地和水生生态系统的磷流量 ··· 058
4.3 全球磷资源的流向 ·· 059
参考文献 ·· 063

第5章 中国磷资源及其流向 / 064

5.1 中国磷资源的成因 ·· 064
5.2 中国磷资源储量 ·· 065
5.3 中国磷资源在食物链中的流动 ·· 066
5.4 中国磷矿可开采多久? ·· 069
参考文献 ·· 071

第6章 磷矿开采过程 / 073

6.1 磷矿开采 ·· 073
  6.1.1 磷矿开采方式 ·· 073
  6.1.2 中国磷矿主要开采技术与特点 ·· 075
6.2 磷矿选矿技术 ·· 077
  6.2.1 选矿工艺 ·· 078
  6.2.2 选矿药剂 ·· 080
  6.2.3 选矿设备 ·· 081
  6.2.4 选矿尾矿 ·· 082
  6.2.5 选矿损失 ·· 083
6.3 中国磷矿开发利用的主要特点 ·· 084
6.4 在磷矿开采方面中国开展的几项工作 ·· 085
  6.4.1 全国磷资源开发系统研究 ·· 085
  6.4.2 中国科学院学部咨询评议项目《我国磷科技发展关键问题与对策》
    ·· 086
  6.4.3 郑州工学院、郑州大学开展的工作 ·· 088
参考文献 ·· 088

第7章 磷化工产品生产过程 / 090

7.1 磷的理化性质 ·· 090

7.2 磷化工产品 ……………………………………………………………………………… 091
7.3 黄磷生产基本知识 ……………………………………………………………………… 092
  7.3.1 黄磷生产方法 …………………………………………………………………… 092
  7.3.2 黄磷生产赤磷、黑磷 …………………………………………………………… 092
  7.3.3 黄磷生产有机磷化物 …………………………………………………………… 093
  7.3.4 黄磷生产热法磷酸 ……………………………………………………………… 094
7.4 黄磷生产现状 …………………………………………………………………………… 094
7.5 黄磷"三废"处理与综合利用 ………………………………………………………… 095
  7.5.1 黄磷尾气 ………………………………………………………………………… 095
  7.5.2 黄磷废水 ………………………………………………………………………… 098
  7.5.3 黄磷废渣 ………………………………………………………………………… 098
7.6 主要工业级磷酸盐产品 ………………………………………………………………… 099
  7.6.1 三聚磷酸钠和六偏磷酸钠 ……………………………………………………… 099
  7.6.2 电子级磷酸、食品级磷酸 ……………………………………………………… 100
  7.6.3 工业级磷酸一铵、磷酸二氢钾 ………………………………………………… 100
7.7 世界磷化工行业发展特点 ……………………………………………………………… 101
7.8 中国磷化工行业发展特点 ……………………………………………………………… 101
参考文献 ………………………………………………………………………………………… 102

第8章 磷肥产品生产过程 / 103

8.1 湿法磷酸 ………………………………………………………………………………… 104
  8.1.1 湿法磷酸生产的基本原理 ……………………………………………………… 104
  8.1.2 湿法磷酸生产方法 ……………………………………………………………… 105
  8.1.3 中国五环工程有限公司在湿法磷酸建设工程中取得的卓越成绩 … 107
  8.1.4 湿法磷酸净化 …………………………………………………………………… 112
8.2 磷酸铵类肥料 …………………………………………………………………………… 114
  8.2.1 磷酸铵类肥料基本知识 ………………………………………………………… 114
  8.2.2 磷酸一铵（四川大学研究成果）………………………………………………… 114
  8.2.3 磷酸二铵 ………………………………………………………………………… 118
8.3 过磷酸钙 ………………………………………………………………………………… 120
  8.3.1 普钙、重钙、富钙与半钙 ……………………………………………………… 120
  8.3.2 普钙生产工艺流程 ……………………………………………………………… 121
8.4 重过磷酸钙 ……………………………………………………………………………… 124
  8.4.1 重钙生产的基本原理 …………………………………………………………… 124
  8.4.2 重钙生产对原料的要求 ………………………………………………………… 125
  8.4.3 重钙生产工艺流程 ……………………………………………………………… 126
8.5 硝酸磷肥 ………………………………………………………………………………… 127
  8.5.1 硝酸分解磷矿制硝酸磷肥的基本原理 ………………………………………… 127
  8.5.2 硝酸磷肥生产工艺 ……………………………………………………………… 128

  8.5.3 硝酸磷肥的肥效 ……………………………………………………………… 134
  8.5.4 硝酸磷肥与其他产品的比较 …………………………………………… 135
8.6 钙镁磷肥 …………………………………………………………………………… 136
  8.6.1 钙镁磷肥基本知识 ……………………………………………………… 136
  8.6.2 中国创新：钙镁磷肥"玻璃结构因子"配料方法 …………………… 138
8.7 脲硫酸复肥 ………………………………………………………………………… 143
  8.7.1 脲硫酸复肥工艺的开发 ………………………………………………… 143
  8.7.2 脲硫酸复肥工艺原理 …………………………………………………… 144
  8.7.3 脲硫酸功能性复肥的工艺路线及特点 ………………………………… 145
  8.7.4 脲硫酸复肥的应用效果 ………………………………………………… 146
  8.7.5 磷铵厂、过磷酸钙厂新增功能性脲硫酸复肥装置的经济分析 …… 146
8.8 无机材料反应成膜缓释复合肥料 ……………………………………………… 147
  8.8.1 包裹肥料的概念与范畴 ………………………………………………… 147
  8.8.2 包裹肥料的国内外研究进展 …………………………………………… 149
  8.8.3 包裹肥料的加工原理与工艺 …………………………………………… 150
  8.8.4 包裹肥料的特点 ………………………………………………………… 152
  8.8.5 包裹肥料施用技术 ……………………………………………………… 153
  8.8.6 包裹肥料施用效果 ……………………………………………………… 154
  8.8.7 无机包裹型缓释复合肥料的节能减排效果 …………………………… 157
  8.8.8 标准与检测 ……………………………………………………………… 158
8.9 饲料级磷酸盐 ……………………………………………………………………… 158
  8.9.1 饲料级磷酸氢钙基本知识 ……………………………………………… 158
  8.9.2 饲料级磷酸三钙（TCP）技术 ………………………………………… 159
8.10 磷肥生产"三废"处理与回收的基本状况 …………………………………… 160
  8.10.1 磷肥废气 ………………………………………………………………… 160
  8.10.2 磷肥废水 ………………………………………………………………… 161
  8.10.3 磷肥废渣 ………………………………………………………………… 161
8.11 中国磷肥行业发展概况及未来发展方向 ……………………………………… 164
  8.11.1 磷肥行业发展历程 ……………………………………………………… 164
  8.11.2 产业集中度与产能分布 ………………………………………………… 168
  8.11.3 磷肥行业主要产品发展概况 …………………………………………… 169
8.12 磷肥工业发展 …………………………………………………………………… 172
8.13 2016 年磷复肥行业运行特点 …………………………………………………… 175
8.14 磷肥行业未来发展方向 ………………………………………………………… 176
8.15 中国磷复肥工业协会 …………………………………………………………… 177
8.16 《磷肥与复肥》杂志 …………………………………………………………… 178
参考文献 ………………………………………………………………………………… 179

第9章 磷肥农业使用过程 / 181

9.1 磷在肥料领域的作用与特点 …………………………………………………… 181

	9.1.1	磷的作用	181
	9.1.2	作物缺磷表现出的症状	182
9.2	磷肥消费量基本状况		184
9.3	中国磷资源消耗和环境影响		187
9.4	中国施肥合理的标准		188
	9.4.1	养分平衡法	188
	9.4.2	磷肥过量、合理与不足	190
	9.4.3	磷合理施用与产量的关系	192
参考文献			195

第10章 如何永续利用地壳中的磷？/ 196

10.1	基本状况		196
10.2	哪些因素影响磷矿基础储量的使用寿命？		197
10.3	影响磷资源消耗的因素		197
	10.3.1	全球磷资源流动模型效率因子	197
	10.3.2	全球磷资源永续利用敏感性分析	200
10.4	磷回收的工艺技术		201
	10.4.1	AirPrex 磷回收工艺	201
	10.4.2	Ostara Pearl 磷回收工艺	202
	10.4.3	第二代磷回收工艺	202
	10.4.4	生物-结晶法磷回收工艺	204
10.5	磷肥生产领域，中国磷资源永续利用新模式		205
	10.5.1	"郑州大学-云天化-富谊联"磷资源永续利用新模式	205
	10.5.2	金正大生态工程集团股份有限公司磷化工清洁生产技术体系	208
10.6	农学、化学、化工多学科联合，探讨中国磷矿资源危机及缓解对策		210
	10.6.1	调整磷肥产品结构，合理利用中国的磷矿资源	211
	10.6.2	磷资源循环利用	211
	10.6.3	建立科学施磷制度	213
参考文献			216

第11章 肥料领域颠覆性创新理论 / 218

11.1	未来农业发展方向		218
	11.1.1	精准农业	218
	11.1.2	机器人与城市农业	221
	11.1.3	植物工厂	221
	11.1.4	基因工程、基因编辑与基因选择	223
	11.1.5	蓝色经济	224
11.2	中国农业现状		225

11.3 肥料领域颠覆性创新理论 228
  11.3.1 肥料领域颠覆性创新理论由来 228
  11.3.2 肥料领域的概念创新 229
  11.3.3 宇宙同源 230
参考文献 235

第 12 章 肥料跨界融合创新 / 236

12.1 肥料研究/发展方向 236
12.2 植物生长的"气" 237
  12.2.1 "气"的认识 237
  12.2.2 气血共振的奥秘 237
  12.2.3 农用低温等离子体 238
12.3 植物生长的"血" 238
  12.3.1 缓/控释肥料 238
  12.3.2 小分子碳 241
12.4 植物的抗体 243
  12.4.1 植物生物刺激素的概念与定义 243
  12.4.2 生物刺激素——精细化学品的发展现状 245
12.5 增强作物光合作用的"气灌系统" 246
  12.5.1 气灌的作用 246
  12.5.2 气灌系统组成 247
12.6 利用微生物全面提升农产品质量和食品安全水平 247
  12.6.1 微生物 247
  12.6.2 国内外微生物的研究与发展动向 249
  12.6.3 生物肥料在全球作物生产中的应用 251
12.7 基于分子生物学的精准供应最低量全面营养的均衡施肥 256
12.8 纳米、亚微米材料农用 257
  12.8.1 纳米材料的特性 257
  12.8.2 纳米材料的农业应用 258
参考文献 262

附录 / 263

附表 1 不同数据来源的中国与世界磷肥消费量年际变化 263
附表 2 单位籽粒需氮量指标 265
附表 3 单位产量磷和钾吸收量 265

智库磷研究报告

基于国际上对磷资源危机的争议，催生了本研究报告对地球磷资源流的探讨。本研究报告试图探讨"如何跨越全球磷危机？是否有永续利用地壳中磷的可能性？"

为使中国磷矿开采寿命可延至千年，由中国科学院赵玉芬院士组织了一系列高端研讨活动，具体如下。

（1）中国科学院院士咨询评议项目：我国磷科技发展关键问题与对策（2009—2011年）。

（2）中国科学院院士咨询评议项目：我国肥料使用中存在的问题及对策（2012—2014年）。

（3）香山科学会议第 526 次学术讨论会：建立绿色肥料保障体系关键科学问题（2015年5月6~8日）。

（4）中国科学院院士咨询评议项目：适应新农业需求，构建我国肥料领域创新体系（2015—2016年）。

本报告收录了高端研讨学术观点；检视了宇宙的发展进程、探讨了地球中磷的来龙去脉；参加磷科学国际会议，获取了磷的宏观数据；请教了磷矿业、磷化工专家；调研了磷肥产业现状；请教了农业专家；跨界组织专家共同研讨如何永续利用地壳中的磷及跨界融合肥料领域颠覆性创新。

智库磷研究报告主要内容分为六部分，共 12 章。

第一部分：检视宇宙的发展过程

第 1 章 地球磷来自何方？

宇宙中 ^{31}P 起源于恒星内部的物质燃烧爆炸（核聚变）。地球中的磷来自宇宙；地球上一切变化规律均遵循宇宙的变化规律。

第 2 章 地壳中磷的赋存状态

地壳中含有 $(2\sim3)\times10^{16}$ t 磷。绝大部分以含磷 0.1% 的浓度分散在花岗岩、玄武岩等火成岩中，地壳中的磷是高度分散的。

第 3 章 地球磷资源的形成

磷资源与地壳中总磷量是完全不同的概念。地壳中总磷量是地球继承了来自宇宙尘埃中的磷。而地球磷资源是人们能作为资源利用的磷。地壳中磷的含量平均为 0.1%，要使磷富集成为磷资源的工业矿体 $[w(P_2O_5)>11\%，w(P)>4.8\%]$，磷的含量要提高 50 倍以上。根据不同磷矿的地质条件，磷矿形成时的磷质来源，主要有三种学说：海底火山喷发作用带来的磷（火山说），陆源吸收（陆壳说）和低等植物藻类的兴衰（生物说）。

由地幔喷出的岩浆，在冷却过程析出磷灰石结晶，成为岩浆岩型磷矿床，称为磷灰石；从岩浆喷发的磷灰石通过风化作用进入水体的磷，为水生生物食物链利用，形成生物富集的磷矿，这种由海相沉淀的磷矿称为磷块岩；部分属于沉积岩的磷块岩由于地壳运动沉入地壳下层，在地壳下层高温高压的作用下，磷块岩中细微含磷粒子的热运动，逐渐聚集为较粗的结晶，而类似火成岩的磷灰石，称为变质磷块岩。当前，全球磷矿开采量的85%为磷块岩；全球商品磷矿产量的15%来自磷灰石。

2017年，全球可商品化的磷矿基础储量为682亿吨。摩洛哥及西撒哈拉磷矿基础储量为500亿吨，占全球总量的73.3%；中国基础储量为33亿吨，虽然居全球第二位，但仅占全球基础储量的4.8%。

本研究报告估计：世界磷矿资源的平均品位约含P_2O_5 18%，若按实物量3000亿吨估算，则其中含P_2O_5总量约540亿吨（$5.4×10^{10}$t），折合为磷元素约为$2.36×10^{10}$t，仅占地壳中总磷量（$2\sim3$）$×10^{16}$t的百万分之一。即或今后勘探使世界磷矿资源量增至30000亿吨，全球磷资源也最多占地壳中总磷量的十万分之一。全球应该十分珍惜地表磷资源，确保磷资源永续利用。

第二部分：参加磷科学国际会议，获取了磷的宏观数据

第4章 地球中的磷流向何方？

自然界中磷循环的基本过程，包括陆地生态系统和水生生态系统。

（1）地球陆地生态系统、水生生态系统的总体磷流量

① 地球岩石圈含0.1%的磷，其中海洋和江湖沉积$4×10^7$亿吨磷，陆地磷矿沉积16亿～360亿吨磷或120亿～2700亿吨磷矿，海洋及淡水中沉积的磷为陆地沉积磷的$1.1×10^5\sim2.5×10^6$倍。

② 每年采掘陆地沉积磷矿1.4亿吨（与2006年世界磷矿产量1.43亿吨接近），制得1800万吨（以磷计）磷肥（相当于4123万吨P_2O_5，与IFA统计2007年全球磷肥产量4022万吨P_2O_5相近）；每年有1000万吨磷来自有机肥，直接使用150万吨磷矿（相当于20万吨磷）。上述三部分合计每年有2820万吨磷进入耕作土壤磷库。

③ 在全球0～50cm土壤磷库中有500亿吨磷，其中全球耕作层土壤中有50亿～60亿吨磷，占全球土壤磷库总量的10%～12%。土壤耕作层总磷库中的磷相当于每年进入耕作层磷库磷177～213年的累积量。

④ 土壤耕作层磷库中，每年被全球生物吸收利用7000万～1亿吨磷，构成陆地生物质中的磷。陆地生物质磷总量为6亿吨，其中每年有5200万～2.87亿吨磷返回土壤磷库。

⑤ 土壤磷库中，每年有500万吨磷排入水体，还有2500万～3000万吨磷随土壤径流和侵蚀进入海水和淡水中。土壤磷库中有（300～400）万吨磷通过风力侵蚀和作物燃烧又返回土壤磷库中。

⑥ 海洋和淡水中有930亿吨磷，水生植物生物质含（7000～7500）万吨磷。水中每年有2000万～3000万吨磷埋藏入海洋、江湖沉积层。通过地质的变迁和隆起，沉积物转变为含磷酸盐的矿物岩石一起被抬升至海平面以上，形成下一轮磷的循环。

本研究报告认为：全球每年采掘的 1.4 亿吨磷矿，制得的 1800 万吨磷肥，进入土壤耕作层磷库后，除被作物吸收最终又返回土壤，约有一半以上残留在地表中，一部分随水径流或土壤侵蚀带入水体中。因此，利用土壤磷库中的磷及回收水体中的磷是磷资源永续利用的两个主要途径。

(2) 2013 年全球磷流向及库存

① 根据美国地质调查局（USGS）数据，2013 年全球磷矿储量（reserve）为 80.41 亿吨磷。当年磷矿的采掘量（extraction）为 6870 万吨磷。若保持这种采掘速度，全球磷矿储量的开采寿命仅为 117 年。

② 采掘的磷矿包括 5980 万吨磷的原矿；选矿产生矿山泥浆 1.02 亿吨，含 870 万吨磷，磷含量为 8.5%；产生矿山砂矿废料 210 万吨，含 20 万吨磷，磷含量为 9.5%。

采矿过程中，磷矿开采回收率为 87%。

③ 原矿经选矿获得商品磷矿，共计 3080 万吨磷，商品磷矿磷得率为 51.5%；产生选矿尾矿 3.198 亿吨，含 2730 万吨磷，尾矿含磷 8.5%（P_2O_5 19.6%），尾矿磷损失率为 45.7%，其中 1680 万吨进入水体中；产生次级矿山泥浆 2060 万吨，含 180 万吨磷，磷含量为 8.7%，次生矿泥磷损失率为 3%，次级矿山泥浆中有 110 万吨磷进入水体。

④ 磷精矿 3080 万吨磷中，1860 万吨用于生产磷酸，占磷精矿的 60%；1040 万吨用于生产其他磷化合物；90 万吨用于生产黄磷；磷石膏带走 90 万吨磷。

⑤ 90 万吨磷元素，其中 50 万吨用于生产高纯磷酸，40 万吨用来生产其他磷化合物。

⑥ 生产磷酸产生的磷石膏含磷 90 万吨，其中 50 万吨进入水体，磷石膏损失的磷占制生产磷酸消耗 1860 万吨磷的 5%。

⑦ 1860 万吨的湿法磷酸与 490 万吨其他磷化合物被用来制成化学肥料。

⑧ 化学肥料中有 2030 万吨磷进入农用土壤磷库，同时进入土壤磷库的还有有机肥料带入的 1490 万吨磷，大气中补充的 200 万吨磷及种子返回的 30 万吨磷。进入土壤磷库的磷总计 3750 万吨；这些磷有 1240 万吨随作物收获带走，1310 万吨随草场带出，并进入饲料中；有 430 万吨残留在作物中，其中 180 万吨磷加工为有机肥，40 万吨磷进入饲料，70 万吨磷进入水体。

⑨ 收获的作物共带走 1240 万吨磷，其中 530 万吨经过加工后进入食品中，140 万吨直接进入食品中；食品添加剂带入 80 万吨磷，动物制品带入 160 万吨磷，总计 910 万吨磷进入食品中，其中 620 万吨磷被人类享用。另外，90 万吨磷用于洗涤剂，工业使用 320 万吨，60 万吨用作其他用途，共计 470 万吨被人类消费。

⑩ 人类工农业消费的 1090 万吨磷中，排泄物中的磷为 330 万吨，废弃物中的磷为 470 万吨。人类排泄物中有 110 万吨磷进入有机肥中，50 万吨被排入水体中，20 万吨进入废物流。废弃物中的 470 万吨磷，其中有 190 万吨进入废物流，40 万吨进入水体。

(3) 废弃物磷流向

① 食品中有 260 万吨磷进入食品废弃物中，收获的作物中也有 60 万吨进入食品废弃物中；这些食品废弃物中有 120 万吨磷进入废物流，30 万吨进入水体。

② 饲料中有 1800 万吨磷进入动物体内，其中 160 万吨进入禽畜食品中，1640 万吨进入动物废弃物；动物废弃物中有 1210 万吨被加工成有机肥料，140 万吨排入水体。

③ 全球废物库中有 4.724 亿吨磷，当年 3890 万吨进入废物库中，其中 2690 万吨磷进入水体。全球水体中有 14.75 亿吨磷，除当年进入的 2690 万吨外，还有土壤磷库中淋失的

170万吨磷及径流的900万吨磷。全球废物库中被填埋的有330万吨磷。

以上就是2013年全球磷的流向及库存，可归结为：

2013年全球磷的生产量为2980万吨，其中用于生产化学肥料2350万吨，占78.9%；工业用320万吨，占10.7%；食品与饲料添加剂160万吨，占5.4%；洗涤剂90万吨，占3%；其他用途60万吨，占2%。

2013年全球磷的消费量为2660万吨，其中2030万吨用作化学肥料，占76.3%；工业使用320万吨，占12%；食品及饲料添加剂160万吨，占6%；洗涤剂用90万吨，占3.4%；其他用途60万吨，占2.3%。

2013年农业土壤磷的输入：磷肥2030万吨、禽畜厩肥1210万吨、作物残留物返回180万吨、其他有机肥带入110万吨、大气沉降200万吨、种子带入30万吨，总共3760万吨磷。

2013年农业土壤磷的输出：收获的作物带走1240万吨、作物残留430万吨、草场带走1310万吨、水土径流带走900万吨、淋失170万吨，总计4050万吨。收支平衡负290万吨磷。

本研究报告注意到：2013年开采的6870万吨磷，只有620万吨进入食品，470万吨以其他磷化物的形式供人类消费，磷对人类的贡献率仅为16%。畜牧业生产中磷的利用效率（PUE）最低，仅为8.9%，工业生产中磷的利用率最高为86.4%。提高畜牧业生产中磷的利用率将大大降低全球对磷矿的需求量。

第5章 中国磷资源及其流向

6亿年前，中国北部与南部之间，存在巨大的扬子古海。大量藻类对水中磷的吸收和固定作用，促使了磷的沉淀转移。一亿年（6.5亿～5.5亿年前）之内，在中国的湖北、贵州、云南、四川、湖南、陕西等省境内，沉积了超过150亿吨磷块岩，形成了当今湖北荆襄磷矿、保康磷矿、宜昌磷矿、贵州开阳磷矿、瓮安磷矿、云南晋宁磷矿、昆阳磷矿、四川马边磷矿、湖南石门东山峰磷矿、陕西何家岩磷矿等大中型磷矿区。

本研究报告注意到：正因为是藻类大量的年复一年地富集，才将地壳中的火成岩（花岗岩、玄武岩、流纹岩）所含高度分散的（含磷0.1%）磷富集为沉积岩型的磷块岩。一亿年间，扬子古海中的藻类为中国积累了150亿吨以上的磷矿。

2006年中国磷资源在食物链中的流动：中国食物链系统投入磷肥537.7万吨磷，大气沉降带入11.8万吨磷，食品及饲料中带入3万吨磷，人类排泄物、树叶及其他废弃物等带入74.4万吨磷，工业添加剂带入38.3万吨磷，总计向食品链输入665.2万吨磷，而可供人们享用的食品中仅有110.2万吨磷，向环境损失204.4万吨磷，禽畜非可食部分输出32.8万吨磷，食品出口含0.1万吨磷，在土壤中累积的磷高达317.7万吨。

本研究报告注意到：中国过量施用磷肥，输入的磷中近320万吨（占48%）积累在耕地中；高达200万吨磷（占30%）损失于环境中；仅约110万吨磷（占16.5%）进入食品中。充分利用积累在耕地中的磷、回收损失于环境中的磷，是延长中国磷资源开采寿命的重要措施。

中国磷矿可开采多久？

国外估计：2013年中国177.65亿吨磷矿资源量，至2127年将完全枯竭。

如何评估中国磷矿资源枯竭的影响？中国磷矿资源远景储量500亿吨，磷矿平均含P_2O_5 18%，80%用于农业，其中50%残存在土壤中，平铺于中国1.2亿公顷（18亿亩）耕地的 30cm 耕作层中，可使中国耕作层磷含量增加 0.3%，植物对土壤中的磷是主动吸收，它完全可以满足农作物对磷的需求。但磷化工、生命科学所需的磷将依赖进口，这可能是中国的磷化工专家、化学家心急如焚地呼吁安全合理利用磷资源，尽可能延长中国磷资源开采寿命的原因。

第三部分：请教了磷矿业、磷化工专家

第 6 章　磷矿开采过程

中国磷矿资源主要集中在湖北、贵州、云南、四川四个省份，占全国基础储量的 85.2%。

2016 年中国从事磷矿开采的矿山企业 330 个，其中：大型企业 44 个，中型企业 113 个，小型企业 173 个。生产能力以标磷矿（30% P_2O_5）计，开采能力为 1.52 亿吨/年，选矿能力为 4932 万吨/年。

中国磷矿地下开采占 60%，露天开采占 40%。中国大型、中型、小型矿山平均回采率分别为 86.45%、83.85% 和 75.53%；露天开采、联合开采、地下开采的回采率分别为 95.25%、78.15% 和 75.61%。云南磷化集团、贵州瓮福磷矿、湖北黄麦岭磷矿等露天开采的回采率高达 95% 以上，贵州开磷集团地下开采回采率可达 70% 以上，甚至 80%。

科技创新：云南磷化集团公司有国家磷资源开发利用工程技术中心、湖北兴发化工集团拥有国家级企业技术中心、贵州瓮福（集团）公司国家级技术中心等，承担了多项国家级、省部级科研任务，取得了一大批科技开发成果和专利技术，推动了化工地质矿山行业快速发展。

在选矿方法、选矿药剂、选矿设备方面，武汉工程大学国家磷资源开发利用工程技术研究中心、云南磷化集团公司国家磷资源开发利用工程技术研究中心、贵州瓮福（集团）公司国家级技术中心、湖北兴发化工集团国家级企业技术中心等，均开展了大量的 R&D 工作。浮选药剂主要有：正浮选技术的 S 系列抑制剂、反浮选 BK430 脱硅捕收剂、双反浮选选择性强的十二烷二胺、某醚胺及新研制的阳离子捕收剂 WFC-01、维生素副产品黑膏和地沟油合成的阴离子捕收剂。在胶磷矿选矿中使用 130m³ 柱机联合浮选工艺、尾矿再选工艺流程等，大大提高了磷矿的开采利用率。

在磷矿开采方面中国开展的几项工作如下。

（1）全国磷资源开发系统研究：原化学工业部科技研究总院成思危先生开展了《全国磷资源开发系统研究》。

《全国磷资源开发系统研究》的决策支持系统：包括数据库（磷资源数据库、磷肥需求数据库、磷矿山及磷肥厂外部条件数据库、磷资源开发环境保护数据库、磷资源开发规划支持数据库等）、模型库（磷资源开发的目标规划模型、磷矿区综合评价模型、磷矿参比评价模型、磷矿储量评价模型、磷矿运输网络模型、磷肥需求预测模型、环境影响预测模型、环境影响评价模型等）、知识库（磷矿制肥路线预判专家系统、磷矿采选及制肥技术选择与投资及成本估算专家系统等）、文件库及人机对话界面。它可以帮助使用者迅速完成磷矿山及磷肥厂建设项目的预可行性研究以及全国磷资源开发规划研究。建立宏观决策支持系统，为政府管理决策提供科学依据。

（2）中国科学院学部咨询评议项目：中国科学院赵玉芬院士组织了《我国磷科技发展关

键问题与对策》评议项目。

该学部咨询评议报告建议控制磷肥生产总量，优化磷肥产业结构，增加能利用中低品位磷矿又保留了磷矿中钙、镁、硅作物中量营养元素的磷肥品种的产量，并开展低品位磷钾资源的综合利用，可使我国磷资源的使用寿命达500年。

（3）郑州工学院、郑州大学开展的工作　磷矿开采过程最大的采矿损失是主含磷层顶板、底板中的磷损失。云南白登矿主开采层磷矿厚度平均10m，需剥离厚度50～90m，郑州大学许秀成教授认为剥离层都有工业应用价值。原地质报告云南白登磷矿地质储量6690万吨，而顶板、底板的P_2O_5总储量可能达1.3亿吨，为主含磷层的200%。

因此，开展低品位磷钾资源综合、高效微观决策支持系统及磷钾肥生产新技术开发研究，为我国磷资源的可持续发展提供技术支撑。

本研究报告认为：研究如何将这些主含磷层顶板、底板中的废弃物转化为二次资源，合理利用，提高资源的利用率，节省尾矿占地，减少对周边环境的影响，对中国磷资源产业的可持续发展尤为重要。

第7章　磷化工产品生产过程

中国磷化工生产企业550多家，生产品种达110多种，生产技术已趋于先进或成熟，生产装备实现了大型化，尤其是磷酸钠盐，其单套产能已超过5万吨/年，在全球处于领先位置。2015年底，国内磷化工行业总产能超过1600万吨/年（不包括磷复肥），产量约1060万吨，出口173.3万吨，产能和产量均位居世界前列，尤其是中国黄磷、磷酸、三聚磷酸钠、六偏磷酸钠和饲料级磷酸盐等品种的产能和产量位居世界第一。

2016年中国黄磷生产能力为220万吨左右，占世界总产能的85%，黄磷产量约为91万吨，消费量约94万吨，黄磷产能、产量和消费量均居世界第一。

电炉法黄磷生产中，每生产1t黄磷将产生约3000m^{3}的废气，主要成分为CO，一般含量为90%。

成都乐氏化工工程有限公司经过20多年的研究，利用高纯度的黄磷尾气CO为原料，合成甲酸钠联产六偏磷酸钠及甲酸钙，形成了一套独特的工艺创新技术，工业化生产具有很高的社会效益和经济效益。

贵州省瓮安兴农磷化工公司利用黄磷尾气CO为热源，在平炉中熔制钙镁磷肥的工业试验，为利用煤焦为热源生产钙镁磷肥及解决黄磷尾气的大规模合理化利用开创了新的途径。每生产1万吨黄磷，可同时生产5万吨钙镁磷肥。这是钙镁磷肥生产的重大技术进步，为钙镁磷肥产能置换、黄磷尾气合理利用提供了新的途径。

黄磷渣中P_2O_5含量为1%～3.5%。磷渣可用作建材产品，用于生产水泥作为硅酸盐水泥的掺和料、磷渣硅酸盐水泥的原料、低热矿渣硅酸盐水泥原料等，还可以用于生产渣砖、微晶玻璃等；郑州大学侯翠红教授、王好斌高工、北京海依飞科技公司李茴萍高工与贵州双龙（集团）公司安之忠、黄兴中合作开发了利用黄磷渣生产土壤调理剂的新方法。

电子级磷酸、食品级磷酸属于高纯磷酸，广泛用于大规模集成电路、薄膜液晶显示器（TFT-LCD）等微电子工业。四川大学钟本和教授开发了利用湿法磷酸净化技术生产电子级磷酸、食品级磷酸。

本研究报告认为：利用中国资源储量中22.3亿吨P_2O_5平均品位为15.75%的硅质磷块岩来生产热法黄磷、磷酸、磷酸盐，发展大型磷化工企业，有利于磷资源的利用。

第四部分：调研了磷肥产业现状

第8章 磷肥产品生产过程

中国磷矿的80%~90%用来生产湿法磷酸，而湿法磷酸产量中85%用于生产磷肥，其中76%用于生产磷酸铵类肥料，9%用于生产重过磷酸钙。

(1) 湿法磷酸 半水-二水法制湿法磷酸是先使硫酸钙形成半水物结晶，后再水化重结晶为二水物。这样，可使硫酸钙晶格中所含P_2O_5释放出来，P_2O_5的总收率可达98%~98.5%，同时，也提高了磷石膏的纯度，扩大了它的应用范围。

中国五环工程有限公司在湿法磷酸建设工程中取得了卓越成绩。中国五环是具有工程建设项目全过程承包和管理功能的国际型工程公司。五十多年来，累计完成境内外1900余项大中型设计项目和80多项工程总承包项目，遍及国内31个省（自治区）、市和全球20多个国家和地区。2012年通过国际竞争性公开招标，中国五环赢得了印度尼西亚共和国PJA（PETROKEMIA JUDAN ABUDI）公司20万吨/年磷酸及其副产品总承包合同（EPC）。2013年通过国际竞争性公开招标，中国五环再次赢得了印度尼西亚共和国PKG（PETROKEMIA GRESIK）公司20万吨/年磷酸及其副产品EPC。该项目包含20万吨/年半水-二水法磷酸装置，60万吨/年硫黄制酸装置，50万吨/年磷石膏综合利用装置。该项目于2013年2月开工，2015年6月建成投产，并于同年7月完成性能考核，各项考核指标满足合同性能考核指标要求。

中国五环采用自主开发的二水法磷酸专利技术，以及美国、法国、比利时、突尼斯等国的技术，在国内外共建设完成了21套大中型二水法磷酸装置，其中国外建设的最大单系列磷酸装置为突尼斯TIFERT项目36万吨/年磷酸装置（EPC），国内建设的最大单系列磷酸装置为瓮福达州项目45万吨/年磷酸装置（EPC）。无论是国内建设完成的二水法磷酸装置，还是在国外建设完成的二水法磷酸装置，都能在投产后短时间内完成达标达产的任务，并能安全、稳定、长周期连续运行。

中国在湿法磷酸净化技术方面有了重大突破，四川大学的溶剂萃取技术、华中师范大学溶剂萃取技术以及清华大学微结构萃取技术，均实现了产业化生产。

(2) 磷酸铵类肥料 利用中国大量的中品位磷矿（$P_2O_5 \geqslant 26\%$）生产磷铵，四川大学（原成都科技大学）钟本和、张允湘教授团队和四川银山磷肥厂魏文彦高工团队于1979年开发了"料浆法"生产磷铵工艺，为我国磷复肥工业的发展开辟了一条新路。料浆法生产以稀磷酸和氨为原料，在氨化反应器中反应生成稀料浆，用蒸汽加热浓缩成浓料浆，然后送往喷雾干燥塔或喷浆造粒干燥机制成粉状或粒状产品，经冷却后即为成品。

四川大学钟本和教授团队还开发了"料浆法磷酸二铵"工艺，并将"传统法"磷酸二铵和"料浆法"磷酸一铵相结合，利用稀磷酸生产和浓缩过程产生的淤渣和淤酸，或用稀磷酸洗涤二铵尾气的洗涤液为原料，采用"料浆法"磷铵技术生产粉状磷酸一铵，既保证了磷酸二铵的正常生产和产品质量，又改善了磷酸二铵的生产条件。

(3) 过磷酸钙 传统的过磷酸钙生产工艺，在混合器中用硫酸分解磷矿，从化成室卸出的固化普通过磷酸钙鲜肥，还必须在熟化库内堆存6~30d，需建设很大的熟化库。鲜肥在熟化库内还要用吊车翻堆数次，使磷矿最终分解率达90%~93%。郑州大学张保林教授团队开发了采用活化疏松剂实现短熟化、不结块过磷酸钙生产工艺技术。

(4) 重过磷酸钙 广西柳城磷肥厂5万吨/年（热法磷酸，浓酸熟化法），贵州瓮福磷肥厂80万吨/年（湿法磷酸，稀酸返料固化无化成室法），以及贵州开阳磷肥厂10万吨/年，湖北大峪口磷肥厂56万吨/年和云南磷肥厂10万吨/年均采用浓酸熟化法。

(5) 硝酸磷肥　中国第一个硝酸磷肥厂现属于山西天脊化肥有限责任公司，天脊牌硝酸磷肥在技术上已有很大突破。

河南晋开化工投资控股集团有限责任公司（原名开封化肥厂）采用硝酸-硫酸-硫酸盐法石膏分离流程制造硝酸磷肥。

贵州芭田采用间接冷冻法制备硝酸磷肥取得较大成就。

四川大学、贵州化工研究院、贵州瓮福集团都在进行这方面的研究和产业化的工作。硝酸磷肥在我国有较好的发展前景。

(6) 钙镁磷肥　钙镁磷肥国际通常称为熔融含镁磷肥（fused magnesium phosphate，FMP），它是一种含有磷酸根（PO_4^{3-}）的硅铝酸盐玻璃体，无明确的分子式与分子量。

钙镁磷肥是由磷矿与含镁、含硅矿石（称为助熔剂）在高温下（大于1400℃）熔融，熔融体经水淬急冷，而形成一种玻璃态物质。玻璃体中所含营养元素均能高效地被作物吸收利用，它几乎能将磷矿中所含的钙、镁、硅、铁、锰以及作为助熔剂的蛇纹石、橄榄岩中所含的有益重金属元素镍、钴、锌、铜等全部转化为作物营养体。所以，它是一种能使磷资源充分利用的多营养元素肥料。

郑州大学许秀成教授团队创新了钙镁磷肥"玻璃结构因子"配料方法。中国某些中低品位磷矿、磷矿选矿后的尾矿、难溶性钾矿、低品位磷钾矿、有色金属冶炼矿渣，贵金属伴生矿均由P_2O_5、K_2O、CaO、MgO、SiO_2、Fe_2O_3、Al_2O_3、B_2O_3、MnO、TiO_2组成。这些复杂组分矿物，形成化学稳定性很低的含磷、钾的铝硅酸盐玻璃体，它们可以溶解于植物根部分泌的弱酸中，所含的P、K、Ca、Mg、Si、Fe、B、Mn、Cu、Zn、Ni、Mo、Co、稀土元素均能为作物吸收利用。"钙镁磷肥采用玻璃结构因子配料方法"1983年获中国国家发明奖，并在国内钙镁磷肥厂得到普遍采用。可直接利用磷矿的品位从含$P_2O_5 \geq 24\%$，降至$P_2O_5 \geq 14\%$，已为矿山、磷肥企业创造了巨大经济效益及社会效益。

低化学稳定性复杂组分含磷铝硅酸盐玻璃体的玻璃结构因子配料方法，可以很好地指导低品位磷矿、磷矿选矿尾矿、难溶性钾矿、低品位磷钾矿开发为可高效利用资源的优质肥料。

(7) 脲硫酸复肥　脲硫酸复肥是磷酸基NPK复合肥的提升，由郑州大学侯翠红教授、张保林教授团队开发并产业化。

以脲硫酸溶液分解中品位磷矿（含P_2O_5 24%～27%）生成含氮磷料浆，配入适量的以低品位磷矿（含P_2O_5 14%～24%）生产的含Ca、Mg、Si及微量元素Fe、Mn、B、Zn、Mo的钙镁磷肥或熔融磷钾肥（含有效P_2O_5 9%～12%，有效K_2O 3%～5%），在普通的复合肥装置中添加尿素、氯化钾（或硫酸钾）及少量的磷酸一铵，制得的复合肥含$N+P_2O_5+K_2O$ 30%～42%，并含有2%～5%枸溶性CaO，2%～5%枸溶性MgO，3%～5%盐酸溶性SiO_2，1%～2% S及0.2%～0.5% FeO，以及不超过100mg/kg的Mn、B、Cu等微量元素，它是多元素，具有增强作物抗倒伏能力、提高抗病害能力的功能性复合肥料。

(8) 包裹型缓释复合肥料　包裹肥料是中国独创、有自主知识产权的缓释复合肥料，与聚合物包膜肥料相比，主要区别是包裹肥料所用的包裹材料为植物营养物质。包裹肥料由原郑州工学院（现郑州大学化工学院）许秀成教授、张保林教授、王好斌高工团队开发，为我国首个具有缓释性能的肥料发明专利，以肥料包裹肥料的缓释复合肥料长期出口到美国、日本、澳大利亚、马来西亚、泰国、越南等地，用于高尔夫球场、景观草坪、橄榄球、棒球场、花卉及日本庭园种植。在中国、马来西亚用于水稻种植。受中国、美国专利、商标群保护的缓释/控释肥料技术于1999年获中国国家发明奖。

（9）饲料级磷酸盐　世界饲料级磷酸盐的生产能力为1100万吨，实际产量为700万吨，生产主要集中在欧洲和中国。中国是世界最大的饲料级磷酸盐生产、消费和出口国家。

云南磷化集团有限公司30万吨/年饲料级磷酸装置，是由五环设计院设计。贵州瓮安兴牧高新技术科技有限公司于2013年底建设了一条年产5万吨的饲料磷酸三钙生产线。

（10）中国磷复肥工业协会及协会会刊《磷肥与复肥》杂志　中国磷肥产业取得的重大成果都得到了历届磷复肥工业协会的支持。《磷肥与复肥》杂志（ISSN 1007-6220/CN 41-1173/TQ）是中国磷复肥工业协会会刊，在交流、推广中国磷肥、复合肥技术方面发挥了积极的作用。

本研究报告认为：中国高等院校的发明创造必须与行业协会、协会会刊密切结合，才能使科技成果迅速转化为生产力。

第五部分：请教了农业专家

第9章　磷肥农业使用过程

中国农业大学资源与环境学院以土壤中有效磷含量达40mg/kg（以磷计）作为预测我国磷肥需求量的目标值，并认为至2035年中国土壤中有效磷含量达40mg/kg后，每年只需施1100万吨P_2O_5，则可达到平衡施肥的目标。

中国农业磷肥用量经过快速增长后已经进入平稳阶段。1990年中国农业磷肥用量达到577万吨P_2O_5，成为世界第一大磷肥消费国；2004年中国磷肥消费量突破1000万吨P_2O_5；2005～2008年，农业磷肥消费量稳定在1100万～1200万吨P_2O_5；2009～2013年攀升至1400万吨P_2O_5；2015年又回归至1200万吨P_2O_5。中国农业磷肥消费量已进入下降期。

中国主要作物施磷量均偏高。每公顷作物中，水稻比美国多施22kg，小麦比欧盟多施64kg，玉米比美国多施4kg，花生比美国多施28kg，棉花比美国多施79kg。2015年中国作物播种面积水稻3021.6万公顷，小麦2414.1万公顷，玉米3811.9万公顷，花生461.6万公顷，棉花379.7万公顷，这五种作物比日本、欧盟、美国多施磷肥279.2万吨P_2O_5。

中国农业大学编制了《主要粮食作物区域大配方》中作物的目标产量及推荐施肥量，按照养分平衡评估的磷肥用量不足、合理及过量的农户平均用量分别为$35kg/hm^2$，$65kg/hm^2$，$115kg/hm^2$。

据中国农业大学张卫锋教授统计分析：施肥不足的农户产量高于施肥合理的农户，施肥合理的农户产量又高于施肥过量的农户。施磷不足的农户产量与合理用量之间作物产量相差不大，但施肥过量的农户产量显著低于用量不足及合理的农户。这一结果也与传统认识完全相反，证明施肥不足不是产量低的原因，反而证明施肥过量是产量低的原因。

化肥提供了绝大部分的磷素养分，秸秆还田及有机肥提供的磷素养分不多；中国磷肥利用率不高，仅为10%～25%。减少中国磷肥的施用量潜力很大！

第六部分：跨界组织专家共同研讨

第10章　如何永续利用地壳中的磷？

地球中的磷来自宇宙，地壳中的磷来自地幔。地壳形成后，通过火山爆发能增加少量的磷外，地壳中可以利用的磷基本上为常值。

2017年可商品化的磷矿基础储量为682亿吨（$6.82×10^{10}$ t）。人类如何永续利用这些磷是本研究报告研究的目标。

据中国、美国、日本专家预测全球磷资源开采寿命最长400年，如何使全球磷永续利用至公元3000年，甚至永续利用，是人类最关切的问题之一。

磷资源消耗的理论量：

磷约占人体重的1%，2015年中国人口自然增长率为0.05%，每年新增人口约690万人，新增人口中含磷3450t，相当于2.63万吨标磷矿。按人体每天摄入磷1.25g（折9.5g标磷矿）计算，2015年全球每人每天实际耗标磷矿约90g，约为人体理论摄入量9.5g的10倍。中国每人每天实际耗磷矿239g，为人体理论摄入量9.5g的25倍。2015年中国每人每天实际耗磷矿量为世界人口平均的266%，降低中国磷矿的消耗量潜力很大。

全球采掘的磷矿中，磷对人类的贡献率仅为16%，2015年中国采掘的磷矿中的磷对国人的贡献率仅为4%。

全球磷资源永续利用敏感性分析表明：人类废弃物循环效率最低仅为10%，依次为食物废弃物循环效率为18%，农业磷利用率为30%，有机肥利用率为50%。

在欧洲，特别是北欧，政府的驱动促进磷的回收与再利用。荷兰规划在2050年实现磷的全循环利用；瑞士通过磷回收技术，计划完全取代磷矿石进口；挪威开发的磷回收项目最终将实现磷的自给自足。各国已开发的磷回收工艺有Ostara pearl工艺、Airprex工艺、ExtraPhos工艺以及生物-结晶法磷回收工艺等，全球磷永续利用的前景乐观。

（1）在中国磷肥生产领域，开发了中国磷资源永续利用新模式。基于地球磷资源的有限性及中国磷资源现状，"郑州大学-云天化-富谊联"及其合作单位开发并工业实施了一系列旨在延长中国磷资源使用寿命的生产工艺技术，即"郑州大学-云天化"磷资源永续利用新模式，对各种品级的磷矿分级利用，可以使各品位的磷资源得到合理利用。仅从磷肥生产角度，便有可能使中国磷资源开采寿命从110年延长至300年以上；这种利用模式的各种生产工艺，若在世界推行，也可能使全球磷资源开采寿命从500年延长至千年。

（2）在中国，农学、化学、化工多学科联合探讨，中国面临磷矿资源危机及缓解对策。在中国科学院南京土壤研究所邢光熹研究员倡议下，中国科学院南京土壤研究所土壤与农业可持续发展国家重点实验室、中国科学院土壤环境与污染修复重点实验室邢光熹、王慎强、赵旭，厦门大学化学化工学院赵玉芬院士，郑州大学国家钙镁磷复合肥技术研究推广中心许秀成、侯翠红，中国科学院封丘农业生态实验站钦绳武、顾益初，曾联合探讨中国面临磷矿资源危机，采取何种对策才能缓解磷矿资源的枯竭，使中国磷矿资源的枯竭期可推迟数百年以至千年。

对策一，调整磷肥产品结构，合理利用中国的磷矿资源。

对策二，磷资源的循环利用，每年把中国有机肥资源量的50%返回农田，可减少二分之一磷矿资源的消耗。

对策三，实行科学施磷。

本研究报告确信多学科联合探讨的结论：中国磷矿资源枯竭期可推后至数百年乃至千年，世界磷矿资源的枯竭期也可推至千年后。人们通过回收利用废弃物中的磷，减少磷使用过程中的各种损失，更重要的是管理好现有磷资源的开采与利用，从而可能达到人类永续利用地壳中磷的目标。

第 11 章 肥料领域颠覆性创新理论

肥料领域颠覆性创新的认识论为：宇宙同源的关键词是"波"；天人合一：天——自然，人——一切生物（人、动物、植物、微生物）；天人合一即人应适应自然，不能逆自然而行。人与自然的关键词是"顺从"；动植物同理，其关键词是动植物"同需求、互影响"。

第 12 章 肥料跨界融合创新

肥料跨界融合创新是以化学肥料为基础，与物理因素相结合，借助纳米、亚微米、高能物理、开启植物次生代谢等高新技术，创造植物良好的生存环境，从而使植物生长更健康，并达到增产、提质、节肥、减农药的多重目标。为此，应动员一切农业投入品——一切能影响作物生长的因素，包括以下 8 个方面：

（1）植物生长的"气"——农用低温等离子体；

（2）植物生长的"血"——作为大田作物基肥的缓控释肥料；

（3）植物的抗体——对外界毒物及不利环境引起应激反应所产生的植物抗体；

（4）"气灌系统"——增强作物光合作用；

（5）波（光波、声波）——物理措施；

（6）纳米、亚微米材料；

（7）基于分子生物学的精准供应最低量全面营养均衡施肥；

（8）利用微生物全面提升农产品质量和食品安全水平。

本研究报告建议：组织中国农业大学、中国农业科学院、郑州大学、厦门大学、宁波大学、清华大学、四川大学、华南农业大学、西安交通大学等取得的肥料领域创新成果，通过基于营养规律的养分调控，将普通化肥改性为增值肥料，将单质化肥改性为高效单质化肥；基于植物生理学，精准供应最低量的全面营养；通过以化学肥料为基础，与物理因素相结合，借助于高能物理、纳米、亚微米、开启植物次生代谢等高新技术手段的肥料跨界融合创新，有望至 2030 年中国化肥施用量比 2015 年减少近一半。

The Think Tank Report on Phosphorus

Based on the international dispute on the crisis of phosphorus resources, this collection focuses on the discussion on the flow of phosphorus resources on the earth. This work tries to explore issues concerning "How to go through the global phosphorus crisis" and "Is there a possibility of sustainable utilization of phosphorus in the earth's crust".

In order to make the Chinese phosphate rock available for a thousand of years, a series of high-class symposiums have been carried out by Prof. Yufen Zhao, Academician of the Chinese Academy of Sciences(CAS)including:

(1) The Consultation and Evaluation Task Initiated by the Academic Divisions of the Chinese Academy of Sciences: Key Problems and Countermeasures of China's Phosphorus Technology Development(2009-2011);

(2) The Consultation and Evaluation Task Initiated by the Academic Divisions of the Chinese Academy of Sciences: Problems and Countermeasures in the Use of Fertilizers in China(2012-2014);

(3) The 526th Symposium of Xiangshan Science Conferences: Key Scientific Problems of Establishing a Green Fertilizer Ensuring System(6-8 May 2015);

(4) The Project of Advice and Review from Academicians of CAS: Adapting to the Needs of the New Agriculture and Building an Innovation System for the Fertilizer Field in China(2015-2016).

The think tank report is formed by including the academic view of high-class symposiums, reviewing the development process of the universe, discussing the origin and development of phosphorus on the earth, attending international conferences on phosphorus science and obtaining the macro data of phosphorus, consulting experts in the phosphorus industry and phosphorus chemistry, investigating the status of the phosphate fertilizer industry, referring to agricultural specialists, and organizing experts from different areas for discussing how to make sustainable use of phosphorus in the earth's crust and interdisciplinary integration innovation in the field of fertilizers.

The main contents of "The Think Tank Report on Phosphorus" consists of six parts (twelve chapters in total):

Part I. By reviewing the development process of the universe

Chapter 1. Where does the earth's phosphorus come from?

In the universe, ^{31}P originates from the explosion of material combustion (nuclear fusion) inside the star. The earth's phosphorus comes from the universe; all the laws of change on the earth follow the law of the universe.

Chapter 2. How much phosphorus is there in the earth's crust?

The crust contains about $(2-3) \times 10^{16}$ tons of phosphorus. Most of phosphorus is dispersed in the igneous rock such as granite and basalt with a phosphorus concentration of 0.1%, and the concentration of phosphorus in the crust is highly dispersed.

Chapter 3. The formation of the earth's phosphorus resources

Phosphorus resources are completely different from the total phosphorus in the earth's crust. The total phosphorus in the earth's crust is the phosphorus from the Cosmic dust. And the phosphorus resource on the earth is the phosphorus that people can use. The average phosphorus content in the earth's crust is 0.1%. To turn phosphorus into the industrial ore $[w(P_2O_5) > 11\%, w(P) > 4.8\%]$, the phosphorus content should be increased by more than 50 times. According to the geological conditions of different phosphate rocks and the source of phosphorus in the formation of phosphate ore, there are mainly three theories: phosphorus caused by submarine volcano eruption (volcano theory), terrestrial source absorption (continental crust theory) and the rise and fall of lower algae (biologic theory).

Magma ejected out of the mantle will precipitate apatite crystal during its cooling process, and become magma-type phosphorite deposit, which is called apatite or igneous phosphate; the apatite exhaled from the magma goes into the water through weathering, then to be used by the food chain of aquatic organisms and form phosphate rock with bioaccumulation, which is called metamorphic phosphate and formed by marine sediment; the part of sedimentary phosphate rock sinks into the lower crust due to crustal movement. Under the high temperature and high pressure of lower crust, the action of the thermal motion of fine particle phosphorus from phosphate rock helps the gradual aggregation of coarser crystals, which is similar to igneous apatite and called metamorphic phosphate. At present, 85% of the global phosphate rock is sedimentary phosphate, and 15% of the global commercial phosphate comes from apatite.

In 2017, the global phosphate rock that is able for commercial use has a basic reserve of 68.2 billion tons. The basic reserve of phosphate rock in Morocco and Western Sahara is 50 billion tons, accounting for 73.3% of the global. China's basic reserve is 3.3 billion tons, although the reserve ranks the second in the world, it only accounts for 4.8% of the global basic reserve.

It is estimated in this report that the average grade of the world phosphorus resources has approximately 18% of P_2O_5. If the actual amount is estimated as 300 billion tons, the total amount of P_2O_5 is about 54 billion tons (5.4×10^{10} t), which contains about 2.36×10^{10} t of phosphorus, accounting for only 1 millionth of the total phosphorus $[(2-3) \times 10^{16}$ t$]$ in the earth's crust. Even if we can explore more phosphate rock resources to reach a level of 3000 billion tons (ten times of the previous level) in the future, the global phosphorus resources also only account for one in 100,000 of the total phosphorus in the earth's crust. The world should cherish surface phosphorus resources to ensure its sustainable utilization.

Part II. By taking part in international conferences on phosphorus science, we have obtained the macro data of phosphorus:

Chapter 4. How is the flow of phosphorus in the earth?

The basic processes of phosphorus cycle in nature include the terrestrial ecosystem and the aquatic ecosystem.

(1) The total phosphorus flow of the terrestrial ecosystem and the aquatic ecosystem is as follows.

① The earth's lithosphere contains 0.1% of P, of which 4×10^6 billion tons of P is deposited in the oceans, rivers and lakes. The amount of terrestrial phosphate deposits is (1.6-36) billion tons of P or (12-270) billion tons of phosphate rock, indicating that the phosphorus deposited in the ocean and fresh water is 1.1×10^5-2.5×10^6 times of the terrestrial deposits.

② 140 million tons of P is mined from the terrestrial deposits per year (similar to the 2006 world phosphate production, namely 143 million tons of P), and 18 million tons of phosphate fertilizer is produced in each year (equivalent to 41.23 million tons of P_2O_5, similar to the IFA statistics in 2007 about the global fertilizer production, namely 40.22 million tons of P_2O_5); 10 million tons of P is from organic fertilizers each year, and 1.5 million tons of phosphate rock is directly used (equivalent to 200,000 tons of P). Adding the above three parts up, there are 28.2 million tons of P per year entering into the cultivated soil phosphorus pool.

③ There are 50 billion tons of P in the global 0-50cm soil phosphorus pool, of which there are 5 billion-6 billion tons of P in the global cultivated soil, accounting for 10%-12% of the total amount of the global soil phosphorus pool. The phosphorus of the total cultivated soil phosphorus pool is equivalent to 177-213 times of the yearly accumulation of the phosphorus entering into the cultivated soil.

④ In the cultivated soil phosphorus pool, 70 million-100 million tons of P is absorbed by global organisms each year, forming the phosphorus of terrestrial biomass. The total phosphorus of terrestrial biomass contains 600 million tons of P, of which 52 million-287 million tons of P returns to the soil phosphorus pool each year.

⑤ The soil phosphorus pool has 5 million tons of P per year discharged into the water body through sewage. There are 25 million-30 million tons of phosphorous entering into the sea and fresh water with soil runoff and erosion. In the soil phosphorus pool, 3 million-4 million tons of P is returned to the soil phosphorus pool by wind erosion and crop combustion.

⑥ There are 93 billion tons of P in the sea and fresh water, and 70 million-75 million tons of P in aquatic plant biomass. There are 20 million-30 million tons of P buried in the sea and the sediments of the river and lake each year. Through geological changes and uplift, the sediments have been transformed into phosphate-containing minerals, which have been raised above the sea level to form the next cycle of phosphorus.

This report considers that for the 18 million tons of P of phosphate fertilizers obtained from the 140 million tons of phosphate rock, after entering the soil cultivated phosphorus pool, about more than half of the amount remains in the earth's surface and a part enters into the water with the water runoff and soil erosion in addition to the part being absorbed by crops and eventually returning to the soil. Therefore, the utilization of phosphorus in the soil phosphorus pool and recycling of the phosphorus in the water body are the two main ways for the sustainable utilization of phosphorus resources.

(2) Global phosphorus flows and stocks in 2013

① According to the data from US Geological Survey(USGS), the global phosphate rock reserve was 8.041 billion tons of P in 2013. The extraction amount of phosphate rock was 68.70 million tons of P. If this extraction speed is maintained, the global phosphate rock reserve is only sustainable for 117 years.

② The extracted phosphate rock consists of 59.8 million tons of P from crude ore, 8.7 million tons of P from phosphate mine slime(102 million tons in total, containing 8.5% of the total mine slimes), and 200,000 tons of P from on-site sand waste(2.1 million tons in total, containing 9.5% of P).

The recovery of mining phosphorus is 87%(59.8/68.7).

③ 30.8 million tons of P of marketable phosphate rock was obtained from crude ore beneficiation, and the phosphorus rate of marketable phosphate rock was 51.5%(30.8/59.8); 319.8 million tons of tailings was produced containing 27.3 million tons of P, and the tailings contain 8.5% of P(19.6% of P_2O_5); the phosphorus loss of tailings was 45.7% (27.3/59.8), of which 16.8 million tons of P entered into the water, producing 20.6 million tons of secondary mine slurry, which contains 1.8 million tons of P(8.7%); the phosphorus loss of secondary phosphate mine slimes was 3%(1.8/59.8), of which 1.1 million tons of P entered into the water.

④ The phosphate concentrate was of 30.8 million tons of P, of which 18.6 million tons was used to produce phosphoric acid, accounting for 60%; 10.4 million tons of P was used to produce other phosphate fertilizers and phosphorus compounds; and 900 thousand tons of P was used to produce yellow phosphorus, 900 thousand tons of P was taken away by phosphogypsum.

⑤ The elemental phosphorus was of 900 thousand tons, of which 500 thousand tons was used for producing highly purified phosphoric acid, and 400 thousand tons of P for producing other phosphorus compounds.

⑥ The production of phosphoric acid produced phosphogypsum containing 900 thousand tons of P, of which 500 thousand tons of P entered into the water body, and the phosphorus loss of phosphogypsum accounts for 5%(0.9/18.6)of 18.6 million tons of P in phosphoric acid.

⑦ 18.6 million tons of P of wet phosphoric acid and 4.9 million tons of other phosphorus compounds were made into chemical fertilizers.

⑧ 20.3 million tons of P from chemical fertilizers entered into the agricultural soil phosphorus stock, and 14.9 million tons, 2 million tons of P and 300 thousand tons of P respectively from organic fertilizers, atmosphere and seeds also entered into the stock. The total phosphorus entering into the soil phosphorus pool was 37.5 million tons, of which 12.4 million tons of P was taken away by harvested crops, 13.1 million tons of P was brought out by the grassland entering into the feed, and 4.3 million tons of P remained in crops, of which 1.8 million tons of P was processed to organic fertilizers, 400 thousand tons of P entered into the feed and 700 thousand tons entered into the water.

⑨ The harvested crops contained 12.4 million tons of P, of which 5.3 million tons of P was processed into the food, 1.4 million tons of P entered into food directly, Adding up with 800 thousand tons of P from food additives and 1.6 million tons of P brought by animal products, there was altogether 9.1 million tons of P entered into the food, of which 6.2 million tons of P was enjoyed by humans, 900 thousand tons of P was used for detergents, 3.2 million tons of P for industrial uses and 600 thousand tons of P for other uses. Therefore 4.7 million tons of P was consumed by humans.

⑩ Human industry and agriculture consumed 10.9 million tons of P, of which 3.3 million tons of P was in the excreta, and 4.7 million tons of P was in other wastes. In human excreta, 1.1 million tons of P entered into the organic fertilizer, 500 thousand tons of P was discharged into the water body, and 200 thousand tons of P entered into the waste flow. There are 4.7 million tons of P in other wastes, of which 1.9 million tons of P entered into the waste flow, and 400 thousand tons of P entered into the water body.

(3) The phosphorus flows of the waste

① 2.6 million tons of P in the food and 600 thousand tons of P in the harvested crops entered into food waste. 1.2 million tons of P of food waste entered into the waste flow, and 300 thousand tons P entered into the water body.

② In feed, 18 million tons of P entered into the animal body, of which 1.6 million tons of P entered into the animal food, 16.4 million tons of P entered into animal waste, 12.1million tons of P was processed into organic fertilizers, and 1.4 million tons P entered into the water body.

③ There was 472.4 million tons of P in the global waste stock, 38.9 million tons of P entered into the waste stock in the year, of which 26.9 million tons of P entered into the water body. There was 1.475 billion tons of P in the global water body. Except for the 26.9 million tons of P that entered, there were 1.7 million tons of P and 9 million tons of P respectively from the leaching loss and runoff into the soil phosphorus stock. The global waste landfill was 84.9 million tons of P, and the landfill was 3.3 million tons of P in the year.

In 2013, the global phosphorus production was 30.2 million tons of P, of which 23.9 million tons of P was used for chemical fertilizer production, accounting for 79.1%, 3.2 million tons of P was used for industry, accounting for 10.6%, 1.6 million tons of P for food and feed additives, accounting for 5.3%, 900 thousand tons of P for detergent, accounting for 3% and 600 thousand tons of P for other uses, accounting for 2%.

In 2013, the global phosphorus consumption was 26.6 million tons of P, of which 20.3 million tons of P was used for chemical fertilizer production, accounting for 76.3%, 3.2 million tons of P was used for industry, accounting for 12%, 1.6 million tons of P for food and feed additives, accounting for 6%, 900 thousand tons of P for detergent, accounting for 3.4% and 600 thousand tons of P for other uses, accounting for 2.3%.

The agricultural soil phosphorus input in 2013 is as follows: 20.3 million tons of P from phosphate fertilizer, 12.1 million tons of P from livestock manure, 1.8 million tons of P returning from crop residues, 1.1 million tons of P brought by other organic manure, 2 million tons of P brought by atmospheric deposition and 300 thousand tons of P brought by seed, thus altogether 37.6 million tons of P.

The agricultural soil phosphorus output in 2013 is as follows: 12.4 million tons of P brought out by harvested crops, 4.3 million tons of P in crop residues, 13.1 million tons of P brought out by grassland, 9 million tons of P brought out by water runoff, 1.7 million tons of P brought out by leaching loss, thus altogether 40.5 million tons of P. There is a phosphrous deficiency of 2.9 million tons.

The report notices that: 68.7 million tons of P was mined in 2013, but the amount consumed by human beings only consists of 6.2 million tons of P from food and 4.7 million tons of P from other phosphides, the contribution rate of phosphorus on the human is only 16%. The phosphorus utilization efficiency(PUE)of the production of livestock is only 8.9%, and the highest in industrial production is 86.4%. Increasing the utilization of phosphorus in livestock will greatly reduce the demand for phosphate rock worldwide.

Chapter 5. China's phosphorus resources and flows

600 million years ago, between the northern and southern China, there was a huge area of Yangtze ancient sea. The absorption and fixation of phosphorus in water by a large number of algae contributed to the precipitation and transfer of phosphorus. Within one hundred million years(550 million-650 million years ago), more than 15 billion tons of phosphate rock were deposited in Hubei, Guizhou, Yunnan, Sichuan, Hunan and Shanxi provinces in China, forming large and medium sized phosphate rock zones such as the Jingxiang, Baokang and Yichang phosphate rock in Hubei province, the Kaiyang and Wengan phosphate rock in Guizhou province, the Jinning and Kunyang phosphate rock in Yunnan province, the Mabian phosphate rock in Sichuan province, the Shimen Dongshanfeng phosphate rock in Hunan province, and the Hejiayan phosphate rock in Shanxi province.

It is noted in this report that it is because of the yearly enrichment of algae that the igneous rock(Granite, Basalt and Rhyolite)containing highly dispersed phosphorus(0.1%)was enriched as phosphorite of sedimentary rock type. In one hundred million years, the algae in the Yangtze ancient sea have accumulated 15 billion tons of phosphate rock in China.

Flows of Chinese phosphorus resources in the food chain in 2006: China's food chain system has been put into 5.377 million tons of P by phosphate fertilizers, 118,000 tons of P by the atmospheric deposition, 30,000 tons of P by food and feed, and 744,000 tons of P by human excrement, leaves and other wastes, 383,000 tons of P by industrial feed additives so there are altogether 6.652 million tons of P entering into the food chain, but the food for the people contains only 1.102 million tons of P, 2.044 million tons of phosphorus was lost in the environment, Non-edible animal parts contains 328,000 tons of P, exported food contains 1000 tons of P, and 3.177 million tons of phosphorus was accumulated in the soil.

This report notes that phosphate fertilizers are excessive applied in China. Most of the P, nearly 3.2 million tons(48%), of the input phosphorus was accumulated in cultivated land; up to 2 million tons of P(30%) was lost in the environment; only a small part, about 1.1 million tons of P(16.5%), entered into the food. Making full use of the phosphorus accumulated incultivated land and recovering phosphorus in the environment are important measures to prolong the longevity of phosphorus resources in China.

How long can China's phosphate rock be mined?

The latest foreign estimation tells how long China's phosphate rock can be mined: the 17.765 billion tons of phosphate rock resources of China in 2013 would be completely exhausted in 2127.

How to evaluate the impact of the depletion of China's phosphate rock resources? Assuming that China has a long-term reserve of 50 billion tons of phosphate rock resources, the average grade of phosphate rock contains 18% of P_2O_5, and 80% of phosphate rock resources is used for agriculture, of which 50% remains in the soil, the phosphorus content of Chinese tillage layer can increase by 0.3% if all these phosphorus resources are tiled to the 30cm plough layer of 120 million hectares(1.8 billion acres)cultivated land. The plant can actively absorb the phosphorus in the soil, so such a level of phosphorus can completely satisfy the demand of crops for the phosphorus. But the phosphorus required for phosphorus chemical engineering and life sciences will depend on import, which may be the reason why Chinese phosphorus and chemical experts and chemists are eager to call for safe and rational use of phosphorus resources and prolong the longevity of China's phosphorus resources as long as possible.

Part Ⅲ. Consulting experts concerning phosphorus industry and phosphorus chemical industry

Chapter 6. The process of phosphate rock mining

China's phosphate rock resources are mainly concentrated in four provinces, namely Hubei, Guizhou, Yunnan and Sichuan. The phosphate rock is these four provinces accounts for 85.2% of the country's basic reserves.

In 2016, there were 330 enterprises engaging in the phosphate rock mining in China, including 44 large enterprises, 113 medium-sized enterprises and 173 small and micro enterprises. The production capacity was measured by standard phosphate rock(P_2O_5 of 30%), the mining capacity was 152 million t per year, and the beneficiation capacity was 49.32 million t per year.

The underground mining of phosphate rock in China accounts for 60%, and the open pit mining accounts for 40%. The average recovery rate of large, medium and small mines in China is respectively 86.45%, 83.85% and 75.53%. The recovery rate of the open pit mining, combined mining and underground mining is respectively 95.25%, 78.15% and 75.61%. The open-pit recovery rate of Yunnan Phosphate Chemical Group, Guizhou

Wengfu phosphate rock and Hubei Huangmailing phosphate rock is over 95%, and the underground recovery rate of Guizhou Kailin Group is more than 70%, or even 80%.

The innovation of science and technology: Yunnan Phosphate Chemical Group Co., Ltd. has a national phosphate engineering technology research center, Hubei Xingfa Chemicals Group has a state-level enterprise technology center, and Guizhou Wengfu(Group)Co., Ltd. has a national technology center, which had undertaken a number of research tasks, obtained a large number of scientific and technological development achievements and patents, and promoted the rapid development of chemical geology and mine industry.

No matter in beneficiation methods, reagents and equipments, the National Engineering Technology Research Center for Development & Utilization of Phosphorus Resources of Wuhan Institute of Technology, National Phosphate Engineering Technology Research Center of Yunnan Phosphate Chemical Group Co., Ltd., National Technology Center of Guizhou Wengfu(Group)Co., Ltd., and State-level Enterprise Technology Center of Hubei Xingfa Chemicals Group, have carried out a lot of R&D work. Flotation reagents mainly include: the S series inhibitors of positive flotation technology, reverse flotation BK430 desilication collectors, double antiflotation selectivity of dodecane diamine, some ether amines and the newly developed cationic collector WFC-01, and anionic collectors synthesized by vitamin by-product black paste and waste oil. The application of $130m^3$ column-cell flotation process in collophane ore beneficiation and tailings reclaming, all these had improved the utilization rate of phosphate rock mining greatly.

Several projects of phosphate rock mining in China:

(1)Research on the national phosphorus resource development system: Siwei Cheng, the chief engineer of the General Academy of science and technology research of Ministry of chemical industry of China, developed "Research on the National Phosphorus Resource Development Decision Support System".

The decision support system includes various databases(phosphorus resources database, phosphate fertilizer requirements database, the external conditions database of phosphate mine and phosphate fertilizer plant, phosphorus resources development and environmental protection database, phosphorus resources development planning support database, etc.), model databases(objective planning model of phosphorus resource development, comprehensive evaluation model of phosphate zone, phosphate rock reference evaluation model, phosphate rock reserves evaluation model, phosphate rock transport network model, phosphate fertilizer demand forecasting model, environmental impact prediction model, environmental impact assessment model, etc.), knowledge databases(phosphate fertilizer production line prediction expert system, phosphate rock mining and fertilizer preparation technology selection and investment cost estimation expert system, etc.), file databases and man-computer interfaces. These can help users to quickly complete the pre-feasibility study of the construction projects of phosphorus mine and phosphate fertilizer plant and the research of national phosphorus resources development planning so as to establish a macro decision support system and provide a scientific basis for the government's management and decision-making.

(2) The Consultation and Evaluation Project Initiated by the Academic Divisions of the Chinese Academy of Sciences: Academician Yufen Zhao of the Chinese Academy of Sciences organized evaluation project on the "Key Problems and Countermeasures of China's Phosphorus Technology Development".

The consultation and evaluation report suggests that we should control of the total production of phosphate fertilizers, optimize the structure of phosphate fertilizer industry, increase the utilization of low grade phosphate rock, retained the nutrient elements including calcium, magnesium and silicon in phosphate fertilizer production, and carry out the comprehensive utilization of low grade phosphorus and potassium resources, thus we can prolong the service life of phosphorus resources in China for 500 years.

(3) Work carried out by Zhengzhou Institute of Technology and Zhengzhou University

The biggest loss of phosphate rock mining is the phosphorus loss of the main phosphorus layer of the roof and floor. The main mining thick of Yunnan Baiden phosphate rock is 10 meters on average, and a thickness of 50—90 meters needs to be stripped, The group of Prof. Xiucheng Xu of Zhengzhou University thought stripping layer was of good industrial applications. The original geological report says that geological reserves of Yunnan Baiden phosphate rock was 66.9 million tons, and the total P_2O_5 reserves of roof and floor may be up to 130 million tons, mainly 200% of the containing phosphorus layer. Therefore, it is necessary to develop a comprehensive and efficient micro-decision support system on low-grade phosphorus and potassium resources and new technologies for phosphorus and potassium fertilizer production, providing technical support for the sustainable development of phosphorus and potassium resources of China.

This report believes that the study on how to convert the waste in the main phosphorus layer of the roof and floor into the second resources for rational utilization, improving the utilization rate of resources, saving tailings covering, and reducing the impact on the surrounding environment, these will be particularly important for the sustainable development of China's phosphorus resource industry.

Chapter 7. The production process of phosphate chemical products

There are more than 550 phosphate chemical enterprises in China, with more than 110 kinds of products, and their production technology has been advanced or mature. The production equipment has been large-scale, especially the equipment for sodium phosphate. The capacity of one set of the equipment has exceeded 50 thousand t/a, talking a leading position in the world. By the end of 2015, the total capacity of the domestic phosphate chemical industry was more than 16 million t/a(not including phosphate & compound fertilizers), the production was about 10.60 million tons and 1.733 million tons was exported, The capacity and output were of the top level in the world, especially yellow phosphorus, phosphoric acid, sodium tripolyphosphate, sodium hexametaphosphate and feed phosphate, which all ranked first in the world.

In 2016, the production capacity of yellow phosphorus in China was about 2.2 million tons, accounting for 85% of the world's total production capacity. The production of yellow phosphorus was about 910 thousand tons, and the consumption was about 940 thousand tons. The production capacity, production and consumption of yellow phosphorus were the first in the world.

About $3000Nm^3$ of waste gas will be produced for producing one ton yellow phosphorus by electric furnace method. The main component of the waste gas is CO(about 90%).

Chengdu Leshi Chemical Engineering Co. Ltd. has researched for more than 20 years, using CO from the tail gas of yellow phosphorus as raw materials to synthesize sodium formate and sodium hexametaphosphate and calcium formate, forming a unique innovative process. Its industrial production will bring huge social and economic benefits.

Yuanfang Chen of Guizhou Wengan Xingnong phosphate chemical company used CO from the tail gas of yellow phosphorus as heat source, and carried out industrial experiment on fused-magnesium phosphate fertilizer(FMP) in an open hearth furnace, creating a new way to solve the problem of using the coal as heat source to produce FMP and utilization of CO from the tail gas of yellow phosphorus. Each production of 10 thousand tons of yellow phosphorus can produce 50 thousand tons of fused magnesium phosphate at the same time. This is a major technological progress in the FMP production, which provides a new way for the FMP production, and the utilization of the tail gas of yellow phosphorus.

The P_2O_5 content in yellow phosphorus slag is 1%-3.5%. Phosphorus slag can be used as building materials, used in the cement production as portland cement admixture, raw materials of phosphorus slag portland cement and low thermal slag portland cement, which can also be used in the production of slag bricks, glass ceramics, etc. Prof. Cuihong Hou and senior engineer of Haobin Wang of Zhengzhou University, senior engineer of Diping Li of Beijing Haiyifei Technology Company and Zhizhong An and Xingzhong Huang of Guizhou Shuanglong(Group)Company has developed a new method for producing soil conditioners by using yellow phosphorus slag.

Electronic grade phosphoric acid and food grade phosphoric acid belong to high pure phosphoric acid. It is widely used in the microelectronic industry such as large scale integrated circuits, thin film liquid crystal displays(TFT-LCD) and so on. The application of purification technology for wet phosphoric acid in the production of phosphoric acid and food grade phosphoric acid has been developed by the group of Prof. Benhe Zhong of Sichuan University.

This report believes that we should make use of 2.23 billion tons(siliceous phosphorite with an average P_2O_5 grade of 15.75%) of resource reserves in China, and use to produce thermal yellow phosphorus, phosphoric acid and phosphate. We should develop large phosphate chemical enterprises, which are conducive to the utilization of phosphorus resources in China.

Part IV. Research on the status of phosphorus industry

Chapter 8. Phosphate fertilizer products

The 80%—90% of China's phosphate rock is used to produce wet process phosphoric acid, while 85% of wet phosphoric acid is used for the production of phosphate fertilizers, of which 76% is used for producing ammonium phosphate fertilizers, and the other 9% is used for producing superphosphate.

(1) wet process phosphoric acid   Calcium sulfate was first crystallized as hemihydrate substance by the hemihydrate-dihydrate method of the wet process phosphoric acid, and then rehydrated and recrystallized into the dihydrate substance. In this way, the P_2O_5 in the crystal of calcium sulfate can be released, the total yield of P_2O_5 can reach 98%-98.5%. Meanwhile, the purity of phosphogypsum is increased, and its application range is expanded.

Wuhuan Engineering Co., Ltd. in China has achieved remarkable achievements in the construction of wet process phosphoric acid. Wuhuan is an international engineering company with the function of contracting and managing the whole process of construction projects. Over the past fifty years, more than 1,900 large and medium-sized design projects and more than 80 engineering general contracting projects have been completed, covering 31 provinces and cities as well as more than 20 countries and regions in the world. In 2012, through international competitive public bidding, Wuhuan won the Engineering Procurement Construction(EPC) of 200 thousand t/a phosphoric acid and its by-products of Indonesia PJA (PETROKEMIA JUDAN ABUDI) Company. In 2013, through the international competitive public bidding, Wuhuan won the Engineering Procurement Construction(EPC) of the 200 thousand t/a phosphoric acid and its by-products of Indonesia PKG (PETROKEMIA GRESIK) Company. The project includes a hemihydrate-dihydrate phosphoric acid plant with a capacity of 200 thousand t/a, a sulphur acid plant with a capacity of 600 thousand t/a, and comprehensive phosphogypsum utilization device with a capacity of 500 thousand t/a. The project started in February 2013, completed and commissioned in June 2015, and completed its performance assessment in July of the same year. All the assessment indicators met the requirements of contract performance assessment indicators.

Wuhuan adopted self-developed patent technology of dihydrate phosphoric acid, and the technology of the United States, France, Belgium, Tunisia and other countries. The company has constructed 21 sets of large and medium-sized dihydrate phosphoric acid plants both at home and abroad, of which the largest single foreign construction of phosphoric acid plant for Tunisia TIFERT project was an Engineering Procurement Construction(EPC) of 360 thousand t/a of phosphoric acid, and the largest single domestic construction of phosphoric acid plant project was the Wengfu Dazhou EPC of 450 thousand t/a. The dihydrate phosphoric acid plants completed both at home and abroad will be able to complete the task with good quality and ideal output in a short time after the operation, and they can continuously operate with long term safety and stability.

China has major breakthroughs in wet phosphoric acid purification technology. The solvent extraction technologies of Sichuan University and Central China Normal University, and the microstructure extraction technology of Tsinghua University had realized industrialized production.

(2) Ammonium phosphate fertilizer   By using a large number of China's middle grade phosphate rock($P_2O_5 \geqslant 26\%$) to produce ammonium phosphate, The group of Prof. Benhe

Zhong and Prof. Yunxiang Zhang of Sichuan University (formerly Chengdu University of Science and Technology) and senior engineer of Wenyan Wei of Sichuan Yinshan Phosphate Fertilizer Factory developed the "slurry process" of producing ammonium phosphate in 1979, which opened up a new way for the development of China's phosphate and compound fertilizer industry. The slurry production process uses dilute phosphoric acid and ammonia as raw materials to produce dilute slurry in the ammoniation reactor, and then concentrated slurry is obtained by heating with steam. After that, it is sent to the spray drying tower or spray granulation dryer to make powder or granular products, and then the product is completed after cooling.

Sichuan University has successfully developed the "slurry diammonium phosphate (DAP)" process, and combined the DAP of the "traditional process" with monoammonium phosphate (MAP) of "slurry process", using dilute phosphoric acid to produce and concentrate the produced sludge and acid, or using washing liquid of DAP tail gas washed by dilute phosphoric acid as raw material. By using the "slurry process" technology to produce the powdery MAP, we can ensure the normal production and product quality of DAP, and improve the production conditions of DAP.

(3) Single Superphosphate For the traditional production process of single superphosphate (SSP), the solidified superphosphate fertilizer that is discharged from the chamber must be stored in the curing storage for 6-30 days, which requires the construction of a large curing storage. Fresh fertilizer needs to be turned over for several times by the crane. The final decomposition rate of the phosphate rock is up to 90%-93%. The group of Prof. Baolin Zhang of Zhengzhou University has developed the technology of using activated loose agent to realize the process of SSP production featuring short ripening and no-caking.

(4) Triple superphosphate Guangxi Liucheng Phosphate Fertilizer Factory of 50 thousand t/a (thermal phosphoric acid, acid curing process), Guizhou Wengfu Phosphate Fertilizer Factory of 800 thousand t/a (wet process phosphoric acid, dilute acid material returning into curing chamber process) and Guizhou Kaiyang Phosphate Fertilizer Factory of 100 thousand t/a, Hubei Dayukou Phosphate Fertilizer Factory of 560 thousand t/a, and Yunnan Phosphate Fertilizer Factory of 100 thousand t/a, all of them have adopted the acid curing process.

(5) Nitrate phosphate fertilizer The first nitrate phosphate fertilizer plant in China is Shanxi Tianji Chemical Fertilizer Co., Ltd., and "Tianji" nitrate phosphate fertilizer has made a great breakthrough in technology.

Henan Jinkai Investment Holding Group (formerly known as Kaifeng Chemical Fertilizer Plant) uses the "nitricacid-sulfuric acid-sulfate" process with gypsum separation to manufacture nitrate phosphate fertilizer.

Guizhou Batian has made great achievements in the preparation of nitrate phosphate fertilizer by indirect freezing process.

Sichuan University, Guizhou Chemical Research Institute and Guizhou Wengfu Group have conducted research and industrialization in this field. Nitrate phosphate fertilizer has a great prospect in China.

(6) Calcium magnesium phosphate fertilizer Calcium magnesium phosphate fertilizer is commonly referred to as fused magnesium phosphate (FMP). It is an aluminosilicate glass containing phosphate (PO_4^{3-}). It has no definite molecular formula and molecular weight.

FMP is a vitreous substance formed by melting phosphate rock and ore containing magnesium and silicon, which is known as fluxing agent, at high temperature (greater than 1400℃) followed with quenching the molten body with water. The nutrient elements contained in the vitreous body can effectively be absorbed by crops. It almost can convert calcium, magnesium, silicon, iron and manganese of phosphate rock, the beneficial heavy metal elements such as nickel, cobalt, zinc and copper contained in the serpentine and peridotite into crop nutrition. Therefore, it is a kind of multi-nutrient element fertilizer which can make full use of phosphorus resources.

The group of Prof. Xiucheng Xu of Zhengzhou University has innovated the method of the "Glass Structure Factor Preparing Method" for preparing calcium magnesium phosphate. Some low grade phosphate rock, phosphate rock beneficiation tailings, insoluble potassium ore, low-grade phosphorus and potassium ore and nonferrous metal smelting slag and the associated minerals of precious metals are made up of P_2O_5, K_2O, CaO, MgO, SiO_2, Fe_2O_3, Al_2O_3, B_2O_3, MnO and TiO_2. These complex components of minerals form the glass structure of aluminosilicate containing phosphorus and potassium with low chemical stability, which can be dissolved in the plant root secretion of acid, and the elements including P, K, Ca, Mg, Si, Fe, B, Mn, Cu, Zn, Ni, Mo, Co and rare earth elements can be absorbed by crops. "The method of the glass structure factor for preparing calcium magnesium phosphate" won the National Invention Award of China in 1983, and has been widely used in the domestic calcium magnesium phosphate plant. The grade of phosphate rock can be directly used dropped from $P_2O_5 \geqslant 24\%$ to $P_2O_5 \geqslant 14\%$, thus creating enormous economic benefits and social benefits for the mine and phosphate fertilizer enterprises.

Glass structure factor batching method of aluminosilicate containing phosphate with low chemical stability and complex component can guide the development of low grade phosphate ore, phosphate ore dressing tailings, insoluble potassium ore and low grade phosphorus and potassium ore, which can be used as high quality fertilizer for efficient utilization of resources.

(7) Urea sulfuric acid compound fertilizer Urea sulfuric acid compound fertilizer is an enhanced version of NPK compound fertilizer of phosphoric acid developed and industrialized by the group of Prof. Cuihong Hou and Baolin Zhang of Zhengzhou University.

The medium-grade phosphate rock (containing 24%-27% of P_2O_5) is decomposed by urea sulfuric acid to generate slurry containing nitrogen and phosphorus, which is added with calcium magnesium phosphate or fused phosphorus and potassium fertilizer (including an effective P_2O_5 of 9%-12% and K_2O of 3%-5%) containing Mg, Si, Ca and trace elements Fe, Mn, B, Zn, Mo and produced by low-grade phosphate rock (containing 14%-24% of P_2O_5). Then urea, potassium chloride (or potassium sulphate) and a small amount of ammonium phosphate are added to the common compound fertilizer device to obtain the compound fertilizer containing 30%-42% of $N+P_2O_5+K_2O$, 2%-5% of citrate soluble CaO, 2%-5% of citrate soluble MgO, 3%-5% of hydrochloride soluble SiO_2, 1%-2% of S, 0.2%-0.5% of FeO, dozens of PPM(mg/kg)level of trace elements including Mn, B and Cu. It is a multi-element enhanced functional compound fertilizer that can improve the lodging resistance and disease resistance of crops.

(8)Coated slow-released compound fertilizer   The coated fertilizer is originally created by China. Compared with the polymer coated fertilizer, the main difference is that the package material used for the coated fertilizer is the plant nutrient. The coated fertilizer was developed by the group of prof. Xiucheng Xu, prof. Baolin Zhang and Haobin Wang of Zhengzhou Institute of Technology(now School of Chemical Engineering and Energy, Zhengzhou University). It is of the first invention patent of slow-release fertilizer in China. Slow-released compound fertilizer coated by fertilizer has been exported to the United States, Japan, Australia, Malaysia, Thailand, Vietnam and Taiwan China and used in the golf course, landscape lawn, football and baseball fields, and Japanese gardens with flowers. China and Malaysia are used for rice cultivation. It is protected by Chinese and American patents as well as trademark groups.

(9) Feed grade phosphate   The world production capacity of feed phosphate is 11 million tons, and the actual production is 7 million tons. The production is mainly concentrated in Europe and China. China has become an feed grade phosphate producer with biggest production, consumption and export in the world.

The 300 thousand t/a of feed grade phosphoric acid plant of Yunnan phosphate Chemical Group Co., Ltd. is designed by Wuhuan Engineering Co., Ltd. ; Guizhou Wengan Xingmu High Tech Co., Ltd. constructed a feed calcium phosphate production line of 50 thousand t/a atthe end 2013.

(10)Chinese Phosphate & Compound Fertilizer Industry Association and the association magazine named *Phosphate & Compound Fertilizer*

Great achievements made in the phosphate fertilizer industry of China have been supported by successive phosphate & compound fertilizer industry associations.

Phosphate & Compound Fertilizer(ISSN 1007-6220/CN 41-1173/TQ)plays a positive role in the communication and promotion of China's phosphate and compound fertilizer technology. Chief Editor prof. Jianwei Tang of Zhengzhou University.

This report believes that the invention by Chinese colleges and universities must be closely combined with industry association and association magazines, so that scientific and technological achievements can be rapidly transformed into productive forces.

Part V. Consulting agricultural experts

Chapter 9. The agricultural use of phosphate fertilizer

College of Resources and Environmental Sciences of China Agricultural University uses the effective phosphorus content(reaching a level of 40mg/kg(P)in soil)as a predictor of the phosphate fertilizer demand in China, and the college believes that by 2035 P will reach 40mg/kg in soil and we only need 11 million tons of P_2O_5 each year to achieve the goal of balanced fertilization.

The amount of agricultural phosphate fertilizer in China has entered a stable stage after rapid growth. In 1990, the consumption of agricultural fertilizer reached 5.77 million tons of P_2O_5, making China the largest consumer of phosphate fertilizer in the world; in 2004, the consumption exceeded 10 million tons of P_2O_5; from 2005 to 2008, the consumption of agricultural fertilizer stabilized at 11-12 million tons of P_2O_5; from 2009 to 2013, it increased to 14 million tons; and in 2015, the consumption returned to 12 million tons of P_2O_5. The consumption of agricultural phosphate fertilizer in China has entered a decline period.

Phosphate fertilizer applied into the main crops is higher than the level in other countries. The consumption of phosphate fertilizer of rice per hectare is 22kg more than the US, that of wheat is 64kg more than the European Union, that of corn is 4kg more than the US, that of peanut is 28kg more than the US, and that of cotton is 79kg more than the US. In 2015, the China planted 30.216 million hectares of rice, 24.141 million hectares of wheat, 38.119 million hectares of corn, 4.616 million hectares of peanut and 3.797 million hectares of cotton. These five crops consumed 2.792 million more tons of P_2O_5 than Japan, the European Union and the United States.

China Agricultural University compiled the Regional Formula of Major Crops, which pointed out the target yield and recommended amount of fertilizer. According to the nutrient balance assessment, the average insufficient, reasonable and excessive amounts of phosphate fertilizer of were 35kg/ha, 65 kg/ha, 115 kg/ha respectively.

According to statistical analysis of Prof. Weifeng Zhang of China Agricultural University, this collection is surprisingly to find that the yield of farms with insufficient fertilization is higher than that of reasonable fertilization, and the yield of farms with reasonable fertilization is higher than that of excessive fertilization. There is no significant difference in yield between the farms with insufficient fertilization and reasonable fertilization, but the output of the farms with excessive fertilization is significantly lower than that of insufficient and reasonable fertilization. This result is entirely contrary to traditional knowledge, which proves that insufficient fertilization is not the cause of low yield, but proves that excessive fertilization is the cause of low yield.

At the same time this report notices that chemical fertilizers provide most of the phosphorus nutrients. Straw returning and organic manure do not provide phosphorus with much nutrients. The utilization rate of phosphate fertilizer in China is not high, which is 10%-25%. There is a great potential for reducing the amount of phosphorous fertilizer in China.

Part Ⅵ. Organizing experts to conduct a cross-boundary discussion

Chapter 10. How to sustainably use phosphorus in the earth's crust?

Phosphorus in the earth comes from the universe, and the phosphorus in the earth's crust comes from the mantle. After the formation of the earth's crust, a small amount of phosphorus may be generated through the eruption of the volcano, and the phosphorus that can be used in the earth's crust is basically a constant value.

In 2017, the reserve of commercial phosphate rock was 68.2 billion tons(6.82×10^{10} t). How to sustainably use the phosphorus is the goal of this study.

It is predicated by experts from China, the United States and Japan that the longevity of global phosphorus resources mining is about 400 years. How to make the global phosphorus resources sustainable to 3000 A.D., and even long-term sustainable utilization, is one of the most important issues that human beings concern about.

The theoretical amount of the consumption of phosphorus resources:

Phosphorus is the sixth largest element of the human body, which accounts for about 1% of the body weight. In 2015, the natural growth rate of China's population was 0.05% with a yearly population increase of 6.9 million. The newly increased population contains 3450 tons of phosphorus, which is equivalent to 26.3 thousand tons of standard phosphate rock. According to the daily intake of 1.25g of phosphorus(equivalent to 9.5g of standard phosphate rock) per person, in 2015, the actual consumption of phosphate rock per person per day in the world was about 90g, about 10 times of the theoretical intake value, 9.5 grams. In China, each person actually consumed 239g of phosphate rock per day, which was 25 times of the human body's theoretical intake of 9.5g. In 2015, the actual amount of phosphate rock consumed per person per day in China was 266% of the world's average level, and the potential of reducing the consumption of China phosphate rock will be very great.

The contribution rate of phosphorus to mankind was only 16% in the phosphate rock mining of the world, and the contribution rate of phosphorus to the Chinese was only 4% in 2015.

The sensitivity analysis of the sustainable utilization of phosphorus resources in the world showed that the lowest recycling efficiency of human waste was only 10%, followed by the food waste recycling efficiency of 18%, agricultural phosphorus utilization rate of 30%, and organic manure utilization rate of 50%.

In Europe, especially in Scandinavian countries, the government is promoting the recovery and reuse of phosphorus. Holland plans to realize full cycle utilization of phosphorus in 2050; in Switzerland, through phosphorus recovery technology, it plans to completely replace the phosphate rock import; the phosphorus recovery project developed by Norway will eventually realize the self-sufficiency of phosphorus. Ostara pearl process, Airprex process, ExtraPhos process and biological phosphorus recycling process have been developed by various countries. There is an optimistic prospect for global phosphorus sustainable utilization.

In the field of phosphate fertilizer production in China, a new mode of sustainable utilization of Chinese phosphorus resources has been developed.

Given the limited phosphorus resources on the earth and phosphorus resource situation in China, a series of processes for extending the longevity of phosphorus resources are jointed developed and industrialized by "Zhengzhou University-Yuntianhua-Fuyilian" and their business partners, which is the new mode of "Zhengzhou University-Yuntianhua" phosphorus resources sustainable utilization. In this way, phosphate rock of various grades can be sustainably utilized and phosphorus resources of various grades can be reasonable used. Only from the perspective of phosphate fertilizer production, it is possible to extend the longevity of the China's phosphorus resources from 110 years to over 300 years; the processes of this mode, if carried out in the world, may also extend the longevity of the global phosphorus resource from 500 years to thousands of years.

Joint exploration of agronomy, chemistry and chemical engineering, China faces the crisis of phosphate rock resources and its countermeasures.

Under the initiative of Guangxi Xing senior researcher of Institute of Soil Science, Chinese Academy of Sciences, Shenqiang Wang, Xu Zhao and Guangxi Xing from the State Key Laboratory of Soil and Agricultural Sustainable Development, Institute of Soil Science, Chinese Academy of Sciences and the Key Laboratory of Soil Environment and Pollution Remediation of Chinese Academy of Sciences, Yufen Zhao, Academician of CAS, from the College of Chemistry and Chemical Engineering, Xiamen University and Institute of Drug Discovery Technology, Ningbo University, Xiucheng Xu and Cuihong Hou from the National Calcium and Magnesium Phosphate Compound Fertilizer Technology Research and Promotion Center of Zhengzhou University, Yichu Gu and Shengwu Qin from Fengqiu Agro-ecological Experimental Station of Chinese Academy of Sciences, have discussed the crisis of phosphate resources in China, and what measures should be taken to alleviate the depletion of phosphorus resources and prolong the depletion of Chinese phosphate resources for hundreds of years and even a thousand years?

Countermeasure one: adjust the structure of phosphate fertilizer and make rational use of China's phosphate mineral resources.

Countermeasure two: recycle phosphorus resources and return 50% of organic fertilizer resources in China to the farmland each year, which can reduce the consumption of 1/2 phosphate resources.

Countermeasure three: apply phosphorus in a scientific way.

The depletion period of China's phosphate rock resources can be extended for hundreds of years or even thousands of years.

The report has confidence in the conclusion of the multidisciplinary discussion that: the depletion period of China's phosphate resources can be extended for hundreds or even thousands of years, and the depletion period of the world's phosphate rock resources can also be extended for a thousand years. By recycling phosphorus from waste, reducing all kinds of losses in the process of phosphorus utilization, and more importantly, managing the exploitation and utilization of available phosphorus resources, we can achieve the goal of sustainable utilization of phosphorus in the earth's crust.

Chapter 11. The theoretical basis of Disruptive Innovation in the field of fertilizer

The theory of Disruptive Innovation in the field of fertilizer is that: the universe is homologous and its keyword is "wave"; human is an integral part of nature: Chinese *tian* means nature, and Chinese *ren* means all creatures(human beings, animals, plants and microorganisms); human is an integral part of nature is that man should adapt to nature and not try to change nature. The keyword of human and nature is "obedience"; it is similar in the case of animals and plants, and the keywords of animals and plants are "similar demand, mutual influence".

Chapter 12. Trans-boundary integration Innovation in the field of fertilizer

The theory of trans-boundary integration innovation in the field of fertilizer is based on chemical fertilizer, combined with physical factors, and assisted by hi-tech such as nano, submicron, high energy physics, and opening of plant's secondary metabolism, to create good living environment for plants, so that the plant can grow more healthy to achieve multiple goals of increasing yield, improving quality, saving fertilizer and reducing pesticide. Therefore, we should apply all agricultural inputs, namely all factors that can affect the growth of crops, which include 8 aspects:

(1) The Chinese "gas" of plant growth—agricultural low temperature plasma;

(2) The Chinese "blood" of plant growth—slow-released fertilizer for field crops;

(3) The antibody of plant—the plant antibody produced by the stress response of the external poison and the adverse environment;

(4) The "Gas irrigation system"—enhancing the photosynthesis of crops;

(5) Wave(light wave and sound wave)—physical measure;

(6) Nanometer and Submicron materials;

(7) Provision of balanced nutrition fertilizer based on molecular biology for precise supply of the lowest total nutrition.

(8) Application of microbes for improving the quality of agricultural products and the level of food safety.

This report suggests that: based on the innovative findings in the field of fertilizer achieved by China Agricultural University, Chinese Academy of Agricultural Sciences, Tsinghua University, Zhengzhou University, Xiamen University, Ningbo University, Sichuan University, South China Agricultural University and Xi'an Jiaotong University, we should turn ordinary fertilizer to value-added fertilizer and single fertilizer to efficient single fertilizer through nutrient regulation based on nutrition rules; based on plant physiology, we should precisely supply the minimum quantity of comprehensive nutrition; based on chemical fertilizer, combined with physical factors, and assisted by hi-tech and trans-boundary integration innovation such as nano, submicron, high energy physics, and opening of plant's secondary metabolism, it is expected to reduce nearly half of the fertilizer application in China by 2030 compared with 2015.

绪 论

磷是核酸、蛋白、细胞膜遗传生命物质中重要的元素之一,生命必不可少的元素之一。可以说没有磷就没有生命。磷是生命物质,在庄稼的养料——肥料、牲畜的养料——饲料、食品添加剂中均必不可少;磷是工业的"味精",在材料、农药、医药、湿法冶金等领域应用广泛,有机和无机磷化合物作为萃取剂、表面处理剂、表面活性剂、水处理剂、阻燃剂、光电材料、增塑剂等在许多领域用量巨大,我国涉磷产业的年产值估计超万亿。

磷是不可再生的珍稀资源,全球性磷资源分布不均,储量锐减,磷矿资源枯竭的危机已经呈现,已受到各国高度关注。一度被认为磷储量丰富的我国,面临的磷资源危机可能比能源、稀土还要严峻!

2007~2008 年,P. Dery、B. Anderson 和 J. Ward 先后在 *Energy Bulletin* 撰文,认为世界磷矿生产将在 2033 年达到顶峰(达顶峰时磷矿年产量约 3000 万吨磷,折合 2.29 亿吨含 P_2O_5 30%的磷矿),并将在 21 世纪末耗尽。没有磷,作物不能生长,引发人们担忧:在 2050 年如何养活未来 110 亿人口?这种"磷危机"引起了全球的热议。2008 年 6 月 23 日英国《The Times》引文:科学家警告,全球面临磷短缺!2009 年 6 月 David A Vaccari 在 *Scientific American* 撰文《磷资源耗竭——即将呈现的危机》,该文作者根据 2008 年世界磷矿储量与当时磷矿开采量推算,美国磷矿开采可持续 40 年,世界也仅 90 年;2009 年 5 月中国科学院赵玉芬院士在郑州大学召开"磷化学与国计民生可持续发展战略研讨会",来自清华大学、厦门大学、郑州大学、四川大学及美国佛罗里达大学的专家教授 72 人,探讨如何使中国磷资源有效支撑中国国计民生可持续发展,随后的 2 年中,经过多次集体研讨,形成了由赵玉芬院士主持的中国科学院学部咨询评议报告《我国磷科技发展关键问题及对策》;2009 年 2 月越野正义在日本《季刊肥料》通卷 112 号发表了《磷资源的有限性》,他预测了未来容易开采与开采困难两类磷矿的可开采量存在两个开采高峰,全球容易开采磷矿的开采寿命还有 60 年,难采磷矿的开采寿命也不过 350 年;《日本土壤肥料科学杂志》分别在 2012 年第 2 期、第 4 期、第 5 期、第 6 期及 2013 年第 2 期,介绍了日本如何应对磷资源枯竭开展的研究工作。2011 年 5~6 月 *Fertilizer International* 发表了 Michael Mew 的文章,对 2008 年 J. Ward 的世界磷矿生产量 2033 年达顶峰后急速下降提出了异议,他认为 2030 年后直至 2100 年全球磷矿产量仍将维持 2.5 亿吨/年的高位运行。*Fertilizer International* 发表了编者按《对"磷峰值"的新知讯》,鼓励科学家对磷矿生产量是否存在峰值开展讨论,认为这种争议有利于全球磷资源的最佳管理,有利于磷资源的永续利用。正是在这种国际上对磷资源危机的争议下,催生了对地球磷资源流的探讨。

据此,在中国开展了一系列高端研讨。

(1) 自 2009~2012 年,中国科学院院士工作局下达了学部咨询评议项目《我国磷科技发展的关键问题与对策》（项目主持人：厦门大学赵玉芬院士，项目组专家包括13位两院院士等），凝聚全国磷相关企业、研究机构及科研院所的专家，集思广益，针对磷与国民经济发展的需要，从磷与肥料、磷与农药、磷与医药、磷与食品、磷与材料、磷与环境、磷资源产业循环经济7个方面论述国计民生离不开磷的支撑！

（2）2012～2015年由厦门大学赵玉芬院士、北京大学黎乐民院士负责，4位院士、17位专家完成了中国科学院院士工作局下达的院士咨询评议项目《我国化肥使用中存在的问题及对策》；基于我国化肥使用中存在的三大主要问题是肥料施用过量、肥料结构失衡、肥料管理主体缺失，认为粮食的连增不必与肥料用量的连增相捆绑，粮食增产模式应从粗放型转变为高效、绿色，肥料发展应当以提高肥料利用率为核心，实施"以质量替代数量"的发展战略，使我国化肥事业走上健康发展的道路。建议采取系列措施，以有效应对当前粮食安全和资源环境的双重压力，实现作物高产、资源高效和环境保护。

（3）肥料是粮食的"粮食"，化肥为保障我国粮食安全做出了巨大贡献的同时，也产生了一系列影响持续增产、农民增收、生态环境保护的负面效应，引起社会广泛关注。在粮食增产和环境保护双重压力的大背景下，2015年5月6～8日在北京香山饭店召开了以"建立绿色肥料保障体系的关键科学问题"为主题的香山科学会议第526次学术讨论会。基于肥料问题涉及工业制造、农业施用、环境治理、土壤修复、生态安全、职能部门管理等，需多部门、多学科集思广益，协同优化，因此由不同相关学科、不同工作背景的老、中、青科学家、技术专家、企业家等近48位专家（包括8位院士、4位国外专家）参加了本次科学会议，会议围绕绿色肥料体系的技术需求、我国施肥现状及其农学与环境效应、绿色肥料体系构建及其科学问题、国际肥料发展趋势等议题展开研讨，认为从"绿色原料、绿色制造、绿色产品、绿色流通、绿色施用"全产业链构建我国绿色肥料新体系，具有重要的现实意义和长远战略意义；建议重视和鼓励大宗基础肥料产品技术升级、发展高效环保的新型肥料；加强全国肥料大数据平台建设，支持企业对终端用户的农化服务；大力推进有机肥的生产和使用，解决有机肥推广中的体制机制障碍，推动种养一体化。建议设立绿色肥料体系科技重大专项，系统解决粮食安全、生态安全、资源永续利用等关系国计民生的系列重大肥料科技问题；加快肥料立法，成立国家肥料发展专家委员会，为我国肥料发展做好顶层设计。与会专家深刻体会到建立我国绿色肥料体系的重要性和紧迫性，期望这一领域能得到国家有关部门更多的重视和支持。

（4）2015～2017年赵玉芬院士主持了中科院化学学部咨询评议项目《适应新农业需求，构建我国肥料领域创新体系》。在第三次会议上，提出了肥料领域颠覆性创新。通过本项目组的调研，总结出在农业新形势下，我国肥料产品、技术和政策体系仍存在肥料产品与农业需求不匹配；技术集成无法满足农业现代化的需求；肥料经营体制不利于化肥产品和技术落地推广；技术服务供应能力和需求不匹配；管理政策制约等问题。需通过肥料产品创新、技术创新、有机替代、精准施肥、体制机制创新、完善政策法规，系统构建我国肥料领域创新体系。

磷对地球生命体具有不可替代性，可以说："没有磷，就没有生命（No phosphorus, No life）"，科学工作者应对地球有基本的了解，创新型人才需具有这种T字形的知识结构——既有"上知天文，下知地理"的广阔基本知识，又有本专业的深入知识，就可能更深层次认识自己的研究领域，并诱发出自己领域的颠覆性创新。"地球磷资源流"试图探讨"如何跨越全球磷危机？是否有永续利用地壳中磷的可能性？"这一新命题。

本研究报告认为,借助于高能物理、纳米、亚微米、开启植物次生代谢等高新技术手段,至 2030 年中国化肥施用量有望比 2015 年减少近一半。通过构建我国肥料领域创新体系,开展肥料领域跨界融合创新,争取在 15 年间平均每年为国家、肥料企业、农民减少开支 282 亿元。肥料企业减少产量,提高利润率,肥料行业利润将从 333.7 亿元增加至 870 亿元,这是有利于企业、国家、农民的好事。

第1章

地球磷来自何方

根据天文学的研究结果,地球中的磷来自宇宙。

1.1 宇宙大爆炸

被广泛接受的观点是:138亿年前,一个称为"奇点"(The singularity)的物体大爆炸(Big bang),形成了当今的宇宙(The Universe 或 Cosmic),大爆炸的初始温度高达 10^{13} K以上,并在 10^{-34} s 内迅速膨胀了 10^{100} 倍,称为暴胀(inflation)。

奇点,更确切的词为"Something(某种东西)"。"某种东西"不仅小,还重得不可想象。近年来,通过研究黑洞已可见一斑。当巨大恒星衰亡时内缩,变成恒星级黑洞(体积倾向于零,而密度无穷大);当质量约为太阳20倍以下的恒星衰亡,坍缩则为中子星。在中子星上直径为1.8cm左右的物质就相当于地球上10亿吨重;假若地球大小的恒星在黑洞中被压缩至直径仅1.8cm的小球,但其质量仍与现在的地球质量(6×10^{21} t)一样。可想而知,巨大黑洞(质量是太阳的几百万至几十亿倍)中的 Something 突然爆炸,将质量转换成能量将有无可比拟的巨大能量!

1.2 宇宙的前世今生

宇宙中万物的发展规律是相同的,同样经历发生—发展—衰亡—重生的循环过程。

宇宙大爆炸后至今已超过138亿年,约经过40亿年形成第一代恒星,(40~100)亿年形成第二代恒星,太阳系是在距今约50亿年前形成的第三代恒星。当前,宇宙中的恒星,正在经历第三轮发生—发展—衰亡—重生的循环。宇宙中第一代、第二代恒星衰亡、爆裂后,宇宙中存在的气态星云及固态尘埃,它们相互碰撞、凝聚为第三代恒星。

图1-1为类似太阳系恒星的形成过程:恒星的形成起始于一个巨大的分子云,它是由冷的、质量模糊的气体和尘埃所组成。在云内部,气体和尘埃特别密集的云被称作核心。每一颗原恒星的核,将气体和尘埃拉进来,原恒星的体积缩小,密度增大,温度升高,当升高至

能够发生氢聚变时正式成为恒星,行星则从围绕它旋转的残余物质中产生。

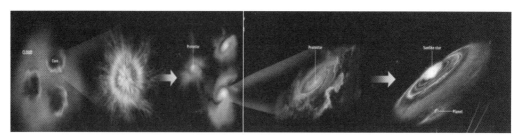

图 1-1　类似太阳系恒星的形成过程（Scientific American Feb. 2010：23）

1.2.1　宇宙未来的 4 种推测

宇宙中有一些是未来可预测的事件,诸如星系碰撞支配着不久的将来,例如：40 亿年之内,银河系与仙女座星系将相撞,经几个来回交会,200 亿年完全融合。但对 200 亿年后,预测宇宙的未来——我们宇宙的最终命运,仅是一些推想。科学家认为：宇宙的最终命运取决于暗能量是否会继续导致宇宙膨胀加速。广义上说,可能有四种命运。

（1）宇宙加速膨胀结束,但宇宙仍一直膨胀至 100 万亿年,最后的星星燃尽,如图 1-2 所示（宇宙走到尽头）。

（2）宇宙继续加速膨胀,300 亿年,宇宙红视（redout）。宇宙加速推动所有其他的星系。宇宙大爆炸的所有证据都消失了（宇宙永无尽头）。

（3）膨胀加速至 500 亿年,宇宙大撕裂（big rip）。暗能量撕裂了所有的结构——从超星系团到原子（另一种形式的宇宙走到尽头）。

（4）加速膨胀转变为快速减速和崩解。300 亿年后大转折（big crunch）,伴随着一个新的大爆炸（宇宙循环）。

现在　　　　200亿年后,仙女座融入银河系　　　1000亿年后　　　　100万亿年后

图 1-2　100 万亿年后,最后的星星燃尽,宇宙走到尽头

1.2.2　宇宙前世的 4 种推测

宇宙学家也不知道在大爆炸以前宇宙是如何形成的,但这个问题现在已经进入了科学领域,许多猜测（基于不同的认识论）正在讨论之中。对宇宙的前世也有 4 种推测。

（1）没有以前的时代　物质、能量、空间和时间都是随"砰"的一声突然开始的（基督教：上帝创造一切的认识论）。

(2) 量子产生　空间和时间是由量子引力理论描述的原始状态发展而来。

(3) 多元宇宙　我们的宇宙和其他宇宙从无穷的空间萌发［(2)、(3)均基于量子理论］。

(4) 循环宇宙　大爆炸是膨胀、崩解和重新膨胀永恒循环中的某一阶段。

本研究报告的认识倾向于"宇宙的来世今生"是无限反复的。今生的宇宙是前世宇宙最终收缩至Something再大爆炸所产生的。这与著名物理学家、宇宙学家霍金认为大爆炸后宇宙膨胀，随后收缩为大挤压的观点相同，如图1-3所示。

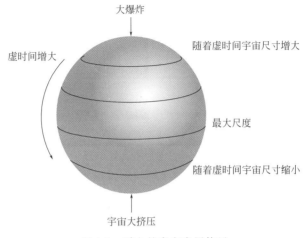

图1-3　霍金的宇宙发展构思

大爆炸发生在10^{-43}s，普朗克时代，这是有意义的空间和时间形成。中国古代认为：上下四方曰宇——宇指空间，未来宇的空间至少有200亿光年之遥（银河系与仙女座星系将相撞融合之际）；古往今来曰宙——宙指时间，宙的时间至少已有138亿年之长！

宇宙的构成：71.5%为暗能量、24%为暗物质、4%为气态星云、0.5%为星系。在宇宙4.5%的已知物中，90%以上为等离子体。暗能量、暗物质是未知的，正在探索之中。学习宇宙基本（科普）知识，有助于理解"宇宙同源"。

1.2.3　宇宙同源

宇宙同源是研究探索"肥料领域颠覆性创新"的基本出发点。地球的一切均来源于宇宙中星云、尘埃；地球上一切变化规律均遵循宇宙的变化规律。

早在1985年许秀成就注意到，直径10万光年（1光年=10^{13}km）的银河系与直径2nm（1nm=10^{-9}m）的脱氧核糖核酸（DNA），都为双螺旋结构，见图1-4。

在许秀成、刘大壮主编的《化工新产品开发教程》习题与思考中就向学生提问：银河系是双螺旋结构，DNA的结构也是双螺旋的，这一最大的系统与最小系统具有类似的结构，可能说明什么问题？它对我们在新技术开发中有何启示？笔者通过观察，发现银河系的核心可近似看成太极图，太极图是最简化的双螺旋结构。于是通过两届研究生的深入研究，开发了太极图混合器——具有太极曲线挡板混合槽/反应器（reactor with taiji-curve baffle-plate，RTCB反应器），如图1-5所示。在冷模实验中发现，在相同的输入功率下，RTCB槽的混合时间为传统挡板槽的61%~66%；或达到相同混合程度下，RTCB槽的功耗仅为传统槽的45%~59%；为进一步开发有现实意义的反应器，选择了硫酸分解磷矿制磷酸的反应槽，

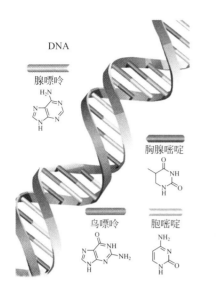

图 1-4　DNA 双螺旋结构（左）；银河系（右）

在热模试验中用硫酸分解磷矿，对照的为美国 Dorr 磷酸反应槽。实验结果表明：RTCB 磷酸反应槽在达到同等磷矿分解率时，搅拌槽的功耗仅为 Dorr 磷酸反应槽的 55%。这种 RTCB 磷酸反应槽取名为"单槽双区磷酸反应槽"。郑州工学院的这一成果于 1994 年 12 月 21 日通过了原化工部科技司的科技成果鉴定。

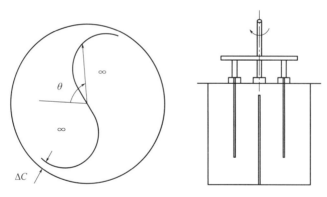

图 1-5　RTCB 反应器示意图

来重新认识一下世界，从 10^0（1m）处观察一束树叶开始，每次距离增加 10 的乘方，直至距离为 10^{23} m（1 千万光年）呈现出一个宏观的宇宙世界；随后以 10 的乘方缩小至 10^{-10} m（1Å），又呈现出一个神奇的微观世界。对比发现 10^{-10} m 碳原子电子云的微观景象与 10^{23} m 的宇宙星云系宏观景象是如此的相似。以致该文献"我们的主体宇宙"解说词认为：这表明同样的法则统治着宇宙的每一个组成部分。这就是我们提出的"宇宙同源"认识论的依据。具有太极曲线挡板混合槽的反应器（RTCB 反应器）是在"宇宙同源"认识论下取得的第一项成果。

宇宙中万物的发展规律是相同的，同样经历发生—发展—衰亡—重生的循环过程。遗憾的是人类一生经历"生、老、病、死"。若人类遵循自然（宇宙）规律生活，也同样只经历"生、老、死"重生的循环过程。

科学工作者学习宇宙的基本（科普）知识，有助于在更深层面认识自己的研究领域，并可能诱发出相关研究领域的颠覆性创新。

1.3 磷素的来源

暴胀使宇宙充满了几乎完全均匀的辐射，但 10^{-23} s 后，由于均匀辐射中的涨落现象，暴胀已产生了物体团块（clumps）的种子。10^{-4} s 后，电子（electron）、中子（neutron）、光子（photon）形成，宇宙从混沌中开始产生了质子（protons），随后物质的粒子（质子、电子）开始从辐射中凝结。随着宇宙的不断膨胀和冷却，电子和质子开始结合形成中性的原子。38 万～40 万年后，形成了氢原子、氦原子。

最初形成的星球是由氢、氘、氦等较轻的元素所组成，星球内部的热核反应（thermonuclear）产生碳、氧、氖、镁、硫、钙、磷、铁、镍等元素。宇宙中氢是必备元素，当氢完全耗竭，宇宙衰亡。目前，本宇宙中尚含有 70% 的氢，10^{12}（1 万亿）年后，仅剩 20%，如图 1-6 所示；$5×10^{13}$（50 万亿）年后，氢完全耗竭，宇宙衰亡。据此，可以推论当前本宇宙还很年轻。正因为宇宙还很年轻（50 万亿年的寿命仅过去了 138 亿年），所以宇宙还处于不断膨胀期。

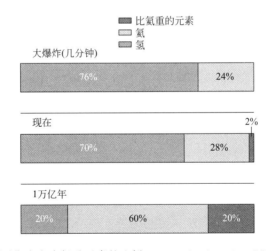

图 1-6　不同时期宇宙中轻重元素的比例（Scientific American March. 2008：39）

第一代、第二代质量大的恒星（比太阳大 20 倍以上）内部温度达 100 万开氏度以上，发生氢核聚变（氢燃烧），形成氦；恒星收缩，温度升高，至 1 亿开氏度发生氦燃烧，产生碳和氧；进一步收缩，温度至 6 亿开氏度发生碳燃烧，形成氖；碳燃烧（C-burning）所产生的 $1.5×10^9$ K（15 亿开氏温度）高温，导致氖燃烧（Ne-burning），首先产生 ^{16}O 和 ^{24}Mg，其次产生 ^{31}P，磷的产率仅 2.5%；氧燃烧的热核反应生成了硅、硫和少量的磷。宇宙中 ^{31}P 起源于恒星内部的物质燃烧爆炸（核聚变）。在 $2×10^9$ K 时，氧燃烧生成 ^{24}Si、^{31}P 和 ^{31}S。下式中，α 为 α 射线，p 为质子，n 为中子。

$$^{16}O + ^{16}O \rightarrow ^{28}Si + \alpha$$
$$^{16}O + ^{16}O \rightarrow ^{31}P + p$$
$$^{16}O + ^{16}O \rightarrow ^{31}S + n$$

氢热核反应是宇宙的动力，它的燃烧和爆炸决定了如今宇宙中元素的分布情况，通过分析宇宙射线，发现在宇宙中可用磷含量比我们生存的太阳系还高，如图 1-7 所示。

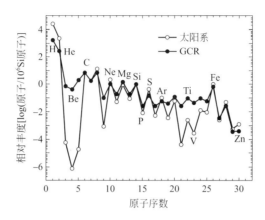

图 1-7　宇宙和太阳系中轻元素相对丰度图
（George J S 教授授权使用；Astrophys J，2009，698，1666）

若不同系统中均以 Si 原子数的元素相对丰度为 1，则 P、S、As 在宇宙、陨石、太阳系、地壳及人体中的相对丰度如表 1-1 所示。

表 1-1　P、S、As 在几个系统中的相对丰度（与各自系统中 Si 原子数比较）

元素	宇宙	陨石	太阳系	地壳	人体
Si	1	1	1	1	1
P	0.008	0.0086	0.0084	0.003	38
S	0.4	0.51	0.445	—	6.7
As	4×10^{-6}	1.6×10^{-6}	6.1×10^{-6}	2×10^{-6}	7×10^{-5}

宇宙中 P 对 Si 的相对丰度仅为 0.8%，说明宇宙中、太阳系及地壳中 Si 元素的丰度均比磷高得多。这是因为氧燃烧的热核反应生成的硅、硫元素比磷元素多。但是在人体中（地球生命体）磷元素比硅元素多。这是因为地球中的生物选择磷为生命元素。Bowler M. W. 教授认为，在生命起源之初，磷酸单酯、磷酸二酯因其稳定的化学性质及易被酶催化的可调控性而被生物进化过程所选择。他推测，如果宇宙中其他地方有生命存在，那么磷也将在这些生命体中扮演同样重要的角色。

2017 年 8 月 3 日，中国生命科学学会理事会上，赵玉芬院士作了"空间生命起源——火星上的磷是否来自生命"的报告，据 *Nature Geoscience* 介绍，火星上的磷比地球多 5~10 倍。从世界各地发现的火星陨石中，普遍发现含有磷酸盐矿石（表 1-2），但火星上的磷存在形态与地球上（以氟磷灰石的形态）不同，多以氯磷灰石 [$Ca_5(PO_4)_3Cl$] 及白磷钙石 [$Ca_3(PO_4)_2$] 为主。笔者根据氯磷灰石及氟磷灰石的晶胞参数，计算了氟磷灰石在中性柠檬酸中的溶解度为 4% P_2O_5，而氯磷灰石可以高达 21% P_2O_5。据此推测，火星上氯磷灰石的 P_2O_5 有效性高，也许不必进一步加工，便可直接作为肥料用于植物生长。郑州大学磷复肥研究所十分关注未来人类若在火星长期生存如何就地利用火星上的磷资源解决食物的供应。

表 1-2　火星陨石中磷酸盐种类

陨石编号	GRV99027	ALHA77005	LEW88516	Nakhla	Chsssigny	Shergotty
磷酸盐种类	白磷钙石 氯磷灰石	白磷钙石	白磷钙石	氯磷灰石	氯磷灰石	白磷钙石 氯磷灰石

喧嚣的太空，挤满了恒星，有的正在诞生，有的正在灭亡。1990年哈勃太空望远镜搭乘"发现号"航天飞船进入轨道，为我们发回了许多精彩的图片（图1-8），美国国家地理杂志2015年第4期精选了其中10幅。这与喧嚣的地球，挤满了人，有的生命正在诞生，有的正在死亡，它们是多么的相似！值得庆幸的是宇宙、地球还处于盛世，让我们珍惜并享受这个盛世。

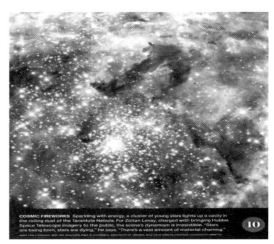

图 1-8　星河华尔兹（左）与太空焰火（右）（National Geographic April. 2015：62-75）

我们所处的太阳系是宇宙中第三代恒星，它形成于46.29亿年前，约50亿年后太阳核心中的氢将燃烧殆尽，然后四分五裂，变成一个由星际气体和尘埃构成的闪闪发光的巨大光环。将它在约100亿年内凝聚的尘埃（图1-1），又回归于宇宙中，提供第四代恒星形成时所需的物质基础。一代代恒星也是这样经历"发生—发展—衰亡"周而复始的历程。我们太阳系也不例外。

参考文献

[1] Michael F. Star-eater[J]. National Geographic, 2014, (3): 89-103.
[2] Young E T. Cloudy with a chance of stars[J]. Scientific American, 2010, (2): 22-23.
[3] Turner M S. The Universe[J]. Scientific American, 2009, (9): 22-29.
[4] 许秀成. 思维定势影响肥料创新[C]. 第二届全国磷复肥/磷化工技术创新（云天化国际）论坛论文集, 2009: 367.
[5] 范立明. 具有类似太极图形状曲线形隔板的反应器(RTCB反应器)的开发研究[D]. 郑州: 郑州工学院, 1990.
[6] 范立明, 许秀成. 具有曲线形隔板的双区反应器的开发研究[J]. 郑州工学院学报, 1992, 13(1): 47-52.
[7] 张从良, 李学孟, 许秀成. 新型单槽磷酸反应器(RTCB)的开发研究[J]. 郑州工学院学报, 1995, 16(2): 1-9.
[8] 从10亿光年到0.1飞米，让我们重新认识世界[EB/OL]. (2016-03-24)[2017-9-16]. http://www.sohu.com/a/65-

509661_387155.

[9] 无限大宇宙和无限小宇宙,竟如此惊人相似[EB/OL]. (2011-04-25)[2017-9-16]. http://blog.sina.com.cn/s/blog_49b5473f01017iuw.html.

[10] Abraham L. The dark ages of the Universe[J]. Scientific American,2006,(11):22-29.

[11] Hu W N,Martin W. The cosmic symphong[J]. Scientific American,2004,(2):32-41.

[12] Krauss L M, Robert S. The end of cosmology?[J]. Scientific American,2008,(3):34-41.

[13] Bowler M W,Cliff M J,Waltho J P,et al. 大自然为什么选择磷主导生命[J]. 中国科学:化学,2010,40(7):927-939.

[14] Adcock C T, Hausrath E M, Forster P M. Readily available phosphate from minerals in early aqueous environments on Mars[J]. Nature Geoscience,2016,6(10):824-827.

[15] 王鹤年,梁英,徐伟彪. GRV 99027 火星陨石的岩石学和矿物学特征[J]. 岩石学报,2006,22(2):491-502.

[16] Timothy F. Hubble's Greatest Hits[J]. National Geographic,2015,(4):62-75.

[17] 许秀成,刘大壮. 化工新产品开发教程[M]. 武汉:华中理工大学出版社,1994:56.

第2章

地壳中磷的赋存状态

2.1 地球基本知识

地球是椭圆体形似梨形的星球,如图 2-1 所示。

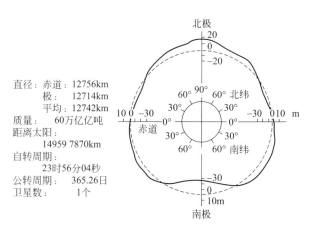

图 2-1 地球形状示意图
实线代表地球的实际轮廓,虚线为参考圆

由于椭圆体的长短轴相差甚少(相差 42km),所以可将地球看成半径 6371km 的圆球。地球与许多行星一样,具有洋葱式的层状结构,如图 2-2 所示。

人们对地球的了解远比宇宙深刻。地球的基本知识可简单表述如下。

据最新估计,太阳系形成于距今 46.29 亿年前,而地球的年龄为 45.67 亿年,地球比太阳年轻 6200 万年。

(1) 地球的形成　在太阳形成之初,四周包围着大量圆盘状的气体及作为核的尘埃,这些气态云团与尘埃团块不断碰撞凝结为行星。据介绍,当时在地球轨道附近大约存在 100 亿个直径为 10km 的小行星,小行星不断碰撞熔合成为"初成形"的地球。最新研究表明,地球在诞生初期遭受到长达 1 亿年陨石雨的洗礼,这些陨石(小行星)以每秒数千米到数十千米的速度撞击原始地球,撞击点的温度高达 1.6×10^4 K。冲击地球的小行星是由含铁(少量

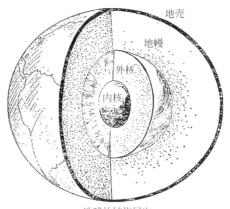

地球的结构层次

地壳	厚约	100km
地幔(又叫中间层)	厚约	2790km
外核	厚约	2260km
内核半径	约	1220km
地球半径	约	6370km

图 2-2 地球的层状结构

镍)的橄榄石、顽火辉石等所组成。这些小行星长时间的冲击改变了地球的化学特性,研究人员认为,地壳在形成与侵蚀的过程中,丧失了大量的硅,而留下了相对较多的镁。

地球在太阳系"怀胎"亿年,方成形为我们的家园。地球的婴幼儿期是多灾多难的!小行星的冲击,在撞击点的温度高达 1.6×10^4 K,使小行星和原始地球的物质熔化,密度较大的熔融铁沉入原始地球的中心区域形成地核,地球的液态铁芯产生。在地球诞生 2.5 亿年后形成了地球的磁场,地球磁场起到了保护地球大气层的作用。

(2) 地球的大气 据研究,太阳诞生初期太阳风要比现在强烈得多。太阳风是太阳喷射的持续带电粒子,其侵蚀能力可能是今天的 10 倍。若没有磁场,地球的大气,大气中的水蒸气将很快被太阳风刮走!例如火星的个头小,它灵巧地躲过了大多数小行星的冲击,但它遭受了 5 次特大行星的碰撞,致使火星磁场几乎消失(磁场强度仅为地球的 1/1000),只存在一条扭曲的磁尾,而磁尾扭曲会导致大气逃逸至外太空。没有磁场的保护,火星暴露于太阳风的灼烧下。美国 NASA 估计,直到目前,火星每秒仍在丢失约 100g 大气。这样太阳风慢慢剥离了约 90%的火星大气,使火星上的大气极为稀薄(仅为地球大气层的 0.7%),转变为现今的荒芜模样;表 2-1 列出了太阳系八大行星大气成分。

表 2-1 太阳系八大行星大气成分

行星	大气成分
水星	O_2 42%、Na 29%、H_2 22%,其他气体(主要是 He、Ar 等)7%
金星	CO_2 96%、N_2 3%,其他气体(主要是硫酸云层 SO_2、Ar 等)1%
地球	N_2 78%、O_2 21%、Ar 约 1%,其他气体(主要是 CO_2、Ne、CH_4 等)<1%
火星	CO_2 95%、N_2 3%、Ar 1.5%,其他气体(主要是 O_2、CO_2、H_2O 等)0.5%
木星	H_2 90%、He 约 10%,其他气体(主要是 CH_4、NH_3、C_2H_6、H_2O 等)<1%
土星	H_2 96%、He 3%,其他气体(主要是 CH_4、C_2H_6、H_2O 等)1%(硫使得气体云呈现为黄色)
天王星	H_2 83%、He 15%、CH_4 2%(甲烷使得天王星呈现为蓝色)

续表

行星	大气成分
海王星	H_2 80%、He 19%、CH_4 约 1%（太阳系最强烈的风暴）

引自：中国地质大学（武汉）行星科学研究所。

水星大气不能称之为大气，其浓度仅为地球大气的千亿分之一。

地球大气成分随着地球年代的演化而发生变化。如在地球形成的初期，距今 45 亿年前地球大气如火星、金星一样，以高浓度二氧化碳为主；距今 38 亿年前能产生甲烷的微生物消耗二氧化碳产生甲烷；距今 30 亿年前，放氧细菌出现；距今 23 亿年前，氧气开始在大气中出现，随着氧气含量增加，甲烷含量降低，起温室作用的甲烷减少，造成了全球性的寒冷；23 亿年前至 6 亿年前，地球处于冰期，如图 2-3 所示。

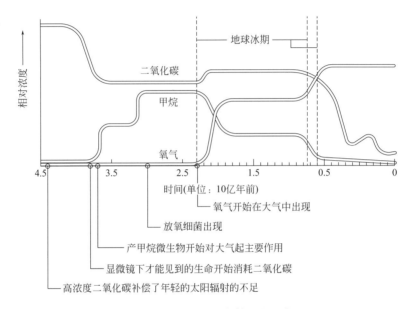

图 2-3 地球形成初期气体变化示意图

直至 6 亿年前，大气中氧气含量达到现今水平，随着大气中二氧化碳、甲烷含量的降低，地球进入震旦系、寒武系，以氧气为生的地球生物大爆发，并伴随着沉积性磷块岩的形成，地球生物大量繁殖，并进化至人类。

地球的演化大致可分为三个阶段：

第一阶段为地球圈层形成时期，其时限距今 46 亿～42 亿年；

第二阶段为太古宙/元古宙时期，其时限距今 42 亿～5.43 亿年；

第三阶段为显生宙时期，其时限由 5.43 亿年至今。

引自：中国化学会第 11 届全国磷化学化工学术讨论会暨中国空间科学学会空间生命起源与进化专业委员会（2017 年 11 月 20～22 日）之际，华中农业大学信息学院联合武汉地质大学行星科学研究所举办的"问天——太阳系及八大行星剪影"科普展。

（3）地球的液体水 最新研究表明，地球储存液体水的能力独一无二，这也许是其他行星可能永远无法像地球一样宜居。

地球内部矿石中富含的氧与某些矿物中含有的氢，通过化学反应合成为水。地球之所以如此生机勃勃是因为它内部隐藏有巨大的"海洋"。通过地壳板块运动将地幔中水释放至地球表面，浩瀚大洋的水来自地球内部。当今，地壳的海洋面积占地壳总面积的70.8%，海洋平均深度为3700m。

水孕育了生命，生命起源经历了：①细菌及蓝藻时代（38亿年前～18亿年前）；②藻类和无脊椎动物时代（18亿年前～5亿年前）；③裸蕨植物和鱼类时代（4.4亿年前～3.5亿年前）；④蕨类植物和两栖动物时代（3.5亿年前～2.25亿年前）；⑤裸子植物和爬行动物时代（2.25亿年前～7000万年前）；⑥被子植物和哺乳动物时代（7000万年前～300万年前）；⑦人类时代（300万年前）。由此可以看出，人类在地球生命进化史中仅相当于是襁褓中的婴儿，人类应该遵循地球的规律。

（4）地球的土壤　地球是岩石类行星，岩石中的钾、磷、钙、镁、硫等，因风化增加了其有效性，人类又将大气中的氮固定为合成氨。氮、磷、钾及地壳中的中微量营养元素滋养了植物，养活了人类及禽畜。人类生命史中，"耕作土壤—根际微生物—农作物"为相处了10000年的和谐社会；化学肥料的使用，世界自1840年德国科学家李比希提出了矿质营养学说开始，已有177年的历史，我国台湾省自1901年从日本引进了肥田粉（硫酸铵）用在甘蔗田里开始，已有118年的使用史；而大量施用化肥的历史：世界自1950年人口增长不能再依赖耕地的扩大，而只能依靠增加单位面积的产量，至今为69年；中国自1970年小氮肥全国普遍建设，而得以大量施用国产化肥已49年。若将10000年的"土壤—微生物—农作物"生态系统比喻为100年的和谐社会，则化学肥料相当于进入生态系统不到2年的新成员，而大量使用化肥的历史相当于进入生态系统不到6个月的新移民。所以，化肥对上述生态系统可视为外来物（新移民）。由于化学肥料是耕作土壤的营养品，因此，当化肥施入适量或少量多施，生态系统表现为接纳；当大量施入化学肥料而危及微生物、作物生存，生态系统表现为排异。土壤排异表现为：当大量施入化学肥料，土壤启动大量产生硝化细菌、反硝化细菌的机制，将铵态氮、硝态氮分解为氮气（$NH_3 \rightarrow HNO_3 \rightarrow HNO_2 \rightarrow NO\uparrow、N_2\uparrow$）以及磷酸盐被土壤固定。当大量施入化学肥料，耕作层杂草产生，通常杂草的根系比作物的根系深，可消耗大量的肥料。因此，也可将杂草丛生看成是土壤对过量施肥的排异。当生态系统表现为排异时，人们可采取的对策为减少施肥量、多次施肥、施适度缓效肥，加硝化抑制剂，抑制土壤对大量施肥的排异。

（5）人类的进化史　从200万年前能直立行走的东非人（会制砾石小型工具）、50万年前北京猿人（会使用火、有骨器、石器），4万年前人类大脑变得很聪明，开始有现代人的行为，直至5000年前人的社会化（人类文明史）。可以看出，人类对应于地球5.43亿年的生命进化史，仅是幼小的婴儿。因而，人类对地球的关系应符合"天人合一"的理念。天即自然，人包括人类、动物、植物、微生物。"天人合一"即人要顺应自然。

"天人合一"是研究"肥料领域颠覆性创新"的第二个认识。在这种认识下，组建了"肥料领域颠覆性创新联盟"，后改称"绿萝（农投）联盟"。绿萝联盟成员的产品是包括肥料在内的能促进作物生长的其他农业投入品。例如：农用低温等离子体、农用微生物、农用植物生长调节剂、植物诱抗素、肥料增效助剂、包裹肥料等。"绿萝（农投）联盟"是基于对地球的深刻认识，通过优化农业投入品，从多角度、跨行业的高效肥料助剂入手，通过先进的智能近地感应测土车及气象、种植、配方等方面的大数据，利用精准测土，精准配料，期望达到在2030年使化学肥料需求量减少30%～50%的目标。

（6）地球的未来　地球的未来与太阳有密切的关联，由于氦的灰烬在太阳核心稳定的累积,太阳光度将缓慢地增加。从地球诞生于45.67亿年前,至6亿年前大气中氧气含量达到现今水平,未来的11亿年后,太阳的光度将增加10%,之后的35亿年又将增加40%。气候模型显示,此时抵达地球的辐射会显著增加,将对地球造成灾难性的后果,包括地球的海洋可能会至45亿年后消失。

地球作为当今宇宙已知唯一宜居的星球,至少还要存在长达17亿年之久。

2007年美国《未来学家》1~2月号刊文:估计再过一个世纪,人类能够幸存的把握只有50%;2007年哥伦比亚《时代报》载文,人类在公元3000年进入鼎盛期,之后可能再存在1万年。1万年内,人类将为自身对技术的过度依靠而付出代价;2008年西班牙《趣味》月刊9月报载文,曾经有一种预测模型的计算结果:人类有95%的可能会在未来9120年内消亡,即至公元11128年,地球上仍有人生存的可能性为5%。以上推测:人类的可持续发展最多为1万年。

人类的消亡远远小于地球的宜居期!人类的消亡是人类的悲剧,但可能是其他物种的福音。据2006年10月12日英国《The Times》报道:人类消失后地球会变成野生动植物的天堂,15589种受到威胁的物种会立即开始复苏,在两万年之内,人类留下的所有痕迹将荡然无存!地球上最顽强的动物是水熊虫(water-bear),它是不大于1mm的动物,全球几乎都有它的存在。它可以在高达150℃及-272℃的极端温度下生存,可生存在深海和太空冰冷的真空中,也能在充满辐射的外太空中生存,有的科学家甚至认为它是唯一生存到太阳灭亡那一天的生物。水熊虫也称为太空虫,正引起太空生命工作者的重视。

本研究报告认识到:人们应克制过度的欲求,减少自身对技术的过度依靠,珍爱我们美丽的家园!

2.2 磷在地壳中的分布

磷主要存在于地幔基性岩中,地幔中磷平均丰度值为7×10^{-6},而地壳中平均丰度值为1000×10^{-6}(0.1%);地幔的厚度达2790km,比地壳平均厚度(33~35km)大得多。地幔的体积占地球体积的80%以上,而地壳的体积仅占地球体积的0.65%。地球早期地壳薄弱,经常发生大规模的海底火山喷发地质事件。海底火山喷发对磷的聚集起了重要作用,火山喷发是地壳表生磷的初始来源,也是近代磷矿物质来源之一。地球是岩石类星球,各种岩石的含磷量如表2-2所示。

表2-2 各种岩石含磷量

岩性	P_2O_5含量/%	磷含量/(mg/kg)
超基性岩	0.90	3921
碱性玄武岩	0.48	2095
火成岩	0.22	961
页岩	0.17	742
砂岩	0.10	437
地壳平均	0.21	930

地壳平均含磷0.093%，即接近0.1%。人们赖以生存的舞台仅仅是地壳部分。地壳厚度很不均匀，最厚地区是我国的青藏高原，平均厚度达70km，而大洋壳的厚度平均仅6～8km。地壳总体积约7×10^9（70亿）km^3，地壳质量$(2.40\sim2.86)\times10^{19}$t（中值$2.63\times10^{19}$t）。

地壳中主要元素（化合物）丰度如表2-3所示。

表2-3 地壳中主要元素（化合物）丰度（克拉克值[①]/%）

元素 （化合物）	SiO_2	Al_2O_3	FeO	CaO	Na_2O	K_2O	MgO	TiO_2	P_2O_5	MnO
上地壳	66	15.2	4.5	4.2	3.9	3.4	2.2	0.65	0.15	0.08
中地壳	52.3	15.5	6.4	5.1	3.2	2.0	3.4	0.7	0.1	0.1
下地壳	59.1	16.6	8.1	9.4	2.6	0.6	7.1	0.8	0.1	0.1

① 克拉克值（clarke value）是各种元素在地壳中的平均含量（质量）百分数。

地壳中含磷量有多种估值：若按地球质量2.63×10^{19}t，按地壳中磷对硅的相对丰度为0.003，核算地壳含有磷元素7.89×10^{16}t；由磷在各种地质体中的分布，磷元素丰度0.1%，则计算可知地壳含有磷元素2.63×10^{16}t；苏联资料，地壳中磷的含量（克拉克值）为0.08%～0.12%（按质量），则地壳中含有$(2.10\sim3.16)\times10^{16}$t磷。Ashley等在2011年报告中称，地球地壳约有4×10^{15}t磷；Yamaganta等在1991年报告中称，地球地壳约有8×10^{20}g磷，即8×10^{14}t磷，与前两个数据相差较大。

这里认为，苏联资料地壳中含有$(2.10\sim3.16)\times10^{16}$t磷更为可信，据此推测，地壳中含有$(2\sim3)\times10^{16}$t磷。

若忽略火山喷发从地幔带入的磷，地壳中磷总量是确定值。人们可以充分利用上地壳中的磷。

就整个地壳岩石圈的原子组成来说，氧占60.4%、硅20.5%、铝占6.2%、氢2.9%、钠2.49%、铁1.9%、钙1.88%、镁1.77%、钾1.37%。这9种原子占岩石圈原子数的99.41%，而磷仅可归入少量元素了！

整个地壳的岩石组成中，火成岩占95%，沉积岩（包括变质岩）仅占5%。但沉积层覆盖了地球表面的75%，火成岩只覆盖了地球表面的25%。地壳沉积岩的下层是花岗岩，它是典型的火成岩，据黎彤等分析统计，中国12265个花岗岩样品中含P_2O_5 0.09%（P 0.04%）、K_2O 4.09%；世界15790个花岗岩样品中含P_2O_5 0.16%、K_2O 4.01%。

小结：地壳中含磷$(2\sim3)\times10^{16}$t，而绝大部分以含磷为0.1%的浓度分散在花岗岩、玄武岩等火成岩中，地壳中磷质的浓度是高度分散的。

参考文献

[1] 卞德培. 求知文库：太阳系新探[M]. 北京：中国和平出版社，1993：39，43.
[2] 英国麦克米伦教育公司. 少年百科全书：宇宙和地球[M]. 张振中，臧小文，译. 北京：科学普及出版社，知识出版社，1983：25.
[3] 法新社巴黎9月23日电. 远古陨石雨改变地球化学成分[N]. 参考消息，2015年9月26日.
[4] 韩豫川，夏学惠，肖荣阁，等. 中国磷矿床[M]. 北京：地质出版社，2012.
[5] 喻万松. 部分地壳元素（化合物）丰度表/图[EB/OL]. (2011-10-6) (2017-10-27). http://www.doc88.com/p-

9465188295395.html.
[6] Bowler M W, Cliff M J, Waltho J P, et al. 大自然为什么选择磷主导生命[J]. 中国科学: 化学, 2010, 40(7): 927-939.
[7] 全苏矿物原料研究所. 工业矿原料丛书: 磷[M]. 北京: 中国工业出版社, 1961: 6.
[8] 黎彤, 袁怀雨, 吴胜昔. 中国花岗岩类和世界花岗岩类平均化学成分的对比研究[J]. 大地构造与成矿学, 1998, 22(1): 29-31.

第 3 章

地球磷资源的形成

3.1 磷质来源

据《中国磷矿床》介绍磷在地壳中平均含量为 0.093%，若使磷富集成为磷资源的工业矿体 [$w(P_2O_5)>11\%$，$w(P)>4.8\%$]，磷含量要提高 50 倍以上。因此，磷矿形成时磷质来源是核心问题。

关于磷质来源有多种不同学说，其中有生物说、陆壳说和火山说三种。根据不同磷矿的地质条件，磷矿形成时的磷质来源，主要的是海底火山喷发作用带来的磷"火山说"，其次是陆源吸收"陆壳说"和低等植物藻类兴衰的"生物说"。

由地幔喷出的岩浆，在冷却过程析出磷灰石结晶，早期析出的磷灰石多为副产物，以细小圆柱体（粒径 0.3mm×0.1mm）散布在造岩矿物中，晚期析出的往往富集成矿，多呈短柱状（粒径 1.5mm×1mm），P_2O_5 含量一般大于 8%，最高达 25%，成为岩浆岩型磷矿床，称为磷灰石。在地球出现生物之前，主要是靠这种无机岩浆富集磷，这种无机状态的磷酸盐通过风化作用，缓慢地浸出，以 $[HPO_4]^{2-}$、$[PO_4]^{3-}$、$[H_2PO_4]^-$ 形式，通过河流迁移到湖泊、海洋，并以难溶金属磷酸盐的形式在水中沉降或加入水生生物食物链。

金属磷酸盐在水溶液中的溶解度与 pH 值有关。在中性溶液中可能首先以 $Ca_3(PO_4)_2$（溶度积约为 10^{-29}mol/L）析出，然后逐渐转变为更难溶解的氟磷灰石 $Ca_5F(PO_4)_3$（溶度积约为 10^{-60}mol/L）。适宜形成磷矿床的 pH 值被认为是 8.0±0.5。

磷是生物体的重要组成部分，浅海藻类的大量繁殖，吸收海水中的磷，藻类死亡后形成了以有机质为磷质的来源，放射性 ^{32}P 实验表明，在水循环中的无机磷酸盐在 1min 内被藻类吸收 50%，3min 内吸收 80%。沉入海底的难溶性无机磷酸盐，却要经过数百万年才能完成初级的无机循环。因此，从岩浆喷发到风化作用进入水体为水生生物食物链利用，形成生物富集的磷矿要经历数千万年甚至亿年。这种由海相沉积的磷矿被称为磷块岩。

藻类对磷的富集作用主要体现在三个方面。

(1) 藻类的机械富集与捕集作用　磷酸盐化藻类遗体的机械富集，在各种不同的藻类中都可以见到。例如，以磷酸盐化球形藻为主组成的磷块岩夹层（瓮安）是机械沉积富集结果；又如以磷酸盐化蓝绿藻丝构成的核形石夹层（宜昌）也具有机械富集成矿的性质。

藻类的捕集作用主要表现在各种叠层状藻磷块岩的形成过程中。根据显微观测分析可知，尽管这些磷块岩的宏观形态很不一样（如丘状、柱状、栅状等），但它们基本上都是由亮、暗两种纹层交替而成。磷块岩叠层石是藻类不断生长、繁殖同时又对球粒、砂屑不断黏结、捕集而成。亮、暗纹层中的纤状和较粗大的亮晶磷灰石，无疑是成岩过程孔隙水中磷酸盐淀积产物。这种磷块岩生成中藻类起到主要作用。

（2）改变环境性质促进磷酸盐淀积　藻类光合作用消耗水体中CO_2，可以增大pH值并促进磷酸盐沉淀。埋藏在沉积物中的藻类或其他生物遗体的腐解，可以改变微环境使磷酸盐成岩富集。

（3）藻体腐解增加了海洋盆地水体内的含磷浓度　藻类的生长繁殖离不开营养元素磷。磷以正磷酸盐（HPO_4^{2-}）形式摄入藻细胞，并形成有机磷酸盐。各种藻类都含有磷，绿藻含量高，硅藻含量低，藻类（干重）含磷从0.5%到3.3%。在藻类或其他有机生源物质（蛋白质、脂类、碳水化合物等）分解转化时，除产生各种氨基酸、糖类、甲烷、二氧化碳等以外，磷以HPO_4^{2-}形式进入水中。因此，如果藻类长期的不断的生长繁殖和死亡腐解，海洋盆地水体中就会积累大量的磷质。在这个过程中，通过藻类吸收利用把分散的无机磷变成易溶的有机磷，而后再由于藻体腐解转变成丰富的无机磷。磷质的这个转变过程，在其富集当中具有非常重要的意义。

由生物机体提供成磷物质，远古海相沉积磷块岩与生物起源几乎同时发生，早寒武世磷块岩矿床的形成与寒武纪（距今4.95亿～5.45亿年）生物大爆发几乎一致。图3-1（见文前彩图）为著者在云南磷化集团技术人员陆伟才高工及地质工作者梁永忠引领下，在中国昆明地区震旦系及寒武系含磷岩层，考察磷矿中生命大爆发的轨迹。

3.2 磷矿资源基本知识

含磷矿物是全球重要的非金属矿物资源之一。磷资源（resources）量是指未经加工的各种品级的磷矿实物量之总和；基础储量（reserve base）是指符合磷矿一般工业指标品级的可商品化的磷矿实物量；磷矿储量（reserve）是指可经济开采的磷矿实物量。

截至2016年底，我国磷矿查明基础储量为32.41亿吨（其中储量9.83亿吨）、资源量211.67亿吨，查明资源储量244.08亿吨。除此之外尚有伴生磷矿查明资源储量（P_2O_5）1047.49万吨。

中国磷矿一般工业指标是供预查、普查阶段圈定矿体估算资源储量的参考依据，见表3-1。

表3-1　磷矿一般工业指标

项目	类别		备注
	磷块岩矿	磷灰石矿	
边界品位(P_2O_5)/%	≥12	5～6	
最低工业品位(P_2O_5)/%	15～18	10～12	

续表

项目	类别		备注
	磷块岩矿	磷灰石矿	
磷块岩矿石品级(P_2O_5)/%	Ⅰ≥30		适合擦洗脱泥的风化矿石，Ⅰ级品的P_2O_5可降到28%
	Ⅱ<24～30		
	Ⅲ<15～24		
可采厚度/m	1～2		
夹石剔除厚度/m	1～2		

虽然，磷元素在地壳中的丰度处于第11位，地壳中含有$(2\sim3)\times10^{16}$ t的磷，但大部分高度分散在花岗岩、玄武岩、流纹岩等这些以SiO_2、Al_2O_3为主体的火成岩中，更大部分埋藏在海洋底部的地壳层内，地壳的海洋面积占地球总面积的70.8%，陆地面积仅占29.2%。因此，在目前勘探与开采条件下发现的磷矿资源，仅占地壳中含磷量的一小部分。

自然界中已知的含磷矿物大约有120种，但有工业价值的各种磷酸盐矿在地壳中分布的相对比例大致为：磷块岩（沉积岩）和磷灰石（火成岩）占95%，磷铝石和蓝铁矿占3%，独居石（$CePO_4$）约占1%，其他磷酸盐占1%。

3.3 世界磷矿资源

从地质成因看，通常意义的磷矿（phosphate rock）可区分为：属于火成岩的磷灰石（igneous phosphate）及属于沉积岩的磷块岩（sedimentary phosphate）两大类。磷灰石存在于地壳熔融岩浆的冷却过程中形成的岩石内，含磷品位低。由于熔岩缓慢冷却，含磷粒子易于成为较粗的磷酸盐结晶，所以，易于化学选矿富集至大于30% P_2O_5。部分属于沉积岩的磷块岩由于地壳运动沉入地壳下层，在地壳下层的高温高压的作用下，磷块岩中的细微含磷粒子由于热运动，逐渐聚集为较粗的结晶，形成类似火成岩的磷灰石，称为变质磷块岩（metamorphic phosphate rock）。

磷块岩（包括变质岩）在距今6.5亿年前的后震旦纪，至距今5000万年前的始新世的地质年代中均可发现。当前，全球磷矿开采量的85%为磷块岩；15%来自磷灰石。此外，还有少量鸟粪堆积形成的磷矿床，分布在大洋的圣诞岛、瑙鲁等岛屿上，称为海岛矿（insular deposit）。

世界上的磷矿既存在于沉积矿床，也存在于火成矿床中。大多数（80%～90%）用来生产化肥的磷矿来自沉积矿物，它沉积于远古海洋大陆架环境中。

3.3.1 磷矿资源量

据美国地质调查局统计，截至2017年探明磷矿石储量682亿吨，虽然分布在非洲、亚洲、美洲等60多个国家和地区，但非洲磷矿资源占80%多，亚洲约占13%，美洲、大洋洲也有一些磷矿资源。2015～2017年世界磷矿石储量如表3-2所示。

表 3-2　2015～2017 年世界磷矿石储量

排序	国家	2015 年 储量/亿吨	2015 年 占世界总量/%	2016 年 储量/亿吨	2016 年 占世界总量/%	2017 年 储量/亿吨	2017 年 占世界总量/%
1	摩洛哥及西撒哈拉	500	73.19	500	72.92	500	73.31
2	中国	33.08	4.84	32.41	4.73	33	4.84
3	阿尔及利亚	22	3.22	22	3.21	22	3.23
4	叙利亚	18	2.64	18	2.62	18	2.64
5	南非	15	2.20	15	2.19	15	2.20
6	俄罗斯	13	1.90	13	1.90	13	1.91
7	约旦	13	1.90	12	1.75	12	1.76
8	埃及	12	1.76	12	1.75	12	1.76
9	美国	11	1.61	11	1.60	11	1.61
10	澳大利亚	10	1.46	11	1.60	11	1.61
	其他国家	36.05	5.28	39.3	5.73	35	5.13
	全球总计	683.13	100	685.71	100	682	100

资料来源：Mineral Commodity Summaries，2017，中国除外。

2016～2017 年，全球磷矿石储量由 685.71 亿吨减至 682 亿吨，同比减少 0.54%。2017 年，磷矿储量在 10 亿吨以上的国家合计储量为 647 亿吨，占世界总量的 94.87%。磷矿资源最多的是摩洛哥和西撒哈拉，占世界总量的 73.31%。

3.3.2　磷矿资源分布

世界磷矿资源分布集中，主要为海洋沉积型磷块岩，大型沉积矿床主要分布在非洲北部、中国、中东和美国。火成磷酸盐岩矿床主要发现于巴西、加拿大、俄罗斯和南非。

非洲摩洛哥和西撒哈拉磷矿资源主要分布在摩洛哥西部，品位（以 P_2O_5 计）多在 34% 以上，属优质矿。主要磷矿区有：乌拉德·阿布顿（Oulad Abdoun）、干图尔高原（Gantour）、梅斯卡拉（Meskala）、欧德·埃德达哈布（Oued Eddahab）。按目前的开发速度，可开采 2000 年。西撒哈拉著名的布克拉磷酸盐岩矿床储量达 17 亿吨。非洲其他著名磷矿床：突尼斯的加夫萨，塞内加尔的泰巴和帕洛，多哥的哈霍托-阿库马佩，埃及红海区域的萨法加和库塞尔，南非的帕拉博拉矿床。

欧洲磷矿资源主要分布在俄罗斯和哈萨克，科拉半岛（Kola）的特大型磷酸盐岩矿床，是磷酸盐岩与霞石正长岩复合矿体，资源量估计 32 亿吨。

亚洲和太平洋地区磷矿资源比较丰富，沙特阿拉伯东北部磷酸盐岩远景资源达 17 亿吨，Sirhan-Turaf 磷酸盐岩矿只是大型磷酸盐岩沉积区域的一部分，该磷酸盐岩沉积矿带延伸至约旦、伊拉克。以色列的内盖夫沙漠是重要的含磷盆地，知名矿山有奥隆矿和纳哈尔金磷酸盐岩矿。澳大利亚最大的浅海相磷酸盐岩矿床位于乔治纳盆地，磷酸盐岩资源量约 20 亿吨，最大的磷酸盐岩矿床在西北磷酸盐岩丘陵，证实储量 2350 万吨，P_2O_5 品位 24.2%。

美洲磷矿资源主要分布在美国、巴西和秘鲁。美国磷酸盐储量有 14 亿吨，其中：佛罗里达州占 45%，北卡罗来纳、爱达荷州和犹他州等占 55%。巴西发现大型磷矿床有塔皮拉、阿拉萨和雅库皮兰卡。秘鲁著名的塞丘拉矿床，磷酸盐岩资源达 100 亿吨，贝奥瓦（Bayovar）矿床磷酸盐岩储量 8.16 亿吨。

在太平洋和大西洋海底蕴藏大量磷酸盐岩资源，已知五个成矿带为：加利福尼亚浅海磷矿带，秘鲁-智利浅海磷矿带，美国东南部大陆架磷酸盐岩矿带，摩洛哥-加纳陆棚磷酸盐岩矿带，纳米比亚-南非浅海磷矿带，但是当前技术还不能经济开采回收。

中国 2017 年磷矿石储量虽然居全球第二位，但仅占全球储量的 4.8%。主要分布在中西部地区，其中云南、贵州、四川、湖北和湖南五省磷矿查明资源储量占全国的 85.2%，$P_2O_5 \geqslant 30\%$ 的磷资源仅占 9.2%。

3.3.3 磷矿开采量

据 USGS 2017 年统计，2016 年和 2017 年，全球磷矿开采量排名前 10 位的国家如表 3-3 所示。

表 3-3 2016 年和 2017 年，全球磷矿开采量排名前 10 位的国家

国家	2016 年		2017 年[c]	
	开采量/×10⁶ t	占总量/%	开采量/×10⁶ t	占总量/%
中国	135	52.94	140	53.23
美国	27.1	10.63	27.7	10.53
摩洛哥及西撒哈拉	26.9	10.55	27	10.27
俄罗斯	12.4	4.86	12.5	4.75
约旦	7.99	3.13	8.20	3.12
巴西	5.20	2.04	5.50	2.10
埃及	5.00	1.96	5.00	1.90
沙特阿拉伯	4.20	1.65	4.50	1.71
以色列	3.95	1.55	4.00	1.52
秘鲁	3.85	1.51	3.90	1.48
其他国家	23.41	9.18	24.7	9.39
全球	255	100	263	100

[c] 表示估计值。

2016 年全球磷矿开采量 2.55 亿吨，2017 年为 2.63 亿吨，同比增长 3.14%。2016 年，中国的磷矿开采量为 1.35 亿吨，约占世界总量的 53%，位居世界第一，超过其后 9 个生产磷矿最多的国家 9659 万吨产量之和，中国磷矿开采量是世界之最！

2016 年，中国生产磷矿石（折含 P_2O_5 30% 的标矿）8306.6 万吨，比 2015 年增长 1.8%，磷矿石生产和需求略增；磷肥产量升至 1828.6 万吨，比 2015 年增长 1.87%，占世界的 55.24%。

摩洛哥磷矿生产全部由 OCP（Office Cherifien des Phosphates）公司垄断经营。2016 年 OCP 共生产磷块岩 2600 多万吨，磷矿采矿能力 3900 万吨。OCP 公司计划投资开发四座新矿山和四大洗选矿厂，将磷肥（DAP/MAP）产能从 900 万吨提高到 1580 万吨，计划未

来十年扩大其有效采矿能力至 5500 万吨。

3.3.4 磷矿资源品位

世界磷矿资源量及平均品位如表 3-4 所示。

表 3-4 世界磷矿资源量及平均品位（1989 年）

地区	实物量/亿吨	折纯 P_2O_5 量/亿吨	P_2O_5 平均品位/%
非洲	670.16	174.19	26
北美洲	350	82.88	24
亚洲	139.5	32.89	24
中东	156.42	33.92	21
南美洲	52.43	9.31	18
大洋洲	39.55	7.12	18
苏联	212.7	9.69	12
欧洲	11.68	0.77	7
世界总计	1632.44	350.77	21.5

根据表 3-4，1989 年全球勘探的磷矿资源实物量为 1632.44 亿吨，折纯 P_2O_5 总量为 350.77 亿吨，计算得到 1989 年全球磷矿平均品位（P_2O_5）为 21.5%。

2012 年世界磷矿资源实物量超过 3000 亿吨，比 1989 年的数据增加近一倍。当前世界磷矿资源的平均品位约为 18%，若按实物量 3000 亿吨估算，则 P_2O_5 总量约 540 亿吨（5.4×10^{10} t），折合为磷元素约为 2.36×10^{10} t，仅占地壳中总磷量（$2\sim3$）$\times10^{16}$ t 的 10^{-6}（即百万分之一）。但并不意味着全球尚有大量的磷资源未被发现，磷资源与地壳中总磷量是两个完全不同的概念。

本研究报告估算全球磷资源最多占地壳中总磷量的百万分之一，因此全球特别是中国应该十分珍惜地表的磷资源。

据 2015 年 2 月 24 日《纽约时报》(*The New York Times*) 网站，以 "2880 万吨撒哈拉沙漠尘埃滋养亚马孙流域" 为题，报道全球最大沙漠的大团尘埃受气候影响被带到空中，越过大西洋，跨越数千英里，最终落在亚马孙盆地上。早在 2006 年美国航天局（NASA）通过云雾激光雷达与红外线引导卫星观察，每年平均有 1.82 亿吨沙尘跨过撒哈拉沙漠西侧，其中约 2880 万吨沙尘最终落在亚马孙盆地，亚马孙流域 90% 的土壤由于雨水溶淋缺磷，而撒哈拉沙漠尘埃蕴含丰富的磷。研究人员推算，每年有 2.2 万吨磷从撒哈拉沙漠被吹到亚马孙流域，大约等同于后者被雨水冲走的含磷量。

无独有偶。2017 年 8 月 2 日美国《洛杉矶时报》(*Los Angeles Times*) 报道："中国戈壁沙漠为美国 Yosemite National Park 的森林提供养分"。美国 Yosemite National Park（约塞米蒂国家公园）是美国首个国家公园，位于加利福尼亚州内华达山脉西麓，占地面积 2850 km²，是美国景色优美的国家公园之一，其中有世界上现存最大的巨杉，估计有 2700 年的树龄。研究表明：美国约塞米蒂国家公园与亚马孙雨林有共同之处，都是从一个遥远的地方供应食物。气候学家认为在加州的雨季，远在中国戈壁沙漠和蒙古的尘土被环球急流带起，落到约塞米蒂国家公园的花岗岩基岩上，灰尘中的微小物质滋养着内华达山脉大片的森林，这一过程已持续了数十万年。在美国国家科学基金会的支持下，加州大学的科学家才了解到，内华达山脉充斥着红杉和松树的针叶林是如何在缺乏养分的花岗岩石地区生长了数十万年，这是由于中国戈壁沙漠和内蒙古的尘土供应了养分。

中国内蒙古白云鄂博是世界已知的碳酸盐岩型磷矿床之一，在南北矿化带均有露头分布，其化学组成如表3-5所示。

内蒙古白云鄂博碳酸岩磷矿中，磷灰石为微细颗粒，粒径为0.01～0.1mm，含P_2O_5 1.1%～16.8%，还含有丰富的SiO_2、CaO、MgO、K_2O、Fe_2O_3等中微量元素。可能正是这些来自中国的微细养分滋养了美国的森林。

表3-5 内蒙古白云鄂博碳酸岩磷矿化学成分　　　　　　单位：%

序号	P_2O_5	K_2O	CaO	MgO	SiO_2	Fe_2O_3	Al_2O_3	MnO	TiO_2	Na_2O	CO_2	F
1[①]	16.84	3.60	11.23	6.70	14.97	13.02	5.74	0.09	0.25	0.07	3.66	1.03
2[②]	16.07	1.09	35.20	7.14	5.15	10.62	1.84	0.70	0.53	0.11	15.99	1.04
3[③]	11.40	0.10	46.73	0.05	1.60	5.50	0.10	0.15	1.12	0.04	1.71	21.00
4[④]	1.13	0.08	30.64	15.97	0.05	3.74	0.003	1.47	0.22	0.29	35.40	—
5[⑤]	4.72	1.20	22.22	10.21	5.30	17.90	0.85	2.02	3.05	0.09	31.35	0.59

①含透辉石白云石碳酸岩磷矿石；②白云石碳酸岩磷矿石；③萤石碳酸岩磷矿石；④含磷石灰石碳酸岩；⑤闪石化含磷白云石碳酸岩。

世界是一个地球村，各国人民居住在地球村内有着千丝万缕的联系。谁也想不到，也许中国开采内蒙古白云鄂博、新疆瓦吉尔塔格的低品位碳酸岩型磷矿时，将可能会影响到万里之外美国加州森林的养分供应！

通过本节的基础数据可以发现，2016年中国磷矿生产量占全球产量的52.94%，而摩洛哥及西撒哈拉磷矿产量仅占全球的10.55%。我国磷矿开采量应引起警醒，若按照这种开采速率，百年之后将可能造成磷资源的短缺。从保护我国磷资源的角度出发，建议国家削减本国磷矿开采量，并可适当从摩洛哥进口所需的部分磷矿。

3.4　世界磷矿开采寿命预测

美国宇航专家David选用世界磷矿储量除以当年世界商品磷矿产量，得出美国磷矿可持续开采40年，世界也仅可持续开采90年。他仅考虑磷矿储量，而不是磷矿资源量，因此，计算得出开采寿命短；2009年日本环境专家越野正义选用世界磷矿资源量，并考虑了采矿损失率，得出全球易开采磷矿的开采寿命还有60年，包括难开采磷矿在内的开采寿命也不过350年；"中国磷肥产业国际竞争力评价研究报告"认为，全国2002年查明的167.9亿吨磷矿资源量，按磷矿开采回收率81.9%，每年生产5761万吨商品磷矿，中国磷矿最终利用年限为公元2188年，距今还有169年；2018年，自然资源部信息中心鲍荣华研究员指出，按2016年的储量和产量数据计算，世界资源储量可开采257年。表3-6汇总了一些磷矿开采寿命预测，开采寿命从30年至400年相距甚大。从而引发了一些学者研究全球磷资源流向了何方?

表 3-6 世界磷矿开采寿命预测

来源	年份	开采寿命/年
环球科学	2009	90
五国化学家	2010	30~100
日本越野正义	2008	60~350
美国地质勘探局	2010	93~369
肥料咨询报告	2013	300~400
自然资源部信息中心	2018	257

任何物质的生产都以消耗能源、资源为前提。对化肥生产而言,生产氮肥要消耗较多的能源,但只要太阳存在,能源将用之不尽;海水是巨大的钾资源库,只要海水尤存,钾资源可供人们长期利用;唯有磷矿资源是未来亿年内不可再生,而且,对生物体是不可替代的资源。

2007~2009 年世界许多专家提出全球面临磷短缺,而发起建立了跨学科的综合平台——全球可持续磷峰会(Sustainable Phosphorus Summit,SPS)。2010~2016 年 SPS 已召开 5 届:首届在瑞典 Linköpings 市(2010 年),第二届在美国 Tempe(2011 年),第三届在澳大利亚 Sydney(2012 年),第四届在法国 Montpellier(2014 年),第五届在中国昆明(2016 年 8 月 16~20 日)召开。SPS 峰会共同探讨磷矿开采、磷肥生产与利用、磷素环境效应与管理、全球相关专家制定政策使磷资源可持续的全链条解决途径。5 届全球磷峰会对磷永续利用发挥了巨大的作用。中国农业大学张福锁院士团队在磷资源最佳管理方案、养分流在食物链的吸收、利用、流失,对环境的影响等诸多方面开展了大量卓有成效的工作。

参考文献

[1] 韩豫川,夏学惠,肖荣阁,等. 中国磷矿床[M]. 北京:地质出版社,2012.
[2] 赵东旭. 藻类对磷的富集作用[J]. 地球科学进展,1990,(3):15-18.
[3] J. P. 赖利, G. 斯基罗. 化学海洋学:2 卷[M]. 崔清晨等译. 北京:海洋出版社,1982:436.
[4] 巴图林. 海底磷块岩[M]. 东野长岬,译. 北京:地质出版社,1985.
[5] 吴瑜端. 海洋环境化学[M]. 北京:科学出版社,1982:120.
[6] 袁俊宏. 我国磷资源利用与采选技术发展现状[C]. 第二十五届全国磷复肥行业年会资料汇编,2018:37-51.
[7] 全苏矿物原料研究所. 工业矿物原料丛书:磷[M]. 北京:中国工业出版社,1961:6.
[8] UNIDO&IFDC. Fertilizer manual[M]. Kluwer academic publishers,1998:90-126.
[9] Steven J V K. World phosphate rock reserves and resources. Muscle shoals USA:IFDC,2010.
[10] U. S. Geological Survey. Phosphate rock statistics and information[DB/OL]. https://www.usgs.gov/centers/nmic/phosphate-rock-statistics-and-information,2018.
[11] Steven J V K,Mike S,Robert M. 世界磷矿储量:一个不断变化和演绎的故事[J]. 谢玲,译,国际植物营养研究所(IPNI)系列期刊高效施肥,2014,(33):34-36.
[12] 鲍荣华. 2017 年世界磷钾资源分布及开发利用[A]. 第二十五届全国磷复肥行业年会资料汇编[C],2018:52-59.
[13] David A V. Phosphorus:a looming crisis[J]. Scientific American,2009,300:54-59.
[14] 越野正义. りん酸资源の有限性[J]. 季刊肥料[日],2009,112:37-45.
[15] 许秀成,侯翠红,赵秉强,等. 我国磷矿资源开采的可持续性[J]. 化工矿物与加工,2014,43(4):56.

第 4 章

地球中的磷流向何方？

磷是生物体中细胞膜和动物骨骼的组成元素，又是生化过程的重要参与者。在自然界，磷通常以正磷酸盐形式存在，工业利用的磷资源主要有磷灰石、磷块岩和鸟粪石。全球磷矿石消费量71%用于生产磷酸，而90%的磷酸用于加工磷肥。

世界人口增长带来粮食需求增加，导致需要消费更多磷资源；而人类生活污水中的磷直接流向自然水体，最终汇入海洋，打破了自然界原有的磷循环！随着磷矿石消耗量逐年增加，磷资源的不可替代、不可再生性受到重视。

我国湖泊的富营养化现状非常严重，其中磷是富营养化的关键因素。目前，国内的处理措施主要是控制外源性磷的输入和内源性磷的"有效性"。值得注意的是，由于磷矿是不可再生资源，并且储量有限，自然资源部已将磷矿列为不能保证需求的20个矿种之一。如果按照现有的除磷措施，不仅湖泊富营养化的潜在威胁将逐渐增加，而且不久的将来我们将面临磷资源的极度匮乏，使得我国的磷化工业和相应的农业生产受到严重的制约。所以，研究探讨磷资源循环利用的途径，实现环境保护和资源循环利用的双赢，是我国环保工作者应优先思考的问题。

4.1 地球磷循环的基本过程

自然界中磷循环的基本过程如图4-1所示，存在两个局部的小循环，即陆地生态系统中的磷循环和水生生态系统中的磷循环。

人类通过开采磷矿石，制造和使用磷肥、饲料、农药和洗涤剂等人类活动磷进入水体和土壤，以及排放含磷的工业废水和生活污水，都对自然界的磷循环产生影响。

（1）陆地生态系统的磷循环　磷矿开采、加工成磷化工产品，植物通过根系从土壤中吸收磷酸盐，动物以植物为食物而得到磷。动、植物死亡后，残体分解，磷又回到土壤中。在未受人为干扰的陆地生态系统中，土壤和有机体之间几乎是一个封闭循环系统，磷的损失很少。

（2）水生生态系统的磷循环　陆地生态系统中的磷，大部分由于降雨冲洗等作用而进入河流、湖泊中，然后汇入海洋。在水生生态系统中，磷首先被藻类和水生植物吸收，然后通过食物链逐级传递。水生动、植物死亡后，残体分散，磷又进入循环。进入水体中的磷，有

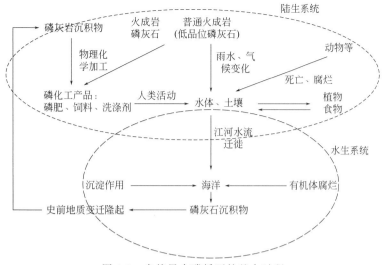

图 4-1　自然界中磷循环的基本过程

一部分可能直接沉积于深水底泥，从此不参加这一生态循环。另外，人类渔捞和鸟类捕食水生生物，使磷回到陆地生态系统的循环中。

图 4-2 为工业革命前磷矿开采利用情况。磷从自然界矿化进入陆地生态系统，作物吸收土壤中的一部分磷后，供动物食用，动物排泄出的一部分磷重新进入陆地生态系统，它是一个往复自身循环的过程。当植物和动物死亡后，磷酸盐在生物腐烂的过程中再次返回土壤和海洋，由于吸附和富集磷酸盐积存于沉积物中。然后，通过地质的变迁和隆起，沉积物转变为含磷酸盐的矿物岩石一起被抬升至海平面

图 4-2　磷循环示意图

以上，开始新一轮的循环。磷在陆地生态系统中要自身循环 46 次后，矿物经过风化和径流才能进入海洋。海洋中生物摄取磷，死亡后释放磷，在变为沉积物之前经过大约 800 次的循环，后再经过几千万年的地质构造抬升才重新形成磷矿。磷在陆生系统循环速度远远大于水生循环速度，磷的再生循环过程是最慢的物质循环过程之一，所以说磷是一种不可再生的宝贵资源。

磷主要以磷酸盐形式储存于沉积物中，以磷酸盐溶液形式被植物吸收。但土壤中的磷酸根在碱性环境中易与钙结合，酸性环境中易与铁、铝结合，都形成难以溶解的磷酸盐，植物不能利用。而且，磷酸盐易被径流携带而沉积于海底，磷质离开生物圈即不易返回，除非有地质变动或生物搬运。因此磷的全球循环是不完善的。磷与氮、硫不同，磷在生物体内和环境中都以磷酸根的形式存在，其不同价态的转化都无需微生物参与，属于比较简单的生物地球化学循环。

生物活动影响磷元素的迁移与分配，人类活动对其影响尤为重要。早期人类活动对磷地球化学行为的影响较为简单。由于自然风化及洪水携带含磷沉积物，土壤中存在一定量的磷，基本满足当时农业生产需要。进入生物体的磷，通过动植物体腐烂以及人类与动物的排泄过程最终回归土壤。磷总体上处于自然循环过程（图 4-3）。

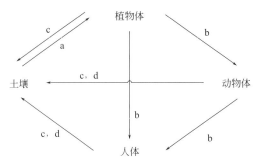

图 4-3 早期人类参与的磷元素生物地球化学过程
a—植物吸收；b—进食过程；c—腐烂过程；d—排泄过程

工业革命之后，城市逐渐兴起，医疗条件改善，人口数量增加，土壤所含磷已不能满足粮食生产需要，大量磷矿石被开采以生产磷肥。生活污水中的磷通过城市排水系统排放，速溶性磷肥及禽畜粪便中的磷通过自然流失和排放，流入地表水体，最终汇入海洋。海洋中的磷经沉积作用形成磷矿石，是以千万年计的漫长地质过程，如图 4-4 所示。

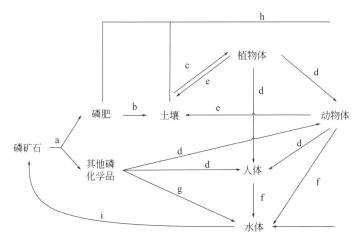

图 4-4 现代人类参与的磷元素生物地球化学过程
a—化工过程；b—施用磷肥；c—植物吸收；d—进食过程；e—腐烂过程；
f—排泄过程；g—污水排数；h—自然流失；i—成矿过程

从磷的生物地球化学循环角度分析，污水磷回收再利用可改变自然界磷元素因人类活动造成的单向流动状态。回收污水中的磷，将其加工为磷酸、磷肥等产品，为实现磷资源部分可循环利用和减少磷资源消耗提供了可能，必将有益于中国磷资源产业的绿色可持续发展。

4.2 地球陆地和水生生态系统的磷流量

在第五届全球可持续磷峰会上（SPS5 2016，昆明），美国哥伦比亚大学 Pedro A. Sanckes 作了题为"磷是可再生资源吗？"的学术报告，报告中阐述了地球陆地生态系统、水生生态系统的总体磷流量，如图 4-5 所示。

对图 4-5 分析表明：

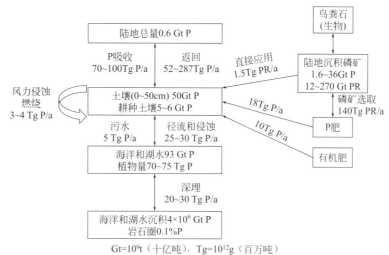

图 4-5 地球陆地和水生生态系统的总体磷流量

① 地球岩石圈含 0.1% 的磷,其中海洋和江湖沉积 $4×10^7$ 亿吨磷,陆地磷矿沉积(16~360)亿吨磷或(120~2700)亿吨磷矿。由此可知,海洋及淡水中沉积的磷为陆地沉积磷的 $1.1×10^5 \sim 2.5×10^6$ 倍。

② 每年采掘陆地沉积磷矿 1.4 亿吨(与 2006 年世界磷矿产量 1.43 亿吨接近),制得 1800 万吨(以磷计)磷肥(相当于 4123 万吨 P_2O_5,与 IFA 统计 2007 年全球磷肥产量 4022 万吨 P_2O_5 相近);每年有 1000 万吨磷来自有机肥,直接使用 150 万吨磷矿(相当于 20 万吨磷)。上述三部分合计每年有 2820 万吨磷进入耕作土壤磷库。

③ 在全球 0~50cm 土壤磷库中有 500 亿吨磷,其中全球耕作层土壤中有(50~60)亿吨磷,占全球土壤磷库总量的 10%~12%。由此推算,土壤耕作层总磷库中的磷相当于每年进入耕作层磷库磷 177~213 年的累积量。

④ 土壤耕作层磷库中,每年被全球生物吸收利用(0.7~1.0)亿吨磷,构成陆地生物质中的磷。陆地生物质磷总量为 6 亿吨,其中每年有(0.52~2.87)亿吨磷返回土壤磷库。

⑤ 土壤磷库中,每年有 500 万吨磷排入水体,还有(2500~3000)万吨磷随土壤径流和侵蚀进入海水和淡水中。土壤磷库中有(300~400)万吨磷通过风力侵蚀和作物燃烧又返回土壤磷库中。

⑥ 海洋和淡水中有 930 亿吨磷,水生植物生物质含(7000~7500)万吨磷。水中每年有(2000~3000)万吨磷埋藏入海洋、江湖沉积层。通过地质的变迁和隆起,沉积物转变为含磷酸盐的矿物岩石一起被抬升至海平面以上,形成下一轮磷的循环。

本研究报告认为:全球每年采掘的 1.4 亿吨磷矿,制得的 1800 万吨磷肥,进入土壤耕作层磷库后,除被作物吸收最终又返回土壤,约有一半以上残留在地表中,一部分随水径流或土壤侵蚀带入水体中。因此,利用土壤磷库中的磷及回收水体中的磷是磷资源永续利用的两个主要途径。

4.3 全球磷资源的流向

对于全球磷资源的流向,瑞典 Linköpings(林雪平)大学水与环境研究系 Dana Cordel

与澳大利亚悉尼工业大学可持续未来学院 Stuart White 在 2009 年全球环境变化期刊上发表了《磷的故事，全球食品安全及思考》。他们基于现存的磷矿储量将在下一个 50～100 年耗尽，作了一个全球磷资源流向的模型图，以 IFA 2006 年数据为基础，计算了全球磷在食品生产和消费系统中的流向，如图 4-6。

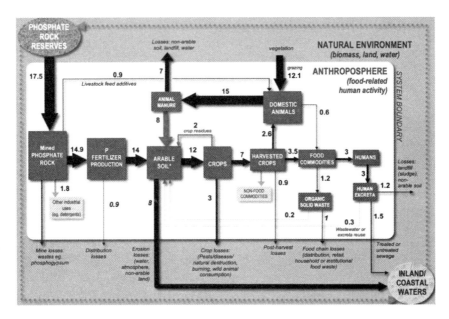

图 4-6 全球磷资源的流向（单位：百万吨）

① 全球每年开采磷矿 1750 万吨磷（折合 1.336 亿吨标磷矿），其中 1490 万吨用于生产肥料（占 85%），180 万吨用于工业（占 10%），90 万吨用于饲料添加剂（约占 5%）。生产肥料的 1490 万吨磷施到土壤中，1200 万吨被作物利用，700 万吨进入收获的作物中，350 万吨进入食物商品中，300 万吨为人类享用。为人类享用的 300 万吨磷中，150 万吨进入废水中，120 万吨作为废弃物填埋，30 万吨进入或被回收至土壤中。

② 对于家畜，磷的输入和输出总量为 1560 万吨，其中来自放牧输入 1210 万吨，动物饲料带入 260 万吨，由磷矿制得的饲料添加剂为 90 万吨；输出的磷中，1500 万吨进入禽畜排泄物中，60 万吨进入禽畜产品中。

③ 磷的损失总计 2530 万吨，损失于环境中。其中磷矿开采损失 180 万吨，肥料生产过程中损失 90 万吨；800 万吨随土壤水土流失，作物损失 300 万吨（由于植物病虫害，自然破坏、燃烧、野生动物消耗等造成），作物收获后损失 90 万吨，食物链损失 100 万吨，人类排泄流失 150 万吨，垃圾填埋损失 120 万吨；700 万吨磷损失于非耕地土壤、垃圾填埋场或水体中。

开采磷矿（输入 1750 万吨）及牧场（输入 1210 万吨）总输入 2960 万吨磷，其中有 2530 万吨磷损失于环境，占比 85.5%。因此，回收利用这些损失于环境中的磷资源十分重要。

美国 Yale（耶鲁）大学工业生态中心 T. E. Graedel 等对比研究了 1961 年与 2013 年全球磷资源的流向变化。2013 年及 1961 年全球磷资源流向如图 4-7、图 4-8 所示，下文仅对 2013 年全球磷资源流向进行了分析。

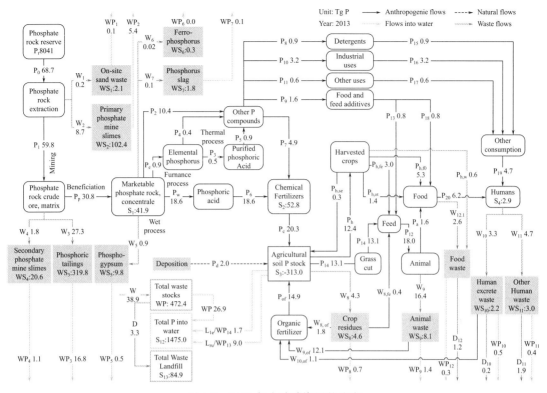

图 4-7 2013 年全球磷资源的流向

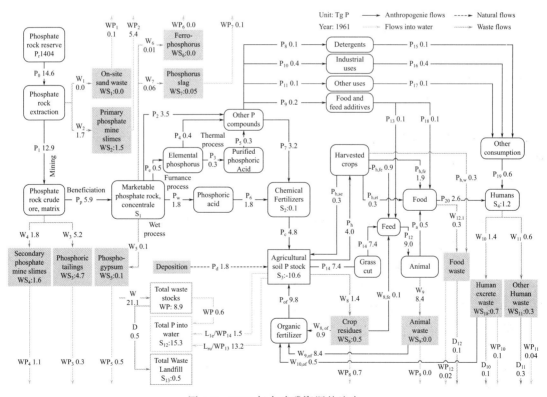

图 4-8 1961 年全球磷资源的流向

① 根据美国地质调查局（USGS）数据，2013年全球磷矿储量为80.41亿吨磷。当年磷矿的采掘量为6870万吨磷。若保持这种采掘速度，全球磷矿储量的开采寿命仅为117年。

② 采掘的磷矿包括5980万吨磷的原矿；选矿产生矿山泥浆1.02亿吨，含870万吨磷，磷含量为8.5%；产生矿山砂矿废料210万吨，含20万吨磷，磷含量为9.5%。计算得到磷矿开采回收率为87%。

③ 原矿经选矿获得商品磷矿，共计3080万吨磷，商品磷矿磷得率为51.5%；产生选矿尾矿3.198亿吨，含2730万吨磷，尾矿含磷8.5%（P_2O_5 19.6%），尾矿磷损失率为45.7%，其中1680万吨进入水体中；产生次级矿山泥浆2060万吨，其中含180万吨磷，磷含量为8.7%，计算得次生矿泥磷损失率为3%，次级矿山泥浆中有110万吨磷进入水体。

④ 磷精矿3080万吨磷中，1860万吨用于生产磷酸，占磷精矿的60%；1040万吨用于生产其他磷肥及磷化合物；90万吨用于生产黄磷；磷石膏带走90万吨磷。

⑤ 90万吨磷元素，其中50万吨用于生产高纯磷酸，40万吨用来生产其他磷化合物。

⑥ 生产磷酸产生的磷石膏含磷90万吨，其中50万吨进入水体，磷石膏损失的磷占生产磷酸消耗1860万吨磷的5%。

⑦ 1860万吨的湿法磷酸与490万吨其他磷化合物被用来制成化学肥料。

⑧ 化学肥料中有2030万吨磷进入农用土壤磷库，同时进入土壤磷库的还有有机肥料带入的1490万吨磷，大气中补充的200万吨磷及种子返回的30万吨磷。进入土壤磷库的磷总计3750万吨；这些磷有1240万吨随作物收获带走，1310万吨随草场带出，并进入饲料中；有430万吨残留在作物中，其中180万吨磷加工为有机肥，40万吨磷进入饲料，70万吨磷进入水体。

⑨ 收获的作物共带走1240万吨磷，其中530万吨经过加工后进入食品中，140万吨直接进入食品中；食品添加剂带入80万吨磷，动物制品带入160万吨磷，总计910万吨磷进入食品中，其中620万吨磷被人类享用。另外，90万吨磷用于洗涤剂，工业使用320万吨，60万吨用作其他用途，共计470万吨磷被人类消费。

⑩ 人类工农业消费的1090万吨磷中，排泄物中的磷为330万吨，废弃物中的磷为470万吨。人类排泄物中有110万吨磷进入有机肥中，50万吨被排入水体中，20万吨进入废物流。废弃物中的470万吨磷，其中有190万吨进入废物流，40万吨进入水体。

关于废弃物：① 食品中有260万吨磷进入食品废弃物中，收获的作物中也有60万吨进入食品废弃物中；这些食品废弃物中有120万吨磷进入废物流，30万吨进入水体。

② 饲料中有1800万吨磷进入动物体内，其中160万吨进入禽畜食品中，1640万吨进入动物废弃物；动物废弃物中有1210万吨被加工成有机肥料，140万吨排入水体。

③ 全球废物库中有4.724亿吨磷，当年3890万吨进入废物库中，其中2690万吨进入水体。全球水体中有14.75亿吨磷，除当年进入的2690万吨外，还有土壤磷库中淋失的170万吨磷及径流的900万吨磷。全球废物库中被填埋的有330万吨磷。

以上就是2013年全球磷的流向及库存，可归结为：

2013年全球磷的生产量为2980万吨，其中用于生产化学肥料2350万吨，占78.9%；工业用320万吨，占10.7%；食品与饲料添加剂160万吨，占5.4%；洗涤剂90万吨，占3%；其他用途60万吨，占2%。

2013年全球磷的消费量为2660万吨，其中2030万吨用作化学肥料，占76.3%；工业使用 320 万吨，占 12%；食品及饲料添加剂用 160 万吨，占 6%；洗涤剂用 90 万吨，占 3.4%；其他用途 60 万吨，占 2.3%。

2013 年农业土壤磷的输入：磷肥 2030 万吨、禽畜厩肥 1210 万吨、作物残留物返回 180 万吨、其他有机肥带入 110 万吨、大气沉降 200 万吨、种子带入 30 万吨，总共 3760 万吨磷。

2013 年农业土壤磷的输出：收获的作物带走 1240 万吨、作物残留 430 万吨、草场带走 1310 万吨、水土径流带走 900 万吨、淋失 170 万吨，总计 4050 万吨。收支平衡负 290 万吨磷。

表 4-1 2013 年磷的收支及利用效率 PUE（phosphorus use efficiency）*

项目	输入/万吨	输出/万吨	PUE/%
人类强化的磷循环	6870	3750	54.6
矿业生产	6870	3080	44.8
工业生产	3080	2660	86.4
农作物生产	3050	1240	40.7
畜牧业生产	1800	160	8.9
食品生产	3530	1400	39.7
食品加工	1400	600	42.9
食品消费	620	290	46.7

* 全球大规模统计分析，可能存在少量误差。

本研究报告注意到：从矿井到土壤再到餐桌上，整个系统中磷的损失很大。开采的磷是人类消耗食物中磷的 5 倍，因此必须采取综合的方法来同时解决磷酸盐短缺和水污染的问题。

可从以下几个环节减少磷的损失：从农场减少磷的损失（估计 800 万吨）；使食物链损失最小化（损失估计在 200 万吨）；用可再生磷源替代，如回收利用粪肥（大约 1500 万吨磷），人类排泄物（300 万吨磷）和食物残渣（120 万吨磷）中的磷；以及采用其他机制来减少人类对磷的需求（如优化土壤有机碳来提高磷肥利用率）。

2013 年开采 6870 万吨磷，只有 620 万吨进入食品，470 万吨以其他磷化物的形式供人类消费，磷对人类的贡献率仅为 16%。畜牧业生产中磷的利用效率（PUE）最低，仅为 8.9%（表 4-1），工业生产中磷的利用率最高为 86.4%。提高畜牧业生产中磷的利用率将大大降低全球对磷矿的需求量。

参考文献

[1] Zhang P, Wiegel R, El-shall H. Industrial minerals and rocks[M]. Colorado: society for mining, metallurgy, and exploration, 2006: 703-722.
[2] 国土资源部信息中心. 世界矿产资源年评 2015[M]. 北京：地质出版社, 2015: 232-235, 242-261.
[3] 张宏, 喻鹏辉, 高洪刚. 治理湖泊富营养化过程中磷循环利用的战略性思考[J]. 污染控制, 2007, 35(22): 46-48.
[4] 马鸿文, 刘昶江, 苏双青, 等. 中国磷资源与磷化工可持续发展[J]. 地学前缘, 2017, 24(6): 133-141.
[5] David A V. Phosphorus: a looming crisis[J]. Scientific American, 2009, 300: 46-47.
[6] Dana C, Drangert J O, Stuart W. The story of phosphorus: Global food security and food for thought[J]. Global Environmental Change, 2009, 19: 292-305.
[7] Chen M P, Graedel T E. A half-century of global phosphorus flows, stocks, production, consumption, recycling, and environmental impacts[J]. Global Environmental Change, 2016, 36: 139-152.

第5章

中国磷资源及其流向

5.1 中国磷资源的成因

中国磷矿储量中87%为沉积型磷块岩，它们主要形成于距今6.5亿年前的晚震旦纪陡山沱期至距今5.5亿年前的寒武纪水井沱期。中国磷矿与世界同类磷块岩相比，成矿年代久。

6亿年前，北部中国与南部中国之间，存在巨大的扬子古海。图5-1为四亿年前泥盆纪世界地图。

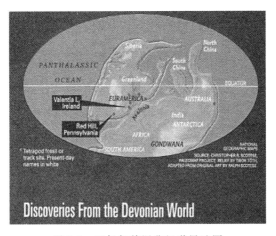

图5-1 四亿年前泥盆纪世界地图

扬子古海周边有古岛链形成的海峡、海口，并与外部的广海相通。广海中200~3000m的深海水中含有丰富的磷，由于洋流上升，富含磷的深层海水，通过古岛链不断带到浅海大陆架。6亿年前中国的四川、陕西、贵州、云南等省所在地是一片汪洋大海，属热带、亚热带气候。扬子浅海滋生了大量藻类，由于磷是生物体的重要元素之一，大量藻类对水中磷的吸收和固定作用，促使了磷的沉淀转移。一亿年（6.5亿~5.5亿年前）之内，在中国的湖北、贵州、云南、四川、湖南、陕西等省境内，沉积了超过150亿吨磷块岩，形成了当今湖北荆襄磷矿、保康磷矿、宜昌磷矿、贵州开阳磷矿、瓮安磷矿、云南晋宁磷矿、昆阳磷矿、四川马边磷矿、湖南石门东山峰磷矿、陕西何家岩磷矿等大中型磷矿区。6亿年前，藻类造就了中国的磷矿资源。

中国地质学家李钟模在其《地球探秘》一书中，提出了扬子古海"藻聚磷"的见解。他提出了"无藻不成磷，无磷不聚藻"的磷矿形成学说。他在书中写道"扬子古海在晚震旦纪陡山沱期，无论从磷质补给条件、磷质析出条件、磷质的沉积条件、磷质的富集条件、磷质储存条件，都是得天独厚的，它富集了如此丰富的优质磷矿资源也是理所当然的。富集磷矿资源的首功也应属于藻类生物"。

正因为是藻类大量的年复一年的富集，才将地壳中的火成岩（花岗岩、玄武岩、流纹岩）所含高度分散的（含磷0.1%）磷，富集为沉积岩型的磷块岩。这说明了磷资源与地壳中的磷是不同概念。一亿年间，藻类在扬子古海为中国积累了150亿吨以上的磷矿。

5.2 中国磷资源储量

中国不同品位磷矿资源储量如表5-1所示。

表5-1 2007年中国不同品位磷矿资源储量

平均品位	资源储量（矿石量）		资源储量（P_2O_5量）	
	/亿吨	比例/%	/亿吨	比例/%
P_2O_5 ≥30%	16.6	9.42	5.3	16.72
P_2O_5 25%~30%	21.2	12.02	5.7	17.98
P_2O_5 20%~25%	27.3	15.49	6.1	19.24
P_2O_5 15%~20%	60.1	34.09	10.5	33.12
P_2O_5 10%~15%	21.9	12.42	2.9	9.15
P_2O_5 5%~10%	4.8	2.72	0.4	1.26
P_2O_5 2%~5%	24.4	13.84	0.8	2.53
总计	176.3	100	31.7	100

数据来源：2007年全国矿产储量数据库。

由表5-1可知，2007年的中国磷矿储量中，磷矿石平均含P_2O_5 18%（31.7/176.3），含P_2O_5 15%~25%的中低品位磷矿占总储量的一半。

中国不同品位磷矿资源储量如表5-2所示。

表5-2 2007年中国不同品位磷矿资源储量

矿石类型	资源储量（矿石量）		资源储量（P_2O_5量）		P_2O_5平均品位/%
	/亿吨	比例/%	/亿吨	比例/%	
钙（镁）质磷块岩	19.1	10.83	4.6	14.51	24.1
硅钙（镁）质磷块岩	80.5	45.66	15.7	49.53	19.5
硅质磷块岩	22.3	12.65	5	15.78	15.75

续表

矿石类型	资源储量(矿石量)		资源储量(P_2O_5量)		P_2O_5平均品位/%
	/亿吨	比例/%	/亿吨	比例/%	
磷灰石	32.6	18.49	2.2	6.94	7.05
未分类型磷块岩	21.8	12.37	4.2	13.25	13.23

数据来源:2007年全国矿产储量数据库。

中国不同矿石类型的磷矿资源储量如表5-2所示。中国磷矿类型中,56.5%的矿属于难选矿的钙(镁)质或硅钙(镁)质磷块岩;而易选矿的磷灰石矿石量占总储量的18.49%,P_2O_5量占总储量的6.94%,这些矿平均品位含P_2O_5 7.05%,每选出1t含P_2O_5 30%的高品位磷矿,有4.3t的尾矿堆积在尾矿坝内。

据中国国家统计局数据,2014年中国磷矿石开采量12043.9万吨,消费总量8582.7万吨,其中:磷肥消费6730万吨、黄磷消耗960万吨、饲料磷酸钙及其他862.6万吨、出口30.1万吨。据USGS 2016年统计,2014年世界磷矿产量2.18亿吨,中国磷矿石产量占世界总产量的55%。

表5-3为原国土资源部统计的中国磷矿资源的最新数据。

表5-3 中国磷矿资源分布

地区	矿区数/个	2015年开采量/万吨	2014年开采量/万吨	基础储量/亿吨	查明资源量/亿吨
全国	537	14203.9	12043.9	28.7	200.7
湖北	116	5540.2	4663.8	8.3	45.1
贵州	62	4323.1	3397.4	6.9	31.7
云南	88	2744.5	2667	6.5	44.6

2015年中国开采了1.4亿吨磷矿,这相当于元古代藻类在扬子古海为中国积累了一百万年的磷资源。一年的开采消耗了一百万年的积累。当前,中国宝贵的磷资源正在高速耗竭!即或今后通过不断勘探发现了300亿吨磷矿,按目前这种"探矿-开采-选矿"模式,百年以后,中国磷资源也将面临枯竭,我们应高度重视!

5.3 中国磷资源在食物链中的流动

中国科学院马林、中国农业大学张福锁、河北农业大学马文奇等与荷兰Wageningen(瓦格宁根)大学学者,2013年在《环境科学与技术》发表了中国食物链中养分流的优化管理,以2005年为基准设计了多种场景来评估2030年中国营养元素N、P全食物链的变化,并在全球第五届磷可持续利用峰会上,介绍了我国1980年与2005年磷在食物链中的流动模型,如图5-2所示。

图5-2表明养分在农作物生产、动物生产、食品加工和零售业、家庭食品消费中的流动,利用NUFER模型(该模型是确定质量流量的模型),可用于计算中国食物链中磷的流动、磷的利用率和输出量。

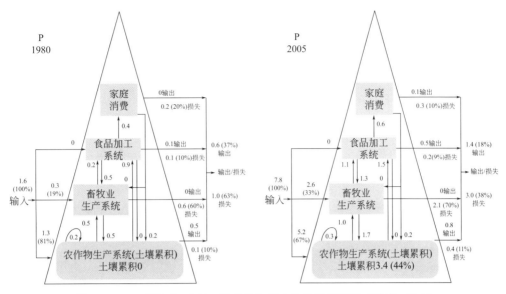

图 5-2　1980 年和 2005 年，磷在食物链中的流动模型图（单位：TgP）

2005 年，磷的输入量为 780 万吨，其中 520 万吨用于农作物生产，土壤中积累 340 万吨磷；260 万吨用于畜牧业生产，农作物作为饲料供给畜牧业，带入 100 万吨磷，而畜牧业中有 170 万吨磷随排泄物回归土壤。

农作物生产中有 150 万吨磷进入食品加工业，畜牧业有 110 万吨进入食品加工业，而食品加工业又有 130 万吨磷返回畜牧业。

食品加工后有 60 万吨磷用于家庭消费，20 万吨磷随排泄物、废弃物又返回至土壤中。

在金字塔食物链中，土壤流失磷 40 万吨，畜牧业损失 210 万吨，食品加工业损失 20 万吨，家庭损失 30 万吨，总计损失 300 万吨磷。

2005 年食物链中磷的流向表明：输入的 780 万吨磷有 44%（340 万吨磷）积累在土壤中，损失了 38%（300 万吨磷），仅有 18%（140 万吨磷）被人类利用。而 1980 年输入食物链的 160 万吨磷，有 130 万吨进入土壤，30 万吨进入畜牧业，损失了 100 万吨，60 万吨磷为人类所利用。

中国 2005 年投入的磷是 1980 年的 4.9 倍。1980 年每获得 1kg 食物消耗磷为 4kg，而 2005 年为 13kg。据 2016 年 Van Dijk 等介绍，欧盟每千克食物消耗磷为 5kg，足见中国进入 21 世纪为获取同等量食物，消耗的磷是欧盟两倍多。

马林等分析了 2006 年中国食物链中磷的流向，如图 5-3 所示。

2006 年化学肥料总输入 537.7 万吨磷，中国人食品消费总输出 110.2 万吨，食品消费磷占磷肥总投入的 20.5%。

(1) 作物生产系统

磷的输入：化肥输入 537.7 万吨；人类排泄物输入 32.3 万吨；大气沉降输入 11.8 万吨。

禽畜废弃物返回土壤 107.6 万吨；菜籽饼有机肥输入 14.9 万吨；作物与饲料种子输入 8.1 万吨；总计输入 712.4 万吨磷。

磷的输出：作物收获输出 231.7 万吨磷用于食品加工业；农作物用作饲料输出 152.7 万吨；土壤侵蚀、水体径流损失于环境中 29.9 万吨；总计输出 414.3 万吨磷。

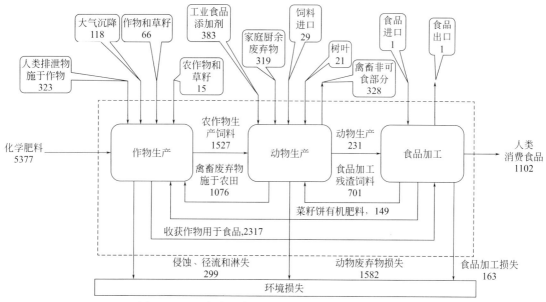

图 5-3 2006 年中国食物链中磷的流向（单位：10^3 t）

土壤累积 298.1（712.4－414.3）万吨磷。

（2）畜牧业生产系统

磷的输入：农作物用作饲料输入 152.7 万吨；工业添加剂输入 38.3 万吨；家庭厨余废弃物输入 31.9 万吨；进口饲料输入 2.9 万吨；树叶带入 2.1 万吨；食品加工残余物输入 70.1 万吨；总计输入 298 万吨磷。

磷的输出：禽畜产品作为食品输出 23.1 万吨；禽畜废弃物返回农田 107.6 万吨；禽畜非可食部分输出 32.8 万吨；禽畜废弃物损失于环境 158.2 万吨；总计输出 321.7 万吨磷。

输入－输出＝－23.7 万吨磷。

（3）食品加工系统

磷的输入：农作物用作食品输入 231.7 万吨；禽畜产品用作食品输入 23.1 万吨；进口食品带入 0.1 万吨；总计输入 254.9 万吨磷。

磷的输出：人类消费食品输出 110.2 万吨；食品加工残余物用作饲料输出 70.1 万吨；菜籽饼有机肥输出 14.9 万吨磷；食品加工损失 16.3 万吨磷；食品出口输出 0.1 万吨；总计输出 211.6 万吨。

输入－输出＝43.3 万吨磷。

三个系统损失于环境中的磷为 204.4 万吨（29.9 万吨＋158.2 万吨＋16.3 万吨），占磷肥总输入的 38%（204.4/537.7）。

以上可知：2006 年中国食物链系统投入磷肥 537.7 万吨磷，大气沉降带入 11.8 万吨，食品及饲料中带入 3 万吨，人类排泄物、树叶及其他废弃物等带入 74.4 万吨，工业添加剂带入 38.3 万吨磷，总计向食品链输入 665.2 万吨磷；而可供人们享用的食品中仅有 110.2 万吨磷，向环境损失 204.4 万吨磷，禽畜非可食部分输出 32.8 万吨磷，食品出口输出 0.1 万吨磷，在土壤中累积的磷高达 317.7 万吨。

中国过量施用磷肥，输入的磷近 320 万吨（占 48%）积累在耕地中；高达 200 万吨（占 30%）损失于环境中；仅约 110 万吨磷（占 16.5%）进入食品中。因此，充分利用积累在耕地中的磷，回收损失于环境中的磷是延长我国磷资源开采寿命的重要措施。

中国农业大学张福锁教授团队在 2013 年美国化学学会出版物《环境科学与技术》发表了"中国食物链养分流优化管理对环境的评价"。其中设定了一些场景，评估了至 2030 年中国氮素、磷素的增加对环境的影响。基于 2005 年中国人口约 13 亿，而 2030 年将达 14 亿，城市人口将从 1:2 改变为 2:1。随着人们富裕程度的提高，由动物提供的蛋白质将由 2005 年占 34% 提高至 2030 年将达 50%，相应食物及禽畜产品的需求将分别增加 25% 及 80%。这导致饲料作物玉米、大豆需求增加 40%，而小麦、稻米的需求仅增加 10%。按照 2007 年中国营养学会颁布的中国饮食指南与中国农业大学张福锁教授团队的作物养分优化管理相结合的场景（原文 S31、S32、S33 场景）：2030 年食物中磷的利用率（PUEf）为 9%~15%，相应 2005 年仅为 7%；每千克食品需耗磷 6~11kg，而 2005 年为 14kg；作物磷的利用率（PUEc）为 35%~38%，2005 年为 36%；禽畜产品磷的利用率（PUEa）为 23%~24%，2005 年仅为 17%；投入磷的损失率为 12%~14%，而 2005 年为 20%。这种作物养分与优化管理相结合的场景，将提高食物中磷的利用率、减少生产每千克食品耗磷量、降低投入磷的损失率。

在中国过去的 30 年中，粮食生产所消耗的氮、磷养分不断增加，导致水体富营养化，硝酸盐地下水淋溶与温室气体排放等问题。受人口增长和饮食结构变化的推动，2030 年与 2005 年相比，氮、磷化肥消费量都将增长 25%，氮、磷流失将同比增长 44% 和 73%。

改进养分的管理策略包括：作物平衡施肥；精准动物饲养；改进粪肥管理。

在欧盟和中国，平衡施肥是提高磷的利用率最有效措施。在张福锁教授团队长达十年的推动下，最佳施肥在中国已经常见，尤其是在北京和天津大都会区（华北地区），珠江三角洲（中国南方地区）和长江三角洲（华东地区）。尽管近年来已经启动了各种举措，如养分综合管理，综合土壤作物系统管理和土壤测试和推荐施肥方案，来提高作物产量和降低施肥量，但农民实施率仍然有限。现在的挑战是通过教育、培训、示范、推广服务和适当的经济引诱等措施，将这些技术和管理知识应用到实践中去。张福锁院士团队在全国建立的"科技小院"，正在将这些技术与管理知识在农村基层进行有效的推行。

精准动物饲养可保证不降低动物的产量，但可减少动物对磷的摄入量，尤其是在工业饲养场中，有些都是进口所有的饲料。然而，中国传统的动物饲养仍占整个畜牧业生产的 20%~80%。这些通常是用家庭残留物（厨余及生物垃圾）和作物残留物（秸秆和根系）喂养，精准饲养没有太大的前景。只有将自给农作制转向现代农业，精准饲养才能实现。

改进粪肥管理是降低养分（尤其是磷）损失最有效的方案。进入湖泊和河流中的氮、磷养分主要来源于粪肥。改进粪肥管理可以提高肥料中养分的循环利用，但是实施这项措施是一个巨大的挑战，需要高科技粪肥处理技术，并将其运输到作物种植区或动物生产空间的农田系统中。清华大学盖国胜教授团队正在推广"矿物活化在农业废弃物、禽畜粪便资源化、无害化中的应用"。

5.4 中国磷矿可开采多久？

前述可知：地球上的磷如何从宇宙中星云、尘埃中接受磷；地幔中磷的丰度为 7×10^{-6}，通过岩浆喷发及冷凝，使地壳中磷平均丰度达 1000×10^{-6}（0.1%）；由生物质藻类产生磷块岩及岩浆冷凝结晶产生磷灰石，使地壳中上层形成了含 P_2O_5 3%～35%的磷资源。而人类活动又将这些富集的磷资源分散至含磷 0.3% 以下回归土壤及水体。如何延缓这一分散过程并回收利用人类活动所分散的磷是地球磷永续利用的关键。

在参与赵玉芬院士主持的中国科学院学部咨询评议项目"我国磷科技发展关键问题与对策"中，笔者以 2007 年我国磷矿资源量 176.3 亿吨为基准，计算了生产不同品种的磷肥，中国磷矿可开采多久？

按 2012 年中国磷肥产量 1700 万吨，实物产量 5500 万吨，肥料用磷矿 6400 万吨，磷矿开采回采率为 64%，每年减少磷资源量 1 亿吨计算。若商品磷矿均要求 30% P_2O_5，则大于 30% P_2O_5 高品位磷资源还能开采 10 年；20%～30% 的中品位磷资源 48.5 亿吨，按 1.5t 原矿选得 1t 30% 的商品磷矿，可开采 32 年；10%～20% 的低品位磷资源 82 亿吨，按 2.5t 原矿选得 1t 商品磷矿，可开采 33 年；2%～10% 的超低品位磷资源 29.2 亿吨，按 8t 原矿选得 1t 商品矿，可开采 4 年。

本研究报告注意到：中国 176.3 亿吨磷矿资源，若按 2012 年的开采规模，不断通过选矿生产含 P_2O_5 30% 的商品磷矿，供生产磷铵类产品，79 年后将开采殆尽。

中国科学院学部咨询评议报告，建议优化产品结构，使磷铵类高浓度磷肥每年实物产量保持在 1000 万吨，折纯产量 500 万吨；酸法低浓度磷肥、过磷酸钙类磷肥的年实物产量保持在 2500 万吨，折纯产量 300 万吨；热法低浓度磷肥、钙镁磷肥类磷肥的年产保持在 2000 万吨，折纯产量 200 万吨；磷肥实物总量仍为 5500 万吨，但折纯产量仅为 1000 万吨 P_2O_5。

为生产 1000 万吨实物产量磷铵类肥料，每年约需 1900 万吨 30% P_2O_5 商品磷矿，2007 年高品位磷资源量 16.6 亿吨，平均品位 31.9%，2007～2012 年 6 年间已生产磷矿石 4 亿吨，导致减少磷资源量 6 亿吨，尚存平均含 P_2O_5 31.9% 的磷矿 10.6 亿吨，按采矿回收率 90% 计算，可供使用 53 年；29.2 亿吨含 10%～20% P_2O_5 的超低品位磷矿，通过选矿提供 30% P_2O_5 商品矿，可供使用 4 年。即中国尚存高品位磷矿及超低品位磷矿选矿，可供磷铵类肥料生产使用 56 年。56 年后或从现在起，中国应该逐步增加从摩洛哥进口所需高品位商品磷矿。

为生产 2500 万吨含 P_2O_5 12%、S 11%、CaO 25% 的过磷酸钙类肥料，可直接使用 20%～30% P_2O_5 的中品位磷矿，平均品位 24.3% P_2O_5，每吨过磷酸钙耗 580kg 含 24.3% P_2O_5 的磷矿，年用量 1450 万吨，中品位磷矿资源量 48.5 亿吨，磷矿开采回采率为 90%，可开采 301 年。

为生产 2000 万吨含 P_2O_5 10%、MgO 12%、CaO 30%、有效 SiO_2 28% 的热法低浓度磷肥或酸性土壤调理剂，可直接使用含 P_2O_5 10%～20% 的低品位磷矿，平均含 P_2O_5 16.3%。每吨产品耗低品位磷矿 700kg，年用量 1400 万吨，82 亿吨低品位磷矿，磷矿开采回采率为 90%，可开采 527 年。

5500 万吨实物磷肥每年提供 1000 万吨 P_2O_5、275 万吨 S、240 万吨 MgO、1225 万吨 CaO、560 万吨 SiO_2，它们都是作物可利用的营养元素，可等同 2012 年产 1700 万吨 P_2O_5 磷肥的肥效。足见优化产品结构可达到更佳生态效益。

本研究报告认为：按这种不同品级的磷矿生产不同类型的磷肥，辅以进口商品级磷矿，我国磷矿可开采 300～500 年，与摩洛哥磷矿开采同步枯竭。

中国磷矿可开采多久的国外估计，中国 2013 年 177.65 亿吨磷矿资源量，至 2127 年将完全枯竭。如表 5-4 所示。

表 5-4　中国磷资源耗竭速度（按 2013 年 177.65 亿吨磷矿资源量计算）

P$_2$O$_5$ 品位/%	保有量/百万吨	百分比/%	耗竭年限/年	生产成本/（美元/t）
≥30	1660	9	至 2030	
25～30	2255	13	至 2049	30～56
20～25	2730	15	至 2068	65～85
15～20	6010	34	至 2103	
10～15	2190	12	至 2114	
5～10	480	3	至 2117	
2～5	2440	14	至 2127	
总计	17765			

如何评估中国磷矿资源枯竭的影响？中国磷矿资源远景储量达 500 亿吨（袁俊宏，2017），磷矿平均含 P$_2$O$_5$ 17%，80% 用于农业，其中 50% 残存在土壤中，平铺于 18 亿亩耕地的 30cm 耕作层中，可使中国耕作层磷含量增加 0.3%，植物对土壤中的磷是主动吸收，它完全可以满足农作物对磷的需求。但医药、材料、食品等工业所需的磷矿，百年后将完全依赖进口。这大概就是世界上农学家很少想到磷资源枯竭后怎么办，而化学家、磷化工专家则心急如焚地呼吁要合理利用磷资源，尽可能延长中国磷资源开采寿命的原因。

无论全球或者中国，人类活动每年需采掘大量的磷矿，通过采掘、选矿、加工成商品磷矿；由工业界生产磷酸、磷肥、元素磷单质及其他磷化合物；磷肥及其他磷投入品进入农业生产体系；以植物为基础的食品生产和以动物为基础的食品生产，供人类享用。人类还消费其他磷化物，组成磷的社会性消费，如图 5-4 所示。

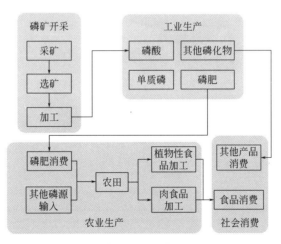

图 5-4　磷的社会性消费流程图

以下从磷矿开采过程、磷化工生产过程、磷肥产品生产过程、磷肥农业使用过程，分别介绍中国的经验。

参考文献

[1] 李钟模. 地球探秘[M]. 北京：化学工业出版社，1993.

[2] 袁俊宏. 化学矿山发展现状及"十三五"发展思路[R]. 北京：中国磷复肥工业协会第23届全国磷复肥行业年会, 2016.

[3] Ma L, Wang F H, Zhang W F, et al. Environmental Assessment of Management Options for Nutrient Flows in the Food Chain in China[J]. Environmental science and technology, 2013, 47: 7260-7268.

[4] Wang F, Sims J T, Ma L. The phosphorus footprint of china's food chain: implications for food security, natural resource management, and environmental quality[J]. Journal environmental quality, 2011, 40: 1081-1089.

[5] PETEA I. Phosphate depletion in China[J]. Fertilizer International, 2016, 471: 50.

[6] Chen M P, Graedel T E. A half-century of global phosphorus flows, stocks, production, consumption, recycling, and environmental impacts[J]. Global Environmental Change, 2016, 36: 139-152.

第6章

磷矿开采过程

6.1 磷矿开采

6.1.1 磷矿开采方式

中国磷矿开采分地下和露天两种方式，其中地下开采占总量的60%。

露天开采是人类使用矿物最早出现的开采方式，是先将覆盖在矿体上面的土石剥离，自上而下把矿体分为若干梯段，从敞露地表的采矿场采出有用矿物的过程。世界各类矿物总量中，约有40%采用露天开采方式。露天开采作业主要包括穿孔、爆破、采装、运输和排土等流程。图6-1～图6-3为磷矿露天开采作业。

图6-1 贵州瓮福磷矿的运输和
排土移去剥离层的景观
（由瓮福集团解田提供）

图6-2 贵州瓮福磷矿露天开采作业
（由瓮福集团解田提供）

地下开采，即从地下矿床的矿块里采出矿石的过程。通过矿床开拓、矿块的采准、切割和回采4个步骤实现。

露天开采和地下开采优劣对比如表6-1所示。

图 6-3　云天化昆阳磷矿露天开采作业区

表 6-1　露天开采和地下开采优劣对比

指标	露天开采	地下开采
机械化	受开采空间限制较小,可采用大型机械设备	受空间限制较大,机械化水平正在提高
损失率	劳动生产率高;开采成本低;矿石损失、贫化小	生产率、开采成本等方面均低于露天开采
安全性	劳动条件好,作业安全	地下采矿作业空间复杂
环境保护	存在粉尘等环境污染的可能性	存在地面塌陷、工程地质损害、水环境损害的可能性
其他	受气候条件影响大,如严寒和冰雪、酷热和暴雨等	受气候条件影响较小

露天开采虽然在经济和技术上的优越性很大,但它不能取代地下开采。磷矿的开采方法主要取决于各矿区磷矿体的赋存条件,主要是矿层(体)的赋存特征、顶板和覆盖层厚度等。且当开采技术条件一定时,随着露天开采深度的增加,剥岩量不断增大,达到某一深度后继续用露天开采,经济上不再有利,就应转入地下开采。

中国、摩洛哥、美国的磷矿特点与开采方式如表 6-2 所示。

表 6-2　中国、摩洛哥、美国磷矿特点与开采方式

国家	磷矿特点	开采方式
中国	87%为沉积岩,70%为中低品位胶磷矿,矿物颗粒细,嵌布紧密,有害杂质多,开采难度大	露天开采和地下开采

续表

国家	磷矿特点	开采方式
摩洛哥	磷矿资源全部是沉积岩,且大部分为露天矿,适合机械化开采	露天开采
美国	全部为沉积岩,大部分为露天矿,矿产品质高	露天开采为主

6.1.2 中国磷矿主要开采技术与特点

6.1.2.1 中国主要磷矿分布与特点

中国磷矿资源主要集中在湖北、贵州、云南、四川四个省,占全国基础储量的85%。中国磷矿类型与分布如表6-3所示。

表6-3 中国磷矿类型与分布

类型	储量占比	分布	特点
外生沉积磷块岩矿床(胶磷矿)	70%左右	云南、贵州、四川、湖北、湖南等省	磷灰石嵌布粒度细,呈均质胶体或隐晶质,选矿难度大
内生磷灰石矿床	23%左右	江苏、安徽、湖北等省	由于风化,矿石松散,含泥高,采用擦洗、脱泥工艺即可获得合格的磷精矿,有时也加上浮选工艺
变质磷灰岩矿床	7%左右	主要分布在中国北方	磷品位低,一般小于10%,低则仅为2%~3%,属易选磷矿

2016年中国从事磷矿开采的矿山企业330个,其中,大型企业44个,中型企业113个,小型173个。生产能力以标矿计(30% P_2O_5),开采能力1.52亿吨/年,选矿能力4932万吨/年。

中国磷矿主要以硅钙(镁)磷块岩矿石、硅质磷块岩矿石、磷灰石(岩)矿石为主,分别占比为41%、29%和15%。2011年,中国不同矿石工业类型及资源储量如表6-4所示。

表6-4 不同矿石工业类型及资源储量

矿石工业类型	数量/个	累计查明/万吨
钙(镁)磷块岩矿石	29	59457.63
硅钙(镁)磷块岩矿石	76	156154.10
硅质磷块岩矿石	48	115976.50
磷灰石(岩)矿石	14	38998.42
铝磷酸盐矿石	2	193.52
其他类型磷矿石	5	1819.59
未分类磷块岩矿石	6	6503.82
合计	180	379103.58

中国磷矿石的特点,主要体现在以下四个方面。

(1) 平均品位低,选矿成本高 如表3-4所示,1989年世界磷矿平均品位 P_2O_5 为21.5%,中国磷矿平均品位仅为16.85%,是世界上磷矿石平均品位比较低的国家。中国磷矿除少量富矿可直接作为生产磷复肥和黄磷的原料以外,大部分矿石需经选矿才能利用,选矿成本较高。

（2）分布集中，运输不便　中国磷矿资源主要分布在中西部地区，其中滇、黔、川、鄂四省的磷矿储量占中国保有储量的66%，30% P_2O_5 以上的富矿储量占全国富矿储量的97%，形成了"南磷北运、西磷东调"的产销格局。在地理位置上，除了湖北宜昌濒临长江外，云南和贵州均地处内陆，运输不便。而美国磷矿资源的57.9%集中在佛罗里达州，该州拥有众多的港口，磷矿石和磷肥的运输条件良好。摩洛哥的磷矿资源大部分集中在卡萨布兰卡东南部，可以方便地通过港口运达世界各地。

（3）开采规模最大，回采率低　国际产磷大国的回采率能达到95%～98%，中国露天大矿如云南晋宁磷矿、湖北黄麦岭磷矿的回采率能达到95%左右，地下采矿如贵州开阳磷矿的回采率能达到70%～80%，但我国小型企业的回采率仅为30%，有的甚至更低。

（4）开采难度大　中国大部分磷矿床呈倾斜至缓斜产出，为薄至厚矿层。这种产出特征无论是露天开采还是地下开采，都有一定的技术难度，会造成损失率高、贫化率高、资源回收率低以及地下开采难以实现大型化、机械化开采等问题。

6.1.2.2　中国磷矿主要开采技术与特点

中国磷矿地下开采占60%，露天开采占40%。地下开采采矿方法常用空场法和崩落法，其中又以房柱法和分段崩落法为主，如贵州开磷集团采用锚杆护顶分段空场法，露天开采有代表性的大中型矿山有云南磷化集团、贵州瓮福、湖北黄麦岭、湖北大峪口等，这些露天矿多为山坡露天矿，单一的汽车公路开拓运输系统占绝大多数。2011年，中国磷矿开采情况如表6-5所示。

表6-5　2011年中国磷矿开采情况

统计类型		矿山数/座	设计开采生产能力/万吨	实际开采矿石量/(万吨/年)
开采方式	露天开采	41	2354	2508.86
	露天-地下联合开采	7	385	185.71
	地下开采	132	4745	3509.44
矿山规模	大型	15	2110	2246.41
	中型	60	3354	2567.57
	小型	105	2020	1390.03
	合计	180	7484	6204.01

从图6-4可以看出，平均开采回采率在90%以上的三个省份依次为辽宁95.79%、云南95.70%和河北91.84%；江苏平均开采回采率最低为64.12%。

中国大型、中型、小型矿山平均回采率分别为86.45%、83.85%和75.53%；露天开采、联合开采、地下开采的回采率分别为95.25%、78.15%和75.61%。

中国几家大型磷矿山的矿石回采率已达到当前国际先进水平，例如，云南磷化集团、贵州瓮福磷矿、湖北黄麦岭磷矿等露天开采的回采率高达95%以上，贵州开磷集团地下开采回采率可达70%以上，甚至80%，其他中小型矿山的资源回采率相比要低得多，在开采技术、装备、管理、企业规模和集中度方面水平参差不齐，与国外相比还有差距。

根据不同省份、不同矿区磷矿的赋存特点，磷矿开采技术和特点如下。

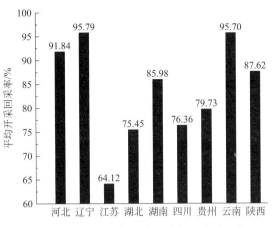

图 6-4 中国各省磷矿采区平均开采回采率

北方缺磷地区：北方磷矿主要以河北矾山磷矿为代表，开采方式为地下开采，采矿技术装备水平基本达到国外 20 世纪 80 年代水平，由于地下水的原因，开采规模尚不经济，但选矿技术已经成熟，实现了铁、磷综合回收利用的开发利用模式。

中南部：虽然湖北省制定了磷矿利用开发规划，要求"全层开采""综合利用""矿肥结合""矿化结合"，但因企业的情况不同，开采技术程度差别比较大，大型企业集团技术水平较高，已经形成全层开采、采选一体化综合利用开发利用模式，但大多小型企业，开采技术水平仍较低。

西南部贵州磷矿区：以贵州开磷集团和贵州瓮福集团为代表的两大国有企业，其地下开采技术和露天开采技术均处于国内较好水平，特别是开磷集团地下矿山率先在国内磷矿采用井下胶带输送技术，其综合技术水平处于国内领先。

西南云南滇池磷矿区：以云南磷化集团为代表的大型国有企业，所属的几大矿山从建矿至今一直采用露天开采，与贵州瓮福集团并列领先国内化工矿山露天开采技术。

四川磷矿区：主要产磷矿区金河-清平以地下开采为主，整体技术较为落后，受地形条件和矿体赋存条件限制，技术进步严重滞后。

云南滇池地区、贵州开阳地区、瓮福地区、四川金河-清平地区、马边地区、湖北宜昌地区、胡集地区和神农-保康地区为我国磷矿石的主产区。已经建成云南昆阳、贵州开阳、贵州瓮福、湖北荆襄、湖北宜昌、四川金河-清平六大磷矿生产基地，磷矿开采以富矿为主，正开始向利用中低品位磷矿转型。

由于中国磷资源平均品位约为 17%，含量偏低，并普遍含 MgO、Al_2O_3 和 Fe_2O_3 等杂质，磷矿物和脉石矿物共生紧密，嵌布粒度细，多数必须采用选矿才能提高品位、降低杂质，特别是采用浮选，因磨矿细度要求很高，增加了技术难度和生产成本。

6.2 磷矿选矿技术

磷矿石主要是由磷酸盐矿物和脉石矿物组成，脉石矿物主要是硅质矿物、硅酸盐矿物和碳酸盐矿物（图 6-5）。

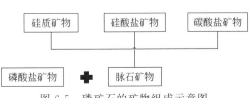

图 6-5 磷矿石的矿物组成示意图

6.2.1 选矿工艺

磷矿选矿的方法有擦洗脱泥、重介质选矿、焙烧、光电拣选、化学浸取、浮选、联合选矿和微生物选矿等。不同类型的矿石，选矿工艺有所不同，浮选在选矿中应用最广。

6.2.1.1 浮选技术

浮选技术有正浮选技术、反浮选技术、正-反浮选技术、反-正浮选技术和双反浮选技术。

（1）正浮选技术　该技术适用于嵌布粒度很细的硅质及硅酸盐型磷矿。将磷矿石一次磨细到单体解离，添加 S 系列抑制剂将脉石矿物抑制，然后添加捕收剂将磷矿物浮出（图 6-6）。该工艺流程简单，杂质分离效率高。

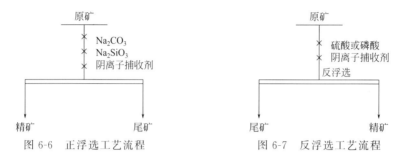

图 6-6　正浮选工艺流程　　　　图 6-7　反浮选工艺流程

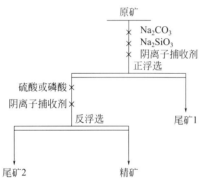

图 6-8　正-反浮选工艺流程

（2）反浮选技术　该技术适用于高碳酸盐低硅含量磷矿石，是在弱酸介质下抑制磷矿物，然后用选择性强的捕收剂浮出碳酸盐矿物（图 6-7）。该工艺简单，碳酸盐分离效率高，实现了常温和低温浮选。

（3）正-反、反-正和双反浮选技术　该技术主要用于硅-钙（或钙-硅）质磷矿石，它实质是碳酸盐浮选和硅酸盐浮选两种技术的组合，用两步浮选工艺分别排除磷矿石中的碳酸盐和硅酸盐杂质，分别见图 6-8～图 6-10 所示。根据所处理磷矿性质选择合适的工艺。例如云南海口磷矿的高镁原生矿选择反-正浮选；湖北宜昌和放马山磷矿可以用正-反浮选；美国佛罗里达高镁磷矿用双反浮选最合理。

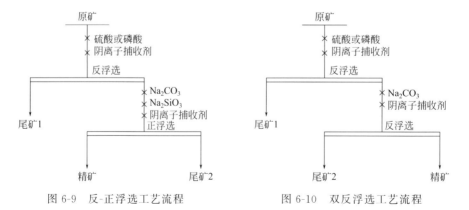

图 6-9　反-正浮选工艺流程　　　　图 6-10　双反浮选工艺流程

2017年8月26日，武汉工程大学国家磷资源开发利用工程技术研究中心池汝安教授在第六届全国磷复肥/磷化工技术创新论坛上介绍了胶磷矿选矿浮选工艺流程和研究实例（表6-6）。

表6-6 胶磷矿浮选工艺及其实例

浮选工艺	矿石性质	研究实例
单一正浮选	硅质或钙-硅质磷块岩	对湖北大峪口磷矿进行直接正浮选，在原矿 P_2O_5 含量为16.83%的情况下，获得含 P_2O_5 38.47%的磷精矿回收率77.47%
单一反浮选	磷矿物密集成致密块状或条带状的矿石，以及硅质矿物含量比较低的碳酸盐型磷块岩	采用W-98作为瓮福磷矿反浮选含磷矿物的抑制剂，在闭路试验中获得了磷精矿含 P_2O_5 37.34%、MgO 0.73%，其回收率达92.39%
正-反浮选	钙-硅质磷块岩	对宜昌丁东磷矿进行直接正-反浮选研究，在原矿 P_2O_5 含量为16.83%的情况下，闭路试验得到含 P_2O_5 31.89%、MgO 0.52%的磷精矿，回收率为83.75%，选矿比为2.28
反-正浮选	硅-钙质磷块岩	对湖北某中低品位硅钙质胶磷矿采用常温反-正浮选工艺，在原矿 P_2O_5 品位17.09%、MgO 5.29%的情况下，获得了 P_2O_5 品位29.03%、MgO 0.71%、回收率78.22%的选矿指标
双反浮选	硅质脉石和碳酸盐含量都不太高的混合型磷块岩	对湖北某胶磷矿在原矿 P_2O_5 23.65%、MgO 6.92%、SiO_2 8.68%的情况下进行双反浮选试验，开路试验得到含 P_2O_5 32.69%、MgO 1.53%、SiO_2 17.76%的磷精矿

工业上应用的浮选工艺主要是反浮选、正-反浮选，以反浮选为主。

6.2.1.2 重介质选矿技术

重介质选矿用于钙质、硅-钙（钙-硅）质的条带磷矿，利用磷矿中不同矿物密度差别进行分离，属物理选矿。该技术特点是分选速度快，无污染。

湖北彬树娅矿业科技有限公司将无压给料三产品重介质旋流器应用于磷矿选矿工艺，实现了高分选密度（2.87~2.90g/cm³）下微差比重（比重差为0.1）矿物的分离，有效地提高了分选效率。采用该技术处理原矿品位 P_2O_5 20.46%，获得精矿品位 P_2O_5 28.44%，总回收率达81.85%。

6.2.1.3 擦洗脱泥技术

该技术主要用于风化型或含泥质物多的磷矿石。国外磷矿广泛采用这种技术，云南滇池地区磷矿采用此技术，已投产的大、小、中型磷矿擦洗厂总规模300万吨/年以上（单厂最大规模为100万吨/年）。磷精矿 P_2O_5 品位都在30%以上，MgO含量在1%以下，其经济效益在磷矿业中是最好的。

6.2.1.4 焙烧消化技术

该技术与单一碳酸盐浮选技术一样，主要用于高碳酸盐低硅含量（$SiO_2 \leqslant 5\%$）磷矿石的选矿，属于化学选矿。该工艺对操作技术要求很高，能耗大，在能源丰富的国家或地区采用。贵州瓮福磷矿的英坪矿和穿岩洞矿采用焙烧消化获得很好的结果：精矿 P_2O_5 品位在36%以上，MgO含量在1.5%以下，P_2O_5 回收率可达90%以上。

6.2.1.5 微生物选矿技术

微生物选矿是利用微生物溶磷作用实现含磷矿物质与脉石矿物的分离。微生物选矿技术具有污染小、能耗少、操作费用低等优点。

微生物解磷机制源于微生物代谢过程中产生的有机酸或无机酸。这些酸既能够降低 pH 值，又可以与铁、铝、镁、等离子结合，形成稳定的螯合物，从而促进了不溶性磷源的溶解。微生物的解磷作用能将磷矿或土壤中不溶磷源转化为水溶性或枸溶性磷源，还能促进作物生长，它是低品位磷矿石开发利用的新途径。

6.2.2 选矿药剂

浮选工艺在磷矿选矿中应用最广泛，其中浮选药剂对选矿的技术指标起到决定性的作用。因此，大量研究工作都集中在寻找选择性好、性能高且廉价的浮选药剂，以便更好地利用中低品位磷矿资源。

6.2.2.1 捕收剂

（1）阳离子捕收剂　阳离子捕收剂解离后，产生带有疏水烃基的胺基。它是有色金属氧化矿、石英、长石等铝硅酸盐的有效捕收剂，主要有脂肪胺类、醚胺类和酰胺类捕收剂。贵州大学和瓮福集团对贵州某难选中低品位硅质胶磷矿进行了双反浮选工艺研究，脱硅段对比研究了十二烷二胺、某醚胺及新研制的阳离子捕收剂 WFC-01 的浮选性能。结果显示 WFC-01 取得了较好的脱硅效果，获得了磷精矿 P_2O_5 30.56%、MgO 0.74%、SiO_2 11.80% 和回收率为 72.56% 的工艺指标。

（2）阴离子捕收剂　阴离子捕收剂主要是脂肪酸类。将脂肪酸硫酸化改性，其水溶性、抗温能力、捕收性和选择性都能得到一定改善。例如，对聚乙烯烷基硫酸盐 $R(OCH_2CH_2)_n$-O-SO_3-M^{+n}，引入其他基团和异构化。

将维生素副产品黑膏和地沟油合成阴离子捕收剂。黑膏是维生素 B_6 生产工序副产的一种黑色膏状物质，难以燃烧，很难处理。黑膏虽在水中溶解速率很慢，但溶解量较大，在水中分散性较好，且有较好的起泡性能，可作为浮选捕收剂主要成分。餐饮业地沟油的成分主要是甘油三醇，直接皂化能生成高级脂肪酸皂，与阴离子表面活性剂或非离子表面活性剂复配，提高了羧酸类的耐低温性能，也增加了羧酸类捕收剂的选择性，可作为浮选捕收剂。

（3）两性捕收剂　两性捕收剂用于浮选磷酸盐矿物取得了较大进步。BK430 反浮选脱硅捕收剂是一种由混合胺改性的两性捕收剂。它与传统的 GE、十二胺和十六烷基三甲基溴化铵等相比，选择性最好，可以回避反浮选泡沫中矿返回处理；与醚胺相比，药剂成本较低。其他新型捕收剂：如烷基磷酸酯（盐）、烷胺丙酸、烷胺丙胺丙酸、氧乙烯类捕收剂等。

（4）混合捕收剂　磷矿捕收剂混合使用的特点是：多以脂肪酸为主与其衍生物或其他药剂的组合。以菜籽油和硬脂酸为组合的捕收剂（ZG-3），采用 1 粗 1 精 1 扫的常温反浮选流程，以硫酸为 pH 调整剂，最终获得了磷精矿 P_2O_5 品位为 32.67%，回收率 94.37%，尾矿 P_2O_5 品位为 4.22% 的良好指标。

磷矿浮选药剂重点在于开发两性类捕收剂，难点在于脱硅阳离子捕收剂，对脱硅捕收剂进行优化、改性，研制开发组合药剂以及高效增效剂，通常可以实现 1+1＞2 的协同作用；合理使用阳离子捕收剂与调整剂，有利于增强磷矿物与脉石矿物的可浮性，有望实现工业化。

6.2.2.2 抑制剂

磷矿与方解石和白云石的分离是磷矿选矿的主要问题，由于它们是同一类盐类矿物，具有相似的物理化学性质，无论是阳离子捕收剂还是阴离子捕收剂，胶磷矿和白云石的可浮性都十分相近。因此，在一般的药剂制度下，不使用优良的抑制剂无法得到较好的浮选指标。

国内外对抑制剂的研究比较多，主要可以分为以下两类。

（1）无机酸抑制剂　无机酸抑制剂主要为磷酸、硫酸、硅氟酸、磷酸盐等。磷化工副产混酸YP5-1代替硫酸、磷酸不但可以取得相近或更好的工艺技术指标，而且可以有效降低酸用量。氟硅酸钠母液代替硫酸、磷酸作为抑制剂，可以得到相当好的浮选指标，既降低了磷酸盐厂的废水处理成本，又降低了浮选工艺生产成本。

（2）有机酸加金属盐配合抑制剂　以无机金属盐（钴、铜、铁、铝、铅、镍重金属无机盐）和草酸、酒石酸等有机络合物配合，利用磷酸盐矿物对这些金属盐吸附力比碳酸盐强这一原理，使磷酸盐矿物表面带正电，然后由有机络合物络合，而显示出亲水性，采用一般脂肪酸类捕收剂，在自然pH条件下（近中性）就可以分选。

6.2.3 选矿设备

磷矿浮选设备主要有浮选机和浮选柱两种，工艺配制主要有浮选槽、柱槽联合和全浮选柱三种。

由于传统浮选机具有能耗高、占地面积大的问题，浮选柱的研究和开发已取得了长足进步。近些年的应用领域在不断扩大，并在矿物分选、废水处理、纸浆脱墨和离子浮选等方面显示出了独特的优势，目前浮选柱在铜矿、铁矿、钼等金属矿选别中的应用已经成熟应用，但多数使用的是有循环泵的CPT浮选柱。

云南磷化（集团）公司牵头与郑州大学刘炯天院士联合研发的旋流静态微泡浮选柱，2008年在云南安宁200万吨/年浮选厂，完成了云南风化胶磷矿正浮选试验研究，得到比较理想的浮选指标，可作为今后正浮选产业化应用的技术储备。

由云南磷化（集团）公司和北京矿冶研究总院联合开发的4500×10000大型无循环泵逆流直冲浮选柱，2011年在晋宁450万吨/年浮选厂中（图6-11），昆阳系列300万吨/年装置中实现产业化应用，采用单一反浮选工艺流程，用于处理碳酸盐型胶磷矿浮选，分为两个系列，其中单系列粗选作业四台浮选柱并联，精选作业四台130m³浮选机串联。设计为开路流程，见图6-12（a），后续因开路流程精、尾矿难于同时兼顾，技改为半闭路流程，见图6-12（b），目前该流程运行稳定，可将入选原矿P_2O_5品位22%、MgO质量分数5.6%，获得质量指标：$P_2O_5 \geq 28.5\%$，MgO$\leq 1.0\%$的合格磷精矿。

图6-11　云南磷化集团有限公司晋宁450万吨/年浮选厂

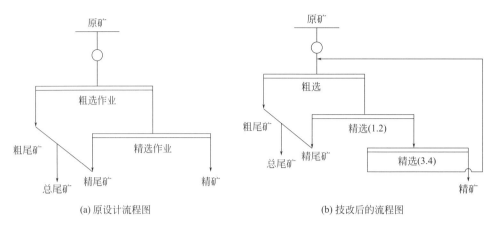

图 6-12 浮选技改前后的流程图

浮选柱在非金属领域应用还很少，该项目所涉及的无循环泵直冲静态逆流浮选柱，开创了柱浮选应用于难选胶磷矿选别的先例，达到提高分选效率和降低能耗的目的，为合理开发中低品位胶磷矿提供技术支持，为同行业提供技术示范。浮选柱分选效果见图 6-13。

该设备实现了粗选、精选、再选及循环再选，克服了单一使用浮选机或浮选柱的不足，且该设备对于磷矿矿浆的波动有很好的适应性，强化了难分离物料的回收，提高了系统的处理能力，能兼顾提高磷精矿的品位及回收率，浮选效率高，结构紧凑，节约能耗和浮选药剂，投资成本低。中国已有很多企业应用全柱浮选工艺进行选矿，其工艺流程见图 6-14。

图 6-13 浮选柱分选效果图

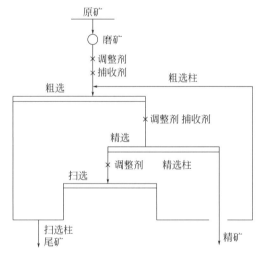

图 6-14 磷矿全柱浮选工艺流程图

6.2.4 选矿尾矿

由于技术原因，磷矿在生产磷精矿时，会产生大量的尾矿，尾矿中 P_2O_5 的品位在 8%～15%。目前，这部分尾矿作为废弃物长期堆放在尾矿库中，中国磷矿尾矿的综合利用率仅为 7% 左右。在资源日益匮乏的今天，尾矿作为二次资源再选对节约磷资源和保护环境具有重大意义。

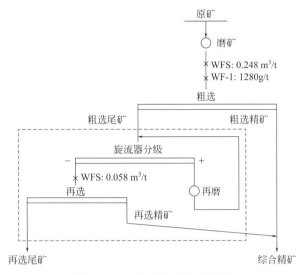

图 6-15 尾矿再选工艺流程图

尾矿的成分见表 6-7，尾矿再选工艺流程如图 6-15 所示，尾矿再选后养分和回收率情况见表 6-8。通过尾矿再选，得到的磷精矿 P_2O_5 含量为 32.12%，MgO 含量为 1.67%；P_2O_5 回收率为 95.97%，MgO 回收率为 33.18%。

表 6-7 尾矿成分   单位：%

成分	P_2O_5	MgO	Al_2O_3	Fe_2O_3	CaO	SiO_2	AI	烧失
含量	9.23	10.81	0.35	0.51	36.97	1.55	38.34	0.15

表 6-8 尾矿再选后养分和回收率情况   单位：%

项目	产品	产率	品位		回收率	
			P_2O_5	MgO	P_2O_5	MgO
尾矿再选	精矿	78.85	32.12	1.67	95.97	33.18
	尾矿	21.15	5.03	12.54	4.03	66.82
	原矿	100.00	26.39	3.97	100.00	100.00

6.2.5 选矿损失

磷矿开采过程有各种采矿损失。2013 年全球磷流向中（图 4-7），采掘的磷矿共计 6870 万吨磷，仅获得原矿 5980 万吨磷，矿山泥浆损失 870 万吨磷，矿山砂矿废料损失 20 万吨磷，磷矿采掘过程中便损失了 13% 的磷。

美国佛罗里达工业与磷酸盐研究所（Florida Industrial and Phosphate Research Institute，FIPR）Patrick Zhang，在 2017 年 7 月 16 日中国第一届国际磷资源开发学术研讨会上，介绍了如何从采矿尾泥中回收磷、稀土及铀元素。佛罗里达矿区每采掘 1t 磷矿就会产生约 1t 尾泥。目前已积累了 20 亿吨这种尾泥，共含有 6 亿吨磷矿、60 万吨稀土。矿泥中平均含 9% 的 P_2O_5。这种矿泥极细，90% 在 20μm 以下，60%～80% 仅有几微米，可用水力旋流器富集有用矿物质。尾泥通过水力旋流器分为细泥及砂状物，细泥中含稀土化合物 327mg/m³（ppm），稀土回收率为 82.5%。

据 IFDC 报道，磷矿露天开采损失 5%～50%，地下开采损失 15%～35%。若将平均品位 18% P_2O_5 的磷矿富集至 30% P_2O_5 的商品磷矿，美国东南部的选矿损失为 40%～80%，美国西部为 30%，北非、中东约为 30%，南美洲磷矿选矿损失达 40%，西非的采矿损失达到 60%（表 6-9）。

表 6-9 磷矿开采损失率

采矿	损失率/%
露天开采	5～50
地下开采	15～35
选矿	损失率/%
美国东南部	40～80
美国西部	30
南美洲	40
北美洲	30
西非	60
中东	30

本研究报告认为：研究如何将这些大量的废弃物转化为二次资源，化害为利，变废为宝，合理利用和节约资源，提高资源的利用率，节省尾矿占地，减少对周边环境的影响，实现经济的循环发展，对中国磷资源产业的可持续发展尤为重要。

6.3 中国磷矿开发利用的主要特点

中国磷矿的开发利用主要表现为以下几个特点。

(1) 以富矿开采为主，产量满足国内需求 我国磷矿开发利用分布在 14 个省区，磷矿石生产主要集中分布在云南、四川、湖北和贵州。根据磷矿价格差异，主要磷矿产区的入选品位也不相同，湖北入选品位在 20% 左右，云南、贵州入选品位在 24%。从技术上讲，降低磷矿入选品位是可行的，但经济合理是技术推广的关键。

(2) 生产企业主要集中在交通便利区域 我国磷资源开发主要集中在水、电、路条件相对发达的区域。云南滇池地区、贵州开阳和瓮福地区、四川金河-清平地区、湖北宜昌和胡集地区是中国磷矿石生产的主产区，同时云南滇池、贵州开阳和瓮福、湖北宜昌和胡集也是中国高浓度磷复肥的主产区。其中，环滇池、开阳和胡集矿区均有铁路专运线与国家铁路干网相接。另外，部分低品位磷矿，由于区域位置优势，也占少量市场份额，如湖北黄麦岭、安徽宿松和河北矾山等。

(3) 磷资源开发利用，以满足磷肥工业发展为主 2006 年，中国就改变了农业生产所需高浓度磷肥依赖进口的局面。高浓度磷复肥需大量优质磷矿石。大型装置 30 万吨/年磷酸、60 万吨/年磷酸二铵、40 万吨/年磷酸一铵、60 万吨/年 NPK 复合肥装置均已实现国产化。磷肥工业的巨大变化，影响矿石供应体系，在满足总量需求的同时，出现了配套矿山规模化、大型化的特点。

（4）科技创新，引领全行业逐步走向良性发展　化工矿业始终坚持把地质找矿、科研开发、科技投入和成果转化放在首位。行业内，云南磷化集团公司国家级"磷资源开发利用"工程技术研究中心、湖北兴发集团国家级企业技术中心、贵州瓮福（集团）公司国家级技术中心等，承担了多项科研任务，取得了一大批科技开发成果和专利技术，推动了化工地质矿山行业快速发展。科技创新支撑产业振兴、引领行业发展的作用日益突显。重点领域核心关键技术的突破，为加快行业发展提供了有力保证。

在化工地质勘查方面：根据地质背景、成矿理论、成矿规律和成矿条件，应用找矿新技术、新方法和新装备，发现了一批具有重要意义及可供普查的矿产地；研究成矿理论、运用成熟经验的危机矿山、大型工业矿床周边和深部以及地勘基金找矿等取得了可喜成果。湖北地质勘查院湖北宜昌黑良山矿区危机矿山接替资源深部找矿项目，共探获磷矿石资源储量9650万吨，平均品位为26.53％。该项目被评为2008年中国地质学会十大地质找矿成果，获行业科技进步一等奖；湖北省远安县杨柳磷矿区普查，探明矿区资源量6.98亿吨，为新中国成立以来发现的单一矿区最大规模磷矿。同时，创新了宜-兴-保（宜昌-兴神-保康）成矿理论，验证了宜昌和保康共属同一成矿构造。该项目被评为2010年中国地质学会十大地质找矿成果，获石化行业科技进步一等奖；贵州地质勘查院承担开阳磷矿矿区深部普查，新发现特大型磷矿床，提交磷矿资源量7.82亿吨，矿石平均品位33.84％，全部为Ⅰ级品优质富矿，再次刷新了我国磷矿单一矿区最大规模新纪录。同时，进一步验证了中国磷矿成矿受黔中古陆构造控制的理论；云南地质勘查院承担待云寺矿区磷矿勘探，提交磷矿资源量6213万吨，平均品位25.56％，项目成果获石化行业科技进步一等奖；中国化工地质研究院首次在塔里木盆地北缘东段的尉犁-兴地地区发现长约240km的磷、铁矿化带及大型磷、铁矿床，取得了中国北方找磷工作的重大突破，对解决中国北方缺磷问题具有重要的战略意义。

二十年来，中国磷肥工业关键技术的重大突破，使得国产高浓度磷复肥高速发展，促进了中国磷矿开采产能激增。胶磷矿采、选技术的重大突破，支撑了磷矿开采产能大幅提升。骨干企业科技创新大幅带动行业产能、产量增加，企业竞争力和国际影响力显著增强。

6.4　在磷矿开采方面中国开展的几项工作

6.4.1　全国磷资源开发系统研究

1990年，中国化学工业部科技研究总院、矿山局对中国磷资源的合理开发途径组织了全国力量开展"全国磷资源开发系统研究"。由科技部研究总院成思危总工程师主持统筹安排，对中国八大磷矿区（云南滇池，贵州开阳、瓮福，湖北宜昌、胡集以及四川金河-清平、马边）建立了《全国磷资源开发决策系统》。

决策支持系统（Decision Support System，DSS）基于各矿区现场调查、各研究机构分工，对不同矿区的代表性矿样，加工成湿法磷酸、磷铵、料浆法磷铵、黄磷、热法磷酸、过磷酸钙、钙镁磷肥等产品的矿石适宜性、最佳工艺条件进行了实验研究，并作出年产 5 万～10 万吨生产能力的原则性加工工艺图及对试验结果进行计算、分析。分析了各矿区的有利条件及不利条件，明确了各矿区开发的约束条件，为制订合理的矿区开发方案提供了可靠的基础保障。《全国磷资源开发系统研究》共有全国 29 家单位近 500 人参加，工作量约 12 万人时，在国家专项资金资助下，历时 4 年完成。将所获得的大量数据通过电子输入处理，建立了"微观决策支持系统"，方便各开发部门使用。使用单位仅需输入特定矿区矿石组成、拟生产的产品、采用的工艺过程，即可快速获得一张年产 5 万～10 万吨生产能力，包括物料、热量衡算的工艺流程图表。

该决策支持系统包括：①数据库（磷资源数据库、磷肥需求数据库、磷矿山及磷肥厂外部条件数据库、磷资源开发环境保护数据库、磷资源开发规划支持数据库等）；②模型库（磷资源开发的目标规划模型、磷矿区综合评价模型、磷矿参比评价模型、磷矿储量评价模型、磷矿运输网络模型、磷肥需求预测模型、环境影响预测模型、环境影响评价模型等）；③知识库（磷矿制肥路线预判专家系统、磷矿采选及制肥技术选择与投资及成本估算专家系统等）；④文件库及人机对话界面。它可以帮助使用者迅速完成磷矿山及磷肥厂建设项目的预可行性研究以及全国磷资源开发规划研究，建立的宏观决策支持系统，为政府管理决策提供了科学依据。

中国磷资源开发的科学决策系统与美国国家矿山局对佛罗里达 103 个矿区所作的矿区可用性评价（Mine Availability System，MAS）有近似的功能。

郑州工学院化工系（现郑州大学化工与能源学院）许秀成教授与南京化工设计院翁丽完高级工程师指导华义祥完成了《磷肥微观决策支持系统：钙镁磷肥子系统总体设计》（1986年），许秀成教授与上海化工研究院卢立表研究员指导汤建伟完成了《磷肥工业数据库与钙镁磷肥工艺软件开发》（1992年）。

6.4.2 中国科学院学部咨询评议项目《我国磷科技发展关键问题与对策》

2009～2012 年，赵玉芬院士主持了中国科学院学部咨询评议项目"我国磷科技发展关键问题与对策"。

鉴于我国磷肥生产量过剩，磷矿采矿量过度，加速了我国磷资源的耗竭。另据我国磷资源的特点，中、低品位难选磷矿（含 P_2O_5 10%～25% 的硅、钙、镁质磷块岩矿）占磷矿总储量的 60%，而生产高浓度磷肥（磷铵等）必须使用高品位磷矿（含 P_2O_5 30% 左右），通过选矿富集又将造成部分磷素残存于尾矿中。

学部咨询评议报告建议控制磷肥生产总量，优化磷肥产业结构，增加能利用中低品位磷矿，又保留了磷矿中钙、镁、硅作物中量营养元素的磷肥品种产量，并开展低品位磷钾资源的综合利用，使我国磷资源的使用寿命达 500 年。提出了中国磷科技发展的关键问题是合理利用磷资源，向科技部建议开展低品位磷钾资源综合、高效利用决策支持系统专项研究。基于不同品位的磷资源适用于加工为不同的磷肥品种，为使磷资源物尽其用，应对主要磷矿山的主矿层、上下顶底板（含白云岩、含磷页岩），对已进行选矿的磷矿山、对擦洗脱泥的尾矿或化学选矿的尾矿分别进行资源综合、高效利用的微观决策支持系统的试验研究，明确它们各自的最佳使用方向。

以云南白登磷矿为例：白登磷矿是云南主要高品位磷矿之一，主含磷层为 P_2O_5 32%～35%、MgO 0.6% 的优质磷矿，开采厚度 6～11m。但其上部顶板为 50～90m 厚的中低品位硅质磷矿（P_2O_5 17%~20%、MgO 1.25%）、低磷白云岩（P_2O_5 1%、MgO 18%~22%）、低磷钾海绿石砂岩（P_2O_5 5%、K_2O 5%）所覆盖；主含磷层下部的底板为30~50m厚的含磷白云质砂岩（P_2O_5 6%~13%、MgO 16%）。30年来，云南白登磷矿为我国湿法磷肥提供了大量优质磷矿，但将顶板剥离层废弃于矿山。当前，白登磷矿主含磷层已接近开采枯竭。主矿层采掘枯竭后，如何利用残余资源，通过选矿富集顶、底板？还是将剩余资源加工为其他磷肥？对于某一具体的矿山，需要进行"微观决策支持系统"的研究。原地质报告云南白登磷矿地质储量6690万吨，而顶板、底板的P_2O_5总储量可能达1.3亿吨，为主含磷层的200%。因此，通过微观决策支持系统研究，低品位磷钾矿层的综合、高效利用，便可使该矿的磷资源储量大幅度增加。

为减轻磷矿从西南（云、贵、川）远距离运输至东北的压力，对北方众多的低品位磷矿、低品位磷钾伴生矿分别进行"微观决策支持系统"的方案比较及实验研究，可以确定北方低品位磷矿、低品位磷钾伴生矿最佳综合利用方案。以山西平型关磷矿为例：平型关磷矿是华北地区储量最大的低品位磷钾矿，地质储量2.98亿吨、磷资源储量5920万吨，矿石平均品位：P_2O_5 3.4%、K_2O 5.0%、Fe_2O_3 10.30%、TiO_2 1.80%、CaO 12.07%、MgO 11.47%、Al_2O_3 9.25%、SiO_2 41.79%、Cu 0.1%、Mn 0.08%。该矿属变质岩低品位晶质磷灰石矿床，属于易选磷矿，可露天开采，距铁路近，运输条件好。5900万吨原矿中，若磷钾资源的回收率按90%计算，可获得180万吨P_2O_5及265万吨K_2O；总铁资源590万吨，回收60%，可得350万吨铁精矿砂；总钛资源106万吨TiO_2，回收30%，可得32万吨钛精矿。可以有多种方案利用该矿：

（1）通过简单的化学选矿（一次正选）可获得P_2O_5>30%的磷精矿，供生产高浓度磷复肥（磷酸铵类、硝酸磷肥等）；

（2）原矿磨细至100目以上，通过分级选矿可获得钛精矿（TiO_2 45%）、铁精矿（TFe 60%）、磷精矿（P_2O_5≥30%），尾矿为钾钠长石，含K_2O 7%左右；

（3）块状原矿利用郑州大学最新开发的"扩展的玻璃结构因子配料"方法，直接烧制熔融磷钾肥，产品含P_2O_5 3%、K_2O 5%、有效SiO_2 35%、MgO 12%、CaO 20%、FeO 1%。利用43万吨这种熔融磷钾肥，可将57万吨28-8-18（N+P_2O_5+K_2O）的高氮复合肥改造为100万吨含N 16%、P_2O_5 7%、K_2O 13%、MgO 4%、CaO 7%、SiO_2 12%、FeO 0.3%的高产作物专用肥，其肥效超过原高氮复合肥，又使高产作物具有抗倒伏、抗病害、光合作用强的附加功能，并可节约（10~15）万吨（N+P_2O_5+K_2O）的投入。

对于这一特定低品位磷钾矿同样需作综合、高效利用的微观决策研究，进行方案对比，确定最佳利用方案。

国家科委曾在"七五"攻关计划中，安排"全国磷资源开发系统研究"专题，对中国合理开发8大主磷矿区，进行科学决策发挥了重要的作用。1988年完成该项研究已过去31年，主磷矿区的富磷矿开采已接近尾声，当前面临着主磷矿层顶板、底板及分散在中国的低品位磷钾资源综合、高效利用的新局面。

在新的形势下，中国科学院学部咨询评议项目"我国磷科技发展关键问题与对策"（2009—2011）。建议科学技术部、中国科学院院士工作局，组织四川大学、郑州大学、清华大学、厦门大学、武汉工程大学等高校及云南化工研究院、贵州化工研究院、四川化工研究院、连云港矿山院等研究单位，开展低品位磷钾资源综合、高效微观决策支持系统及磷钾肥生产新技术开发研究，为我国磷资源可持续发展提供技术支撑。

6.4.3 郑州工学院、郑州大学开展的工作

如上已述，磷矿开采过程最大的采矿损失是主含磷层顶板、底板中的磷损失。

云南白登磷矿矿权属云南光明磷矿厂，该厂利用郑州工学院发明的玻璃结构因子配料图拟定了三个试验方案。

试验一：利用白登磷矿主含磷层高品位磷矿与上覆围岩中的海绿石、白云石为熔剂相混合，试产含钾钙镁磷肥。其中海绿石代替硅石矿并利用其含钾特点，配制含全磷20%左右，钾1%左右的含钾钙镁磷肥。

试验二：利用上覆围岩中的粉砂岩、白云石为熔剂与高品位磷矿混合，试制含钾与微量元素肥料的钙镁磷肥。其中粉砂岩代替硅石矿，并利用其含钾及微量元素的特点，配制含全磷19.5%~20%，钾1%以上含钾与微量元素肥料的钙镁磷肥。

试验三：以海绿石、粉砂岩、微粒白云岩、白云石按一定比例为熔剂与高品位磷矿混合，试产含钾及微量元素钙镁磷肥。用几种含钾矿种混合为熔剂与单一含钾矿种为熔剂对其转化率及物理化学性能进行比较，配制全磷19.5%~20%，钾1%左右的含钾及微量元素钙镁磷肥。

试验研究表明：以顶板剥离层低磷白云岩、低磷钾海绿石砂岩代替该厂从四川购入的蛇纹石，与主含磷层配料，可制得含 $P_2O_5 \geq 20\%$ 的特级品钙镁磷肥。在该厂的生产高炉内试生产，制得400余吨含 P_2O_5 19.93%、K_2O 1.03%、CaO 38.6%、MgO 8.53%、SiO_2 23.43%、FeO 1.29%、Na_2O 0.16%、Ti 0.16%以及 Mn 720mg/kg、Cu 47mg/kg、Zn 19mg/kg、Co 12mg/kg、B 10mg/kg、Ni 10mg/kg 的产品。所生产产品为特级含钾及微量元素的钙镁磷肥。

云南白登磷矿主矿层顶部有9m左右的高硅磷矿（P_2O_5 17.21%、CaO 25.77%、SiO_2 4.27%），所含 SiO_2 与 CaO 的摩尔比接近1，正是生产电炉黄磷的最佳原料，可以不添加硅石直接产出黄磷。

主矿层底板含磷白云质砂岩，虽然含 P_2O_5 仅6%~13%，但经风化淋滤后，含 P_2O_5 可达25%，未风化的底板，也可直接加工为缓释肥料——磷酸铵镁，它是鸟粪石的主要成分，有非常好的肥效。

经济效果：白登矿开采厚度平均10m，需剥离厚度50~90m，剥离层都有工业应用价值。如综合开发利用，矿山经济效果将提高五倍以上。

参考文献

[1] 冯安生，曹飞，吕振福.我国磷矿资源综合利用水平调查与评价[J].矿产保护与利用，2017，(2)：13-17.
[2] 谢国先，张路莉，刘鑫，等.胶磷矿选矿工艺的研究现状[J].磷肥与复肥，2012，27(1)：16-19.
[3] 韩愈川，夏学惠，肖荣阁，等.中国磷矿床[M].北京：地质出版社，2012，5：670-671.
[4] 赵小蓉，林启美.微生物解磷的研究进展[J].土壤肥料，2001，(3)：7-11.
[5] 肖文丁，肖太阳.低品位磷矿的生物选矿、化工冶金一体化研究[J].矿产与地质，2007，21(3)：363-365.
[6] 周波，徐伟，朱静，等.贵州某硅质胶磷矿双反浮选试验研究[J].化工矿物与加工，2016，(8)：6-9.
[7] 张裕书，陈达，龚文琪.磷矿浮选工艺和药剂的研究现状[J].中国矿业，2009，18：58-61.
[8] 朱静，葛英勇，杨景皓，等.地沟油合成胶磷矿阴离子捕收剂[J].中国矿业，2014，23(7)：109-113，117.

[9] 李松清,魏明安,任爱军.某高硅胶磷矿反浮选脱硅研究[J].矿冶,2014,23(2):1-4,10.

[10] 赵和平,葛英勇,朱静,等.胶磷矿组合捕收剂的浮选性能研究[J].化工矿物与加工,2016,45(3):1-3,7.

[11] 周波,徐伟,陈跃,等.阳离子捕收剂在磷矿反浮选脱硅中的研究进展[J].矿产保护与利用,2016,(3):62-65,72.

[12] 张朝旺,宋惠林,李若兰,等.磷化工副产混酸 YP5-1 替代磷矿反浮选用酸工程化应用实践[J].化工矿物与加工,2017,46(1):59-62.

[13] 魏立军.氟硅酸钠母液在胶磷矿反浮选中的应用[J].化工矿物与加工,2016,45(9):3-5.

[14] 向鹏成,谢英亮.矿山低品位矿利用的技术经济分析[J].中国资源综合利用,2001,(12):14-17.

[15] 成思危.探索我国磷资源开发的合理途径[J].磷肥与复肥,1992,7(1):1-5.

第 7 章

磷化工产品生产过程

磷化工是以磷矿石为原料,经过物理化学加工制得各种含磷制品的工业。磷化工是现代化学工业的重要组成部分,是发展国民经济的重要基础工业,是发展高新技术的重要支撑。

7.1 磷的理化性质

磷的发现是在 1669 年,德国汉堡一位商人布朗特(Brand H)在强热蒸发人尿的过程中,他没有制得黄金,却意外地得到一种像白蜡一样的物质,在黑暗的小屋里闪闪发光。这从未见过的白蜡模样的东西,虽不是布朗特梦寐以求的黄金,可那神奇的蓝绿色的火光却令他兴奋得手舞足蹈。他发现这种绿火不发热,不引燃其他物质,是一种冷光。于是,他就以"冷光"的意思命名这种新发现的物质为"磷"(phosphorus)。

磷——化学符号(P),原子序数 15,相对原子质量 30.97,属第三周期 VA 族元素,化合价有+1、+3、+4 和+5 价。单质有 3 种同素异构体:白磷、红磷、黑磷。

白磷又叫黄磷,为白色至黄色蜡状固体。白磷几乎不溶于水,燃点 40℃,熔点 44.1℃,沸点 280.5℃,密度 1.823g/cm³。白磷在没有空气的条件下,加热到 250℃或在光照下就会转变成红磷。白磷在高压下加热,可转变为黑磷。

红磷是红棕色粉末,无毒,密度 2.34g/cm³,熔点 590℃,着火点 240℃。不溶于水。红磷无毒,加热到 400℃以上才着火。

黑磷为近代研究热点,它是黑色有金属光泽的晶体或无定形固体。黑磷无毒,密度

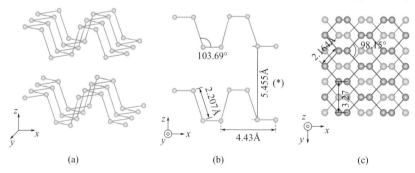

图 7-1 黑磷的 3D 结构示意图(a)、侧视图(b)、俯视图(c)

2.67g/cm³，具有层状网络结构，略显金属性，着火点约490℃，具有层状结构且是反应活性最低的磷同素异形体。黑磷在外观、性能和结构上都很像石墨，呈现黑色、片状，并能导电。黑磷同一层上的磷原子与相邻的3个磷原子形成共价键，其中3个磷原子位于同一平面上，另一个磷原子位于相邻的平行平面上，形成褶状蜂窝结构（图7-1）。

7.2 磷化工产品

磷是一种多功能元素，磷矿通过物理化学加工，可以生产各种磷化工产品（图7-2）。全球磷矿产量的90%以上用于生产磷肥，近10%用于生产工业磷酸盐和其他磷化合物。中国磷矿产量的77%用于生产磷肥，16%用于生产黄磷，7%用于生产饲料级磷酸钙盐。

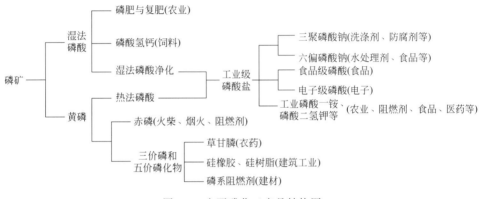

图7-2　主要磷化工产品结构图

目前，中国磷化工生产企业550多家，在无机磷化工方面已能工业化生产110多种，长年规模生产有70余种，生产技术已趋于先进或成熟，生产装备实现了大型化，尤其是磷酸钠盐，其单套产能已超过5万吨/年，在全球处于领先位置。2015年底中国磷化工行业总产能超过1600万吨/年（不包括磷复肥），产量约1060万吨，出口173.3万吨，产能和产量均位居世界前列；尤其是中国黄磷、磷酸、三聚磷酸钠、六偏磷酸钠和饲料级磷酸盐等品种的产能和产量均位居世界第一（表7-1）。

表7-1　2011～2015年我国主要磷化工产品产量　　　　　单位：万吨/年

磷化工产品	2011	2012	2013	2014	2015
黄磷	96	98	102.3	100	96
热法商品磷酸	190	210	210	220	245
三聚磷酸钠	90	65	60	43	45
次磷酸钠	7.5	8.2	8.5	8.5	10
饲料磷酸钙	260	240	245	255	260
磷酸二氢钾	52	46	47	46	53
六偏磷酸钠	30	32	36	35	32

续表

磷化工产品	2011	2012	2013	2014	2015
三氯化磷	68	80	98	106	120
五氧化二磷	8	10.5	13	15	16
五硫化二磷	5	5.3	5.8	6.2	6
聚磷酸铵	7	8.5	10	12	17

7.3 黄磷生产基本知识

7.3.1 黄磷生产方法

磷矿石在高温下，用碳还原生成磷蒸气，经冷凝后制得黄磷。由于供给反应所需热量的方式不同，黄磷的生产方式分为高炉法和电炉法。高炉法投资大，磷的收率低，在工业上未能得到推广应用。目前主要采用电炉法生产黄磷。

电炉法将磷矿石、焦炭和硅石分别破碎至规定粒度，然后按规定比例混合，混合料在密闭的三相电炉中于1400～1500℃高温下熔融进行还原反应，生成的磷蒸气经冷凝塔冷却，凝聚成液滴，与机械杂质一起进入塔底集磷槽中，即得粗磷。将粗磷在精制锅中用蒸汽加热、搅拌、澄清后，纯磷沉积在锅底；放入黄磷池，冷却成型后，制得黄磷成品（图7-3）。

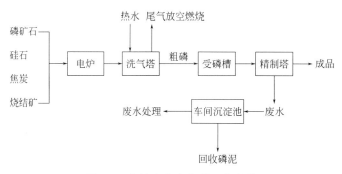

图7-3 电炉法生产黄磷工艺流程

7.3.2 黄磷生产赤磷、黑磷

通过黄磷加工成赤磷、黑磷及其深加工产品占整个磷化工的比例非常小，仅占黄磷深加工产品的1%。

（1）黄磷——赤磷及其深加工 国内外广泛采用的是密封钢锅转化法。在密封的钢锅中，约装1t黄磷，用煤气或电加热，在转化反应接近完成时，增加外热，使红磷在稍低于420℃下保持几小时，冷却后锅内物料即成赤磷。

黄磷加热制成赤磷后进而加工成火柴、烟火以及阻燃剂的比例非常小，只占磷元素应用中的1%～2%。

（2）黄磷——黑磷　黑磷在常温常压下是一种热力学稳定的磷同素异形体。黄磷在高压高温下可制取黑磷，制备的方法有高压法、铋熔化法和矿化法。

高压法是最早用于黑磷制备的方法，由 Bridgman 于 1914 年开发。高压法是将白磷在压力 12000～80000atm，温度 200～1000℃下，高温高压诱发原子重排得到黑磷。优点是晶型好，杂质少；缺点是制备条件苛刻，成本高。

铋熔化法是在密闭容器中通过加热红磷得到白磷，然后通过熔融铋法得到黑磷。首先，在氩气气氛下将红磷和铋颗粒分别放在装置左右两边，并进行抽真空密封处理[图7-4（a）]；然后，对红磷和铋粉加热处理，右端底部会形成铋块，上面则生成白磷，此时把装置右端取下[图7-4（b）]；最后，在300℃下加热铋，并将液铋浇注到固体白磷上，把装置放在400℃环境下保温48h，随后降至室温，用硝酸除去铋，即可得到黑磷。优点是黑磷晶型好；缺点是工艺复杂且消耗铋。

矿化法是将锡、碘和红磷在氩气气氛下密封，经过程序升降温处理制备出黑磷。优点是晶型好，成本大大降低；缺点是反应时间长。因此深入研究矿化法制备黑磷的原理，缩短反应时间，将是未来的研究方向。

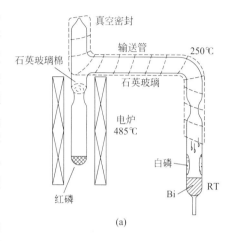

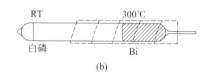

图 7-4　铋熔化法制备黑磷装置示意图

黑磷可通过机械剥离和液相剥离方式获得片层结构的纳米黑磷——黑磷烯。2014 年 5 月，陈仙辉课题组与复旦大学张远波课题组合作，成功制备了基于纳米量级厚度的直接带隙元素半导体材料——黑磷的二维场效应晶体管。当二维黑磷晶体厚度小于 7.5nm 时，在室温下可以得到性能可靠的晶体管，其漏电流调制幅度在 10^5 量级上，I-V 特征曲线展现出良好的电流饱和效应。当二维黑磷材料厚度在 10nm 时，电子迁移率可达 $1000cm^2/(V·s)$。这标志着薄层黑磷已经成为又一种能够用于制备高迁移率电子元件，并拥有广泛应用前景的二维材料。

黑磷作为一种单一元素组成，具有二维层状结构、可调控的直接带隙和高的载流子迁移率及开关比，各向异性的光电性质，良好的生物相容性与载药能力，优异的非线性光学性质，高的光热转换效率等，这些性质使得黑磷在光电子器件、超快光学、生物医学、光伏器件等方面都有巨大的应用潜力。

目前，发现磷的同位素共有 23 种：包括从 ^{24}P 到 ^{46}P，其中只有 ^{31}P 最为稳定。其他同位素都具有放射性，其中 ^{32}P、^{33}P 的半衰期在 10 天内，其余的都为极不稳定的放射性同位素。

7.3.3　黄磷生产有机磷化物

黄磷加工成三价磷和五价磷化物，进而加工制成有机磷农药、阻燃剂等，用于农药、建材、建筑工业等领域。黄磷加工成有机磷化物的比例大约占磷元素比例的 19%，在磷精矿的加工中占比仍比较小。

以有机磷农药为例，有机磷农药是由有机磷中间体与其他中间体缩合反应而成。有机磷农药的中间体的起始原料是黄磷、氯气和硫黄。黄磷和氯气合成三氯化磷、三氯化磷和硫黄合成三氯硫磷、黄磷和硫黄合成五硫化二磷。三氯化磷、三氯硫磷和五硫化二磷三种化合物是构成有机磷类农药的主要原料。

7.3.4 黄磷生产热法磷酸

磷酸是重要的化工商品，也是制取各种磷化工产品和高浓度磷肥不可缺少的化工原料，在无机化工中占有举足轻重的地位。目前，国内外磷酸的生产方法主要有热法和湿法两种。

热法磷酸是在一定温度下，用碳还原磷矿中的磷，制备单质磷（黄磷），黄磷氧化、吸收，生成磷酸。由于制备黄磷过程中，金属离子无法在黄磷生产过程中还原和挥发，故磷矿中除F、As等易挥发的物质进入黄磷产品外，其他金属离子随同炉渣一同排除。因此，热法磷酸纯度高，杂质少，主要用于高品质磷酸及磷酸盐的生产，如医药级、食品级、电子级磷酸以及特殊磷酸盐。

与湿法磷酸相比，热法磷酸中磷的转化率和回收率比较高，各种有害物质也在高温加热的过程中转变或减少，含量都降到了无害无毒的标准以下；但是由于黄磷能耗较高，使用热法磷酸来生产普通工业级磷酸盐不经济。

在发达国家，由于黄磷能耗较高，且随着湿法磷酸净化技术的提高，热法磷酸装置基本被淘汰，取而代之的是湿法磷酸净化技术制取各类工业级磷酸盐。

在我国，由于行业发展态势以及我国湿法磷酸净化技术仍处于初级阶段，部分工业级磷酸盐仍然用热法磷酸生产。

热法磷酸的纯度高，能够满足电子级、食品级磷酸生产的质量要求，无需进行净化或者只进行简单的净化，简化了生产流程从而节省装置投资。

热法磷酸生产工艺有两步法（黄磷的燃烧氧化与五氧化二磷水合吸收分别在2个设备内进行）和一步法（黄磷的燃烧氧化与五氧化二磷水合吸收在同一个设备内进行）。我国黄磷行业大部分采用一步法工艺（图7-5）。

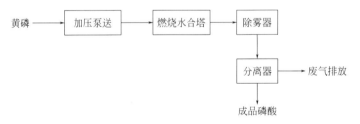

图7-5 热法磷酸生产工艺流程

7.4 黄磷生产现状

我国黄磷行业经过20多年的快速发展，已成为世界黄磷生产大国。据中国无机盐协会磷化工分会统计，截至2016年国内黄磷生产能力为220万吨左右，占全世界总产能的85%，黄磷产量约为91万吨，消费量约94万吨。黄磷产能、产量和消费量均居世界第一。

(1) 云南 据统计,云南黄磷生产装置产能约110万吨,其中产能最大的为宣威磷电8.5万吨。2016年全省共生产黄磷52.37万吨,其中产量最高为宣威磷电9.33万吨,弥勒磷电5.98万吨。根据云南省工信委的报告,2016年全省黄磷企业55户,30户企业生产经营基本正常,25户企业处于停产状态,主要分布在昆明、玉溪、曲靖、红河等地。全年平均开车率在40%,开车主要在有过剩水力发电的江河丰水期。

(2) 贵州 目前贵州黄磷生产装置产能约为32万吨,其中产能最大的为贵州鑫新7.5万吨、瓮安龙马5万吨;2016年全省共生产黄磷17.65万吨,其中产量最高的为瓮安龙马3.2万吨。2016年全省黄磷企业18户,13户企业生产经营基本正常,主要分布在瓮安、开阳、息烽等地。贵州黄磷产业还有较大的发展规划,其中在建新电炉有8台、产能11.25万吨,包括瓮安瓮福5万吨产能的4台电炉,另外,黔能天和有4台电炉正在改造;拟建新电炉27台、产能36万吨,主要在瓮安和福泉,包括天一矿业10万吨、宏伟磷化工12万吨、贵阳能源集团10万吨。

(3) 四川 四川黄磷产能达到45万吨,产能已饱和,除了美姑县新佳源化工有限公司拟投资3亿元建设5万吨/年黄磷项目,暂无其他发展计划,新佳源黄磷项目已完成项目报批和地勘。攀枝花川投公司和金光公司已多年未生产,其他公司年平均开工率约70%,生产主要在江河丰水期。四川省共有15家黄磷生产企业,47台电炉,其中有10家正常生产,3家计划近期开车。

(4) 湖北 湖北仅兴发集团黄磷装置在正常生产,主要分布在兴山、保康、远安、南漳。兴发集团湖北境内共有电炉12台,产能11.75万吨,2016年产量9.23万吨。

7.5 黄磷"三废"处理与综合利用

黄磷是一种高能耗、高物耗、高污染的化工产品。在生产过程中会有数量大、种类多的"三废"物质产生,如磷泥、黄磷尾气、炉渣和污水等,造成巨大的环境风险。生产1t黄磷会产生12t左右的"三废"产物,其中包括磷渣8t,含CO尾气3.3t,磷泥0.2~0.5t,磷铁0.1~0.2t。因此,黄磷生产"三废"治理及"三废"资源的综合利用,对黄磷生产企业意义重大。

7.5.1 黄磷尾气

电炉法黄磷生产中,大约每生产1t黄磷将产生约3000m³的废气。黄磷生产原料在电炉中被焦炭还原为磷蒸气,同时产生CO,磷蒸气通过冷凝塔冷却为液态磷,不能被水吸收的气体则作为废气放空,它的主要成分为含90%左右的CO,并含有水蒸气以及少量的CO_2、O_2、H_2、CH_4、N_2、P_4、H_2S、SiF_4等。尾气中各种成分的含量与原料的成分有直接关系。原料中的氟有70%存在于炉渣及磷泥中,30%存在于含磷炉气中,原料成分变化时对磷炉气成分有一定的影响,但对主要成分CO的含量影响不大。

7.5.1.1 黄磷尾气净化

我国大多数黄磷电炉尾气利用率小于50%,其余放空燃烧,多数企业对黄磷电炉尾气的利用处于低级水平，造成其利用率不高的原因是尾气中有害杂质较多，不易净化分离。黄磷尾气深度净化的难点在于脱磷。目前国内黄磷尾气的净化方法主要有：水洗法、碱洗法、催化氧化法、变温吸附和变压吸附法4种。

（1）水洗法：通过水洗涤除去粉尘等机械杂质和部分SiF_4，还可除去部分H_2S、HF。水洗还具有冷却作用，除去部分P_4、磷泥等杂质。水洗一般都有两至三道工序进行重复冲洗。水洗法具有工艺简单，运行成本较低的特点，但该法处理的出口气体中杂质含量仍相对较高，且用水量相当大，产生大量的污水。

（2）碱洗法：在填料塔中用浓度10%～15%的NaOH溶液对黄磷尾气进行洗涤，能大量除去尾气中的硫化氢、二氧化碳。碱洗法的脱硫效率在80%～99%，脱氟效率也高达99%，脱CO_2的效率在50%左右。可见，采用碱洗法的净化效率相对较高。但采用碱洗法处理尾气效果波动较大，新鲜碱液脱除杂质效果非常好，当碱洗液浓度降到1%～3%时，去除效率急剧下降。采用碱洗法将消耗大量的NaOH，净化成本相对偏高，且产生大量废碱液很难处理。

（3）催化氧化法：对净化气要求较高的工厂，为了提高对黄磷尾气中磷、硫的脱除效果，采用催化剂进行催化氧化。通过固定床催化剂，使得磷、硫等杂质被氧化，其中磷被氧化生产P_2O_5和P_2O_3，而硫化氢则被氧化生成S，这些氧化物易被催化剂表面吸附，从而使尾气得到进一步净化。此工艺的优点是可以把因碱洗波动而逸出的硫化氢等杂质氧化，能得到稳定的尾气。但采用该法对催化剂的性能要求较高，对催化剂的制作要求比较严格，投资和运行成本比较高。

（4）变温吸附和变压吸附法：利用变温吸附和变压吸附法净化回收黄磷尾气，可以获得很好的净化效果，并能降低能耗。变温吸附工序是在常温下直接用吸附剂吸附杂质磷，无须将磷催化氧化，但再生需要加热。再生气加热后进入吸附塔将吸附剂加热再生，杂质随解吸气流出吸附塔，解吸气可作为燃料，其热值与处理前尾气相当。该工艺的缺点是吸附剂容易失去活性，吸附剂吸附了磷后再生难度大，费用消耗高，设备投资和开车费用均很高。

从净化效果来看，催化氧化法能有效地脱磷、硫、氟，工艺简洁高效，净化后的黄磷尾气中各种杂质含量较低，可满足生产高附加值化工产品对合成气的要求，但是该法装置一次性投资较大，一些小的生产企业无力承担。

黄磷尾气的利用有多种途径，如图7-6所示。净化后的黄磷尾气主要用于两方面：一是物理类综合利用，直接燃烧用作燃料；一部分可做燃气锅炉的燃料产生蒸汽；一部分可用于黄磷生产原料的烘干；一部分用于泥磷转锅回收使用；在大规模生产黄磷的企业还可以将其尾气中所含热值用于发电；净化后燃烧用于生产三聚磷酸钠和六偏磷酸钠高附加值产品。二是用作化工原料，生产甲酸、草酸、甲醇、苯乙酸、二甲基甲酰胺等多种高附加值的化工产品。

7.5.1.2 黄磷尾气合成甲酸钠联产六偏磷酸钠及甲酸钙创新技术

成都乐氏化工工程有限公司经过20多年的研究，利用高纯度的黄磷尾气CO为原料，合成甲酸钠联产六偏磷酸钠及甲酸钙，形成了一套独特的工艺创新技术，工业化生产具有很高的社会效益和经济效益。该工艺采用黄磷尾气净化，制得纯度较高的黄磷尾气，尾气中一氧化碳在加压的条件下与氢氧化钠合成甲酸钠，与磷酸反应生成磷酸二氢钠和甲酸，蒸馏出甲酸与氧化钙反应生成甲酸钙，经干燥制得甲酸钙产品，磷酸二氢钠经聚合成为六偏磷酸钠产品（图7-7）。

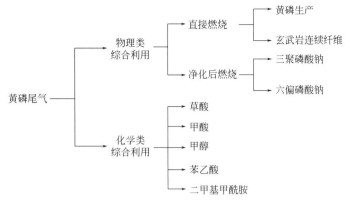

图 7-6 黄磷尾气的综合利用

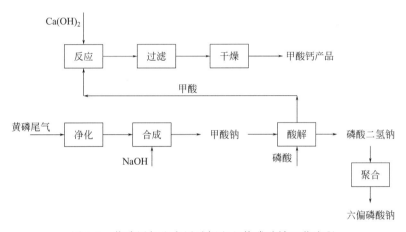

图 7-7 黄磷尾气生产甲酸钙和六偏磷酸钠工艺流程

7.5.1.3 黄磷尾气用作生产钙镁磷肥热源

黄磷尾气的热值,每标准立方米一氧化碳的燃烧热为:$1.26 \times 10^7 J/m^3$。参照国内同类型厂的数据,发生炉煤气含一氧化碳约22%,其煤气的燃烧热为 $4.6 \times 10^6 J/m^3$。比较可知,黄磷尾气燃烧热为发生炉煤气燃烧热的2.7倍,完全可以满足钙镁磷肥生产所需的熔融温度1370℃,因此选用黄磷尾气替代焦炭是有充分的理论依据。空气过剩系数对黄磷尾气燃烧温度的影响如表7-2所示。

表 7-2 空气过剩系数对黄磷尾气燃烧温度的影响

黄磷尾气	空气过剩系数	燃烧温度/℃
89.2%CO	1.0	2306
89.2%CO	1.8	1776
89.2%CO	2.0	1448
89.2%CO	2.5	1225
89.2%CO	3.0	1062

窑炉法生产钙镁磷肥工艺流程(图7-8):用球磨机将磷矿、硅石、白云石(或蛇纹石、钾矿)磨细,按一定比例配料,并加入活化剂,经过运输机输送到窑炉加料口,加入窑炉,

在窑炉中经过高温熔融后从出料口出料，再经过高压水水淬冷却，进入捞料池，经过抓斗捞出，运到沥水场进行沥水，沥水后经皮带运输机送到烘干机中进行干燥，再进入球磨机磨细，包装为成品。

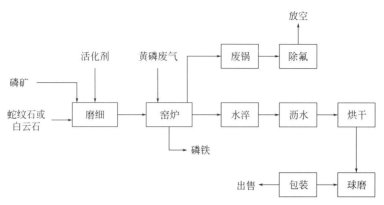

图 7-8　窑炉法生产钙镁磷肥工艺流程图

7.5.2　黄磷废水

黄磷生产工业既是耗水大户，也是产污大户，国内每生产 1t 黄磷消耗水 70~250m^3，同时产生 40~80m^3 的黄磷废水。黄磷废水主要来自冷凝吸收、精制、泥磷处理、原料除尘等过程。废水主要含有磷酸、硫酸、氢氟酸、磷单质、二氧化硅及其他有害物质，未处理不允许直接排放。

我国现行的黄磷废水处理方法可分为絮凝沉淀氧化法和废水闭路循环法。

絮凝沉淀氧化法是用石灰处理并加絮凝剂沉降分离，然后再返回系统循环使用。该法工业设计和运用相对成熟，但存在工艺流程长，动力消耗大，化学试剂用量大、产生二次污染等问题。

闭路循环法是指将所有含磷废水集中处理，封闭循环，可充分利用处理后的污水，减少黄磷生产的水耗量，同时控制有害物质对环境的污染危害，但存在循环处理设施运行费用较高、管道堵塞、污泥含毒害物质不易处理等问题。

7.5.3　黄磷废渣

黄磷炉渣数量大，但基本不含有毒物质。炉渣为灰白色，呈疏松状，其中硅酸钙和高硅酸钙的比例为 2:1，在工艺控制中炉渣内的残磷控制为 1%~3%，炉渣酸度为 0.75~0.85，具有良好的过滤性。黄磷废渣的资源化利用如图 7-9 所示。

黄磷渣中 P_2O_5 含量为 1%~3.5%。磷渣可用作建材产品，用于生产水泥，作为硅酸盐水泥的掺和料、磷渣硅酸盐水泥的原料、低热矿渣硅酸盐水泥原料等水泥辅料，还可以用来生产磷渣砖、微晶玻璃等；可作为硅钙肥，为植物提供中量硅和钙元素；还可用作生产微晶凝石、保温材料、低温烧结陶瓷、人造硅灰石和白炭黑的原料。

黄磷副产磷铁中含磷一般为 18%~26%。磷铁可作为元素添加剂、混凝土骨料及放射保护层、制备纳米磷铁粉和作为钻井泥浆的填充剂等。磷泥可以用来回收黄磷，或磷泥制酸生产磷酸氢钙，磷泥酸残渣可生产双渣肥。

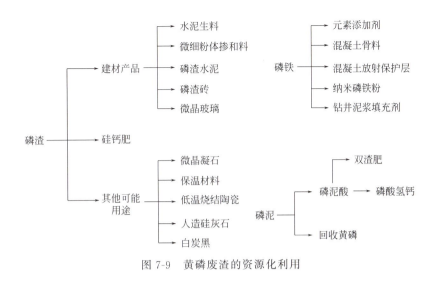

图 7-9 黄磷废渣的资源化利用

7.6 主要工业级磷酸盐产品

工业级磷酸盐在磷化工产品中，仍然占据着重要地位。从图 7-2 可以明显看出，我国工业级磷酸盐产品是由中间产品热法磷酸、湿法磷酸净化生产而来，由于湿法磷酸净化技术处于起步阶段，当前我国工业级磷酸盐大部分原料仍然是热法磷酸。但是随着技术的进步，湿法磷酸净化替代部分热法磷酸将成为必然发展趋势。

7.6.1 三聚磷酸钠和六偏磷酸钠

工业磷酸盐中，三聚磷酸钠和六偏磷酸钠是磷酸钠盐中的主要品种。

(1) 三聚磷酸钠　三聚磷酸钠俗称五钠，可用作合成洗涤剂的主要助剂、工业水软化剂、制革预鞣剂等。由于合成洗涤剂对磷酸盐进一步限制使用、洗涤剂制造商采用洗涤助剂新配方、经济萧条等因素，全球清洁剂生产对三聚磷酸钠的需求下降，全球贸易量也随之下滑。三聚磷酸钠作为洗涤助剂的最主要用途受到限制后，作为工业软水剂、染色助剂、制革预鞣剂用量将加大，但整体需求量较少。三聚磷酸钠的生产流程为：由磷酸与纯碱反应生成正磷酸钠，再经缩合而成，工艺比较简单，流程短，控制操作方便。

(2) 六偏磷酸钠　工业级六偏磷酸钠可与氟化钠加热制造单氟磷酸钠，是重要的工业原料；作为阻垢剂广泛应用于水处理行业；用作锅炉用水和工业用水的软水剂，工业循环冷却水的水处理剂；还可用作缓蚀剂、浮选剂、分散剂、高温结合剂、染色助剂、金属表面处理剂、防锈剂、洗涤剂助剂和水泥硬化促进剂等。

食品级六偏磷酸钠，用作食品工业中的品质改良剂，如做防腐剂、稳定剂、pH 值调节剂、黏着剂、膨胀剂等。

六偏磷酸钠的生产分为一步法和两步法，两步法又分为磷酸二氢钠两步法和磷铁法等，国内企业主要采用的是磷酸二氢钠两步法。其流程为：用黄磷为原料制取热法磷酸，再以烧碱做中和剂制得磷酸二氢钠；磷酸二氢钠进行喷雾干燥脱水，得到磷酸二氢钠干粉；再将此干粉在石墨坩埚中加热，进行高温聚合，然后在冷却圆盘中骤冷，即得片状偏磷酸钠，经粉碎可得粉状六偏磷酸钠产品。

中国近年来六偏磷酸钠行业发展迅速。国内生产企业约60家，总生产能力约45万吨/年，近几年，中国六偏磷酸钠的出口量基本稳定在5万吨/年左右。

7.6.2 电子级磷酸、食品级磷酸

目前，中国电子级磷酸、食品级磷酸产量不大，且主要集中在低端产品中，但是发展前景良好。

电子级磷酸、食品级磷酸属于高纯磷酸，广泛用于大规模集成电路、薄膜液晶显示器等微电子工业，用于芯片的清洗和蚀刻，其纯度和洁净度对电子元器件的成品率、电性能及可靠性有很大影响；纯度较低的主要用于液晶面板部件的清洗，纯度较高的主要用于电子晶片生产过程的清洗和蚀刻。电子级磷酸还可用于制备高纯磷酸盐，也是高纯有机磷产品的主要原料。在中国大部分电子级磷酸均为热法酸生产。

目前，中国加工生产的电子级磷酸大多为低端产品，主要出口国外，国外生产厂家利用技术优势进行深加工，然后返销中国。

国内常用的精制磷酸方法主要有以下几种。

（1）离子交换法：该方法主要利用强酸中的酸根离子结合磷酸溶液中的杂质离子。

（2）化学方法：主要是利用有机溶剂或是其他水溶性溶剂除去其中易溶性杂质，需多种溶剂。

（3）物理方法：物理方法主要有冷却结晶净化法、熔融结晶法和电渗析法。

7.6.3 工业级磷酸一铵、磷酸二氢钾

（1）工业级磷酸一铵　与农业磷酸一铵相比，工业级磷酸一铵养分含量更高、用途更广。工业级磷酸一铵是一种很好的阻燃、灭火剂，广泛用于木材、纸张、织物的阻燃，纤维加工和染料工业的分散剂、搪瓷用釉剂、防火涂料的配合剂、干粉灭火剂；此外，还可以用作饲料添加剂，医药和印刷工业等。也用作高品级肥料，用于水溶肥料的生产。

我国工业级磷酸一铵生产工艺以2000年为分界线。2000年之前，工业级磷酸一铵均以热法磷酸为原料制备；2000年之后，随着国外技术引进和我国科研院所的自主开发，以湿法磷酸净化技术制备工业级磷酸一铵逐渐增多。

工业级磷酸一铵主要生产工艺流程为：采用有机溶剂选择性萃取湿法磷酸中的磷酸，再进行反萃，将需要的磷酸进行分离，工艺上结合化学除杂技术，制取工业级磷酸，再制成工业级磷酸一铵。

（2）磷酸二氢钾　磷酸二氢钾主要用于医药、食品、化妆品和洗涤用品，在饲料行业也有广泛应用；水溶性肥料中既可以当叶面肥使用，也是水溶复合肥料的原料之一。中国国内生产磷酸二氢钾以热法磷酸为主要原料，多采用中和法。但由于中和法生产成本较高，目前磷酸二氢钾多以叶面肥的形式施用。

7.7 世界磷化工行业发展特点

全世界工业生产的无机磷化合物有 200 多种，加上同一品种不同规格，总数达到 300 种以上。由于各国工业化进程加快，全球经济形势发生了巨大的变化，世界磷化工发展也在发生较大的变化。

（1）国际化、大型化　由于资源、能源的导向和环境保护政策的调整，近年来国外一些大公司、大企业进行兼并重组、产业结构和布局的调整，提高企业核心竞争力。如 Rhodia 和 Albright&Wilson 的兼并重组，使得 Rhodia 公司成为全球生产精细化工产品的佼佼者。美盛公司和加阳公司的合并，也将使磷肥产能高度集中，成为巨无霸公司。

（2）精细化、专用化　在初级产品大多产能过剩的情况下，大部分磷化工公司通过大力发展市场前景更好的精细磷化工主导产品，以提高核心技术的竞争力，获得该领域的发言权。如美国 Monsanto 公司是全球最大的草甘膦除草剂生产企业，以色列 ICL 公司是世界最大的磷系阻燃剂生产企业。

（3）多联产、一体化　不同产业或企业间进行耦合共生，拓宽产业幅，无机、有机、化肥联合生产，有利于延伸产业链；一体化就是原料、产品一体化，磷矿、磷肥和磷酸盐生产一体化。

7.8 中国磷化工行业发展特点

经过 60 多年的建设和发展，中国磷化工取得了快速的发展。

（1）中国是世界上最大磷化工生产大国，但是精细化产品少　除了磷肥是第一生产大国外，在无机磷化工方面已能生产磷酸盐的绝大部分品种，且黄磷、磷酸、三聚磷酸钠、六偏磷酸钠和饲料级磷酸盐等品种的产能和产量位居世界前列。精细有机磷化工产品方面发展较快，如高效低毒的有机磷农药除了满足国内农业生产发展需求外，还有一定品种和数量出口。但是基础产品或初级产品多，深加工下游产品少，尤其在电子级磷酸等高精端产品方面，技术空白，精细化和专用化产品不足。

（2）磷化工产业技术不断进步，深加工技术仍显薄弱　我国磷矿资源丰而不富，大多属于中低品位磷矿，在磷化工产业和科研院所的共同努力下，在中低品位磷矿的利用上取得了丰硕的成果，大型企业的选矿技术达到世界先进水平，磷复肥技术装备的国产化、大型化取得了突破性进展。但是深加工技术仍显薄弱，表现在湿法磷酸净化技术应用步伐相对缓慢，净化水平及其深加工产品技术还处于开发研制中。

（3）我国大型磷化工企业在国际有一定的影响力，但是大部分中小型企业技术创新能力有待提高。

我国磷化工生产企业大、中、小型并存，除了云天化集团、瓮福集团、开磷集团、宜化集团、兴发集团、澄星化工集团等大型磷化工企业之外，多数为中小企业，规模相对较小且分散。

参考文献

[1] 王波,王倩,郭瑞玲,等.黑磷制备的研究进展[J].磷肥与复肥,2016,31(11):23-25.
[2] Briddman P W. Two new modifactions of phosphorus[J]. Journal of the American chemical society,1914,36(7):1344-1363.
[3] Zhao M,Qian H L,Niu X Y,et al. Growth mechanismand enhanced yield of black phosphorus microribbons[J]. Crystal growth & Desigh,2016,16(2):1096-1103.
[4] 中国科大在黑磷低维原子晶体中实现高迁移率二维电子气[J].电子元件与材料,2015,34(6):98.
[5] 金旭,汤立红,宁平,等.黑磷烯制备与应用研究进展[J].材料导报,2016,11:149-155.
[6] 王慧德,范涛健,谢中建,等.二维黑磷的制备及光电器件研究进展[J].材料导报,2017,31(9):45-49.

第 8 章

磷肥产品生产过程

中国磷肥产业主要利用高品位优质原矿、浮选和重介质选精矿生产高浓度磷复肥，主要产品有：磷酸铵类肥料（包括：磷酸一铵、磷酸二铵）、重过磷酸钙、硝酸磷肥以及用磷矿原矿生产过磷酸钙、钙镁磷肥以及磷酸基 NPK 复合肥产品。磷肥主要产品对原料的基本要求如表 8-1 所示。

表 8-1　磷肥主要产品对原料的基本要求

品种	磷矿中 P_2O_5 含量的基本要求	占磷肥比例	要求矿中杂质含量	备注
磷肥总量	$P_2O_5 = 100\%$	1795 万吨	—	—
磷酸二铵	≥30%	44.6%	低	配套选矿
磷酸一铵	≥28%	38.1%	较低	部分配套
重过磷酸钙	≥30%	2.7%	低	优质原矿
硝酸磷肥	≥30%	0.2%	低	优质原矿
磷酸基 NPK 复合肥	≥28%	6.9%	较低	高品位矿
过磷酸钙	≥24%	6.5%	—	普通原矿
钙镁磷肥	≥24%	1.0%	—	高镁普矿

注：占磷肥比例为 2016 年数据，另外还有其他对杂质的要求。

中国磷矿石有四方面用途：生产磷肥、饲料级磷酸盐、黄磷和出口。2016 年生产磷矿石 14439.8 万吨，国内消耗生产磷肥 1749 万吨，生产黄磷 94 万吨，生产饲料级磷酸盐 368.0 万吨，出口磷矿石 27.8 万吨，磷矿产量满足国内需求。主要湿法磷肥产品结构如图 8-1 所示。

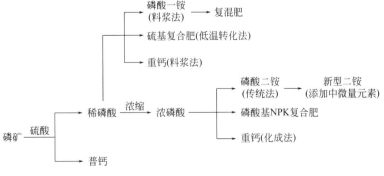

图 8-1　主要湿法磷肥产品结构图

8.1 湿法磷酸

1872 年德国建成了世界上第一个湿法磷酸工厂。从 20 世纪 60 年代开始。生产能力成倍增长，1965 年时，世界湿法磷酸能力为 540 万吨 P_2O_5，到 1985 年时达到 3488 万吨 P_2O_5，2016 年全球磷酸产能达 5810 万吨 P_2O_5。随着工艺不断完善。大型设备和新型材质问世，单系列规模不断扩大。1952 年前最大规模为 100t/d P_2O_5，1961 年前达到 250t/d P_2O_5，而 60 年代后达到了 1000t/d P_2O_5。当前最大的单系列能力达到 1800t/d P_2O_5。为了节能降耗、开发了半水法、半水-二水法和二水-半水法等工艺直接制取 42%～45% P_2O_5 浓磷酸。但世界湿法磷酸的产量中，二水法仍占 85% 以上。

20 世纪 70 年代初，湿法磷酸长途海运成功，世界湿法磷酸贸易量从 1972 年的 40 万吨 P_2O_5，迅速增长到 1984 年的 360 万吨 P_2O_5，2016 年达 430 万吨 P_2O_5，占了世界湿法磷酸总产量 4370 万吨 P_2O_5 的 10%。

生产 1t 磷酸中的 P_2O_5 需要消耗 3.5t 磷矿和 1t 硫黄，同时要排出 5t（干基）磷石膏，为此磷酸厂大都建在磷矿产地。

8.1.1 湿法磷酸生产的基本原理

湿法磷酸是以无机酸（硫酸、硝酸或盐酸）分解磷矿制得的，其生产工艺如表 8-2 所示。湿法磷酸生产中，用硫酸分解磷矿制得磷酸的方法是湿法磷酸生产中最基本的方法。

表 8-2 湿法磷酸生产工艺概述

工艺	概述
硝酸法	最早由奥达公司开发，称为奥达法。它是用硝酸分解磷矿生成磷酸和水溶性硝酸钙，然后采用冷冻、溶剂萃取、离子交换等方法分离出硝酸钙。受硝酸价格高、能耗高、流程长等条件的影响，目前工业应用少
盐酸法	20 世纪 60 年代初，以色列矿业工程公司开发了著名的 IMI 法，首次实现了盐酸法生产磷酸的工业化。它是将磷矿与盐酸反应，生成磷酸和氯化钙水溶液，然后用有机溶剂（如脂肪醇、丙酮、三烷基磷酸酯、胺或酰胺等）萃取分离出磷酸。但该法存在工艺复杂、副产物氯化钙难以经济回收等问题
硫酸法	用硫酸分解磷矿生产得到的磷酸。硫酸法的特点是矿石分解后的产物磷酸为液相，副产硫酸钙是溶解度很小的固相。两者的分离是简单的液固分离，具有其他工艺方法无可比拟的优越性

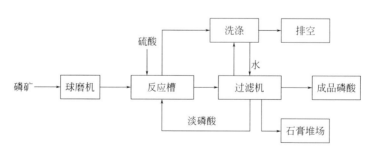

图 8-2 硫酸法生产磷酸工艺流程图

硫酸法生产磷酸的工艺是将研磨至一定细度的磷矿浆输送至反应槽内与硫酸反应，生成含有磷石膏的磷酸反应料浆，通过过滤机液固分离，磷酸进入下一工序，磷石膏进入磷石膏堆场（图 8-2）。

硫酸分解磷矿生成磷酸溶液和难溶性的硫酸钙结晶，其总化学反应式如下：

$$Ca_5F(PO_4)_3 + 5H_2SO_4 + 5nH_2O = 3H_3PO_4 + 5CaSO_4 \cdot nH_2O \downarrow + HF \tag{8-1}$$

实际上，反应分两步进行。第一步，磷矿和循环料浆或返回系统的磷酸进行预分解反应，磷矿首先溶解在过量的磷酸溶液中生成磷酸一钙：

$$Ca_5F(PO_4)_3 + 7H_3PO_4 = 5Ca(H_2PO_4)_2 + HF \tag{8-2}$$

预分解的目的主要是防止磷矿与浓硫酸直接反应，避免在磷矿颗粒表面生成硫酸钙结晶膜，而阻碍磷矿的进一步分解；同时也有利于硫酸钙过饱和度的降低。

第二步即上述的磷酸一钙料浆与稍过量的硫酸反应生成硫酸钙结晶与磷酸溶液：

$$5Ca(H_2PO_4)_2 + 5H_2SO_4 + 5nH_2O = 5CaSO_4 \cdot nH_2O \downarrow + 10H_3PO_4 \tag{8-3}$$

硫酸钙可以三种不同的水合结晶形态从磷酸溶液中沉淀出来，其生成条件取决于磷酸溶液中的磷酸浓度、温度以及游离硫酸浓度。根据生产条件的不同，可以生成二水硫酸钙（$CaSO_4 \cdot 2H_2O$）、半水硫酸钙（$CaSO_4 \cdot 1/2 H_2O$）和无水硫酸钙（$CaSO_4$）三种，故上述分子式 $CaSO_4 \cdot nH_2O$ 中的 n 可以等于 2、1/2 或 0。相应地产生三种基本方法即为二水物法、半水物法和无水物法。

反应中生成的 HF 与磷矿中带入的 SiO_2 生成 H_2SiF_6。

$$6HF + SiO_2 = H_2SiF_6 + 2H_2O \tag{8-4}$$

生成少量的 H_2SiF_6 将与 SiO_2 反应生成 SiF_4。

$$2H_2SiF_6 + SiO_2 = 3SiF_4 \uparrow + 2H_2O \tag{8-5}$$

当磷矿中带入的 SiO_2 多，气相中的氟主要以 SiF_4 的形式存在，用水吸收生成氟硅酸水溶液并析出硅胶沉淀。

$$3SiF_4 + (n+2)H_2O = 2H_2SiF_6 + SiO_2 \cdot nH_2O \downarrow \tag{8-6}$$

磷矿中的铁、铝、钠、钾等杂质将发生下述反应：

$$(Fe，Al)_2O_3 + 2H_3PO_4 = 2(Fe，Al)PO_4 \downarrow + 3H_2O \tag{8-7}$$

$$(Na，K)_2O + H_2SiF_4 \longrightarrow (Na，K)_2SiF_4 \downarrow + H_2O \tag{8-8}$$

磷矿中的碳酸盐，如白云石、方解石等被硫酸分解并放出 CO_2。

$$CaCO_3 + MgCO_3 + 2H_2SO_4 = CaSO_4 \downarrow + 2H_2O + 2CO_2 \uparrow + MgSO_4 \tag{8-9}$$

生成的镁盐全部进入磷酸溶液中，对磷酸质量和后加工将带来不利的影响。

8.1.2 湿法磷酸生产方法

与湿法磷酸生产过程有关的硫酸钙晶型有二水物、α-半水物和无水物Ⅱ三种。它们的一些物理参数和理论化学组成列于表 8-3。

表 8-3 硫酸钙结晶的某些物理参数及理论化学组成

结晶形态	习惯名称	密度 /(g/cm³)	理论化学组成/%		
			SO_3	CaO	H_2O
$CaSO_4 \cdot 2H_2O$	生石膏(或石膏)	2.32	46.6	32.5	20.9

续表

结晶形态	习惯名称	密度 /(g/cm³)	理论化学组成/%		
			SO₃	CaO	H₂O
$\alpha\text{-}CaSO_4 \cdot 1/2H_2O$	熟石膏	2.73	55.2	38.6	6.2
$CaSO_4 \text{ II}$	硬石膏	2.99	58.8	41.2	0

湿法磷酸的生产方法以硫酸钙出现的形态来命名。工业上有下述几种湿法磷酸生产方法。

(1) 二水法制湿法磷酸 这是目前世界上应用最广泛的一种方法,工艺流程如图8-3所示。有多槽流程和单槽流程,其中又分无回浆和有回浆流程以及真空冷却和空气冷却流程。磷矿中的大部分磷被带入到湿法磷酸产品中,小部分的磷以两种形式(未分解的磷及未洗涤干净附在磷石膏表面的水溶性磷)存在,过滤后,以磷石膏的形式送至渣场;二水法所得磷酸一般含 P_2O_5 22%～32%,磷的总收率为93%～97%。

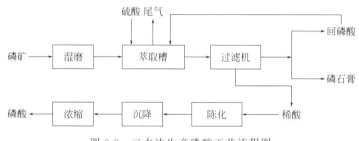

图8-3 二水法生产磷酸工艺流程图

造成磷的总收率不高是由于:①洗涤不完全;②磷矿的萃取不完全,通常与磷矿颗粒表面形成硫酸钙膜有关;③磷酸溶液陷入硫酸钙晶体的空穴中;④磷酸一钙 $Ca(H_2PO_4)_2 \cdot H_2O$ 结晶层与硫酸钙结晶层交替生长;⑤HPO_4^{2-} 取代了硫酸钙晶格中的 SO_4^{2-},有人解释为形成了 $CaSO_4 \cdot 2H_2O$ 与 $CaHPO_4 \cdot 2H_2O$ 的固溶体;⑥溢出、泄漏、清洗、蒸汽雾沫夹带等机械损失。为了减少除洗涤不完全和机械损失以外的其他导致磷损失的因素,采用了将硫酸钙溶解再结晶的方法,如半水-二水法,二水-半水法。

(2) 半水-二水法制湿法磷酸 此法特点是先使硫酸钙形成半水物结晶,后再水化重结晶为二水物。这样,可使硫酸钙晶格中所含的 P_2O_5 释放出来,P_2O_5 的总收率可达98%～98.5%,同时,也提高了磷石膏的纯度,扩大了它的应用范围。半水-二水法流程又分为两种:一种称为稀酸流程,即半水结晶不过滤而直接水化为二水物再过滤分离,产品酸浓度为30%～32%(P_2O_5);另一种称为浓酸流程,即过滤半水物料浆分出成品酸,后再将滤饼送入水化槽重结晶为二水物,产品酸浓度为45%(P_2O_5)左右。半水-二水法生产磷酸工艺流程见图8-4。

(3) 二水-半水法制湿法磷酸 先使硫酸钙形成二水结晶,再转化成半水物。其特点除 P_2O_5 总收率高(99%左右)外,还有磷石膏含结晶水少,有利于制造硫酸和水泥及各种建筑材料。产品磷酸浓度在35%(P_2O_5)左右。

(4) 半水法制湿法磷酸 此法可制得高浓度磷酸(40%～50% P_2O_5)。早在20世纪60年代上海化工研究院吴佩芝教授就掌握了在磷酸萃取槽中控制硫酸不足,就可以钝化半水物生成的机理,当今已工业化建成日产600t P_2O_5 的大厂。钝化半水物结晶在过滤洗涤过程中不水化,滤饼在24h内不硬结。所谓钝化半水物是在磷酸溶液中,当 SO_4^{2-} 含量低时生成的

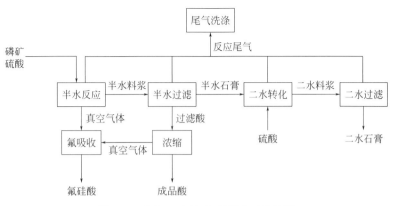

图 8-4 半水-二水法生产磷酸工艺流程

半水物活性低,不易水化,而在 SO_4^{2-} 含量高时生成的半水物易水化。其原因是在游离硫酸浓度低的磷酸溶液中,氟硅酸不稳定易分解为氟化物。液相中的氟离子严重阻碍了半水物水化再结晶为二水物。氟化钙或络合的氟化物($CaSO_4 \cdot SiF_6 \cdot AlF_6 \cdot OH \cdot 12H_2O$)在半水物晶体上蔓生,可能是半水物纯化的主要原因。而游离硫酸浓度高时氟硅酸不易分解,液相中氟离子浓度低,生成的半水物易水化。

除此以外,无水物法制湿法磷酸以及离子交换法制湿法磷酸等流程均处在试验研究中,未在工业上实施。

目前世界上共有湿法磷酸生产装置 350 套左右,其中 80% 以上用二水法生产,二水法生产的磷酸约占世界湿法磷酸生产总量的 85%。为进一步节约能耗,降低磷矿和硫酸消耗,世界各国竞相研究开发半水法(HH)和再结晶法(半水-二水法 HDH 或二水-半水法 DHH)工艺。目前半水法最大能力已达 1500t P_2O_5/d,半水-二水法的单系列最大能力为 1500t P_2O_5/d。但随着世界磷矿品位的降低和杂质含量的增加,二水法流程因对磷矿的适应性和工艺的可靠性、稳定性较强,在大型磷酸装置工艺中仍占主导地位。目前,世界上最大单系列能力 2650t P_2O_5/d 的装置即采用二水法 JACOBS 工艺。

在湿法磷酸生产过程中,开发的助滤技术、双结晶技术、料浆冷却技术提高了液固分离的过滤强度和设备生产能力;污水封闭循环技术将湿法磷酸系统的污水进行封闭循环,消除了污水排放对环境的影响,提高了磷的回收率;大型转台过滤机的开发,减少了占地面积,无反吹酸损失,强化了生产,维修工作量也大大减少。

8.1.3 中国五环工程有限公司在湿法磷酸建设工程中取得的卓越成绩

8.1.3.1 中国五环工程有限公司简介

中国五环工程有限公司(图 8-5)前身是创建于 1958 年的中国化学工业部第四设计院,现为国务院国资委直接管理的中国化学工程集团公司的全资子公司和化学工业领域重点骨干科技型企业。

中国五环是具有工程建设项目全过程承包和管理功能的国际型工程公司。公司拥有工程设计综合甲级资质和工程咨询、工程监理、工程造价咨询、建设项目环境影响评价等多项甲级资质,并享有对外工程咨询、工程设计及工程承包经营权,是首批获得全国 AAA 级信用企业资格的工程公司。五十多年来,中国五环为中国化学工业的发展和腾飞做出了杰出贡

图 8-5 中国五环工程有限公司总部

献,在工程科技领域硕果累累。累计完成境内外 1900 余项大中型设计项目和 80 多项工程总承包项目,业务遍及全球 20 多个国家和地区。

作为化学工业诸多领域的领跑者,中国五环在煤化工、碳化工、化肥、磷化工和新型合成材料等工程科技领域始终占据行业发展战略制高点,处于市场主导和技术领先地位,建设了一大批具有重大产业示范意义的高端项目,树立了国内知名的一流品牌。

8.1.3.2 中国五环在湿法磷酸建设工程中取得的卓越成绩

中国五环从 20 世纪 80 年代末,即开始进行大型湿法磷酸装置的设计和 EPC(工程总承包)工作。历经近三十年的发展,已经在国内外完成 27 套大中型湿法磷酸装置,总产能达到 626 万吨 P_2O_5/年。

(1) 中国五环在半水-二水法磷酸建设工程中的业绩 随着耐腐蚀金属材料的不断开发和成熟应用,以及半水-二水法磷酸技术所具有的"原材料利用率高、总能耗低、产品品质好、副产品杂质少"等优点,近年来在国内外掀起了建设半水-二水法磷酸装置的高潮。从 2012 年至今,中国五环已完成了 5 套半水-二水法磷酸装置的设计或者 EPC 工程总承包。

2012 年通过国际竞争性招标,中国五环赢得了印度尼西亚 PJA(PETROKEMIA JUDAN ABUDI)公司 20 万吨/年磷酸及其副产品 EPC 总承包合同。该项目包含一套 20 万吨/年半水-二水法磷酸装置(图 8-6),一套 60 万吨/年硫黄制酸装置,一套 50 万吨/年磷石膏综合利用装置。该项目于 2012 年 3 月开工,2014 年 6 月建成投产,并于同年 8 月完成性能考核,各项考核指标满足合同性能考核指标要求。

图 8-6 印度尼西亚 PJA 公司 20 万吨/年半水-二水法磷酸装置

2013年通过国际竞争性招标,中国五环再次赢得了印度尼西亚 PKG(PETROKEMIA GRESIK)公司 20 万吨/年磷酸及其副产品 EPC 总承包合同。该项目包含一套 20 万吨/年半水-二水法磷酸装置,一套 60 万吨/年硫黄制酸装置,一套 50 万吨/年磷石膏综合利用装置。该项目于 2013 年 2 月开工,2015 年 6 月建成投产,并于同年 7 月完成性能考核,各项考核指标满足合同性能考核指标要求。

中国五环拥有自主开发的半水-二水法磷酸专利技术,采用该专利技术建设的项目有:云南三环化工有限公司 7 万吨/年半水-二水法磷酸装置 EPC 总承包项目,于 2015 年投产;湖北宜化松滋肥业有限公司 10 万吨/年半水-二水法磷酸项目,于 2017 年 9 月投产(图 8-7);湖北宜都兴发化工有限公司 38 万吨/年半水-二水法磷酸装置的 EPC 总承包项目,当前已完成详细工程设计,计划于 2019 年建成投产。

图 8-7 利用中国五环专有技术建设的湖北宜化 10 万吨/年半水-二水法磷酸装置

(2)中国五环在二水法磷酸建设工程中的业绩 中国五环采用自主开发的二水法磷酸专利技术,以及美国、法国、比利时、突尼斯等国的技术,在国内外共建设完成了 21 套大中型二水法磷酸装置,其中国外建设的最大单系列磷酸装置为突尼斯 TIFERT 项目 36 万吨/年磷酸装置(EPC),国内建设的最大单系列磷酸装置为瓮福达州项目 45 万吨/年磷酸装置(EPC)。无论是国内建设完成的二水法磷酸装置,还是在国外建设完成的二水法磷酸装置,都能在投产后短时间内完成达标达产的任务,并能安全、稳定、长周期连续运行。图 8-8~图 8-10 为中国五环总承包完成的具有代表性的几套大型二水法磷酸装置。

图 8-8 突尼斯 TIFERT 公司 36 万吨/年磷酸装置

图 8-9　瓮福达州 45 万吨/年磷酸装置

图 8-10　云南三环中化 2×30 万吨/年磷酸装置

云南磷化集团有限公司 50 万吨/年 MDCP（835）项目，建设规模及内容为 80 万吨/年硫酸、30 万吨/年饲料级磷酸、50 万吨/年 MDCP（饲料级磷酸钙盐）装置、磷石膏堆场及输送和回水系统等相关公用、辅助配套设施。其中 30 万吨/年湿法磷酸装置，采用"EPC"总承包模式，由中国五环工程有限公司实施。装置于 2011 年 7 月 25 日开工建设，2014 年 7 月 1 日化工投料，2015 年 3 月中旬完成了 72h 性能考核。30 万吨/年湿法磷酸装置，前段采用二水法工艺，产能为 30 万吨/年湿法磷酸；后段采用自主开发的专有技术，产能为 22 万吨/年饲料级磷酸。

30 万吨/年饲料级磷酸生产技术及 50 万吨/年饲料级 MDCP 产品生产技术，是公司根据 30 多年的二水湿法磷酸的生产实践，同时消化吸收了由日本引进的饲料级 DCP 生产技术，以及国内对湿法磷酸的预处理、化学净化、脱氟及去除微量有害重金属元素等方面的经验，在大量试验研究的基础上，与中国五环工程有限公司和昆明彰佑科技咨询有限责任公司联合开发的大型化饲料级湿法磷酸净化技术，三方共有知识产权。

云南磷化集团有限公司 30 万吨/年饲料级磷酸装置，是由五环设计院设计。装置以磷矿和硫酸为原料，采用二水法生产工艺技术（图 8-11）。反应采用普莱昂多槽多浆方格反应槽，并配有三格消化槽，料浆冷却采用低位闪冷流程；料浆过滤采用两台 160m² 国产转台式真空过滤机；反应逸出的含氟气体采用二级逆流式洗涤，经管道、吸收塔三级喷淋循环吸收洗涤；磷石膏采用湿法排渣；稀酸产品采取先陈化再澄清流程；浓缩采用单效强制循环真空蒸发浓缩工艺技术；氟吸收采用两级吸收工艺；浓酸经过陈化澄清脱重金属脱氟等净化工艺后，合格的饲料级磷酸供饲钙车间使用。

图 8-11　云南磷化集团有限公司 30 万吨/年饲料级磷酸装置

（3）中国五环在半水法磷酸建设工程中的业绩　1990 年，广东湛江化工厂引进美国西方石油公司（OXY）的半水磷酸技术，由中国五环进行工程总承包，建设完成了一套 3 万吨/年的半水法磷酸装置（图 8-12），该装置 1992 年建成投产后，运行状态良好。目前湛江化工厂已与中国五环签署战略框架协议，由中国五环对其现有的磷酸装置逐步进行挖潜和升级改造。

图 8-12　广东湛江化工厂 3 万吨/年半水法磷酸装置

8.1.3.3　半水-二水法技术优势

中国五环工程公司半水-二水法技术优势主要体现在以下四个方面。

（1）节约能源　半水-二水法可采用比二水法工艺粒度大得多的磷矿，节约磨矿电耗；可直接生产浓度 40% P_2O_5 以上的磷酸，大大减少稀酸浓缩的蒸汽消耗。生产 1t P_2O_5，节约蒸汽 1~1.5t（表 8-4）。

表8-4　半水-二水法工艺与二水法蒸汽消耗对比（同以47% P_2O_5产品计算）

工艺	稀酸浓度/%P_2O_5	浓酸浓度/%P_2O_5	t汽/t P_2O_5
半水-二水法	40	47	0.567
二水法	26	47	2.094

（2）高回收率　半水-二水法装置P_2O_5回收率高达98%以上。可减少单吨产品原料矿石消耗，减少磷石膏中P_2O_5含量，有利于磷石膏的处理再利用。

（3）磷石膏品质好　半水-二水法工艺采用两步法再结晶流程，副产的磷石膏结晶比较粗大，石膏中磷、氟、SO_4^{2-}、铁、铝、镁指标相对较低，有利于磷石膏堆存和综合再利用（表8-5）。中国五环工程公司为印度尼西亚共和国承建项目的磷石膏实现了完全无害处理，全部用于生产水泥缓释剂。

表8-5　磷石膏质量对比

工艺	总磷	水溶磷	CaO	SO_4^{2-}	酸不溶物	SiO_2	Fe_2O_3	Al_2O_3	MgO	K_2O	Na_2O	F
半水-二水法	0.56	0.14	21.47	36.58	11.18	9.22	0.10	0.17	0.044	0.038	0.071	0.17
二水法	0.79	0.17	21.57	36.87	10.51	8.56	0.12	0.20	0.065	0.059	0.027	0.20

（4）成品酸质量好　半水浓磷酸中MER[$w(Fe_2O_3+Al_2O_3+MgO)/w(P_2O_5)$]值、SS（固含量）、$SO_4^{2-}$均较二水浓缩酸低，酸质优于二水浓缩酸酸质；对生产工业级磷酸一铵、磷酸二氢钾等高端的磷复肥产品，优势尤为显著（表8-6）。成品浓酸含固量小于2%；游离硫酸2%~3%。

表8-6　半水-二水法工艺与二水法工艺成品磷酸部分分析指标（%）

样品名称	分析项目										分析方法
	P_2O_5	Fe_2O_3	Al_2O_3	MgO	CaO	K_2O	Na_2O	SS	SO_4^{2-}	MER	
半水浓磷酸	40.82	1.5	1.36	1.12	0.61	0.19	0.27	1.5	2.35	0.098	化学法
二水稀磷酸	24.19	1.02	0.93	0.79	0.55	0.2	0.15	0.5	1.99	0.113	化学法
二水浓缩酸	46.74	1.66	1.96	1.33	0.76	0.21	0.36	7.45	4.13	0.106	化学法
半水浓磷酸	45	1.65	1.5	1.23	0.67	0.21	0.3	1.65	2.59	0.098	折45%P_2O_5浓度
二水稀磷酸	45	1.9	1.73	1.47	1.02	0.37	0.28	7.71	3.7	0.113	
二水浓缩酸	45	1.6	1.89	1.28	0.73	0.2	0.35	7.17	3.98	0.106	

对半水-二水法的传统认识：磷矿适应性不强、对磷矿要求高、装置选材要求高、投资成本高、装置开车率不高以及没有大型化装置的经验。但五环公司开发的半水-二水法技术磷矿适应性强，能适应含P_2O_5低至27%品位的磷矿进行生产，但要求进矿矿源稳定；优化半水反应流程，降低半水料浆温度至80℃以下，半水过滤工序设备选材可与二水法一样；装置开车率可达到90%以上；具有大型化装置经验，印度尼西亚共和国老厂1984年建厂，设计产能20万吨P_2O_5/年，已成功运行30年。

8.1.4　湿法磷酸净化

目前中国湿法磷酸大部分被用来生产高浓度磷复肥，只有10%~20%用来净化加工生产工业级磷酸盐,尽管占比小,但是发展前景较好。

20 世纪 70 年代因能源危机的影响,西欧、美国、日本、苏联等发达国家和地区对高能耗的热法磷酸生产采取限制、淘汰或关停并转,促使一些磷酸盐制造商加大了对湿法磷酸净化的研究和开发,使低能耗湿法磷酸净化新技术实现了产业化,用净化湿法磷酸替代热法磷酸和以热法磷酸为原料生产磷酸盐产品。发达国家地区如欧洲、日本等,工业磷酸中湿法磷酸的比重为 85% 以上;美国从 2009 年开始,工业磷酸均为净化湿法磷酸。

近几年,我国在湿法磷酸净化技术方面有了重大突破,已经掌握了多种净化技术。

通过湿法磷酸净化生产工业级以上磷酸的方法主要包括溶剂萃取法、结晶法、化学沉淀法、离子交换法、电渗析法、膜分离法等(表 8-7)。

表 8-7 湿法磷酸净化工艺简述

工艺	简述
溶剂萃取法	溶剂萃取法基于磷酸可以分子形态溶于有机溶剂中,而杂质在有机溶剂中溶解度低的特点,利用萃取过程除去粗磷酸中的绝大部分杂质
结晶法	通过将粗磷酸溶液加热浓缩再冷却降温的方式将磷酸以 $H_3PO_4 \cdot 0.5H_2O$ 或 H_3PO_4 的形式从溶液中结晶出来,而绝大部分杂质留在母液中,从而起到提纯磷酸的作用
化学沉淀法	稀磷酸选择性脱除氟、硫酸根、铁、铝、镁以及重金属等杂质的有效方法之一
离子交换法	针对磷酸中 Ca^{2+}、Mg^{2+}、Fe^{3+} 等阳离子的脱除。该方法使用阳离子交换树脂处理磷酸或磷酸盐溶液,利用树脂中的 H^+ 交换杂质阳离子
电渗析法	利用电化学作用分离离子的一种方法。由于磷酸根和其他阴离子在碱性阴离子交换膜上的吸附量不同,因此可利用阴离子交换膜除去磷酸中的某些阴离子
膜分离法	分子级水平的过滤分离方法,包括超滤、微滤、纳滤、反渗透等膜分离技术

以上几种方法中,溶剂萃取法技术相对成熟,过程中没有温度变化、能耗较低,萃取剂可循环使用,能够避免二次污染,是目前技术条件下经济性最好的磷酸净化方法,也是国外磷业公司净化湿法磷酸的主流方法。国内研究机构和磷化工公司经过多年的科技攻关,已经掌握了湿法磷酸的净化方法,主要有四川大学、华中师范大学溶剂萃取技术以及清华大学微结构萃取技术,并均实现了工业化生产。

应用范围较广、技术较为成熟的是四川大学溶剂萃取技术。从图 8-13 来看,在湿法磷酸净化工艺流程中,大部分磷进入净化酸成品中,少部分磷以萃余酸的形式排放,原湿法磷酸大部分杂质在萃余酸中,可进入肥料生产循环中。郑州大学开发了利用萃余酸生产包裹性

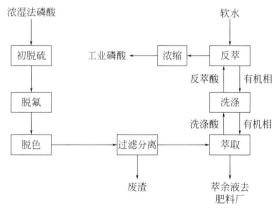

图 8-13 四川大学溶剂萃取湿法磷酸净化工艺流程

缓释肥料的技术，使磷矿中钙、镁、铁、锰、稀土等杂质得到高效合理的利用。

磷化工领域，湿法磷酸净化技术在降低能耗、节约成本、减少污染等方面具有显著优势。湿法磷酸净化技术对于开发高附加值的磷化工产品、提升磷业企业经济效益、发展中国磷化工产业十分关键。中国"磷复肥行业'十三五'发展思路"中提出，发展低成本、高收率的湿法磷酸精制工艺路线，使全行业工业用湿法磷酸产量提高到 200 万吨/年，优化和延伸磷复肥企业的磷化工产品结构。

8.2 磷酸铵类肥料

8.2.1 磷酸铵类肥料基本知识

早期生产的磷酸铵类肥料主要是磷酸一铵（monoammonia phosphate，以下简称 MAP），1917 年，美国首先生产了 MAP。19 世纪 40 年代后期，德国首先用热法磷酸生产磷酸二铵（di-ammonia phosphate，以下简称 DAP）。

磷酸铵是用氨中和磷酸的得高浓度氮磷复合肥料，其主要品种为磷酸一铵（MAP，产品有 N 12%、P_2O_5 52% 和 N 11%、P_2O_5 42% 两类）和磷酸二铵（DAP，产品有 N 18%、P_2O_5 46% 和 N 16%、P_2O_5 48% 两类）。此外还可加工成硫磷铵（APS，N 16%、P_2O_5 20%），硝磷铵（N 24%、P_2O_5 24%）与尿磷铵（UP，N 28%、P_2O_5 28%）等。

磷铵产品实现商业化生产后，以其氮磷养分复合，浓度高达 60%；物理性好，吸湿点高；全部为水溶性，可配制各种液体肥料；配伍性好，可与多种肥料混合；广泛适用于各种土壤和作物；受到各国农民的欢迎。1954 年 DAP 在美国商业化生产，从 1956 年起开始迅速发展。1966 年，美国磷铵产量达到 107 万吨 P_2O_5，开始超过 SSP（普钙）；1968 年，磷铵产量增加到 158 万吨 P_2O_5，又超过了 TSP（重钙）；从而成为主导美国磷肥市场的第一大品种。磷铵在美国磷肥产量中的比重高达 70%。

8.2.2 磷酸一铵（四川大学研究成果）

磷酸一铵是一种水溶性速效复合肥，有效磷含量为 42%～52%，是高浓度磷复肥的主要品种之一。该产品直接施用作追肥，尤其适合于我国西北、华北、东北等干旱少雨地区施用；也是生产三元复混肥、BB 肥最主要的基础原料，国内大部分磷酸一铵用于生产复混肥。

8.2.2.1 生产原理

（1）湿法磷酸的氨化　磷酸的三个氢离子可依次被氨中和生成磷酸一铵、磷酸二铵和磷酸三铵：

$$H_3PO_4(液) + NH_3(气) = NH_4H_2PO_4(固) \tag{8-10}$$

$$H_3PO_4(液) + 2NH_3(气) = (NH_4)_2HPO_4(固) \tag{8-11}$$

$$H_3PO_4(液) + 3NH_3(气) = (NH_4)_3PO_4(固) \tag{8-12}$$

纯的磷酸铵盐是白色晶体，其中以磷酸一铵最稳定，磷酸二铵次之，磷酸三铵最不稳定，不宜做肥料使用。因此，没有任何国家的磷酸三铵作为商品肥料出售。

纯磷酸与氨中和是瞬间即可完成的快速反应，过程速度取决于氨分子扩散进入磷酸的传质速度。因此，凡是能够强化这一传质过程的手段，均可加快中和过程的速度。例如用管式反应器进行磷酸氨化，就可使中和过程缩短到约1s。

氨化过程放出的热量很大，可利用它蒸发除去溶液中的一部分水分。通常每中和1kg气氨即可蒸发1~2kg水，这与磷酸浓度和温度有关。如用预热过的含P_2O_5 54%的磷酸在管式反应器中快速氨化，还可实现高温脱水生成部分聚磷酸铵。在浓酸氨化形成相当高的温度和压力下，磷铵溶解度增高，料浆黏度变小，流动性能良好，这时可借助自身压力直接喷入造粒机或喷雾塔中生产粒状或粉状磷铵。

湿法磷酸中通常含有铁、铝、镁、氟和硅等杂质，在氨中和过程中，这些杂质将生成多种复杂化合物，将影响料浆黏度以及磷铵产品组成、物性和P_2O_5溶解性，对于料浆浓缩法制磷铵工艺来说，料浆黏度至关重要。

(2) 湿法磷酸及其所含杂质在氨中和过程中可能发生下列反应

① $H_3PO_4 + NH_3 = NH_4H_2PO_4$ (8-13)

② $H_2SO_4 + NH_3 + NH_4H_2PO_4 = NH_4HSO_4 \cdot NH_4H_2PO_4$ (8-14)

③ $H_2SiF_6 + 2NH_3 = (NH_4)_2SiF_6$ (8-15)

④ $(Fe,Al)_3(H_3O)_8(PO_4)_6 \cdot 6H_2O + NH_3 =$
$(Fe,Al)_3NH_4H_8(PO_4)_6 \cdot 6H_2O + H_2O$ (8-16)

⑤ $(Fe,Al)_3(H_3O)_8(PO_4)_6 \cdot 6H_2O + 3Mg(H_2PO_4)_2 + 9NH_3 + H_2SiF_6$
$= 3(Fe,Al)MgNH_4(HPO_4)_2F_2 + 6NH_4H_2PO_4 + SiO_2 + 5H_2O$ (8-17)

⑥ $NH_4HSO_4 \cdot NH_4H_2PO_4 + NH_3 = (NH_4)_2SO_4 + NH_4H_2PO_4$ (8-18)

⑦ $(Fe,Al)MgNH_4(HPO_4)_2F_2 + (NH_4)_2SiF_6 + 4NH_3 + 2H_2O$
$\longrightarrow (Fe,Al)Mg(NH_4)_2(HPO_4)_2F_2 + SiO_2$ (8-19)

⑧ $Mg(H_2PO_4)_2 + NH_3 = MgHPO_4 + NH_4H_2PO_4$ (8-20)

⑨ $(Fe,Al)_3NH_4H_8(PO_4)_6 \cdot 6H_2O + 2NH_3$
$\longrightarrow 3(Fe,Al)NH_4(HPO_4)_2 \cdot 0.5H_2O + 4.5H_2O$ (8-21)

⑩ $NH_4H_2PO_4 + NH_3 = (NH_4)_2HPO_4$ (8-22)

⑪ $MgHPO_4 + (NH_4)_2HPO_4 + 4H_2O = Mg(NH_4)_2(HPO_4)_2 \cdot 4H_2O$ (8-23)

⑫ $Mg(NH_4)_2(HPO_4)_2 \cdot 4H_2O = MgNH_4PO_4 \cdot H_2O + NH_4H_2PO_4 + 3H_2O$ (8-24)

⑬ $CaSO_4 \cdot 2H_2O + 2NH_3 + H_3PO_4 = CaHPO_4 + (NH_4)_2SO_4 + 2H_2O$ (8-25)

⑭ $5CaHPO_4 + 2NH_3 + H_2O = Ca_5(PO_4)_3OH + 2NH_4H_2PO_4$ (8-26)

上述反应在pH 2.5时形成水溶性化合物[反应式(8-13)、式(8-14)和式(8-15)]和可溶性复合物[反应式(8-16)和式(8-17)]；当pH值升到4.35则生成铁、铝复合物[反应式(8-19)和式(8-21)]，同时析出磷酸氢镁和磷酸氢钙[反应式(8-20)和式(8-25)]，它们均属可溶性。进一步氨化到pH>5.6则生成磷酸氢钙、磷酸铁镁和不溶性羟基磷灰石。所生成沉淀的组成和量都随氨化的进行而不断变化。

湿法磷酸中的氟主要以H_2SiF_6的形式存在，氨中和时将进行如下反应：

$$SiF_6^{2-} + 4OH^- + (n-2)H_2O = SiO_2 \cdot nH_2O + 6F^-$$ (8-27)

随着中和反应的进行，上式平衡向右移动，游离F^-增多，有利于含氟复合物的生成，同时生成硅凝胶，影响料浆黏度。

各种湿法磷酸的杂质种类和含量不尽相同,因而各研究者所得氨化沉淀物组成也不一样,但主要结论基本是一致的。

8.2.2.2 生产方法

普遍采用的磷铵生产流程是将含 P_2O_5 大于 40% 的磷酸用氨预中和后,再转鼓氨化造粒,或使浓磷酸在管式反应器中直接氨化得到磷铵料浆再于转鼓中造粒,最后经干燥而得到产品。这种用浓缩磷酸生产磷铵的方法常被称为"传统法"(图 8-14)。

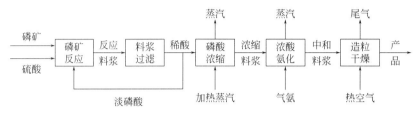

图 8-14 "传统法"磷铵工艺流程示意图

用"传统法"生产磷铵需要大量的优质浓磷酸,而这种磷酸需由优质磷矿或精选磷矿生产的湿法磷酸浓缩得来。若磷矿质量较差,在浓缩过程中,大量杂质析出,将堵塞加热器管道,致使生产无法进行。我国大量是中、低品位磷矿,世界上的磷矿资源经过几十年的开采,逐渐趋于贫化,高品位磷矿明显减少,因此,中低品位磷矿的应用开发势在必行。

为了充分利用我国大量的中品位磷矿($P_2O_5 \geqslant 26\%$)生产磷铵,四川大学(原成都科技大学)钟本和、张允湘教授和四川银山磷肥厂魏文彦于 1979 年开发了"料浆法"生产磷铵工艺,为我国磷复肥工业的发展开辟了一条新路。1984 年和 1987 年先后完成了喷雾干燥制粉状磷铵和喷浆造粒制粒状磷铵两种流程的中试,1988 年又在银山磷肥厂完成了年产 3 万吨"料浆法"制磷铵的工业性试验。在此基础上,确定为全国小磷肥厂产品更新换代技术予以推广。1992 年已在全国建设 3 万吨/年装置 86 套,年生产能力达 260 万吨,结束了使用国产中品位磷矿不能生产磷铵的历史。

料浆法生产以稀磷酸和氨为原料,在氨化反应器中反应生成稀料浆,用蒸汽加热浓缩成浓料浆,然后送去喷雾干燥塔或喷浆造粒干燥机制成粉状或粒状产品,经冷却后即为成品。"料浆法"磷酸一铵工艺流程如图 8-15 所示。

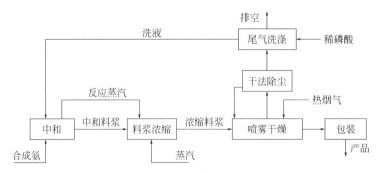

图 8-15 "料浆法"磷酸一铵工艺流程

传统法磷铵和料浆法磷铵中水不溶部分和水溶部分的计算组成分别见表 8-8 和表 8-9。据四川大学罗洪波教授测定,用美国佛罗里达磷矿生产的磷酸一铵含水溶性 $NH_4H_2PO_4$ 73.8%、$(NH_4)_2SO_4$ 6.1%、含水不溶物 15.9%(表 8-8);而用四川清平磷矿生产的料浆

法磷酸一铵含 $NH_4H_2PO_4$ 60.79%、$(NH_4)_2SO_4$ 10.71%、含水不溶物高达 28.5%（表 8-9），这些水不溶物大多是 2%柠檬酸或中性柠檬酸溶液可溶解的化合物，例如上述国产磷酸一铵水不溶物占 MAP 组成的 28.5%，其中 $Fe(NH_4)F(PO_4)_2·H_2O$ 占 1.56%，$MgHPO_4·3H_2O$ 占 8.95%，$Mg(Fe,Al)(NH_4)_2(HPO_4)_2F_3$ 占 4.4%。

从表 8-8 和表 8-9 中可以看出，料浆法磷铵的水不溶物大于传统法磷铵，但是料浆法生成的 $Mg(Fe,Al)(NH_4)_2(HPO_4)_2F_3$、$Fe(NH_4)_2F(PO_4)_2·H_2O$、$MgHPO_4·3H_2O$ 和 $CaHPO_4$ 均为枸溶性物质，可作为缓慢释放养分。对云天化生产的传统法一铵和料浆法一铵产品进行性能对比，发现料浆法磷酸一铵不溶物颗粒细小，能够较长时间悬浮在水中，作为水溶肥使用，不会堵塞管道；而传统法磷酸一铵颗粒较大，很快沉淀在管道底部。因此，作为水溶肥选用时，料浆法磷酸一铵工艺优于传统法工艺。

表 8-8 佛罗里达磷矿生产的 MAP 肥料及其水不溶物的计算组成　　　　单位：%

组成	化合物	含量	MAP 各水不溶物占比
水不溶物	$MgAl(NH_4)_2H(PO_4)_2F_2$	4.2	26.4
	$FeNH_4(HPO_4)_2$	7.2	45.3
	$AlNH_4HPO_4F_2$	0.9	5.7
	$Mg-Al-F-xH_2O$	1.4	8.8
	$CaSO_4$	0.4	2.5
	SiO_2	0.1	0.6
	H_2O(结晶水)	1.7	10.7
水不溶物总计		15.9	100.0
水溶物	$Ca(NH_4)_2(SO_4)_2$	0.8	
	$(NH_4)_2SO_4$	6.1	
	$(NH_4)_2SiF_6$	0.2	
	$(NH_4)_2HPO_4$	1.0	
	$NH_4H_2PO_4$	73.8	
	未知	2.2	

表 8-9 清平磷矿生产的 MAP 肥料及其水不溶物的计算组成　　　　单位：%

组成	化合物	含量	MAP 各水不溶物占比
水不溶物	$Mg(Fe,Al)(NH_4)_2(HPO_4)_2F_3$	4.40	15.44
	$Fe(NH_4)_2F(PO_4)_2·H_2O$	1.56	5.47
	$MgHPO_4·3H_2O$	8.95	31.40
	$CaHPO_4$	2.67	9.37
	MgF_2	4.48	15.72
	SiO_2	4.04	14.17
	K_2SiF_6	0.73	2.56
	未知物	1.67	5.86

续表

组成	化合物	含量	MAP各水不溶物占比
	水不溶物总计	28.5	100.0
水溶物	$NH_4H_2PO_4$	60.79	
	$(NH_4)_2SO_4$	10.71	

料浆法磷铵生产技术取得了很大的进步，生产日趋完善。在磷酸和氨中和反应及料浆浓缩过程，开发的"中和浓缩一体化"技术，使得氨化反应热得到合理利用；强制循环氨化反应器，使反应均匀无振动，无气体逸出，大大改善了车间生产环境；实现无泵过料与喷浆，减少了该系统60%以上的转动设备，简化了工艺流程，提高了设备的运转能力，降低了物耗和能耗。

在料浆干燥过程中，开发的集造粒、干燥、内返料、内分级、内破碎为一体的磷铵造粒干燥新技术，省却了干燥系统庞大的输送设备，减少了粉尘，改善了操作环境，提高了生产能力。

开发的中和料浆喷雾流化干燥制粉状磷铵技术，其工艺流程短，投资省，也使磷铵产品多样化，以适应市场需求。

料浆法磷铵生产技术的发展，也同时推进了设备国产化进程，如系列耐酸泵、大型料浆循环泵、大型冷风机、热风机、大型翻盘式过滤机、转台式过滤机、低位真空冷却装置等一系列设备，为实现磷铵工艺国产化、大型化打下了坚实的基础。这些技术的开发利用，简化了生产流程，提高了装置的生产能力，节能降耗，使得装置较快的实现了大型化、国产化、通用化，更加经济合理，适用范围更广。

其中，"中和料浆浓缩法"制磷铵新工艺重大成果曾获国家科技进步一等奖（1988年）、全国首届亿利达科技奖（1996年），"大型料浆浓缩法磷铵装置"获国家科技进步二等奖（2004年）。

8.2.3 磷酸二铵

磷酸二铵是一种高浓度的速效肥料，有效磷含量为42%～46%，适用于各种作物和土壤，特别适用于喜氮需磷的作物，作基肥或追肥均可，宜深施。在我国磷酸二铵多为直接施用。

磷酸二铵的生产方法主要有传统法和料浆法，其中大部分磷酸二铵装置采用传统法。传统法以浓磷酸和氨为原料，在氨化反应器中反应生成料浆，再经造粒、干燥、筛分破碎、冷却、包裹等工序制成粒状产品，如图8-16所示。料浆法磷酸二铵生产工艺流程如图8-17所示。

根据我国磷矿资源情况，四川大学开发成功了"料浆法磷酸二铵"工艺，并将"传统法"二铵和"料浆法"一铵相结合，利用稀磷酸生产和浓缩过程产生的淤渣和淤酸，或用稀磷酸洗涤二铵尾气的洗涤液为原料，采用"料浆法"磷铵技术生产粉状一铵，既保证了磷酸二铵的正常生产和产品质量，又改善了二铵的生产条件，如图8-18所示。

2000年10月，中国农业科学院土肥所林葆研究员与中国磷肥工业协会林乐理事长合编了《国产磷复肥与进口的一样好》，但书中的实例，几乎都是国产磷铵比美国磷酸二铵更好。例如，安徽六国磷酸二铵含P_2O_5 42.54%、N 14.76%、MgO 2.46%、CaO 1.72%、S

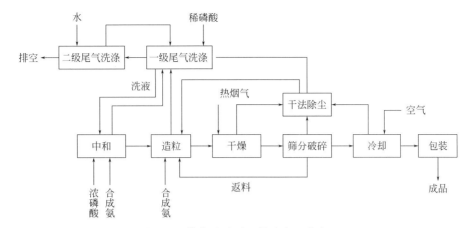

图 8-16 传统法磷酸二铵生产工艺流程

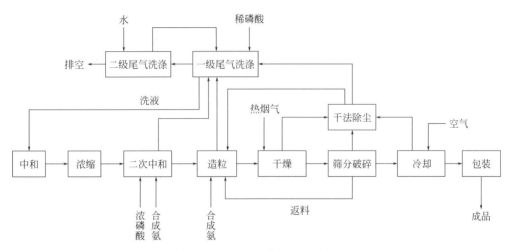

图 8-17 料浆法磷酸二铵生产工艺流程

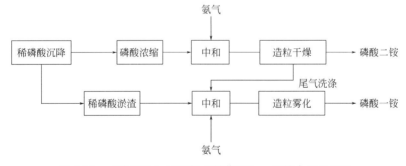

图 8-18 "传统法"二铵与"料浆法"一铵结合工艺流程

3.42%；美国磷酸二铵含 P_2O_5 45.76%、N 17.32%、MgO 0.58%、CaO 0.96%、S 0.75%；六国磷酸二铵（$N+P_2O_5$）含量比美国磷酸二铵低 5.78%，但中量元素（CaO+MgO+S）含量六国磷酸二铵比美国磷酸二铵高 5.31%。1997 年，玉米试验：六国磷酸二铵比美国磷酸二铵增产 2.58%～11.32%；大豆试验：六国磷酸二铵比美国磷酸二铵增产 11.63%～12.55%，当时认为这是中量元素发挥了作用。

8.3 过磷酸钙

8.3.1 普钙、重钙、富钙与半钙

普钙是普通过磷酸钙的简称。过磷酸钙是用硫酸分解磷矿而制得的一种磷肥。在无机化学中，过硫酸可以看成是过氧化氢中氢原子被 HSO_3^- 取代的产物。HO·OH 中一个 H 被 HSO_3^- 取代后，得 HO·OSO_3H，即过一硫酸；另一个 H 也被 HSO_3^- 取代后，得 $HSO_3O·OSO_3H$，即过二硫酸。过硫酸钙的分子式应该是 CaS_2O_9。但是，作为磷肥的过磷酸钙，完全不是过磷酸的钙盐。

过磷酸钙是一种商品名称。因为，最初的磷肥主要是骨粉。1842 年，劳斯在英国成功地用硫酸分解磷矿生产出首批商业性过磷酸钙。为了说明这种肥料比骨粉好，取名为 Superphosphate，phosphate 是磷酸盐的意思，Super 含有优等的、过（度、分）的意思。日文称它为过リソ酸石灰。翻译成中文就称为"过磷酸钙"了。不过在日文中用"过"来代表"超过"，而中文用"超"。按理来说译成中文应称为超磷酸钙。在当时，称之为过磷酸钙，其肥效确实比之骨粉有"过"之，但现在它却是一种最普通的磷肥——普通过磷酸钙简称普钙。

硫酸分解磷矿制造过磷酸钙的总反应式可以写成：

$$2Ca_5F(PO_4)_3 + 7H_2SO_4 + 3H_2O = 3Ca(H_2PO_4)_2·H_2O + 7CaSO_4\downarrow + 2HF\uparrow \quad (8-28)$$

因此，过磷酸钙的主要组成是一水磷酸二氢钙与硫酸钙的混合物。

磷矿的主要组成是氟磷酸钙 $Ca_5(PO_4)_3F$，它可以看成是由 3mol $Ca_3(PO_4)_2$ 与 1mol CaF_2 所组成，即 3 $Ca_3(PO_4)_2·CaF_2$。

用硫酸分解纯氟磷酸钙，按反应式（8-28）计算过磷酸钙最高理论含量为含 P_2O_5 24.9%。$Ca_5F(PO_4)_3$ 含 P_2O_5 42.3%。而磷矿中含有杂质，用于生产普钙的磷矿通常含 P_2O_5 25%～35%；磷矿中的 P_2O_5 并不能 100%的分解，通常分解率为 85%～93%；商品普钙中尚含有 5%～15%的水分。因此，普钙的有效 P_2O_5 含量仅有 12%～21%。它确确实实是一种普通的磷酸盐肥料。

用硫酸分解磷矿，先制得磷酸分离出硫酸钙结晶。然后，用磷酸分解磷矿，则可制得高浓度磷肥——重过磷酸钙。其反应式如下。

$$Ca_5F(PO_4)_3 + 5H_2SO_4 + 10H_2O = 3H_3PO_4 + 5CaSO_4·2H_2O\downarrow + HF\uparrow \quad (8-29)$$

$$Ca_5F(PO_4)_3 + 7H_3PO_4 + 5H_2O = 5Ca(H_2PO_4)_2·H_2O + HF\uparrow \quad (8-30)$$

重过磷酸钙理论上含 P_2O_5 56.3%，商品级重过磷酸钙含有效 P_2O_5 可高达 40%～52%，为普通过磷酸钙的 2～3 倍。

自从有了重过磷酸钙就将原来的"过磷酸钙"加上"普通"二字。前者简称为重钙、后者简称为普钙。

普钙的英文名称是 Single Superphosphate（缩写为 SSP）或 Normal Superphosphate（缩写为 NSP）。Single 是"单一"的意思，Normal 是"通常"的意思。重钙的英文名称是 Triple Superphosphate（缩写为 TSP）。Triple 是三倍的意思。所以，中国有些书籍将重钙

称为三料过磷酸钙。重钙的俄文名称是二倍过磷酸钙的意思，所以，中国一些俄文翻译过来的书籍，将重钙称为双料过磷酸钙。

用硫酸与磷酸的混合物分解磷矿所制得的产品称为富过磷酸钙，简称富钙。富钙实际上是普钙与重钙的混合物。从理论上讲，富钙的有效 P_2O_5 含量介于普钙与重钙之间，但通常富钙含有效 P_2O_5 在 24%～30%。

用式（8-28）化学计算量少的硫酸或式（8-30）化学计算量少的磷酸分解磷矿，所制得的称为部分酸化磷矿（PAPR）。前者在中国又称为半过磷酸钙，简称半钙。随着硫酸用量不同，半钙含有不等量的有效 P_2O_5。

由上介绍可知，半钙、普钙、富钙、重钙均是磷肥的商品名称。半、普、富、重反映了它们有效 P_2O_5 含量的不同，如表 8-10 所示。

半钙、富钙、重钙可用相近似的设备制造。富钙可用不经浓缩的稀磷酸与浓硫酸混合制得，它是普钙厂提高产品质量的有效途径之一。半钙可以少用硫酸，其产品对铁铝含量高的酸性土壤，肥效与普钙、重钙相接近。

表 8-10　各种过磷酸钙的有效 P_2O_5 含量

品种	有效 P_2O_5/%
半过磷酸钙	<10
普通过磷酸钙	12～20
富过磷酸钙	24～30
重过磷酸钙	40～50

8.3.2　普钙生产工艺流程

普钙生产工艺流程由磨矿、配酸、混合、化成、抛散、熟化、翻堆、氟回收等工序构成，为什么采用这些工序？它是由物理、化学原理所决定的。

式（8-28）表示了硫酸分解磷矿制造普钙的总反应式。实际上，分解反应是分两阶段进行的。硫酸、矿粉（或矿浆）同时加入混合器，矿粉分散在硫酸溶液中。对于每一粒矿粉来说，它周围存在大量的硫酸，因此，最初反应时硫酸彻底分解磷矿粉，该部分磷矿中的钙离子完全与磷酸根结合为硫酸钙沉淀，而磷矿被溶解生成磷酸。这称为普钙形成第一阶段反应，可用下式表示：

$$2Ca_5F(PO_4)_3 + 10H_2SO_4 + 5H_2O = 6H_3PO_4 + 10CaSO_4 \cdot \frac{1}{2}H_2O + 2HF \quad (8-31)$$

这一反应进行得相当剧烈，几分钟之内就可以把磷矿粉中的细小部分完全溶解掉。同时又是一个大量放热［分解 1g $Ca_5F(PO_4)_3$ 可放热 193.6J］的反应，物料温度很快升高到 100℃以上。在此温度及磷酸浓度下（含 P_2O_5 40%以上），半水硫酸钙几分钟后便迅速地转变为无水硫酸钙，即：

$$CaSO_4 \cdot \frac{1}{2}H_2O = CaSO_4 + \frac{1}{2}H_2O \quad (8-32)$$

磷矿按式（8-31）进行分解，2mol $Ca_5F(PO_4)_3$ 需 10mol H_2SO_4。但生产普钙加入的硫酸是按式（8-28）的计算量加入的，即相应于 2mol 的 $Ca_5F(PO_4)_3$，只加入 7mol 的 H_2SO_4。所以，只有磷矿总量的 70%是按式（8-31）反应。随着硫酸不断消耗，磷酸不断形成。由于磷酸亦有分解磷矿的能力，剩余的磷矿就由磷酸来分解了，这就是普钙形成第二阶段反应，即重钙的生成反应。生成的 $Ca(H_2PO_4)_2$ 起初在液相中，随着生成量增加及物料温度的降低，便以 $Ca(H_2PO_4)_2 \cdot H_2O$ 的形式结晶出来。

由上分析可知：普钙生成的第一阶段反应是生成磷酸的反应；第二阶段反应是生成重钙的反应。这两阶段的反应不可能同时进行，因为当有硫酸存在时，就不可能存在磷酸二氢钙。因 $CaSO_4$ 的溶解度比 $Ca(H_2PO_4)_2 \cdot H_2O$ 小得多，必将发生如下反应：

$$Ca(H_2PO_4)_2 + H_2SO_4 = CaSO_4 \downarrow + 2H_3PO_4 \tag{8-33}$$

因此，普钙生成的第一阶段反应与第二阶段反应是依次进行的。第一阶段反应主要是在混合器中进行，在化成室内结束。混合器的工艺条件是由第一阶段反应决定的。第一阶段的反应并不是越快越好，而是应在"温和"的条件下进行最好。第二阶段的反应从化成室内开始，一直到施入土壤中还没有结束。因此，生产中应想一切办法加快第二阶段的反应。切削、抛散、熟化、翻堆的目的，均是在于加快第二阶段的反应速度。普通过磷酸钙生产流程见图 8-19。

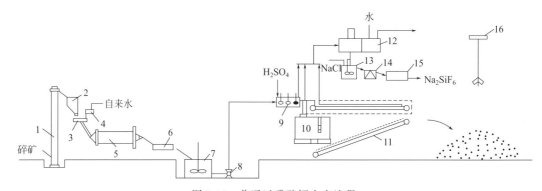

图 8-19 普通过磷酸钙生产流程
1—斗式提升机；2—碎矿贮斗；3—圆盘喂料机；4—自来水流量计；5—磨机；6—振动筛；
7—矿浆池；8—矿浆泵；9—立式混合器；10—回转化成室；11—皮带化成室；
12—氟吸收室；13—氟盐反应器；14—离心机；15—干燥机；16—桥式吊车

粗碎后的磷矿碎矿经斗式提升机、贮斗圆盘加料机与由流量计计量后的清水一起加入球磨机。湿磨好的矿浆经振动筛流入带搅拌的矿浆池，再经矿浆泵与 H_2SO_4 一起加入混合器中。出混合器料浆进入回转化成室（或皮带化成室），由胶带输送机送到设置有桥式吊车的熟化仓库。由混合器与化成室排出之含氟废气经氟吸收室后放空。吸收制得的 H_2SiF_6 溶液在氟盐反应器与 NaCl 反应后生产 Na_2SiF_6 结晶，经离心机分离，干燥机干燥后得到 Na_2SiF_6 副产品。

在熟化期中，需要不断进行翻堆，使水分进一步蒸发并降低物料温度，促使第二阶段反应进行并改善产品物性。熟化期一般为 6~30 天，经熟化后的过磷酸钙还含有一定量（5.5%~8% P_2O_5）的游离磷酸。由于它具有腐蚀性，给运输、储存、施肥等带来困难，故在产品出厂前应中和游离酸，中和的办法有：①添加能与过磷酸钙中的磷酸迅速作用的固体物料，如碳铵、钙镁磷肥、磷矿粉等；②用气体氨、铵盐处理过磷酸钙，即过磷酸钙的氨化。

过磷酸钙经中和后，产品的物理性能得到改善，降低吸湿性及结块性；氨化后的过磷酸钙增加了氮含量，使肥效进一步提高，中和后的过磷酸钙送去造粒，干燥后得到粒状过磷酸钙。

含氟废气引入氟吸收室用水吸收，以避免废气污染大气。在吸收室得到氟硅酸溶液，用钠盐处理可制得氟硅酸钠，亦可制成氟化钠、氟化铝或冰晶石等副产品，供冶金、搪瓷、医药及建筑材料工业等方面应用，氟硅酸钠也可作为杀虫剂。

自1842年在英国诞生的第一个过磷酸钙厂，170年来，经过各国科技工作者的改进创新，已经发生了根本性的改变。

苏联肥料与杀虫剂研究所的技术专家，通过对过磷酸钙生产的物理化学原理进行透彻的分析、研究，针对苏联的磷矿特征，开发了如前述图8-19的生产工艺，并在中国第一个5年计划（1955~1960）期间，帮助我国在太原、南京建立了两套年产30万吨过磷酸钙工厂。

经过中国科技工作者的努力，其工艺流程及设备已经有了大的改变。

（1）广西北海化肥厂将苏联的干法磨磷矿，使用98% H_2SO_4的浓酸稀释、冷却，改为了湿法磨矿，直接与浓硫酸在混合器内反应。前者称为干法磨矿生产普钙，后者称为浓酸矿浆法生产普钙。浓酸矿浆法将稀释浓硫酸的水，用于球磨机磨矿，消除了干磨的粉尘，改善了环境，且功耗小于干磨。与直接用浓硫酸相比，也省去了配酸、冷却系统，简化了工艺流程。

（2）苏联生产普钙，使用苏联希宾精选磷矿，希宾磷矿属于火成岩，由火山岩浆喷发缓慢冷凝而成，晶体粒度大，反应活性差，所以采用回转化成室，每旋转一周物料在化成室内停留1~1.5h，致使化成室庞大。而中国磷矿80%以上为沉积岩，矿中磷酸盐颗粒高度分散，反应活性好。因此，中国后建的厂，大多采用皮带化成，混合器出来的料浆，流入有挡板及密封罩的皮带上，10~15min即可使料浆固化，这种皮带化成大大节省了设备投资。若皮带化成配以涡轮混合器（透平混合器），则流程更为简化。可见，技术创新不是越复杂越好，技术创新还必须结合国情。

（3）传统的过磷酸钙生产工艺，从化成室卸出的固化普钙鲜肥，还必须在熟化库内堆存6~30天，使第二阶段反应得以缓慢进行，因此，需建设很大的熟化库。鲜肥在熟化库内还要用吊车翻堆数次，使物料散热加速第二阶段反应，磷矿最终分解率达90%~93%。

郑州大学张保林教授团队开发了添加活化疏松剂的短熟化、不结块过磷酸钙生产工艺。短熟化、不结块过磷酸钙生产工艺是针对我国占磷肥总产量70%左右（1996年以前）的过磷酸钙生产中存在的熟化期长、占地面积大、投资大、生产系统中无组织排放气体对环境产生严重污染，生产的产品易发生结块等突出问题进行了系统研究，究其主要原因在于：其生产过程中存在硫酸、磷酸对磷矿的分解反应，同时可能生成$CaSO_4$、$CaSO_4 \cdot 0.5H_2O$、$CaSO_4 \cdot 2H_2O$、$Ca(H_2PO_4) \cdot H_2O$等物质的结晶。这些结晶的生成状况对整个反应和生产过程影响极大。在分析各结晶形成特征的基础上，利用结晶动力学原理和表面化学相结合的方法选择和配制出不同类型的添加剂（又称活化疏松剂）以改善反应过程的传质状况和结晶的晶习。实践结果表明，适宜的活化疏松剂显著改善传质状况，提高反应速度，同时对晶习改变影响显著。例如：$CaSO_4 \cdot 2H_2O$为针状结晶，晶习改变后为棱柱状，晶体尺寸为$66.5\mu m \times 34\mu m$，过滤性能良好，而不加活化剂的对照样的结晶尺寸为$88.75\mu m \times 3.13\mu m$，透过性差，极难过滤。$Ca(H_2PO_4) \cdot H_2O$晶形改变后为$242.5\mu m \times 147\mu m$，对照样为$44.38\mu m \times 20.31\mu m$，效果非常显著。根据不同组成和结构的磷矿，在优化原有工艺条件基础上，通过添加适宜的活化疏松剂显著改善酸解磷矿过程中的吸附、反应、结晶状况和发泡透气性，从而加快反应速度，明显提高鲜肥转化率，改善产品物性，实现了取消6~30天堆置熟化期,提高生产能力 30% 左右(相同装置条件),鲜肥转化率提高 3%~15%(根据不同磷矿和条件),消除了堆置熟化对环境造成的污染,成本明显降低。在全国二十余省的三十多家工厂应用后,获得良好的经济、社会和环境效益。2000 年获河南省科技进步二等奖,2003 年短熟化时间不结块过磷酸钙肥料及其制造法获国家发明专利(ZL98115708.4)。在传统过磷酸钙制造工艺中,增设一个活化疏松剂配制、加入系统,将活化疏松剂连续均匀地加入混合反应系统中,从而在取消 6~30 天的熟化条件下,生产出疏松、不结块过磷酸钙粉状肥料。将此粉状肥料进一步加工或复配入适量的尿素、氯化铵、氯化钾、硫酸钾、微量元素等,还可以生产出颗粒状过磷酸钙或各种颗粒状专用复混肥料。该法具有工艺简单,投资省,堆置熟化期短,无大量无组织排放等特点。国家发展改革计划委员会、科学技术部 2001 年已将该成果列入"国家计委、科技部当前优先发展的高技术产业化重点领域指南(计高技〔2001〕2392 号文)",成为国家当时优先发展的 141 个高科技产业化重点领域项目之一,在全国推广应用。

郑州大学在此基础上又开发了脲硫酸分解磷矿生产中浓度、多营养功能性复合肥料新工艺,使传统的酸解磷矿生产过磷酸钙的生产工艺有了新的突破。

8.4 重过磷酸钙

重过磷酸钙(TSP)含有效 P_2O_5 40%~50%,比普钙高 2~3 倍,因此,也叫三倍过磷酸钙。国外将含有效 P_2O_5 30%~50% 的富钙与重钙统称为浓缩过磷酸盐(concentrated superphosphate)。含有效 $P_2O_5 > 54\%$ 的重钙又称超重过磷酸钙。重钙的主要有效成分是一水磷酸二氢钙(或称一水磷酸一钙)$Ca(H_2PO_4)_2 \cdot H_2O$,还含有少量游离酸。

重钙的生产方法主要有化成室法(也称浓酸熟化法)与无化成室法(简称稀酸返料法)。

重钙最早工业化在 1872 年,德国曾建设了一个小型厂,因受磷酸浓缩技术的制约,发展受到限制。1935 年后,随着湿法磷酸浓缩的工业化,重钙生产在 20 世纪 50 年代到 60 年代得到了迅速发展。1957 年,世界 TSP 产量为 84 万吨 P_2O_5,占世界磷肥产量的 11%;1977 年,产量攀升到 476 万吨 P_2O_5,占磷肥产量的 18%。20 年间,TSP 产量增长了 5 倍。70 年代以后,由于磷铵的发展,重钙生产渐趋稳定,约占磷肥总产量的 10%。

中国从 20 世纪 50 年代末开始进行重钙的研究。现已建成的有广西柳城磷肥厂 5 万吨/年(热法磷酸,浓酸熟化法),贵州瓮福磷肥厂 80 万吨/年(湿法磷酸,稀酸返料固化无化成室法),以及贵州开阳磷肥厂 10 万吨/年,湖北大峪口磷肥厂 56 万吨/年和云南磷肥厂 10 万吨/年(浓酸熟化法)。

8.4.1 重钙生产的基本原理

(1) 主要化学反应

重钙生产过程的反应机理及生产过程物理化学分析均与普钙生产的第二阶段相同,即

$$7H_3PO_4 + Ca_5F(PO_4)_3 + 5H_2O = 5Ca(H_2PO_4)_2 \cdot H_2O + HF \tag{8-34}$$

此外,磷矿中所含杂质也同时被磷酸分解

$$(Ca,Mg)CO_3 + 2H_3PO_4 = (Ca,Mg)(H_2PO_4)_2 \cdot H_2O + CO_2 \tag{8-35}$$

$$(Fe,Al)_2O_3 + 2H_3PO_4 + H_2O = 2(Fe,Al)PO_4 \cdot 2H_2O \tag{8-36}$$

磷矿中的酸溶性硅酸盐亦被分解成硅酸而与 HF 作用生成 H_2SiF_6 和气态 SiF_4，H_2SiF_6 可进一步加工成氟硅酸盐。

(2) 磷酸用量的计算　磷酸用量是指每分解 100 份质量的磷矿粉所耗用 100% H_3PO_4 的质量份数。使用湿法磷酸与热法磷酸在计算上是有区别的。湿法磷酸由于含有较多杂质，故部分 P_2O_5 已被阳离子杂质化合而失去活性，因此不能按磷酸的全部 P_2O_5 来计算磷酸用量。同时，湿法磷酸中又含有游离硫酸和氟硅酸，增加了酸中活性氢离子含量。因此，湿法磷酸分解磷矿的能力应以氢离子浓度来表示，氢离子浓度测定可用碱滴定，采用甲基橙和甲酚绿混合指示剂，滴定终点为 pH 4.35，即中和了磷酸的第一个氢离子和硫酸、氟硅酸的两个氢离子。

由反应方程式可见，1mol CaO、MgO、Fe_2O_3、Al_2O_3 均需 2mol H_3PO_4，与其反应，其中 CaO 应指 $CaCO_3$ 和 CaF_2。按磷矿中以 CaO 含量计算磷酸用量时，减去与磷矿中 P_2O_5 生成磷酸钙中的 CaO，即减去相当于磷矿中 P_2O_5 含量的磷酸量。故分解每 100 份磷矿（质量）的理论酸用量按下式计算：

$$n = \frac{\frac{w(CaO)}{28} + \frac{w(MgO)}{20} + \frac{w(Fe_2O_3)}{80} + \frac{w(Al_2O_3)}{51} - \frac{w(P_2O_5)}{71}}{[H^+]} \tag{8-37}$$

式中，$w(CaO)$、$w(MgO)$、$w(Fe_2O_3)$、$w(Al_2O_3)$ 和 $w(P_2O_5)$ 分别为磷矿中各相应组分的含量（质量分数），%；$[H^+]$ 为分解磷矿所用磷酸中的氢离子含量（质量分数），%。

按上式计算的磷酸用量有时受磷酸中游离 H_2PO_4 和 H_2SiF_6 含量的影响较大，磷酸组成稍有变化，反应物料的 $w(P_2O_5)/w(CaO)$ 就有差异。因此，有时可直接采用配料的 $w(P_2O_5)/w(CaO)$ 进行计算。

(3) 磷矿分解率的计算　重钙中所含有效 P_2O_5 并不单纯由磷矿分解得到，因磷酸中也带入了大量的水溶性 P_2O_5。因此，磷矿分解率不能只根据有效 P_2O_5 对总 P_2O_5 之比计算，而应扣除磷酸带入的 P_2O_5，故应按下式计算：

$$磷矿分解率(\eta) = \left(1 - R \cdot \frac{重钙肥料中未分解的 P_2O_5 的质量分数}{磷矿中所含的 P_2O_5 的质量分数}\right) \times 100\% \tag{8-38}$$

式中，R 为单位磷矿制得的重钙产品的产率，由下式计算：

$$产率(R) = \frac{磷矿所含 w(P_2O_5) + (磷酸/磷矿)质量比 \times 磷酸的 P_2O_5 的质量分数}{重钙肥料中所含总 P_2O_5 的质量分数}$$

$$\tag{8-39}$$

8.4.2　重钙生产对原料的要求

生产重钙对磷矿的要求是 P_2O_5 含量尽可能高，P_2O_5/CaO 比尽可能大，有害杂质如 Fe_2O_3、Al_2O_3、MgO 等含量尽可能低，以提高产品水溶性 P_2O_5 的含量，减少有效 P_2O_5 的退化和改善产品的物理性质。特别是注意控制磷矿与磷酸中 MgO 含量，因为在重钙生产中，与磷酸作用的 MgO 将中和部分磷酸的第一个氢离子，从而使磷矿分解率降低。在堆置熟化期间，由于磷酸镁盐的吸湿性和缓慢结晶析出而导致产品的黏结与结块，物性变坏。因此，对 MgO 含量的要求更为严格。此外，重钙生产对磷矿的活性指标比磷酸生产更为重要，活性差的磷矿，要求粒度更细且反应时间要适当增加。

8.4.3 重钙生产工艺流程

(1) 化成室法（浓酸熟化法）

图 8-20 为化成法制造重过磷酸钙工艺流程图。45%～55% P_2O_5 的浓磷酸在圆锥形混合器中与磷矿粉混合，酸经计量后分四路通过喷嘴，按切线方向流入混合器。矿粉经中心管下流与旋流的磷酸相遇，经过 2～3s 的剧烈混合后，料浆流入皮带化成室。重过磷酸钙在短时期内就能固化。刚固化的重过磷酸钙被切刀切成窄条，然后通过鼠笼式切碎机切碎，送往仓库堆置熟化。

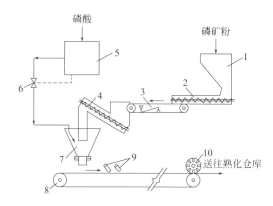

图 8-20　化成法制造重过磷酸钙工艺流程图
1—磷矿粉贮斗；2，4—螺旋输送机；3—加料机；5—转子流量计；6—自动控制阀；
7—锥形混合器；8—皮带化成室；9—切条刀；10—鼠笼式切碎机

(2) 无化成室法（稀酸返料法）　无化成室法制造重过磷酸钙采用含 30%～32% P_2O_5 的磷酸（也有采用 38%～40% P_2O_5 的）分解磷矿，制得的料浆与成品细粉混合，再经加热促进磷矿进一步分解而得重过磷酸钙。由于这个方法无明显的化成与熟化阶段，故称无化成室法。

图 8-21 为无化成室法制造粒状重过磷酸钙工艺流程图。磷矿粉与稀磷酸在搅拌反应器内混合，反应器内通入蒸汽控制温度在 80～100℃。从反应器流出的料浆与返回的干燥细粉在双轴卧式造粒机内进行混合并造粒，得到湿的颗粒状物料进入回转干燥炉，用从燃烧室来的与物料并流的热气体加热，使尚未分解的磷矿粉进一步充分反应。干燥炉温度必须控制到出炉物料温度为 95～100℃。干燥后成品含水量为 2%～3%。

无化成室流程，需要 5～10 倍成品作为返料，增加了动力消耗和设备容积。此外，对于某些难于分解的磷矿，采用较稀的磷酸，磷矿分解率较低，制得的产品物理性质也欠佳。但由于该流程比较简单，可用稀磷酸生产，不需要庞大的熟化仓库，故近年来发展较快。

重过磷酸钙（TSP）是目前单一磷肥中浓度最高的品种，其中所含的有效 P_2O_5 有 25%～30% 是依靠磷酸的化学能来分解的，与磷铵相比，可节省硫酸 25%～30%，这是 TSP 产品的优势。但从 TSP 发展的盛衰历程来看，和磷铵相比，TSP 有一些不足之处。①总养分含量只有 46%，而磷铵为 64%。DAP 和等养分量的尿素和 TSP 相比，包装、储存和运输费用可节省 12%。②配伍性差，与尿素混合时产生加成反应，使结晶水变成游离水，导致肥料物性变坏。而尿素又是当今世界最主要的氮肥品种，占氮肥总产量的 40%。

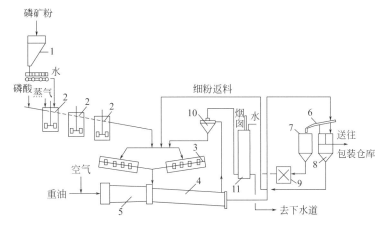

图 8-21　无化成室法制造粒状重过磷酸钙的工艺流程
1—矿粉贮斗；2—搅拌反应器；3—双轴卧式造粒机；4—回转干燥炉；
5—燃烧室；6—振动筛；7—大颗粒贮斗；8—粉状产品贮斗；
9—破碎机；10—旋风除尘器；11—洗涤塔

③DAP结合了氨加工的生产，比分别建设尿素和TSP装置投资可减少12%左右。单位P_2O_5的生产成本，DAP比TSP低16%左右，导致TSP生产企业的效益不如DAP厂。④对磷矿要求品质高、活性好、粒度细，必须单设干矿磨粉系统。这都是TSP在市场竞争中不断衰减的原因。

我国生产的重钙90%以上用于出口，国内仅有少量使用。

8.5　硝酸磷肥

硝酸磷肥系指用硝酸分解磷矿所生产的含有N与P_2O_5肥料的统称（nitrophosphates，简称NP），它是国际上复合肥料的主要品种之一。其主要特点在于硝酸分解磷矿时，硝酸既作为酸解剂，把磷矿中的P_2O_5转变为可被作物吸收的形式；而且，其本身也作为氮肥而留在产品中，起到"以氮带磷"的作用，这样，硝酸的费用可以计入氮肥的生产成本；由于它可以不用或少用硫酸而制成了磷肥，在经济上具有一定的优越性。

1927年德国法本公司首先开发了硝酸-磷酸法工艺技术。1928年，挪威公司首先提出用冷冻法分离硝酸钙获得成功，也称Odda法。20世纪50年代以后，随着合成氨和硝酸工业的迅速发展和硫价的高涨，促使各国相继发展硝酸磷肥。目前，世界上硝酸磷肥总产量已达千万吨以上。主要产地在缺乏硫资源的欧洲各国，如德国、挪威、法国等，已成为复合肥料的重要品种之一，但中国因受磷矿质量和硝酸来源的限制及一些技术问题的影响发展较慢。此外，北欧气温低，尿素通过脲酶转化为碳铵的速度慢，而硝酸盐比尿素的肥效快，也有利于硝酸磷肥在北欧的广泛使用。

8.5.1　硝酸分解磷矿制硝酸磷肥的基本原理

硝酸分解磷矿的主要反应式

$$Ca_5F(PO_4)_3 + 10HNO_3 = 5Ca(NO_3)_2 + 3H_3PO_4 + HF \tag{8-40}$$

从反应式(8-40)看出,酸解液中的 Ca^{2+} 大于 PO_4^{3-},如不除钙,则氨中和后,产品的磷全部为微溶性的 $CaHPO_4$($2CaO/P_2O_5$ 习惯称为磷酸二钙)。为了制得含有一定水溶性 P_2O_5 的产品,必须除去一部分钙。硝酸磷肥根据除钙的方法不同从而发展为不同的生产工艺。其中以析出四水物硝酸钙的冷冻结晶法在国内外使用最普遍,其次是碳化法、混酸法及硫酸盐法。

磷矿中所含的杂质,如碳酸钙、碳酸镁、铁、铝、稀土元素矿物,以及氟化钙等与硝酸作用生成相应的硝酸盐:

$$(Ca,Mg)CO_3 + 2HNO_3 = (Ca,Mg)(NO_3)_2 + CO_2 + H_2O \tag{8-41}$$

$$Fe_2O_3 + 6HNO_3 = 2Fe(NO_3)_3 + 3H_2O \tag{8-42}$$

$$Al_2O_3 + 6HNO_3 = 2Al(NO_3)_3 + 3H_2O \tag{8-43}$$

$$CaF_2 + 2HNO_3 = Ca(NO_3)_2 + 2HF\uparrow \tag{8-44}$$

磷矿分解时生成的氟化氢与磷矿中含有的硅酸盐反应,生成氟硅酸。

$$4HF + SiO_2 = SiF_4 + 2H_2O \tag{8-45}$$

$$6HF + SiO_2 = H_2SiF_6 + 2H_2O \tag{8-46}$$

其中碳酸盐矿物最易被硝酸分解。铁、铝矿物(以倍半氧化物表示)大部分被硝酸分解而进入溶液,煅烧处理过的磷矿,铁、铝矿在酸中的溶解度将降低,细粒度的硅酸盐或黏土经烧结后酸解,不再悬浮于溶液中。硝酸铁(或铝)还能与酸解液中的磷酸反应生成不溶于水的磷酸铁(或铝),而降低水溶性 P_2O_5 的含量。

$$(Fe,Al)(NO_3)_3 + H_3PO_4 = (Fe,Al)PO_4 + 3HNO_3 \tag{8-47}$$

磷矿中若夹带含硫矿物和硫铁矿,在酸解时,硝酸被还原成氮的低价氧化物,造成氮的损失,硫化物则被氧化成硫酸盐而进入溶液。

磷矿中可能含有少量有机物,也能还原硝酸,从而造成氮的损失,同时产生泡沫,给操作增添麻烦。因此,有些磷矿须经 800~900℃ 煅烧处理,以除去有机物。

$$2HNO_3 + C = 2HNO_2 + CO_2 \tag{8-48}$$

$$4HNO_3 + C = 4NO_2 + 2H_2O + CO_2 \tag{8-49}$$

$$HNO_3 + 2NO + H_2O = 3HNO_2 \tag{8-50}$$

$$2HNO_2 = NO + NO_2 + H_2O \tag{8-51}$$

为使分解磷矿的反应完全,硝酸用量一般应略高于硝酸的化学计量。化学计量习惯上是按磷矿中 CaO 和 MgO 含量计算的耗酸量。在冷冻法中,因结晶工艺的要求,采用化学计量耗酸量的 105%~110%;在硫酸盐法和碳化法中,可低于化学计量。硝酸用量还与产品对 N:P_2O_5 的要求及磷矿的性质有关。因此,实际的硝酸用量均须通过试验来确定。

当硝酸用量高于理论量时,用含 50% 左右 HNO_3 分解磷矿,其 P_2O_5、CaO、MgO 的分解率一般可达 98% 以上,氟的分解率可达 95% 以上,Fe_2O_3 和 Al_2O_3 的平均分解率约为 50%。硝酸分解磷矿所得溶液(下称酸解液)中含有 H_3PO_4、游离 HNO_3、$Ca(NO_3)_2$、$Mg(NO_3)_2$、$Fe(NO_3)_3$ 和 $Al(NO_3)_3$ 等,以及 H_2SiF_6、水和酸不溶物等。

8.5.2 硝酸磷肥生产工艺

目前,世界上加工硝酸酸解液的方法根据磷矿中多余钙的分离工序不同而形成了四种加工过程,即碳化法、混酸法、硫酸盐法和冷冻法硝酸磷肥工艺。其中冷冻法硝酸磷肥工艺又有直接冷冻法和间接冷冻法。世界上应用最广泛的是间接冷冻法硝酸磷肥工艺,贵州芭田公司就采用此工艺。

8.5.2.1 碳化法工艺

碳化法加工硝酸萃取液是先通氨中和:

$$6H_3PO_4+10Ca(NO_3)_2+2HF+14NH_3$$
$$=6CaHPO_4+14NH_4NO_3+3Ca(NO_3)_2+CaF_2 \qquad (8-52)$$

继续通氨和二氧化碳处理萃取液,使上式中剩余的硝酸钙转化为碳酸钙:

$$3Ca(NO_3)_2+6NH_3+3CO_2+3H_2O=3CaCO_3+6NH_4NO_3 \qquad (8-53)$$

合并上述两个方程式,总反应式为:

$$6H_3PO_4+10Ca(NO_3)_2+2HF+20NH_3+3CO_2+3H_2O$$
$$=6CaHPO_4+20NH_4NO_3+CaF_2+3CaCO_3 \qquad (8-54)$$

用二氧化碳沉淀钙离子,需在碱性溶液中进行,所以应先通氨,然后再将二氧化碳与氨同时通入。而在单独通氨时,由于溶液中钙离子并未减少而且磷矿中的大部分氟仍存在于溶液中,因此,当碱性较大时(如当 pH 值超过3.5)形成的磷酸二钙会退化成为无效的磷酸三钙,甚至还可能有部分退化为氟磷酸钙。

$$2CaHPO_4+Ca(NO_3)_2+2NH_3=Ca_3(PO_4)_2+2NH_4NO_3 \qquad (8-55)$$

为了防止这类反应的产生,可在分解液中加入少量的稳定剂(镁或锰的盐类,如每生产1t产品需加入3kg的硫酸镁)。

碳化法制硝酸磷肥的特点是流程和设备都较简单,易于推广。但是产品中有效 P_2O_5 含量不高,又全部是微溶性的,且复肥中各营养组分对土壤和作物的适应性也不完全相同,这些缺点限制了碳化法硝酸磷肥的发展。

8.5.2.2 混酸法工艺

混酸法工艺分为硝酸-硫酸法和硝酸-磷酸法。

(1) 硝酸-硫酸法 用硝酸和硫酸的混酸处理磷矿时,硫酸根可使硝酸萃取液中的钙离子形成硫酸钙沉淀。一般加入硫酸的量要使40%~60%钙离子从溶液中析出,用氨中和萃取液,产品中除含有微溶性的磷酸二钙以外,还含有水溶性的磷酸一铵。反应方程式如下。

$$Ca_5F(PO_4)_3+6HNO_3+2H_2SO_4=3H_3PO_4+3Ca(NO_3)_2+2CaSO_4\downarrow +HF \qquad (8-56)$$
$$6H_3PO_4+6Ca(NO_3)_2+4CaSO_4+2HF+13NH_3$$
$$=5CaHPO_4+NH_4H_2PO_4+12NH_4NO_3+4CaSO_4+CaF_2 \qquad (8-57)$$

产品中含有无效的硫酸钙,它的存在使总的有效组分含量降低。

(2) 硝酸-磷酸法 在用硝酸和磷酸的混酸分解磷矿的方法中,加入磷酸的目的是调整钙磷比。这样,在氨化时可以多生成磷酸一铵或磷酸一钙,少生成磷酸二钙。通常分解1mol氟磷灰石需添加4mol的磷酸,使溶液中 CaO:P_2O_5=5:3.5,氨化时磷酸转变为磷酸二钙和磷酸一铵。

$$Ca_5F(PO_4)_3+10HNO_3+4H_3PO_4=7H_3PO_4+5Ca(NO_3)_2+HF \qquad (8-58)$$
$$7H_3PO_4+5Ca(NO_3)_2+12NH_3=5CaHPO_4+2NH_4H_2PO_4+10NH_4NO_3 \qquad (8-59)$$

添加磷酸是降低萃取液中的钙磷比和增加磷肥中水溶性 P_2O_5 含量的最简单和行之有效的方法,还可使磷酸的氨化和硝酸萃取液的氨加工合并进行。这是一种经济合理的加工途径。但是，此法需要大量的磷酸，在推广上受到一定限制。

8.5.2.3 硫酸盐法工艺

硫酸盐法也是调节硝酸萃取液中 $CaO：P_2O_5$ 比值的一种方法。它是将萃取液中的钙离子与加入的硫酸盐中的硫酸根离子结合成为不溶性的硫酸钙沉淀，然后再进行氨化，或将硫酸钙分离后，再将母液氨化而制得含有部分或全部水溶性磷的复合肥料。

河南晋开化工投资控股集团有限责任公司（原名开封化肥厂）采用硝酸—硫酸—硫酸盐法石膏分离流程制造硝酸磷肥，产品为 22-15-0。若加入 K_2SO_4 可制得 17-14-14 的三元复肥，生产过程中若不分离石膏，则产品为 14-14-0 或 11-11-11 三元复肥。产品中 P_2O_5 的水溶率为 30%～50%。加入硫酸盐，如系铵盐则可以增加产品中的含氮量，如系钾盐则可以生产氮磷钾复肥。

（1）添加硫酸铵除去部分钙离子　在硝酸萃取液中加入浓度约为 40% 的硫酸铵溶液以除去部分钙离子，然后再氨化，其化学反应式：

$$3H_3PO_4 + 5Ca(NO_3)_2 + 3(NH_4)_2SO_4 + 5NH_3$$
$$= 2CaHPO_4 + NH_4H_2PO_4 + 10NH_4NO_3 + 3CaSO_4 \tag{8-60}$$

氨化可以在过滤分离硫酸钙以后进行，这样产品所含有效成分可进一步提高，肥料组成为磷酸二钙、磷酸一铵和硝酸铵。

（2）添加硫酸铵全部脱除钙离子　加入足够的硫酸铵将钙离子全部除去，可以制得全部为水溶性 P_2O_5 的复肥，反应式如下。

$$3H_3PO_4 + 5Ca(NO_3)_2 + 5(NH_4)_2SO_4 + 3NH_3$$
$$= 3NH_4H_2PO_4 + 10NH_4NO_3 + 5CaSO_4 \tag{8-61}$$

将硫酸钙分离后，用氨中和母液使其中磷酸成为磷酸一铵（中和至 pH 值 4.0 左右），然后将母液浓缩、造粒制成 $N：P_2O_5$ 为 28：14 的复肥（产品中含 95% 水溶性 P_2O_5）。

（3）硫酸铵母液循环法　将上述沉淀出来的硫酸钙再与用氨及二氧化碳制成的碳酸铵溶液反应，将硫酸钙再转化成为硫酸铵，钙则形成碳酸钙沉淀。

$$(NH_4)_2CO_3 + CaSO_4 = (NH_4)_2SO_4 + CaCO_3 \tag{8-62}$$

分离碳酸钙后所得的硫酸铵母液再加入硝酸萃取液中，重复形成硫酸钙沉淀，利用硫酸钙再制成硫酸铵母液重复使用。

这一流程因为循环硫酸铵母液，将引入大量水分，浓缩过程中需要蒸发的水量甚大，耗燃料较高，同时从产品中氮磷比来看，含氮量也偏高一些。

（4）硫酸钾法　添加硫酸钾既可除去萃取液中的钙离子，又将钾引入产品中成为氮磷钾三元复肥。其反应式如下

$$3H_3PO_4 + 5Ca(NO_3)_2 + 3K_2SO_4 + 5NH_3$$
$$= 2CaHPO_4 + NH_4H_2PO_4 + 4NH_4NO_3 + 6KNO_3 + 3CaSO_4 \tag{8-63}$$

8.5.2.4 间接冷冻法工艺

将硝酸分解磷矿制得的酸解溶液冷冻至较低的温度（如 -5℃），使溶液中的硝酸钙以四水物结晶 $Ca(NO_3)_2·4H_2O$ 形式析出，将结晶和母液分离，得到 $w(CaO)/w(P_2O_5)$ 适宜的滤液。用氨中和滤液，形成的料浆再经浓缩、造粒，得到含有硝酸铵、磷酸二钙和磷酸铵的粒状产品。这种加工方法称为冷冻法硝酸磷肥。一般产品中氮磷含量为 23-23，如在造粒前加入钾盐则可制成氮磷钾含量为 16-16-18 的三元复肥。

冷冻法制硝酸磷肥工艺中，冷冻结晶过程是很重要的。冷冻程度不同，从酸解液中除去硝酸钙的数量也不同，因而产品中水溶性 P_2O_5 含量也不同。除去硝酸钙后母液中 $w(CaO)/w(P_2O_5)$ 比值与氨化后成品中 P_2O_5 水溶率的关系如图 8-22 所示，大致成直线关系。当母液中 $w(CaO)/w(P_2O_5)$（摩尔比）为 2.0 时，最终成品中无水溶性磷，磷酸盐全部为微溶性的磷酸二钙 $CaHPO_4$；当 $w(CaO)/w(P_2O_5)$ 的比值进一步降低，磷的水溶率逐步增高，当 $w(CaO)/w(P_2O_5)$ 为 1.0 时，将有 50% 的 P_2O_5 为水溶性的；

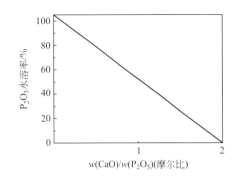

图 8-22 氨化产物中 $w(CaO)/w(P_2O_5)$ 水溶率的关系［除去 $Ca(NO_3)_2·4H_2O$ 结晶后］

而当硝酸钙完全脱除时，即 $w(CaO)/w(P_2O_5)$ 为 0，则 P_2O_5 全部为水溶性。此图系溶液中没有其他杂质存在下的结果，但一般磷矿中均含有氟、铁、铝、镁等，这些杂质能与 CaO 或 P_2O_5 结合，在氨化时生成不溶性的盐类，故在实际生产中曲线位置略微向右移动。

图 8-23 贵州芭田厂

贵州芭田厂采用间接冷冻法制备硝酸磷肥取得了很大的成就（图 8-23）。其间接冷冻法生成硝酸磷肥主要有下列基本工序：磷矿干燥输送、磷矿酸解、酸不溶物分离、制冷、结晶、硝酸钙结晶分离、母液氨中和、料浆浓缩、造粒、干燥、破碎、筛分、冷却等，其生产工艺流程简图如图 8-24 所示。

母液中和工序和污水处理工序发生的主要化学反应如下。

（1）母液的中和工序　母液中含有 H_3PO_4、$Ca(NO_3)_2$、HNO_3、HF、H_2SiF_6、$Mg(NO_3)_2$、$Fe(NO_3)_3$、$Al(NO_3)_3$ 用气氨中和，其反应式如下。

$$H_3PO_4 + NH_3 = NH_4H_2PO_4 \tag{8-64}$$

$$HNO_3 + NH_3 = NH_4NO_3 \tag{8-65}$$

$$H_3PO_4 + Ca(NO_3)_2 + 2NH_3 = CaHPO_4 + 2NH_4NO_3 \tag{8-66}$$

$$H_3PO_4 + Mg(NO_3)_2 + 2NH_3 = MgHPO_4 + 2NH_4NO_3 \tag{8-67}$$

$$H_3PO_4 + Fe(NO_3)_3 + 3NH_3 = FePO_4 + 3NH_4NO_3 \tag{8-68}$$

$$H_3PO_4 + Al(NO_3)_3 + 3NH_3 = AlPO_4 + 3NH_4NO_3 \tag{8-69}$$

$$H_2SiF_6 + 3Ca(NO_3)_2 + 6NH_3 + 2H_2O = 3CaF_2 + SiO_2 + 6NH_4NO_3 \tag{8-70}$$

$$2HF + Ca(NO_3)_2 + 2NH_3 = CaF_2 + 2NH_4NO_3 \tag{8-71}$$

（2）污水处理工序　在生产装置冲洗及清理所排出的污水中，含有少许的磷酸盐、氟化物和硝酸等，用配好的石灰乳和氨进行处理，产生如下反应。

$$Ca(OH)_2 + 2HNO_3 = Ca(NO_3)_2 + 2H_2O \quad (8-72)$$

$$H_2SiF_6 + 30Ca(NO_3)_2 + 18H_3PO_4 + 2H_2O = 6Ca_5F(PO_4)_3 + 60HNO_3 + SiO_2 \quad (8-73)$$

$$3H_3PO_4 + 5Ca(NO_3)_2 + H_2O = Ca_5OH(PO_4)_3 + 10HNO_3 \quad (8-74)$$

$$H_2SiF_6 + 3Ca(NO_3)_2 + 2H_2O = 3CaF_2 + 6HNO_3 + SiO_2 \quad (8-75)$$

$$HNO_3 + NH_3 = NH_4NO_3 \quad (8-76)$$

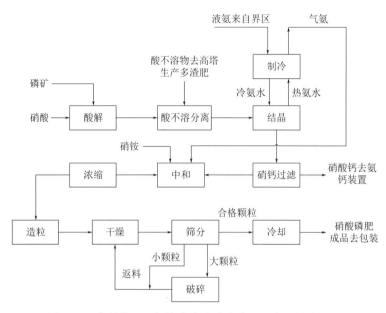

图 8-24　贵州芭田厂间接冷冻法硝酸磷肥生产工艺流程图

间接冷冻法硝酸磷肥工艺流程简述如下。

(1) 磷矿的硝酸分解　干燥后的磷矿粉被皮带输送到磷矿储料斗内，然后通过带式计量秤送到两个串联的酸解反应槽内，同时，加入总量为理论用酸量 105%～110% 的新鲜硝酸和一部分经过硝酸钙过滤机洗涤硝酸钙结晶的洗涤酸，进行酸解反应，并维持温度在 60～70℃。

在磷矿酸解过程中，因矿中含有有机物与碳酸盐，会生成泡沫，因此，需加入消泡剂。消泡剂通过高位槽按所需要量自流进入酸解槽内，以抑制大量泡沫的形成。

另外，由于磷矿内还含有少量还原物，将使一些硝酸被还原成 NO_x 污染大气，为此，还需加入少量尿素溶液到酸解槽内，尿素加入量为矿粉量的 0.1%～0.3%。尿素溶液通过高位槽按所需要量自流进入酸解槽内，使生成的 NO_x 分解成无害的 N_2 排放。

从 2# 酸解反应槽溢流出来含有酸不溶物的料浆，进入到酸不溶物分离工序。

(2) 酸不溶物的除去　为了防止酸解液中的酸不溶物对下游设备、管道与阀门的腐蚀，改善对冷却结晶、过滤工况的影响，同时，为了减少产品中的残渣含量，酸不溶物分离工序采用一台沉降槽，先将粗的酸不溶物沉降到槽底，定时排放到洗涤鼓分离、洗涤后送到界区；沉降槽清液（含细小的酸不溶物）与洗涤鼓清液（含细小的酸不溶物），一并进入沉降式螺旋分离机对细小的酸不溶物再进行分离，浓相经洗涤水再浆后送到压滤机对有效养分进行回收，酸不溶物送到界区；从沉降式螺旋分离机出来的清液进入结晶器给料槽。

(3) 硝酸钙的冷却结晶　在结晶器内，60～70℃ 酸解液由制冷工序来的冷却剂（20% 的氨水）冷却到-5~-8℃，可结晶60%~85%的硝酸钙，以获得所需成品水溶性P_2O_5含量65%~70%的母液量。结晶工艺以串联倒槽的方式将每个处于间歇操作的12台结晶槽构成一个连续操作的结晶系统。

(4) 硝酸钙结晶的过滤与洗涤　从硝酸钙过滤机缓冲槽来的硝酸钙结晶料浆，靠重力自流到硝酸钙过滤机上过滤。

每台硝酸钙过滤机有两个在真空下操作的转鼓，在第一个转鼓，四水硝酸钙结晶与母液分离。母液进入母液储槽中，含有母液的硝酸钙滤饼进入第二个转鼓内与洗涤酸形成悬浮液，再进行过滤，并用冷却过的新鲜硝酸与洗涤水依次进行洗涤，控制$P_2O_5 \leqslant 0.6\%$，硝酸$\leqslant 5\%$。洗涤酸收集在洗涤酸槽中，部分循环到硝酸钙过滤机内，使第一台转鼓卸出的硝酸钙结晶悬浮；其余的回到磷矿酸解工序，作为酸解用酸的一部分。

从第二个转鼓出来的硝酸钙结晶由硝酸钙熔融体冲到硝酸钙熔融槽内，送到硝酸铵钙装置作为原料生产硝酸铵钙产品。

(5) 母液的中和　在串联的3台中和槽内，母液用气氨进行中和，将含有磷酸、硝酸、硝酸钙、少量的硝酸铁、铝、镁等盐类以及少量的酸不溶物的母液转化为磷酸铵、硝酸铵及各杂质的氟盐与磷酸盐沉淀。在中和过程中，根据最终产品N/P比的需要，添加由硝酸铵装置生产的浓度为92%液体硝铵溶液，并改善中和、浓缩的操作性能。

各中和槽需严格控制pH值在：1#中和槽1.8（范围1.6~2.0）、2#中和槽3.0（范围2.8~3.2）、3#中和槽5.8（pH5.6~6.0），以防止料浆稠厚，保证中和完全。

(6) 中和料浆的浓缩　蒸发采用一次通过式蒸发器，并在前面设置1台预热器，先将中和料浆的温度从120℃提高到135℃，然后再进入蒸发器加热，将温度提高到170~175℃，料浆用泵强制通过加热器管子，获得传热过程所需要的管道流速，同时也使高浓度的料浆在高温下的停留时间尽可能短，避免产生不希望的副反应。高速料浆进入分离器内分离出二次蒸汽时，一部分的磷酸铵盐将发生分解，逸出气氨，需送至碱性气体处理系统予以回收。

为了防止浓缩过程中，磷酸一铵在料浆中结晶出来，在工艺上采用了低真空高温度浓缩，二次蒸汽压力为-10~-20kPa，将中料浆水分从20%降到2%~3%，通过液封管流入液封槽内，并送至后面的造粒工序。

(7) 浓缩液的造粒、干燥、冷却（干线部分）　浓缩后料浆流入1台有两根反向旋转，装有桨叶的双轴造粒机内，与返料比为3~5倍的返料相混合，通过桨叶的搅拌、剪切和混合，使料浆与粉料附聚成粒。干返料由双层振动筛筛下的细分、除尘系统回收的细分、筛上的大颗粒由破碎机粉碎后的粉粒、一部分合格成品颗粒共同组成。通过自动调节，达到所需要的返料比。然后由螺旋输送机送到双轴造粒机内，以调节造粒机内物料的水分，防止桨叶上的黏结与造粒机槽内的堵塞；经附聚而成的湿颗粒含水分约1.2%，靠重力落入用热空气加热的回转干燥机内干燥，使颗粒的水分下降到0.6%。然后，通过干燥机出口输送机、NP颗粒提升机送到双层振动筛上进行筛分，筛上的大颗粒经破碎机粉碎后的粉粒与筛下的细粉、一部分合格成品颗粒集中到螺旋输送机上送回双轴造粒机造粒。

另一部分合格成品颗粒送到沸腾冷却器内，用空气冷却到45℃后，再送至转筒式的包裹筒中，用硅藻土等细粉和包裹油扑粉，最后送到成品包装工序包装成袋后，堆存或出厂。

(8) 废气回收与处理　废气中主要含有F、NH_3、NO_x等有害物质，经过处理达标后通过废气烟囱排放到大气中。

从酸解槽出来的含F、NO_x的废气送到串联的2台酸解气体洗涤塔（填料塔）用工艺水泵送来的工艺水洗涤,除去气体中的 SiF_4 和硝酸雾滴,洗涤水返回到液体排放物处理工序,达标的气体由酸解气体风机通过烟囱排至大气中。

从结晶、酸不溶物分离、硝钙过滤工序出来的气体汇集到酸性气体洗涤塔(筛板塔),用清净水洗涤,洗涤后达标的气体,由酸性气体风机通过烟囱排至大气中。

从中和、浓缩等工序来的主要含 NH_3 的废气,先送到中和尾气预处理洗涤塔(喷淋塔)内,用来自中和尾气洗涤塔的硝铵溶液进行预处理去掉杂质。硝铵溶液返回到 $1^\#$ 中和槽内回收。

从中和尾气预处理洗涤塔出来的气体,再进入由两层填料组成的中和尾气洗涤塔中。在塔的下层填料区用硝酸进行洗涤,大部分的氨回收生产硝酸铵溶液;在上层填料区,用工艺水添加少量的硝酸作进一步洗涤,洗涤后的气体出中和尾气排风机送入废气烟囱放空。中和尾气洗涤塔底部出来的硝酸铵溶液,用泵送至中和尾气预处理洗涤塔内对中和尾气预洗涤。

(9) 液体排放物处理 从酸性气体洗涤系统来的液体排放物、酸不溶物、过滤机洗涤水以及冲洗设备、管道、地坪的污水都收集在地槽内;然后用泵送至含磷污水储槽内,在槽内加入适量的石灰乳,使氟盐与磷酸盐沉淀;同时,也通入少量的氨气,以控制 pH 值在 6.5;然后,再将含磷污水储槽处理过的水,用泵送入含磷污水 pH 控制槽,通氨气,将 pH 进一步提高到 7.5(范围 7.3~7.8),使沉淀反应完全。pH 控制槽溢流出来的污水添加一定量的絮凝剂(聚丙烯酰胺 0.5%溶液),在混合器中混合后进入沉降槽内沉降,沉淀物 $Ca_5F(PO_4)_3$、CaF_2、SiO_2 等凝聚成较大粒子靠自然沉降,浓缩在沉降槽底部,间断的排入浓相收集槽。沉降槽溢流出来的清液进入精滤给水储槽内,用精滤器给水泵输送到精滤器进一步对沉淀物精滤,然后,进入清净水储槽内,加入适量的硝酸,使 pH 值保持在 3.0,浊度 <10JTU(杰克逊浊度)。精滤器反洗水进入到含磷污水储槽内。清净水储槽内的清净水返回作为酸性气体洗涤系统补充水,酸不溶物、硝酸钙过滤洗涤水以及冲洗设备、地坪的冲洗水、填料泵的密封水用。浓相收集槽内的浓相用泵送至压滤机分离,滤饼返回到酸解系统中作为含磷原料使用,滤液返回含磷污水储槽。

8.5.3 硝酸磷肥的肥效

硝酸磷肥的特点:①硝酸磷肥氮磷结合,所含的氮素既有硝酸态又有铵态,比单独施氮肥或磷肥的效果更好,能够提高植株的吸收利用率;②硝酸磷肥所含的磷素既有水溶态又有枸溶态,水溶性磷能很快地溶于水,被植株吸收利用,枸溶性磷则在后期发挥其作用;③硝酸磷肥含有植物所需的、罕见的硝酸稀土,硝酸稀土能增强植株对肥料的吸收能力,还能增强植株自身的抗逆能力,有效地降低植株病虫害的发生率。

硝酸磷肥较适用于旱地作物,特别是像烟草、柑橘等需要有硝态氮供应的作物。根据中国所进行的大田试验,其结论如下。

(1) 硝酸磷肥在粮食作物小麦、玉米与经济作物油菜、茶叶、棉花、大豆上施用肥效显著,尤其是中、低肥力土壤。

(2) 硝酸磷肥的肥效与等养分混合化肥:如尿素+普(重)钙、尿素+磷酸二铵的肥效基本一致。由于该肥料的养分形态(NH_4^+-N 和 NO_3^-+N 各半)和养分比例优于其他复混肥,因此,其增产作用略高于等养分的复(混)肥而且肥效稳定。由于物理性质亦好,便于储存、运输和施用,很受欢迎。

(3) 硝酸磷肥除增产作用外，还可提高经济作物的品质。另外，它作为基肥施用效果更好。

贵州芭田厂硝酸磷肥生产装置工艺合理、三废达标、产品优良，为中国提供大量优质的硝酸磷肥产品。

8.5.4 硝酸磷肥与其他产品的比较

硝酸磷肥与磷酸钾类肥料比较列于表 8-11。

表 8-11 硝酸磷肥与磷酸钾类肥料的简略比较

序号	生产方法或产品名称	简称	主要有效组分	N-P_2O_5/%	N-P_2O_5-K_2O 典型成分/%
	硝酸磷肥	NP	$NH_4H_2PO_4$,$CaHPO_4$,NH_4NO_3		
1	冷冻法		$NH_4H_2PO_4$,$CaHPO_4$,NH_4NO_3	20-20,23-23,26-14	15-15-15,17-17-17,22-11-11
2	硝酸、硫酸法		$NH_4H_2PO_4$,$CaHPO_4$,NH_4NO_3	12-12	11-11-11
3	硝酸、磷酸法		$NH_4H_2PO_4$,$CaHPO_4$,NH_4NO_3	16-23,17-35,20-21	14-14-14
4	硝酸、硫酸盐法		$CaHPO_4$,NH_4NO_3	14-14,15-15,20-10	11-11-11
5	碳化法			16-14,18-12	13-11-12
	磷酸钾类				
1	磷酸二氢钾	MKP	KH_2PO_4		0-47-31
2	偏磷酸钾	KMP	KPO_3		0-55-37

20 世纪 60～70 年代，是硝酸磷肥发展的鼎盛时期。这个期间，硫黄市场出现的短缺危机，也加速了硝酸磷肥工业的发展。20 世纪 60 年代初，硝酸磷肥产量占磷肥产量不到 1.5%。1980 年，产量约 230 万吨 P_2O_5，占磷肥产量的 7%。1988 年，产量占磷肥的 10% 左右。在世界磷肥品种中，位于磷铵、SSP、TSP 之后，居第 4 位。

硝酸磷肥的主要优点是既利用了硝酸的化学能，将磷矿分解转化为可溶性的 P_2O_5，又将硝酸根作为养分留在了肥料中，硝酸得到了双重利用。欧洲地区几乎拥有全世界 90% 的硝酸磷肥生产能力，主要是因为欧洲地区缺乏硫资源，气候比较寒冷，氮肥习惯使用硝酸铵；不追求过高的养分浓度和过高的水溶性 P_2O_5；可以利用硝酸磷肥装置直接生产三元或多元复合肥料。

关于硝酸磷肥与磷铵的经济比较，从 20 世纪 60 年代以来，有多篇文章在书刊上进行了论证。据 1980 年联合国工业发展组织（UNIDO）的比较，硝酸磷肥（含硝酸、硝酸铵钙）的投资比相应养分含量的 DAP+尿素（含硫酸、磷酸）投资低 5%、生产成本低 4%。各种比较的结果，基本上都有这个趋势，特别是当硫黄价格上扬时，硝酸磷肥的经济优势更为突显。

但是，20 世纪 80 年代以后已很少有新建硝酸磷肥装置，原有利用磷矿生产硝酸磷肥的工厂，有的也改为以磷酸代替磷矿（如美国和欧洲的一些硝酸磷肥厂）生产硝磷酸铵。硝酸磷肥衰减的原因，主要是由于从天然气和炼油中回收的硫黄量增长很快，使得国际硫黄市场货源充沛、价格低廉；其次是工艺方面的原因，硝酸磷肥生产流程冗长，设备较多，酸不溶物分离困难，对磷矿质量要求高；再次是产品养分不高（一般为40%）、水溶率低、硝态氮不适宜用于水稻等缺点限制了其发展。

中国由于硫资源缺乏应努力发展硝酸磷肥。"天脊"牌硝酸磷肥在技术上已有很大突破。在中国北方中性至微碱性土壤上施用，被农民称为是"最好的化肥"，可及时发挥肥效，为作物提供均匀一致、比例适中的氮磷营养元素。目前，四川大学、贵州化工研究院、贵州瓮福集团都在进行这方面的研究和产业化工作，硝酸磷肥在中国大有发展前景。

8.6 钙镁磷肥

8.6.1 钙镁磷肥基本知识

钙镁磷肥国际通常称为熔融含镁磷肥（fused magnesium phosphate，FMP），它是一种含有磷酸根（PO_4^{3-}）的硅铝酸盐玻璃体，无明确的分子式与分子量。

钙镁磷肥是由磷矿与称为助熔剂的含镁、含硅矿石在高温下（大于1400℃）熔融，熔融体经水淬急冷，而形成一种玻璃态物质。玻璃体中所含营养元素均能高效地被作物吸收利用，它几乎能将磷矿中所含的钙、镁、硅、铁、锰以及作为助熔剂的蛇纹石、橄榄岩中所含的有益重金属元素镍、钴、锌、铜等全部转化为作物营养体。所以，它是一种能使磷资源充分利用的多营养元素肥料。

典型的钙镁磷肥全有效成分见表8-12，有效成分见表8-13所示。

表8-12 钙镁磷肥有效成分　　　　　　　　　　　单位：%

样品	$P_2O_5$①	MgO①	CaO①	$SiO_2$①	Fe_2O_3	Al_2O_3	F	总计
A	16.62	16.53	32.43	23.93	3.85	2.51	1.63	97.5
B	20.47	16.18	30.92	24.47	4.71	1.34	1.18	99.27

注：①为可溶于2%柠檬酸中的有效 P_2O_5、有效 MgO、有效 CaO，可溶性 SiO_2，它们均能为作物根系所吸收。

表8-13 钙镁磷肥有效成分　　　　　　　　　　　单位：$\times 10^{-6}$

样品	B_2O_3	MnO	ZnO	Cu	Co	Mo	NiO	Ti	总计
A	800	3630	14	2	53	4	330	745	5578(0.56%)
B	420	1120	40	3	20	10	200	520	2333(0.23%)

特别值得提及的是钙镁磷肥中所含的 SiO_2、CaO、MgO，其有效性比任何硅肥、钙镁肥都高，如表8-14所示。

表8-14 不同硅肥有效性比较

名称	SiO_2			CaO			MgO		
	T/%	C/%	C/T①	T/%	C/%	C/T①	T/%	C/%	C/T①
高炉炉渣(水淬)	33.7	18.5	54.9	40.1	29.5	73.6	6.6	4.0	60.6
高炉炉渣(缓冷)	33.2	13.0	39.2	41.8	17.0	40.7	4.8	3.2	66.7

续表

名称		SiO$_2$			CaO			MgO		
		T/%	C/%	C/T①	T/%	C/%	C/T①	T/%	C/%	C/T①
电炉制铁炉渣		42.1	19.4	46.2	48.0	27.3	56.9	/	/	/
锰铁炉渣		34.4	20.3	59.0	41.4	31.1	75.1	/	/	/
黄磷炉渣（碱性）		45.1	34.7	76.9	42.0	36.9	79.9	/	/	/
黄磷炉渣（酸性）		50.9	2.2	4.3	42.3	23.2	54.9	6.3	/	/
钙镁磷肥	A 越南	23.95	23.93	99.9	32.43	30.97	95.5	17.8	16.53	92.9
	B 日本	20.50	24.47	99.9	30.92	/	/	16.2	16.18	99.9

注：①中 T 为总养分（total），C 为枸溶性（citric soluble），C/T 为有效养分与总养分之比。

比较表明，钙镁磷肥中的 SiO$_2$、CaO、MgO 的有效率均比各种炉渣肥高得多，说明钙镁磷肥是高效硅肥、高效钙镁肥。

近年来，由于过量施用高氮、高磷复合肥料，致使供应作物的中量元素（Ca、Mg、S）、微量元素（B、Mn、Fe、Cu、Zn、Mo、Ni）及有益元素 Si 不足，导致高产作物易倒伏，病虫害高发。含有多种营养元素的钙镁磷肥最适合与高浓度复合肥料配合施用。

钙镁磷肥的生产方法按所用工业炉型不同分为高炉法、电炉法、平炉法和旋风炉法。目前，中国主要采用高炉法生产钙镁磷肥。炉料的熔融过程在高炉内进行，工艺流程如图 8-25 所示。

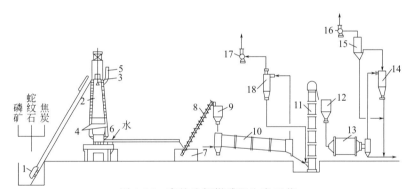

图 8-25　高炉法钙镁磷肥生产工艺
1—卷扬机；2—高炉；3—加料罩；4—风嘴；5—炉气出口管；6—出料口；7—水淬池；
8—沥水式提升机；9，12—贮斗；10—回转干燥机；11—斗式提升机；
13—球磨机；14—旋风分离器；15—袋滤器；16，17—抽风机；18—料尘捕集器

磷矿、助熔剂、燃料经计量后分批加入高炉中，熔融料从炉底排出，经水淬、沥水、干燥、磨细、包装即为成品。含磷镍铁定期从炉底排出作为副产品。高炉煤气经除尘、脱氟后，进入热风炉中燃烧，以预热送入高炉的空气。干燥、球磨过程中产生的废气、粉尘，经回收细粒钙镁磷肥后，排入大气。

在高炉中，炉料由炉顶加入，在炉内不断下降，从高炉下部送入的热空气，使焦炭燃烧产生煤气，煤气向上运动。两者在相对运动过程中，产生了许多物理和化学变化，使炉料熔融，制得钙镁磷肥熔融体。

焦炭在高炉内燃烧，产生大量的热，其反应式如下：

$$C + O_2 \rightarrow CO_2 + 401.7 kJ \tag{8-77}$$

$$CO_2 + C \rightarrow 2CO - 165.7 kJ \tag{8-78}$$

几乎所有的钙镁磷肥厂均在热风炉中利用高炉煤气中CO的燃烧，预热送入高炉的空气，以降低焦耗。热风炉的类型有蓄热式及管式两种，大型钙镁磷肥厂大多采用蓄热式热风炉，热风可预热至600℃以上。

水淬是熔料出炉后，立即与大量有压力的水接触，使熔料骤然冷却、固化，并碎裂成玻璃碎屑，水淬后的物料从水淬池捞出，自然沥干称为砂肥或半成品。半成品的干燥通常在回转干燥机中进行，干燥后的物料进入球磨机研磨。按标准，钙镁磷肥的细度要求80%通过60目，包装后，即为成品。

2016年我国钙镁磷肥年产量约100万吨，日本、韩国、巴西、越南、南非均有钙镁磷肥生产。

8.6.2 中国创新：钙镁磷肥"玻璃结构因子"配料方法

国内某些中低品位磷矿、磷矿选矿后的尾矿、难溶性钾矿、低品位磷钾矿、有色金属冶炼矿渣，贵金属伴生矿的化学组成如表8-15所示。

表8-15 某些矿物化学组成　　　　　　　　　　单位：%

序号	矿物名称	P_2O_5	K_2O	CaO	MgO	SiO_2	Fe_2O_3	Al_2O_3	烧失量	其他
1	贵州福泉花磷矿	21.65	—	46.17	6.17	0.93	0.76	0.35	20.82	—
2	瓮福磷矿选后尾矿	3.85	0.69	31.71	15.16	2.69	0.67	4.05	41.20	
3	湖南石门磷矿	16.24	—	34.47	9.32	15.77	1.10	1.14	21.00	
4	湖北大峪口磷矿	16.70		28.62	2.25	33.40	2.36	1.62	8.72	
5	山西灵丘磷钾矿	2.97	6.65	9.26	9.29	47.20	7.47	9.90	3.53	TiO_2 0.97
6	贵州福泉海绿石	—	10.10	2.26	3.53	51.96	5.36	18.73	6.42	Na_2O 0.15
7	湖南电解锰渣		1.39	16.77	2.17	23.96	5.24	10.21	13.11	MnO 4.30, SO_3 21.23
8	硼镁矿制硼砂后硼泥			9.81	31.42	7.85	5.97	3.82	—	B_2O_3 1.15
9	云南元谋低铂矿			4.74	27.36	39.10	10.14	2.11	9.89	Pt 0.76g/t Pa 0.38g/t Au 0.13 Ag0.8
10	福建洋墩磷矿	4.27	1.0	5.49	2.12	7.19	T_{Fe}45.2	6.57	4.62	氧化稀土 2%~8%

表8-15中的矿物经合理配料高温煅烧后的玻璃体产品中，含90%以上由P_2O_5、K_2O、CaO、MgO、SiO_2、Fe_2O_3、Al_2O_3、B_2O_3、MnO、TiO_2组成的有效成分，是植物生长必不可少的营养元素或有益元素。此外，根据王少仁、夏培桢对我国14个省，38家磷矿企业的105个样品测定，中国磷矿原矿中含有K_2O 0.28%~1.82%、Mn 0.03%~0.34%、Zn 0.14%~0.22%、B 76.2~386.6mg/kg、Ni 20.4~123.3mg/kg、Mo 15.9~32.8mg/kg、Co 9.5~69.2mg/kg、La 13.0~243.3mg/kg等营养元素，通过科学配方，可使这些复杂组分矿物，形成化学稳定性很低的含磷、钾的铝硅酸盐玻璃体，它们可以溶解于植物根部分泌的弱酸中，所含的P、K、Ca、Mg、Si、Fe、B、Mn、Cu、Zn、Ni、Mo、Co、稀土元素均

能被作物吸收利用。

本研究报告编著者探讨了上述各组分在玻璃体中所处的状态，建立了适用于此类复杂组分玻璃体结构的物理模型及相应的数学表达式以指导科学配方，更经济有效地生产玻璃体肥料。推动这种含有多营养元素的低化学稳定性玻璃体肥料，作为绿色植物用肥料放在"广泛"前更广泛应用于大田作物、经济作物、植树造林及城市屋顶、家庭阳台种植。

8.6.2.1 硅酸盐玻璃体结构模型

玻璃体为过冷液态，其内部结构与液态相似是透明并具有各向同性的固体。玻璃体结构既具有远程无序的无规则网络，又有近程有序的晶子排列。

从整体分析，玻璃体的宏观结构应为无规则网络。通常的硅酸盐玻璃网络结构由 O/Si 摩尔比决定。

当 O/Si=2，硅氧四面体顶角相连，构成三维空间连续延伸的架状网络，以 $[SiO_2]_n$ 表示，如石英玻璃。

当引入一价碱金属（R_2O）、二价碱土金属（RO）氧化物，则部分 Si—O 桥将断开。当 O/Si=2.5，构成二维空间连续延伸的层状网络，以 $[Si_2O_5]_n^{2n-}$ 表示。陶瓷釉料组成的 O/Si 摩尔比，大多处于 2.25～2.75。

增加玻璃体中 R_2O、RO，组成达偏硅酸盐（$R_2O \cdot SiO_2$ 或 $RO \cdot SiO_2$），O/Si=3 时，硅氧四面体仅和其他两个四面体相连，形成以一维空间延展的链状结构，以 $[Si_2O_6]_n^{4n-}$ 表示，如 $Na_2O \cdot SiO_2$ 玻璃。

O/Si 大于 3，超过偏硅酸盐中 O/Si 的比例，通常情况下不能形成玻璃体。

O/Si=3.5 为两个四面体相连，以 $[Si_2O_7]^{6-}$ 表示。

O/Si=4.0 为单一硅氧四面体，以 $[SiO_4]^{4-}$ 表示。

8.6.2.2 熔融含镁磷肥玻璃体结构

熔融含镁磷肥是以磷矿为原料，含镁硅酸盐为熔剂，以焦炭为燃料或通过电能，在高温下（>1400℃）熔融，随后，将熔体水淬急冷，而获得一种玻璃态物质，在中国称为钙镁磷肥。

现郑州大学许秀成教授团队曾长期研究熔融含镁磷肥玻璃体结构，逐一比较了熔融含镁磷肥中各阴阳离子的配位关系及各阳离子电场强度，得出如下结论：当熔体冷却时，P^{5+} 首先夺得 4 个氧离子，生成 $[PO_4]^{3-}$ 单独的磷氧四面体，独立存在于硅酸网络之外；Al^{3+} 大约有 50% 进入网络，形成铝硅酸盐混合网络，50% 左右在网络之外；约 10% 的 Mg^{2+} 及约 5% 的 Fe^{2+} 进入网络，剩余的在网络外作为电荷调整物。为便于类比硅酸盐玻璃网络，将 O/Si 比扩展为 O_b/Y_b 摩尔比，式中 O_b（氧玻）为进入玻璃体网络的氧离子之和，Y_b（阳玻）为形成玻璃网络的阳离子之和。从而可类推 O_b/Y_b 摩尔比为 2、2.5、3、3.5 和 4，与前述相应的 O/Si 摩尔比有相同的网络结构。将 O_b/Y_b 称为"玻璃结构因子"，它是反映熔融含镁磷肥玻璃体网络大小的参数。许秀成于 1963 年建立了计算 O_b/Y_b 的数学表达式，1980 年利用手摇计算机计算了国内外 722 个熔融含镁磷肥样品的 O_b/Y_b 值，确定了为获得玻璃体中养分高吸收率的 O_b/Y_b 取值范围为 2.87～3.07。"钙镁磷肥采用玻璃结构因子配料方法"1983 年获国家发明四等奖，并在国内钙镁磷肥厂得到普遍应用。使磷矿可直接利用的品位从含 $P_2O_5 \geq 24\%$，降至 $P_2O_5 \geq 14\%$，已为我国磷矿山、磷肥企业创造了巨大经济效益及社会效益。

8.6.2.3 复杂组分含磷铝硅酸盐玻璃体结构

为合理利用中低品位磷矿、选矿尾矿、难溶性钾矿及矿山废弃物，本研究报告两位主要撰稿人又将熔融含镁磷肥玻璃体结构扩展到含复杂组分的磷铝硅酸盐玻璃体，它可以拓展到包含 P_2O_5、K_2O、CaO、MgO、SiO_2、Fe_2O_3、FeO、Al_2O_3、B_2O_3、MnO、CuO、ZnO、NiO、MoO_2、CoO、TiO_2 许多组分的复杂体系。其原理如下。

若将上述氧化物的阴、阳离子均看成不变形的小球，根据几何学最紧密堆积原理，阳离子与阴离子半径比与配位数的关系如表 8-16 所示。

表 8-16 离子半径比与配位数的关系

离子半径比(r^+/r^-)	0.155~0.225	0.225~0.414	0.414~0.732	0.732~1	1
配位数	3	4	6	8	12

以 O^{2-} 的有效半径为 140pm（0.140nm），各阳离子和氧离子按最紧密堆积的配位数如表 8-17 所示。

表 8-17 不同阳离子与氧离子紧密堆积的配位数

序号	阳离子种类	阳离子有效半径/nm	与 O^{2-} 的半径比	配位数
1	B^{3+}	11	0.0786	3
2	P^{5+}	17	0.1214	4
3	Si^{4+}	26	0.1857	4
4	Al^{3+}	39	0.2786	4
	Al^{3+}	53.5	0.3821	6
5	Fe^{3+}	55	0.3929	6
6	Mg^{2+}	72	0.5143	6
7	Ti^{4+}	60.5	0.4321	6
8	Ni^{2+}	69	0.4929	6
9	Mo^{4+}	65	0.4643	6
10	Co^{2+}	65	0.4643	6
11	Cu^{2+}	73	0.5214	6
12	Zn^{2+}	74	0.5286	6
13	Fe^{2+}	61	0.4357	6
14	Mn^{2+}	67	0.4786	6
15	Na^+	118	0.8429	8
16	Ca^{2+}	112	0.8000	8
17	K^+	164	1.1714	12

不同配位数的氧化物在玻璃体结构中起不同作用。通常认为，配位数为 3 或 4 的氧化物为玻璃形成物；配位数为 8 或 12 的氧化物属于网络外体，起着断裂网络的作用；而配位数为 6 的氧化物，主要属于网络外体；Al_2O_3 被认为是中间物，它既可构成网络，也可能是网络外体。在高碱玻璃体中，Fe_2O_3、MgO 也有部分中间物的特性。

基于本研究为低化学稳定性玻璃体，以利于作物吸收玻璃体中的营养元素。在作物营养学中，能溶解于2%柠檬酸（日本称枸橼酸）溶液中的养分，便能为作物根部所分泌的弱酸所溶解，而成为有效养分（称为"枸溶性"养分）。研究表明，玻璃体中氧化物的单键强度大于350kJ/gmol，难以被2%柠檬酸溶液所切断；小于200 kJ/gmol，则很快被2%柠檬酸溶液所溶解；介于200~350kJ/gmol的单键将缓慢被切断。表8-18列出了一些氧化物的单键强度。

表 8-18　一些氧化物的单键强度

氧化物	离解能*/(kJ/mol)	阳离子半径/nm	配位数	单键强度/(kJ/gmol)
SiO_2	1770	0.026	4	443
P_2O_5	1850	0.017	4	463
Al_2O_3	1330	0.039	4	333
	1680	0.0535	6	280
MgO	930	0.057	4	233
		0.072	6	155
CaO	1075	0.100	6	179
		0.112	8	134

* 离解能系指每摩尔的阳离子与氧结合成MO_x（x为氧化物M_mO_n中的n/m比）离解成气态原子所需的能量，kJ/gmol。

由表8-18可知，为使玻璃体的养分易于被作物吸收，就必须在配方中引入大量的CaO、MgO。由于Ca—O、Mg—O单键强度小，易给出游离氧。而B^{3+}、P^{5+}离子半径小，正电价高。当炉料熔融体冷却时，P^{5+}、B^{3+}夺取游离O^{2-}，而形成独立的$[PO_4]^{3-}$、$[BO_3]^{3-}$，不构成磷氧四面体或硼氧三面体网络。所以，在此特定条件下，P_2O_5、B_2O_3不是网络形成物，而是网络外体。

由于这种低化学稳定性玻璃体是高碱度玻璃，致使Al^{3+}易于形成铝硅酸盐网络，甚至少量的Mg^{2+}、Fe^{3+}也取4配位体进入网络。

据上分析，低化学稳定性的复杂组分含磷铝硅酸玻璃体，有其特有的结构模型。

8.6.2.4　低化学稳定性复杂组分玻璃体结构数学表达式

在玻璃、陶瓷釉料等硅酸盐工业生产配料中，常将氧化物区分为：碱性氧化物Li_2O、Na_2O、K_2O、CaO、MgO、ZnO、MnO、FeO等，以通式R_2O、RO表示；中性氧化物Al_2O_3、Fe_2O_3等，以R_2O_3表示；酸性氧化物SiO_2、TiO_2、MnO_2等，以RO_2表示。生产中的配料是以一些氧化物的配比为依据。例如：陶瓷釉料配方应符合：

$(RO_2+R_2O_3)/(R_2O+RO)=(1:1)\sim(1:3)$ 以保证玻璃体形成和有适宜的熔融温度。

熔融含镁磷肥的配料参数以MgO/P_2O_5为2~4，MgO/SiO_2为1左右为宜。

这些均为经验配方，本研究报告主要撰稿人发明了以计算玻璃体网络大小为基础的配料方法：

当复杂组分炉料高温熔融后，对于高碱度玻璃熔料，冷却为玻璃体时，进入玻璃网络的阳离子摩尔数$(Y_b)_{ex}$由下式计算。

$$(Y_b)_{ex}=[SiO_2]+2a[Al_2O_3]+b[MgO]+c[Fe_2O_3] \tag{8-79}$$

式中，$[SiO_2]$、$[Al_2O_3]$、$[MgO]$、$[Fe_2O_3]$ 为炉料中 SiO_2、Al_2O_3、MgO、Fe_2O_3 的克摩尔数。

a、b、c 为 Al^{3+}、Mg^{2+}、Fe^{3+} 取 4 配位数的分率，其值由表观碱度 $[ABN]$（apparent basicity number）决定。根据日本学者安藤的研究并经我们的扩展，$[ABN]$ 由下式计算：

$$[ABN]=[CaO]_m+[MgO]_m+[K_2O]_m+[Na_2O]_m+0.7[FeO]_m+0.025[Al_2O_3]_m \tag{8-80}$$

式中，$[CaO]_m$、$[MgO]_m$、$[K_2O]_m$、$[Na_2O]_m$、$[FeO]_m$、$[Al_2O_3]_m$ 为相应组分的质量百分数。

Al^{3+}、Mg^{2+}、Fe^{3+} 进入网络的分率 a、b、c 与 $[ABN]$ 的关系由下式求得：

$$a=0.025[ABN]-0.6 \tag{8-81}$$
$$b=0.004[ABN]-0.09 \tag{8-82}$$
$$c=0.003[ABN]-0.08 \tag{8-83}$$

据前分析，对高碱度玻璃熔料，由于熔料中游离 O^{2-} 多，当熔料冷却时，P^{5+}、B^{3+} 夺取游离 O^{2-}，形成独立的 $[PO_4]^{4-}$ 四面体及 $[BO_3]^{3-}$ 三面体，而不构成网络。由于 1mol P_2O_5 形成 2mol $[PO_4]^{3-}$，带走 $8molO^{2-}$，因此，进入玻璃网络的氧离子摩尔数 $(O_b)_{ex}$ 为：

$$(O_b)_{ex}=[K_2O]+[CaO]+[MgO]+2[SiO_2]+3[FeO_3]+[FeO]+3[Al_2O_3]$$
$$+[MnO]+[CuO]+[ZnO]+[NiO]+2[MoO_2]-3[P_2O_5]-3[B_2O_3] \tag{8-84}$$

式中，各项为相应组分的摩尔数。

扩展的玻璃结构因子 $(O_b/Y_b)_{ex}$ 由下式计算

$$(O_b/Y_b)_{ex}=\frac{(O_b)_{ex}}{(Y_b)_{ex}} \tag{8-85}$$

将式（8-79）～（8-85）编程，可获得计算 $(O_b/Y_b)_{ex}$ 的计算程序。$(O_b/Y_b)_{ex}$ 为含镁熔融磷肥玻璃结构因子 (O_b/Y_b) 之扩展。$(O_b/Y_b)_{ex}$ 取值 2，2.5，3，3.5，4 与 O_b/Y_b、O/Si 有相同的网络结构，它可用于计算普通硅酸盐玻璃体，含镁熔融磷肥玻璃体及复杂组分含磷铝硅酸盐玻璃体网络结构大小。

例 1 某日用玻璃由 SiO_2 65.0%、Al_2O_3 3.0%、CaO 8.5%、MgO 2.5%、K_2O 0.5%、Na_2O 16%、Fe_2O_3 0.05%组成。按式（8-83）可求得 $(O_b/Y_b)_{ex}$ 为 2.50 或 O/Si 为 2.52，这是一种低碱硅酸盐玻璃，由硅氧四面体组成的二维空间延展的玻璃网络所构成，化学稳定性良好，可作为日常生活器皿。

例 2 某厂生产的钙镁磷肥含 P_2O_5 15.12%（枸溶性 P_2O_5 14.82%）、CaO 34.95%、MgO 11.26%、SiO_2 33.65%、Fe_2O_3 1.36%、Al_2O_3 2.31%。按式（8-85）可求得 $(O_b/Y_b)_{ex}$ 为 2.91。这是一种高碱含磷低铝硅酸盐玻璃体，玻璃体网络由 $[SiO_4]$、Al_2O_3 中有 59% 以 $[AlO_4]$、MgO 中有 10% 以 $[MgO_4]$、Fe_2O_3 中有 6% 以 $[FeO_4]$ 共同组成，属于双链结构的玻璃体网络。P_2O_5 以 $[PO_4]^{3-}$ 形式存在于玻璃网络中，当用 2%柠檬酸溶液浸提时，P_2O_5 溶出率达 98%。

例 3 以表 8-15 中贵州的福泉花磷矿 500kg，贵州福泉海绿石 500kg，配入 200kg 白云石为熔剂，焦炭 185kg 为燃料，按 $(O_b/Y_b)_{ex}$ 配料程序计算，可获得含 P_2O_5 10.61%、K_2O

5.05%、CaO 30.49%、MgO 9.15%、SiO_2 28.95%、FeO 1.86%、Al_2O_3 11.16%的熔融磷钾肥。配料的表观碱度[ABN]=48.87，Al^{3+}、Mg^{2+}、Fe^{3+}进入网络的分率$a=0.62$、$b=0.11$、$c=0.07$；$(O_b)_{ex}=1.9624$、$(Y_b)_{ex}=0.6437$、$(O_b/Y_b)_{ex}=3.05$。属于单链结构的硅、铝、铁、镁四面体复合网络。这种熔融磷钾肥于 2006 年 8 月 18 日在贵州福泉磷肥厂黄兴中厂长领导下试烧成功（产品取名 6818），经中国农业大学陈新平教授、吉林农业大学高强教授在江苏、黑龙江、吉林水稻种植中，取得良好的增产、抗倒伏功能；郑州大学李荀萍高工在山东、河南大棚蔬菜上试用，取得增产、增收，并有抗病虫害的附加功能。

上述研究低化学稳定性复杂组分含磷铝硅酸盐玻璃体的结果和结论，可以很好地指导低品位磷矿、磷矿选矿尾矿、难溶性钾矿、低品位磷钾矿开发为可高效利用的优质熔融肥料。

8.7 脲硫酸复肥

氨酸法生产复合肥是由磷矿和硫酸反应制得稀磷酸，浓缩成浓磷酸，浓磷酸在氨化反应器中进行氨化，经造粒、干燥、筛分破碎、冷却、包装等工序制成磷酸一铵，然后在生产过程中加入钾盐（KCl 或 K_2SO_4）制得的产品称磷酸基 NPK 复合肥（图 8-26）。

图 8-26 磷酸基 NPK 复合肥生产工艺流程

脲硫酸复肥是对磷酸基 NPK 复合肥的提升。

8.7.1 脲硫酸复肥工艺的开发

低浓度酸法磷肥过磷酸钙的生产，一般用 $w(P_2O_5)$ 24%～27%的磷矿与硫酸反应制得，虽不产生磷石膏，但由于硫酸与磷矿反应过于激烈以致在磷矿表面生成致密的硫酸钙包裹层，妨碍反应进一步进行，不得不设置庞大的熟化库，不能实现连续化生产，同时含氟废气无组织排放，操作环境恶劣。此外，过磷酸钙的生产还需氟回收处理的投资和运行费用。

2012 年中国生产了 1550 万吨（实物量）过磷酸钙，每吨 P_2O_5 耗 30%标磷矿 3.89t，100% H_2SO_4 2.50t。过磷酸钙平均 $w(P_2O_5)$ 13.5%、$w(S)$ 11%。生产过磷酸钙可用 $w(P_2O_5)$ 24%～27%的中品位磷矿，1550 万吨实物过磷酸钙约耗中品位磷矿 1000 万吨，约耗 100%硫酸 600 万吨，给土壤提供了 210 万吨 P_2O_5 和 170 万吨硫，少生产磷石膏 1200 万吨。

生产过磷酸钙就近使用，比生产磷铵类肥料更有利于资源利用，更有利于环境保护。

郑州大学侯翠红、张宝林团队开发了脲硫酸复肥新工艺，采用脲硫酸分解磷矿一步法制中浓度、多营养、功能性复肥，不产生磷石膏。该工艺以环境友好型清洁磷复肥生产为出发点，改变了传统的磷矿酸解过程（硫酸分解磷矿传统工艺：只能生产单一磷肥过磷酸钙或磷酸），不但没有传统工艺的缺点，而且还使过磷酸钙生产中熟化期长、氟无组织排放致使生产操作环境恶劣的问题得到彻底改善，是一种清洁型的磷复肥生产工艺。

脲硫酸复肥新工艺针对国内高品位磷矿紧缺、存在大量中低品位磷矿和尿素产量占氮肥总量60%的现实，结合国内普遍采用氨酸法、料浆法生产复合肥料、浓酸-矿浆法生产过磷酸钙的实际情况，为适应科学施肥生产功能型复合肥料的需求而开发。

以脲硫酸溶液分解中品位磷矿 [$w(P_2O_5)$ 24%～27%] 生成含氮磷料浆，配入适量的以低品位磷矿 [$w(P_2O_5)$ 14%～24%] 生产的含 Ca、Mg、Si 及微量元素 Fe、Mn、B、Zn、Mo 的钙镁磷肥或熔融磷钾肥 [$w(P_2O_5有效)$ 9%～12%，$w(P_2O_5$ 有效) 3%～5%]，在普通的复合肥装置中与尿素、氯化钾（或硫酸钾）及为调整产品磷含量添加少量的磷酸一铵，制得 $w(N+P_2O_5+K_2O)$ 30%～42%，并含有 2%～5%枸溶性 CaO，2%～5%枸溶性 MgO，3%～5%盐酸溶性 SiO_2，1%～2% S 及 0.2%～0.5% FeO，以及数十 ppm 级的 Mn、B、Cu 等微量元素，具有增强作物抗倒伏能力、提高抗病害能力的功能性复合肥料。

脲硫酸分解磷矿会产生多种加合物，其中，尿素与磷石膏中的硫酸钙能加合生成 $CaSO_4 \cdot 4CO(NH_2)_2$，尿素与过磷酸钙主要成分磷酸二氢钙加合生成 $Ca(H_2PO_4)_2 \cdot CO(NH_2)_2$，使尿素具有适度缓效性；尿素与磷矿中氟的分解产物氟硅酸结合，形成氟硅酸脲 $\{[(NH_2)_2CO]_2H\}_2SiF_6$，它是一种农药，存在于中浓度复合肥料中，具有一定的药肥效果。

钙镁磷肥中的钙、镁、硅90%以上为2%柠檬酸可溶性，比其他硅钙肥、硅钙镁肥的有效性高得多，特别是硅以3～5个硅氧四面体相连，链状分子长度仅1nm，可随土壤溶液被作物吸收，并沉积在细胞壁上，增强作物对病毒引起的病害如稻瘟病、白粉病的抵抗力。

这种中浓度、多营养、功能性复肥在湖北油菜和水稻、河南水稻和小麦、山东小麦等大田试验中，均表现出优良的肥效，不仅提高产量5%～20%，而且具有增强抗倒伏能力、减轻病虫害的附加功能。

8.7.2 脲硫酸复肥工艺原理

（1）脲硫酸的性质　尿素分子中存在高度极化的羰基基团，尿素的两个氮原子能够提供两对孤对电子，可以与最外电子层有可利用空轨道的原子形成加合物，或以氢键形成加合物；而硫酸中的两个氢与氧结合后，也可以氢键方式与一个或两个尿素形成加合物，硫酸中 S(Ⅵ) 的最外电子层有五条空轨道，理论上可接受最多五组孤对电子。因此，在尿素硫酸溶液中可能存在的加合物为：$H_2SO_4 \cdot (NH_2)_2CO$、$H_2SO_4 \cdot 2(NH_2)_2CO$ 和 $H_2SO_4 \cdot 4(NH_2)_2CO$ 等。

脲硫酸本身是一种液体含硫氮产品，在碱性土壤上肥效显著，这些化合物中的化学键使该产品具有一些意想不到的性质，既可作为一种酸化助剂，也可作为一种氮肥。

（2）脲硫酸分解磷矿制复肥的工艺原理　尿素与硫酸反应生成脲硫酸溶液，具有较强酸性；尿素和硫酸钙反应可形成结晶粗大而稳定的四尿素硫酸钙加合物。因此，可用脲硫酸分解磷矿一步法生产氮磷或氮磷钾复合肥（urea sulfuric acid compound fertilizer，简称 USC 工艺）。

脲硫酸复肥工艺反应原理如下。

$$xCO(NH_2)_2 + H_2SO_4 \rightarrow xCO(NH_2)_2 \cdot H_2SO_4 (x=1,2,4) \quad (8\text{-}86)$$

$$Ca_5F(PO_4)_3 + xCO(NH_2)_2 \cdot H_2SO_4 + H_2O \rightarrow CaSO_4 \cdot 4CO(NH_2)_2 + CaSO_4 \cdot mH_2O + CaHPO_4 + Ca(H_2PO_4)_2 \cdot CO(NH_2)_2 + H_3PO_4 \cdot CO(NH_2)_2 + HF[CO(NH_2)_2]_2 \quad (8\text{-}87)$$

$$4HF + SiO_2 \rightarrow SiF_4 + 2H_2O \quad (8\text{-}88)$$

$$2HF + SiF_4 \rightarrow H_2SiF_6 \quad (8\text{-}89)$$

$$2[(NH_2)_2CO]HF + SiF_4 \rightarrow \{[(NH_2)_2CO]H\}_2SiF_6 \quad (8\text{-}90)$$

$$4CO(NH_2)_2 + H_2SiF_6 \rightarrow \{[(NH_2)_2CO]H\}_2SiF_6 \quad (8\text{-}91)$$

8.7.3 脲硫酸功能性复肥的工艺路线及特点

无磷石膏排放的脲硫酸分解磷矿制中浓度、多营养、功能性复肥工艺路线如图 8-27 所示。

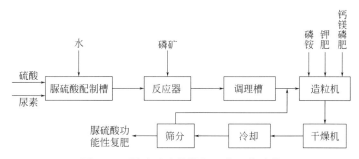

图 8-27 脲硫酸功能性复肥的工艺路线

脲硫酸功能性复肥工艺技术及产品特点如下。

(1) 养分全面　新工艺可根据市场需要生产适合于不同作物的新型功能性肥料，同时保留原过磷酸钙肥料多元素的优点，除 N、P、K 外，还提供 Ca、Mg、S、Si 及多种微量元素等，可使作物营养均衡，健身防病。发挥代替部分农药的作用，而减少化学农药的施用量。

目前，中国化肥市场高浓度复肥占据主导地位，单施高浓度复肥造成作物营养失调，高产作物易倒伏，并易受病害侵袭，同时农产品品质下降。在遇到农作物发生病虫害，通常利用农药来灭除，对人类健康和食品安全不利。研究表明，许多中微量元素不足是导致作物抗病力下降，引发病虫害的主要原因之一。因此，不平衡施肥给农作物、对人类及动物的健康均可带来严重危害。平衡的植物营养元素供应，使作物表现出抗逆性、抗病性的功能性作用。

(2) 节能降耗　脲硫酸功能性复肥工艺省去复肥生产中磷酸生产过程，避免磷石膏排放；可利用中品位磷矿直接生产适用于不同作物的新型复合肥料，节约能耗，降低复肥生产成本。

(3) 清洁、环保、高效　脲硫酸功能性复肥工艺基本无"三废"排放，是一种清洁型生产工艺。反应过程中有效抑制了含氟废气的逸出，操作环境明显改善，氟回收处理简化，可节约设备投资和氟处理费用。生产中不产生石膏，无固体废弃物堆放；反应过程磷矿中的氟转变为氟硅酸脲保留在产品中，可代替部分农药，具有杀虫作用；缓慢释放，不会对土壤和环境造成污染，工艺水实现闭路循环。

(4) 养分利用率高、氮素适度缓效　脲硫酸功能性复肥产品中尿素以 $CaSO_4 \cdot$

4CO(NH$_2$)$_2$、Ca(H$_2$PO$_4$)$_2$·CO(NH$_2$)$_2$、{[(NH$_2$)$_2$CO]$_2$H}$_2$SiF$_6$等络合态存在，适度缓效，减少淋溶、挥发等损失，提高氮素利用率，如图8-28所示。

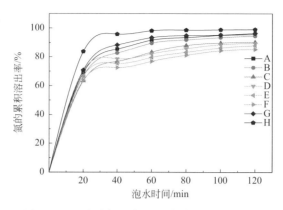

图 8-28 脲硫酸复肥在25℃水中氮的释放速率
肥料 A、B、C、D、E、F、G 是脲硫酸复肥；
肥料 H 是普通复合肥料（高塔造粒工艺）

（5）物理性状好 脲硫酸功能性复肥工艺配方灵活、产品成粒性状好、抗压强度高、外形美观、产品不易结块。

由郑州大学开发的脲硫酸功能性复肥工艺在鲁西化工、云天化工业实施，并获得中国石油与化工联合会技术进步二等奖。

8.7.4 脲硫酸复肥的应用效果

脲硫酸复肥适用于不同作物。河南省农科院土壤肥料研究所进行的脲硫酸复肥在冬小麦上的肥效试验表明：施肥量为750kg/ha条件下，脲硫酸复肥与等量养分复混肥比较，施用脲硫酸复肥料的试验区亩产（1亩=667m^2）平均达352.2kg（5283kg/ha），施用等量养分的对比试验区亩产平均为313.3kg（4670kg/ha），每亩增产38.9kg（613kg/ha），增产幅度12.4%。脲硫酸复肥能增加小麦有效分蘖，提高单株成穗数，亩成穗数提高2.5万株（37.5万株/公顷）。

在湖北、贵州、河南等省水稻、小麦、油菜上进行大田推广、扩大试验，增产增效显著。湖北、河南开展的配有钙镁磷肥的脲硫酸功能性复肥料用于水稻栽培试验：河南省20亩水稻高产试验示范田，测产每亩达到720~730kg（10.8~10.95t/ha），对照每亩600kg（9t/ha），每亩增产120~130kg（1.8~1.95t/ha）。且减少农药使用次数3/5；湖北省水稻高产栽培配方施肥试验，使用水稻专用脲硫酸功能性复肥，其中每亩配30kg（450kg/ha）钙镁磷肥，水稻高产栽培产量每亩可达730~820kg（10.95~12.3t/ha），比普通复合肥每亩增产130~220kg（1.95~3.3t/ha）。

8.7.5 磷铵厂、过磷酸钙厂新增功能性脲硫酸复肥装置的经济分析

以年产15万吨（18-9-12+2S+1MgO+6CaO+3SiO$_2$）中浓度、多营养、功能性脲硫酸复肥为例，其中50%的磷由磷酸一铵提供，30%由脲硫酸复肥提供，20%由FMP提供，N由尿素提供，K$_2$O由氯化钾提供。

产品含 39% 的 N+P$_2$O$_5$+K$_2$O、含碱性氧化物（MgO+CaO）7%、含（S+SiO$_2$）5%。按目前市场中微量元素的售价，MgO、CaO、S、SiO$_2$ 可按 NPK 的 50% 作价，则多营养元素的价格相当于 6 个 NPK 的价格。由于多营养元素的作用，这种 39% NPK 的功能性复肥的肥效与含 45% 的 NPK 的高浓度复肥的肥效相当或略高，因此，这种功能性复肥应与高浓度复肥同价销售。

对于磷铵厂，年产 15 万吨功能性复肥，可以少用 6750t P$_2$O$_5$ 的磷铵（每吨 P$_2$O$_5$ 耗标矿 3.796t），少用 25600t 高品位磷矿，而代之以中品位、低品位磷矿，少排放 3.7 万吨磷石膏。

对于过磷酸钙厂，年产 15 万吨功能性复肥，可以有 30% 的 P$_2$O$_5$ 即 4050t 是按新工艺生产的，相当于用新工艺生产了 2.9 万吨含 P$_2$O$_5$ 14% 的普钙，不需熟化，直接加工成功能性复肥，氮肥适度缓效，磷矿中的氟大部分以氟硅酸脲的形式存在于复肥中，有代替部分农药的作用。

年产 15 万吨中浓度、多营养元素、功能性复肥，由于有 6% 的养分是由原先不计价钙、镁、硫、硅所提供，以 1% NPK 50 元计，每吨可获得 300 元的额外利润。年销售 15 万吨，扣除新产品推广费用，总额外利润将超过 1000 万元。

脲硫酸功能性复肥工艺可直接利用中低品位的磷矿，生产过程无三废排放，在磷矿资源日益枯竭、环境压力日益增大、当今世界环保要求越来越高的情况下，对于提高资源利用率、环保高效、促进我国磷资源的永续利用、延长我国磷资源的使用寿命等具有重要意义。

8.8 无机材料反应成膜缓释复合肥料

8.8.1 包裹肥料的概念与范畴

包裹肥料是指那些通过在颗粒水溶性肥料的外层，包裹一层或多层其他物质，以改变原有肥料某些性能的肥料。包裹肥料是中国独创的，与聚合物包膜肥料相比，主要区别是包裹肥料所用的包裹材料为植物营养物质。

包裹肥料是一种或多种植物营养物质包裹另一种植物营养物质而形成的植物营养复合体。

包裹肥料这一术语是原郑州工学院磷肥研究室（现郑州大学化工与能源学院磷肥与复肥研究所）许秀成、樊继轩、王光龙在一项中国发明专利"包裹肥料及其制造法"中首次提出。1985 年 4 月 1 日中国专利法实施首日，向中国专利局呈送了《包裹肥料及其制造法》发明专利，通过专利局的实质性审查，于 1987 年 12 月 17 日授予专利权，成为我国首个具有缓释性能的肥料发明专利，并于 1991 年 10 月 21 日被中国专利局评为首届中国专利优秀奖。1990 年 10 月中国国家科委、国家物价局、中国工商银行、国家物质部联合评定《包裹型复合肥（包复肥）》为 1990 年国家级新产品，成为第一类包裹型缓释肥料。

1989 年 4 月 12 日申请了以植物油泥改性物及聚合物为缓释剂的《缓效包裹肥料》的中国发明专利（专利发明人陈明浚、许秀成、胡云才、钟贤）。1990 年 3 月 28 日成为公开专利。用动物、植物、矿物油（或它们的油泥）改性的第一类缓效包裹肥料，其缓效性能更佳。

1989年7月18日申请了《复合肥料包裹机》实用新型专利（专利发明人张保林、王保林、王好斌），1991年2月13日授权，该专利产品已出口美国、孟加拉国、阿联酋用于缓释肥料、普通复合肥料生产，获国外用户好评。

1991年12月30日申请了《一种直接以磷矿粉为磷源的粒状复合肥料的生产方法》中国发明专利（专利发明人孙以中、张文辉、许秀成、李菂萍）。1996年8月3日授予专利权，1999年12月被国家知识产权局评为中国专利金奖。这是一种以缓释磷肥包裹尿素的复合肥料，由于该工艺是在包裹过程中完成了"半过磷酸钙"的生产而实现了复合化过程，因而是最廉价的复合肥料加工工艺，适合于非洲贫困国家使用，称为第二类包裹型缓释肥料。

1995年8月17日申请了《一种控制释放肥料》中国发明专利（专利发明人李菂萍、王好斌、许秀成、侯翠红），1998年8月22日被授予专利权。1996年8月9日向美国专利与商标局申请了《Controlled release fertilizer and preparations thereof》（控制释放肥料及其制造方法），1998年12月15日获美国专利授权。这是一类以二价金属磷酸铵钾盐（磷酸铵镁、磷酸钾镁、磷酸铵铁等）包裹水溶性粒状氮肥的缓释/控释肥料。二价金属磷酸铵钾盐为微溶性化合物符合国际上关于缓释肥料的概念，而通过包裹控制了核心水溶性肥料的溶出速率又符合国际上关于控释肥料的概念。特别要说明，国际上的"Controlled"是"控制了的"含义，而不是易误解的"可控制的"概念。

第四类包裹型缓释/控释肥料，以二价金属磷酸铵钾盐（磷酸铵镁、磷酸钾镁、磷酸铵铁等）包裹水溶性粒状硝酸钾的缓释/控释肥料，1999年在美国开发成功，并获得中国新产品证书。第四类包裹型缓释/控释肥料出口日本，用于家庭园艺。

此外，还在中国申请了"乐喜施""Luxecote"，在美国申请了"Luxacote"，在中国、新加坡申请了"Luxuriance"的注册商标，这些商标均受所在国知识产权保护。其中，Luxacote与美国的Osmocote、以色列的Multicote、日本的Nutricote、德国的plantcote被国外杂志称为世界控释肥料家族的著名商标。以肥料包裹肥料的缓释/控释复合肥料是具有中国自主知识产权的，受多国专利、商标群保护的生产工艺与产品。

1985年包裹型复合肥料"以钙镁磷肥改性复合肥料中间试验"被列为国家"七五"科技攻关项目。"乐喜施（Luxuriance）来自中国的缓效肥料"，副题为"用于农业足够便宜的"，发表于 *Nitrogen* 1991年5～6月号"产品开发"栏目。这是国际肥料专家对"乐喜施"缓效肥料的肯定。

1994年包裹型复合肥料成为国家科委《国家科技成果重点推广计划创亿元产值项目100例》之一。

以钙镁磷肥包裹尿素的第一类包裹型缓释复合肥料，1986年出口澳大利亚用于帕斯、布里斯班的甘蔗、水稻；1988年出口新加坡，转运至马来西亚用于金马仑高原的水果；1990年出口印度尼西亚共和国用于万隆附近的油棕、橡胶园；自1995年起以二价金属磷酸铵钾盐包裹尿素的第三类缓释/控释包裹肥料及可用于种子接触施肥的第四类包裹型缓释/控释肥料，长期出口美国、日本、澳大利亚、马来西亚、泰国、越南等，用于高尔夫球场、景观草坪、橄榄球、棒球场、花卉及日本庭园种植。

郑州乐喜施磷复肥技术研究推广中心成为世界缓释/控释肥料供应商，列入《世界NPKS工艺与装置供应商手册》及《世界肥料工艺手册》。

包裹肥料概念的提出，有利于将以肥料作为包裹层的缓释肥料与聚合物包膜肥料加以区别，二者的主要区别如下。

（1）包膜肥料（特别是聚合物）的包膜物质通常不含植物营养元素，其作用仅仅是为了降低水溶性肥料在土壤中的溶解速度，这些包膜物质引入肥料中，可能还会对土壤造成二次污染。

包裹肥料所用的包裹材料均为植物营养物质，这些材料中至少含有一种植物所必需的主要营养元素、中量营养元素，包裹层物质除形成致密包裹层，降低水溶性核心肥料的溶解速度外，还作为包裹肥料的养分构成，为植物提供所必需的营养物质，核心肥料及包裹层中的养分释放完后，包裹层会在土壤中残留一定时间，这些含钙、镁、硅的包裹层对土壤具有改良作用。

（2）包膜肥料中包膜层物质所占比例较低，一般不高于20%，多数产品在3%~10%，甚至更低。而包裹肥料产品中用作包裹层的物料所占比例较高，至少在30%以上，通常产品包裹层的比例达50%以上。

多种包裹肥料技术由济南乐喜施肥料有限公司、河南三门峡思念缓释肥业有限公司、深圳芭田生态工程股份有限公司等企业进行了产业化，产品的化工行业标准《无机包裹型复混肥料（复合肥料）》（HG/T 4217—2011）已颁布实施。

济南乐喜施肥料有限公司拥有20万吨第一类、第三类包裹肥料的生产能力，是中国最大的包裹型复合肥料供应商。河南三门峡思念缓释肥业有限公司是第二类包裹肥料生产商，产品出口马来西亚。

按照前述定义，国内不少研究单位开发的以天然矿物作为包裹层材料的缓释肥料也可归为包裹肥料的类型。

8.8.2 包裹肥料的国内外研究进展

国外缓控释肥料的研究起步于20世纪20年代，50年代实现产业化，主要产品类型有微溶性含氮化合物、聚合物包膜肥料、硫包尿素等。

包裹肥料是中国独创的技术，1974年中国科学院南京土壤研究所在李庆逵院士领导下，用碳铵掺入5%白云石熟粉，用对辊式造粒机造粒，在滚筒或圆盘中抛光，磨去边角，用磷酸将粒肥表面酸化，以钙镁磷肥粉末包裹，石蜡-沥青熔融液封面，经扑粉，制得含N 13%~14%、P_2O_5 3%~5%的长效碳铵包膜肥。每粒肥料有重0.4~0.7g或1.1~1.2g两种规格，经X射线衍射分析，壳中含有$NH_4MgPO_4 \cdot 6H_2O$、微晶方解石及隐晶质磷酸盐类矿物，用于直播水稻增产效果显著。但由于多种原因，并没有实现工业化。

自1983年以来，郑州大学（原郑州工学院、郑州工业大学）系统研究了以肥料包裹肥料的缓控释肥料，并开发了相应的生产工艺技术及装备。典型产品是以尿素为核心，以不同类型的枸溶性含磷肥料为包裹层，在反应性黏结剂的作用下，生产不同类型的包裹缓释复合（混）肥料。在国内多家生产企业实现了产业化，目前已实现单系列10万吨/年自动化装置生产。以乐喜施为主要商标的产品销往国内外市场，已成为我国缓释肥料领域中的产品类型和技术门类之一。

HG/T 4217—2011标准中规定的包裹肥料产品分为两种类型：Ⅰ型产品以钙镁磷肥或磷酸氢钙为主要包裹层，产品有适度缓效性；Ⅱ型产品以二价金属磷酸铵钾盐（通式$MM'PO_4 \cdot nH_2O$，M—NH_4，K，M'—Ca、Mg、Fe、Zn、Mn、Cu，$n=1$，6）为主要包裹层，通过包裹层的物理作用，实现核心氮肥的缓释作用，其中的部分磷、钾以微溶性无机化合物的形态存在,因而具有缓释功能。

国内众多研究者研究了以天然矿物作为包裹材料的新型缓释肥料,所选包裹材料多以天然矿物为主,如沸石粉、凹凸棒土、膨润土等,但所采用的黏结剂多为天然或合成有机黏合剂,公开资料中并未提及具体的黏合剂种类,大部分研究是以包裹尿素为主,产品为单一养分的缓释氮肥。

8.8.3 包裹肥料的加工原理与工艺

8.8.3.1 包裹肥料的工艺技术路线

包裹肥料的工艺技术路线框图如图 8-29 所示。

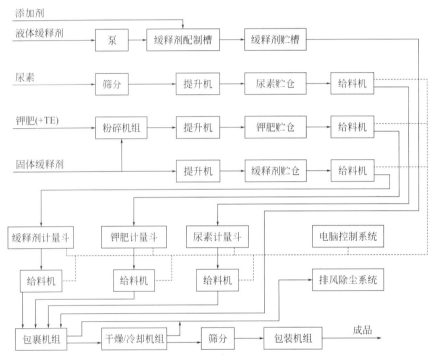

图 8-29 包裹肥料的工艺技术路线框图

先将尿素进行筛选,筛除其中的少量粉末及不合格的颗粒,根据产品的要求,可选用普通颗粒尿素或大颗粒尿素,筛选后的尿素,计量后加入包裹机中。

在尿素表面加入适量的黏结剂,然后加入适量的固体缓释剂,再交替加入黏结剂,固体缓释剂,不断重复以上过程,直至确定量的缓释剂加完。继续加入黏结剂,再加入适量的钾肥,重复以上过程,直至钾肥全部包裹在颗粒表面。

包裹完成的半成品进入冷却/干燥机进行冷却,筛分,包装,检验合格后即可出厂。除包裹过程外,包裹肥料的生产过程与普通复合(混)肥料相似,大部分设备可以通用。

郑州乐喜施磷复肥技术研究中心已成功开发了计算机自动控制的包裹肥料生产线,在美国肯塔基州、中国济南乐喜施肥料有限公司投入生产。包裹过程的物料控制由计算机系统自动控制,单线产能分别为 2 万吨/年及 10 万吨/年。

8.8.3.2 包裹肥料的主要原料

包裹肥料是通过枸溶性肥料包裹水溶性肥料而实现核心肥料的缓释功能的一种新型肥料，在工艺上实现这一原理，有必要对原料进行选择，以确保工艺过程的顺利实施。

(1) 包裹肥料的核心选择　作为包裹肥料的核心，原则上，任何粒状的水溶性肥料都是可行的，基于尿素是氮肥主要品种，具有颗粒均匀、圆整的特点，适合于作为包裹肥料的核心原料，因此，尿素是包裹肥料最主要的核心材料。

粒状硝酸铵也是很好的核心原料，从肥效上讲，由于硝铵含有氨态和硝态两种形态的氮，是比尿素更为优良的氮肥品种，但中国硝铵产量相对较少，产品存在不同程度的结块问题，而且中国对硝铵作为民爆产品管理，采购、运输等过程中有诸多限制，因此，目前生产企业使用硝铵核心的较少，仅对特殊需要的产品以硝铵作为核心生产包裹肥料。

针对不同的肥料配方要求，包裹肥料也可以粒状的硝酸钾、造粒后的氯化钾或硫酸钾作为包裹的核心，生产缓释钾肥（以硝酸钾为核心的包裹肥料可同时实现氮、钾元素的缓释）。

(2) 包裹层材料的选择　包裹层材料的选择是包裹肥料技术的关键，首选材料应含有植物所需要的营养成分，同时，必须是微溶性或痕溶性无机物质或通过不同物质之间的化学反应形成能包在核心颗粒表面的微溶性化合物。作为包裹肥料的原料，还要求来源广泛，价格相对低廉，以免过多增加产品成本。

常用的微溶性、痕溶性化合物的组成及溶解度如表 8-19 所示。

表 8-19　微溶性、痕溶性化合物的组成与溶解度

序号	化合物	分子量	组成/%					室温下的溶解度/(g/100g 水)
			N	P_2O_5	K_2O	MgO	其他	
1	$MgHPO_4 \cdot 3H_2O$	174.33	—	40.72	—	23.12		0.025
2	$MgNH_4PO_4 \cdot H_2O$	155.27	9.02	45.69	—	15.65		0.014
3	$MgNH_4PO_4 \cdot 6H_2O$	245.27	5.71	28.92	—	9.91		0.018
4	$ZnNH_4PO_4$	178.3	7.85	39.82	—	—	Zn36.8	0.015
5	$MnNH_4PO_4 \cdot H_2O$	185.97	7.58	38.18	—	—	Mn29.5	0.0031
6	$CaHPO_4 \cdot 2H_2O$	172.10	—	41.25	—	—		0.025
7	$CaK_2(SO_4)_2 \cdot H_2O$	328.3	—	—	28.69	—	S19.5	0.25
8	$KMgPO_4 \cdot H_2O$	176.27	—	42.27	26.72	22.86		微
9	$KCaPO_4 \cdot H_2O$	191.97	—	36.98	24.53	—		微
10	钙镁磷肥	不定	—	18	0.5	12		0.0016
11	MgO	40.32	—	—	—	100		0.00062
12	$Mg(OH)_2$	58.34	—	—	—	69.13		0.0009
13	$8MgCO_3 \cdot Mg(OH)_2 \cdot 3H_2O$	365.37	—	—	—	44.12		0.04

表 8-19 中仅列出了常用的作为包裹层的一些无机化合物，在生产过程中，根据产品的具体要求与类型，选用其中一种或几种，配合相应的反应性黏结剂，在特定的技术条件下，完成包裹型复合肥料的生产。

(3) 黏结剂材料的选择　包裹肥料所用的黏结剂，也是以无机化合物的水溶液为主，黏

结剂的种类及浓度，取决于所用的包裹层原料的类型及产品类型，生产过程中视不同产品进行选择。

郑州大学王好斌高工开发了反应黏结剂，对包裹型复合肥料的缓释化作出了很大贡献。

8.8.4 包裹肥料的特点

包裹肥料作为新型缓控释肥料产品，从技术上和产品特性上体现出与传统包膜缓控释肥料不同的特点，主要表现在下面几个方面。

（1）完全植物营养 采用以肥料包裹肥料的工艺，产品中的全部成分均为植物营养物质，通过改变不同肥料在颗粒上的空间结构及利用原料之间的化学反应，实现核心氮肥的缓释和控释功能，同时使产品中的部分磷、钾元素也具备缓释性。

包裹肥料产品中，没有人为加入任何对植物没有营养价值的有机聚合物，产品的所有元素构成均为植物必需的营养元素。包裹肥料的产品结构示意图如图 8-30 所示。

图 8-30　包裹肥料的产品结构示意图

1—尿素核心；2—Lux 复合物——$x\text{MgO}\ y\text{CaO}\ z\text{SiO}_2\ m\text{NH}_3\text{P}_2\text{O}_5 n\text{K}_2\text{O}$；
3—微溶性养分——NPK 和 Mg Fe Zn 二价磷酸铵钾盐；4—痕溶性养分——$x\text{MgO}\ y\text{CaO}\ z\text{SiO}_2$；
微溶性养分—水中溶解度<100mg/L 的物质定义为微溶性；
痕溶性养分—水中溶解度<10mg/L 的物质定义为痕溶性

（2）均一的释放特性 聚合物包膜缓控释肥料，以有机高分子材料作为包膜层，产品强调缓释性能，要求初期释放率低，但是，为了适应作物的需求，在向终端用户（农业用户或非农业用户如高尔夫球场）供应时，通常要掺入较多数量的普通肥料以掺混肥料的形态出现，以满足作物前期的养分需求。

包裹肥由于采用的包裹层为枸溶性无机肥料，它们通常为极性分子，与同为极性分子的水具有相亲性，这一特点决定了包裹肥产品的前期释放率较高。正是这一特性，不须与其他任何肥料掺混，即可满足作物前期的需肥要求，更适合大田作物施用。

以二价金属磷酸铵钾盐（通式 $\text{MM}'\text{PO}_4 \cdot n\text{H}_2\text{O}$，M—$\text{NH}_4$、K，M′—Ca、Mg、Fe、Zn、Mn、Cu，$n=1,6$）为主要包裹层的包裹肥料产品（Luxecote）包裹层微孔分布测定情况如下。

① 样品参数：Luxecote 平均直径（20 粒平均）2.41mm。

核心：尿素　平均直径 1.83mm。

包裹层：Lux 复合物 3 层包裹，总厚度 0.29mm。

② 测定结果：比表面积（吸附）：24.11m²/g。
　　　　　　孔容（吸附）：0.0576mL/g。
　　　　　　平均孔径（BET）：5.32nm。

③ 计算结果：按孔径分布计算，每粒表面微孔总量162亿个，其中：<3nm的孔131亿个，占81%；3~10nm的孔27.8亿个，占17%；10~100nm的孔3.2亿个，占2%；100~240nm的孔810万个，占0.05%。

包裹层外表面开孔率1.47%，包裹层孔隙率1.88%。

聚合物包膜控释肥料，以疏水性有机高分子材料作为包膜层，极性的水分子不易通过疏水性小孔，因此，聚合物包膜控释肥料表面的小孔为微米级，而以极性分子为包裹层的包裹型控释肥料表面的小孔为纳米级。

包裹肥料每粒产品中均含有不同形态的主要营养元素及中量元素养分，每粒肥料均具有相同的释放性能及养分构成。

(3) 同步实现产品的缓释化和复合化　包裹肥料在实现核心氮肥缓释功能的同时，实现产品的复合化，即缓释肥的生产过程和复合肥的生产过程合二为一，简化了生产过程，节约了生产成本。

包膜肥料是将尿素进行包膜，然后与磷肥或钾肥或普通复合肥进行掺混，得到缓释复合（混）肥料，向用户供应，或生产出一定养分配比的氮磷钾复（混）合肥料，再用聚合物进行包膜形成缓控释复合肥料。

(4) 实现无干燥生产工艺　包裹肥料生产过程中，充分利用原料间的化学反应能，实现生产过程的无干燥，节约能源，属生态型生产工艺。部分类型的产品由于原料配比及原料选型的不同，可能需要轻度的干燥，但相比普通复混肥料生产过程，干燥负荷大幅度降低。

(5) 便于肥料功能的扩展　包裹肥料的包裹层中，根据需要可加入植物生长调节剂、除草剂、杀虫剂、杀菌剂等，实现药肥一体化，降低农业生产过程中的劳动力成本。

8.8.5　包裹肥料施用技术

8.8.5.1　Ⅰ型包裹肥料施用技术

包裹肥料主要产品分为两种类型，Ⅰ型包裹肥料（CCF）产品以尿素为核心，钙镁磷肥为主要包裹层，其中的氮肥具有适度缓效性。实验证明，其氮肥利用率较普通复合（混）肥料提高约7个百分点。产品中氮磷钾总养分通常在40%以内，以36%~38%总养分的产品综合性能最好。根据作物的需肥特性，将氮、磷、钾的比例进行合理调整，生产各种作物专用包裹肥料系列产品，产品中除氮、磷、钾主要营养元素外，还含有钙、镁、硅等营养元素，这三种营养元素的总含量一般在10%以上，也含有少量的铁、锰等微量营养元素。

Ⅰ型包裹肥料中所含的磷，部分来源于钙镁磷肥，根据配方的不同，生产过程中也可以磷铵为原料调整养分配比，因此，产品中既含有枸溶性磷也含有水溶性磷，但产品检验时，水溶性磷占有效磷百分率这一指标不作控制。

Ⅰ型包裹肥料适用于大多数粮食作物及经济作物，尤其在夏播作物上增产效果更加明显，对大蒜、果树、生姜、土豆、桑树、甘蔗等经济作物也有很优良的肥效。

包裹肥料的施用方法与常规复合（混）肥料相似，可作为基肥或追肥使用，适合多种施肥机械进行机施。做基肥时，如果采用与播种同步进行，要注意肥料和种子间隔一定的距离，最好保持 5~8cm 以上，以防影响种子发芽；做追肥使用时，建议施肥时间稍作提前，最好采用侧施或穴施技术，不建议表面撒施。

在同样总养分施用量下，施用Ⅰ型包裹肥料的作物会比普通复（混）合肥料增产 5%~10%。在相同产量的情况下，也可以适当减少肥料的施用量，如Ⅰ型包裹肥料的总养分一般在 40%，如果习惯施用 45%普通复合肥 750kg/ha，采用包裹肥料施用等重量 40%总养分的产品，即可达到相同或更高的增产效果。不同地区的土壤肥力及产量不同，因此施肥量也有较大的差距，施肥量的确定可参考当地普通复（混）合肥料的施肥量，施用的纯养分量可略低于普通复（混）合肥料。

8.8.5.2 Ⅱ型包裹肥料（Luxecote）的施用技术

Ⅱ型包裹肥料以二价金属磷酸铵钾盐为主要包裹层，其核心肥料仍采用尿素，产品具有较好的缓释性能，有效供肥期一般为 3~4 个月，可满足大部分夏播作物全生长期的需要，在合理施肥量情况下，可实现一次性施肥。

Ⅱ型包裹肥料除含有氮磷钾营养元素外，还含有较高的镁元素，其有效 MgO 一般大于 5%，产品中氮磷钾总养分一般在 38%~45%。Ⅱ型包裹肥料产品的颗粒强度及均匀性优于Ⅰ型产品，尤其适用于机械化施肥。

Ⅱ型包裹肥料广泛适用于高尔夫球坪、景观园艺、大田作物、经济作物施用。由于其适中的价格及优良的性能，使其在大田作物上的应用成为可能，目前已大量应用于玉米、水稻、棉花等大田作物。

Ⅱ型包裹肥料的施肥量相对于普通复（混）合肥料，与等养分比较，在减少 20%施肥量的情况下，可达到相同或略高的作物产量，用户可根据当地的施肥水平及产量水平确定合理的施肥量。

Ⅱ型包裹肥料建议用作基肥，采用机械施肥与人工施肥的方式均可，采用种肥同播的施肥方法时，要注意肥料和种子至少应保持在 5cm 以上距离为好。

多年生作物可采用追肥的方式施用，草坪用肥以撒施为主，施肥后及时喷水，将撒落在草坪叶面上的肥料颗粒冲下。

果树及景观树的追肥建议采用环施或穴施的方案，以获得更好的肥效。

目前Ⅱ型包裹肥料的主要生产企业是济南乐喜施肥料有限公司。

8.8.6 包裹肥料施用效果

包裹肥料自 1983 年开发以来，这期间进行了大量的肥效试验，证明具有氮肥利用率高，增产效果明显，经济效益良好的特点。

8.8.6.1 Ⅰ型包裹肥料的施用效果

Ⅰ型包裹肥料的肥效试验是在包裹肥料列入国家"七五"重点科技攻关项目时，由原化工部科技局作为单独项目委托中国农业科学院土壤肥料研究所进行，由该所王少仁副研究员、夏培桢农艺师主持，在山东陵县、江西赣州、四川绵阳及山西等地布点，对不同作物进行了肥效对比试验，并采用 ^{15}N 同位素示踪技术，对氮肥的利用率进行了测定。证明Ⅰ型包裹肥料的氮肥利用率比同等养分混合肥料提高 7.74 个百分点。连续两年在不同作物上的实验证明，同等养分情况下，包裹肥料Ⅰ型产品增产幅度在 4.76%~32.9%（表 8-20）。

表 8-20　部分肥效试验的结果汇总

供试作物	施用肥料	1987年/(kg/ha)	1988年/(kg/ha)	平均/(kg/ha)	增产/(kg/ha)	增产率/%
玉米	普通复混肥料	5127	6865.5	5996.5		
	包裹肥料	5412	7159.5	6385.75	289.5	4.83
小麦	普通复混肥料	4680		4680		
	包裹肥料	4971		4971	291	6.22
谷子	普通复混肥料	3515.5	1950	2732.75		
	包裹肥料	3835.5	2145	2990.25	257.5	9.42
芝麻	普通复混肥料	635	874.5	754.75		
	包裹肥料	714	1000.5	857.25	102	13.6
大豆	普通复混肥料	1788	1305	1546.5		
	包裹肥料	2220	1890	2055	508.5	32.9
早稻	普通复混肥料	5218.3	5050.0	5134.15		
	包裹肥料	5468.1	5315.0	5391.55	257.4	5.01
晚稻	普通复混肥料	4717.5	5835.0	5276.25		
	包裹肥料	4950.0	6105.0	5527.5	251.3	4.76

8.8.6.2　Ⅱ型包裹肥料施用效果

Ⅱ型包裹肥料自 1995 年开发，产品主要供应国外市场，用于高尔夫球场草坪、市政草坪等非农业市场，美国分销商在美国不同地区进行了大量的应用试验，证明其产品的缓释性能及施肥效果达到甚至超过了当时美国同类市场中主流产品的效果，并在美国高尔夫用肥市场连续多年销售，产品同时销往澳大利亚、日本、东南亚等国家和地区多年，证明了该产品的优良肥效。

Ⅱ型包裹肥料产品在销往国外的同时，面向国内大田作物进行了不断的肥效试验和推广应用，表现出了明显的节肥及增产效果，针对不同作物的情况如下。

（1）玉米上的肥效　1997 年在河南某农场进行 100 亩夏玉米的试用，总养分施入量为常规施肥的 2/3，其中氮肥施用量仅为常施肥的 40%，按当年肥料价格，肥料费用比常规施肥高 93 元/公顷，但节约中耕追肥费用 120 元/公顷，玉米产量比常规施肥增加 9.6%（表 8-21），随后的几年中，使用面积达 4000 余亩，该农场夏玉米全部使用这种缓控释肥料。

表 8-21　每公顷夏玉米施用Ⅱ型包裹肥料的肥效对比

品类	基肥/kg	追肥/kg	总养分/kg	成本/元	产量/kg
常规施肥	尿素　150 二铵　75	尿素　375	N　　　255 P_2O_5　34.5 N　　　102	肥料　　1131 追肥工　120	5445
乐喜施缓释肥	510		P_2O_5　40 K_2O　51	1224	5970

2009年起，Ⅱ型包裹肥料在东北地区（吉林、辽宁、黑龙江）用于春玉米的施肥，推荐施肥量为当地常规施肥量的80%，表现出良好的肥效，在东北及华北地区的玉米施肥中大批量应用至今，持续表现出优良的肥效。

（2）水稻上的应用效果　1999年，中国科学院南京土壤研究所谢建昌研究员在江苏溧阳进行了水稻的肥效试验，试验结果表明，施用包裹型缓控释肥料，氮、磷、钾的肥料利用率分别比常规施肥提高12.82%、7.50%、17.06%。在肥料养分用量为常规施肥2/3的情况下，达到了相近似的产量，表明Ⅱ型包裹型缓控释肥可节约肥料用量30%。

自2006年起，郑州乐喜施磷复肥技术研究推广中心出口马来西亚的Ⅱ型包裹肥料产品用于水稻生产，减少了施肥量，并提高了产量，表8-22为马来西亚经销商提供的数据。

马来西亚农户的耕地是以块为单位计算的，每块地面积为3英亩（1英亩=4046.86m²），约合1.2ha（18亩），表8-22的数据是每块地的用肥量及产量情况。

表8-22　Ⅱ型包裹肥料在马来西亚水稻大田应用情况　　　　　单位：kg

处理	肥料与用量		N	P_2O	K_2O	产量
常规施肥	尿素 复合肥 15-15-15 复合肥 12-12-17	200 250 250	159.5	67.5	80	10300
施用乐喜施 包裹肥料	乐喜施 20-6-10 尿素 复合肥 12-12-17	200 100 100	98	24	37	10450

可以看出，总养分施入量仅为常规施肥量的57%，产量仍比常规施肥略高。

近年来，Ⅱ型包裹肥料在我国东北、华北地区已批量用于水稻，同样表现出良好的肥效。

（3）小麦上的应用效果　冬小麦是我国的主要作物之一，由于其越冬期长，且期间气温较低，所以小麦施肥具有一定的特殊性，包裹肥料用于小麦施肥，证明其具有节约肥料，提高氮肥利用率的特性。

1997年河南省农业科学院土肥所进行了不同施用方式下氮肥利用率的试验。在等养分施肥条件下，与氮肥中利用率较高的硫铵对比，表施时，包裹肥料的氮肥利用率提高10.6个百分点（硫铵为5.9%，包裹肥料为16.5%）；侧施时，氮肥利用率提高14.6%（硫铵为42.6%，包裹肥料为57.2%）。

中国农业大学张福锁教授等2003年在小麦上所做的试验表明，无机包裹肥料可大幅提高氮肥利用率，增加农民收益。2006年，河南农业大学国家小麦工程技术研究中心研究了肥料缓释对小麦氮素代谢及产量的影响，结果表明氮肥在缓控条件下的释放有利于小麦的氮素代谢和高产。

2008年，由广州仲恺农业工程学院杜建军和中国农业大学资源与环境学院进行的大区田间试验结果表明，Ⅱ型包裹肥料的氮肥利用率达61.1%，在获得相似小麦产量条件下，氮肥的施肥量仅为常规施肥的33%，节约了大量的肥料投入。

2016年由江苏省睢宁县种子管理站惠鹏所做的小麦试验也表现了相同结果，如表8-23、表8-24所示。

表 8-23　不同氮肥管理方式对冬小麦籽粒产量和经济效益的影响

处理	不施氮	传统氮素管理	优化氮素管理	包裹肥料
籽粒产量（风干重）/(kg/ha)	3920	5078	5025	4928
籽粒收入/(元/公顷)	4076	5282	5226	5125
氮肥投入/(元/公顷)	0	890	213	322
取土和施肥人力投入/(元/公顷)	0	200	600	200
纯收入/(元/公顷)	4076	4192	4414	4603
氮肥利用率/%		19.1	72.6	61.1

表 8-24　无机包裹型缓释复合肥对冬小麦的产量、投入、效益分析

项目	常规施肥区		无机包裹缓释复合肥料三个处理区					
			40kg+尿素5kg		50kg		60kg	
产量/(kg/667m²)	630.0		673.1		688.4		683.3	
施用量/(kg/667m²)	N	16	N	14.2	N	16.6	N	19.0
	P₂O₅	6	P₂O₅	4.8	P₂O₅	6.0	P₂O₅	7.2
	K₂O	6	K₂O	4.0	K₂O	5.0	K₂O	6.0
肥料成本/(元/667m²)	150		138		170		202	
纯收益/(元/667m²)	1236		1342.8		1344.5		1301.26	
增加效益/(元/667m²)			106.8		108.5		65.26	

此外，包裹肥料在棉花、土豆、生姜等多种作物上，均取得了明显的肥效，节肥增产效果明显。

8.8.7　无机包裹型缓释复合肥料的节能减排效果

无机包裹型缓释复合肥料生产过程中充分利用肥料原料之间的化学反应，使其在核心肥料表面生成水不溶性的致密包裹层，实现了缓释的功能，同时利用化学反应的反应热，实现了产品的自干燥，生产过程中不需要干燥热源，不需蒸汽，仅需动力电 35kWh/t，生产过程综合能耗极低；生产过程中无返料（或极少返料），无液态、固体废弃物产生，少量的含尘气体经净化后达标排放，所含固相物返回生产过程，对环境无污染。

2017 年实施的化工行业标准 HG/T 5047—2016《复混肥料（复合肥料）单位产品能源消耗限额及计算办法》规定了不同工艺复合肥料能耗的限定值、准入值及先进值，团粒法和塔式喷淋造粒工艺的先进值分别为 17kgce/t 和 14kgce/t，而无机包裹型缓释复合肥料的实测值仅为 4.5kgce/t，仅为普通复混肥料最低能耗的 1/3，大幅度降低了生产过程的能耗及碳排放。

无机包裹型缓释复合肥料可大幅度提高肥料利用率，田间试验表明及推广应用证实，使用这种肥料与常规肥料相比可节约用肥至少 20%，即 40kg 包裹型复合肥料的肥效相当于 50kg 普通复混肥料的肥效，也就是说，农业上每应用 1t 包裹型复合肥料，在同样产量条件下，可节约 0.25t 普通复混肥料。

以常规配方 20-10-10 的包裹肥料进行评估，节约 0.25t 复混肥料（0.05t N），仅氮肥一项，相当于节约能耗 0.073t 标煤，减少 0.22t 的 CO_2 排放，如果将我国 2015 年消费 6022

万吨肥料的10%以无机包裹型复合肥料替代,将可节约能耗110万吨标煤,减少331万吨CO_2排放,节能减排的效果明显。减少20%的化肥施用,必将大幅度减轻由于化肥流失而造成的面源污染。

8.8.8 标准与检测

包裹肥料作为一种复混(合)肥料,各项技术指标完全符合国家复混(合)肥料标准GB15063—2009的要求。

包裹肥料是中国自主开发的新型缓释肥料,其释放机理不同于传统的缓控释肥料,包裹肥料更强调满足大田作物的需肥特性,强调肥料与土壤环境的统一,因此,其缓释性能的控制指标与检测方法也不同于现有的缓控释肥料。

2010年起,国家化肥质量监督检测中心(上海)、郑州乐喜施磷复肥技术研究推广中心、济南乐喜施肥料有限公司共同承担了《无机包裹型复混肥料(复合肥料)》化工行业标准制定工作,并于2011年12月由国家工业和信息化部发布,2012年7月1日正式实施。

8.9 饲料级磷酸盐

饲料级磷酸盐是一种重要的无机矿物饲料添加剂,其主要包含钙盐、铵盐、钠盐和尿素磷酸盐四个系列共20多种产品,其中以磷酸钙盐的应用最为广泛,在该行业内磷酸二氢钙$Ca(H_2PO_4)_2$($CaO/P_2O_5=1$)简称一钙,磷酸氢钙$CaHPO_4$($2CaO/P_2O_5=2$)简称二钙,磷酸三钙$Ca_3(PO_4)_2$($3CaO/P_2O_5=3$)简称三钙。饲料级磷酸盐主要品种为磷酸氢钙(或二钙和一钙的混合物)和脱氟磷酸三钙。

8.9.1 饲料级磷酸氢钙基本知识

饲料级磷酸氢钙指符合相关标准,可应用于饲料加工中作为磷、钙补充剂的磷酸氢钙。由于其中的磷钙比与动物骨骼中磷钙比最为接近,并且能够全部溶于动物胃酸中,饲料级磷酸氢钙是目前国内外公认最好的饲料矿物添加剂之一。可加速畜禽生长发育,缩短育肥期,快速增重;能提高畜禽的配种率及成活率,同时增强畜禽抗病、耐寒能力,对畜禽的软骨症、白痢症、瘫疾症有防治作用。

(1) 中国饲料级磷酸氢钙行业发展概况 磷酸氢钙是世界上产量最大、使用最普遍的饲料用磷酸盐品种,在中国,其产量占到饲料用磷酸盐总量的90%以上。

目前,世界饲料级磷酸盐的生产能力为1100万吨,实际产量为700万吨,主要集中在欧洲和中国。中国已成为世界最大的饲料级磷酸盐生产、消费和出口大国。目前中国饲料级磷酸盐生产能力为400万吨左右,实际产量为200万吨,产能过剩严重。

由于资源分布因素,中国饲料级磷酸氢钙生产主要集中在四川省,其饲钙产业在国内有举足轻重的地位。国内饲钙厂家规模参差不齐,大多采用湿法磷酸工艺。

(2) 饲料级磷酸氢钙生产方法 磷酸氢钙为无臭无味的白色晶体粉末或微粒状产品,若温度高于 100℃ 则会脱去结晶水。通常在饲料中添加总量 1%～3% 的饲钙，则肉、蛋、奶平均增产 15%～20%，其经济效益和社会效益可观。

饲料级磷酸氢钙的生产方法有四种：稀磷酸法、浓磷酸法、过磷酸钙法和盐酸法。

稀磷酸法以萃取磷酸为原料，通过磷酸净化、一段中和、二段中和、脱水干燥得到饲料级磷酸氢钙。

浓磷酸法是指以湿法浓磷酸为原料，净化处理得到品质合格的浓磷酸，再用石灰石粉中和浓磷酸，得到饲料级磷酸氢钙，干燥得产品。

过磷酸钙法是指用水萃取普钙或重钙，得到磷酸二氢钙水溶液，之后脱除磷酸二氢钙水溶液中氟硅酸、砷和部分重金属，一段中和、二段中和、脱水干燥得到产品。

盐酸法是指用盐酸分解磷矿粉，得到稀磷酸和氯化钙的混合液，净化混合溶液，一段中和、二段中和、脱水干燥得到产品。

我国饲料级磷酸氢钙基本采用的是稀磷酸法，稀磷酸法生产饲料级磷酸氢钙工艺流程如图 8-31 所示。稀磷酸经过脱硫、预脱氟和脱砷工序，去除有害物质和重金属，净化后的磷酸经一段中和、二段中和后进行离心干燥得到饲料级磷酸氢钙产品。

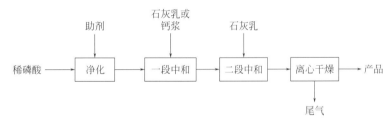

图 8-31　稀磷酸法生产饲料级磷酸氢钙工艺流程

8.9.2　饲料级磷酸三钙（TCP）技术

饲料级磷酸三钙又称脱氟磷酸钙，分子式 $Ca_3(PO_4)_2$，简称 TCP，是一种主要成分为磷酸三钙、磷酸钠钙和正磷钙的固溶体，其磷含量（P）$\geqslant 18\%$，钙含量（Ca）$\geqslant 30.5\%$，氟化物（以 F 计）$\leqslant 0.18\%$。商品饲料级磷酸三钙为褐色或淡黄色粉末，细度 80% 通过 100 目筛。

脱氟磷酸三钙具有优良的物理、化学性质，不溶于水，但可溶于 0.4% 盐酸（相当于禽畜的胃酸）或 2% 的柠檬酸（相当于植物根部的酸度），故可作为禽、畜、水产物的饲料添加剂及农作物肥料。饲料级脱氟磷酸三钙（TCP）是家畜、水产物饲料中最适宜的磷酸盐添加剂，不吸湿，不结块，不含游离酸（呈中性，pH＝7），无腐蚀性，便于包装、运输、长期储存和使用。TCP 产品具有高磷、高钙、高钠的特点，磷和钙是人和动物身体的最主要元素，钠具有促进动物体内酸碱平衡的作用，另外 TCP 产品中还含有铁、镁等对动物身体有益的微量元素。

贵州瓮安兴牧高新技术科技有限公司于 2013 年底建设了一条年产 5 万吨的饲料磷酸三钙生产线。TCP 使用"磷酸钠盐法"煅烧工艺进行生产，生产过程为：磷精矿的干燥、储存；干燥合格后的磷精矿、芒硝（纯碱）按照工艺配比计量混合；磷精矿与芒硝粉混合与工业磷酸在成球机混合成球、分解、在 1400～1550℃ 煅烧等过程后，生产出合格的半成品；半成品通过冷却机冷却后，由运输设备输送至破碎机破碎，再送至半成品库分级分筛，不同粒径进入相应的半成品仓；通过工艺配料，将不同粒径的半成品合理搭配进入球磨机球磨，磨细至规定的（或者是根据客户要求）粒径，磨细合格后的半成品输送至成品仓，包装合格的产品堆放至成品库。TCP 生产工艺流程如图 8-32 所示。

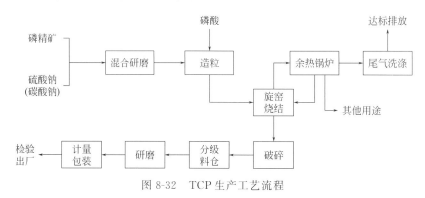

图 8-32　TCP 生产工艺流程

该公司生产的 TCP 除含磷、钙以外，还有 5% 左右的钠作为饲料矿物质的补充源，饲料行业现普遍使用氯化钠，会导致氯离子的增加而导致体液中 pH 值降低而引起多酸化（又叫酸血症）病的发生。该公司生产 TCP 补充芒硝（纯碱）的钠可杜绝上述现象。

8.10　磷肥生产"三废"处理与回收的基本状况

磷肥生产中所产生的废气、废水和废渣中含有多种有害物质。这些物质不合理排放，会对空气、水源和土壤造成污染，直接危害人类和生物健康。废气主要是含氟和粉尘的废气；废水主要是含氟和含磷的酸性废水；废渣主要是磷石膏。

8.10.1　磷肥废气

磷肥生产产生的废气来自各个设备产生的尾气，通常含有 F、NH_3 和颗粒物，一般经过除尘和洗涤吸收后达标排放。为了提高回收率，降低消耗，企业将废气净化及废气中有害组分的回收利用作为工艺改进的一个方向，将废气进行严格的处理，既能提高产量，又能减少对大气的污染。近几年废气的处理技术不断完善，净化设备逐步以高效、节能设备代替低效率吸收设备，使排入环境的污染物大大减少。

化肥工业排放的大气污染物多以颗粒态存在，是大气颗粒物的组成部分，通过除尘，在控制颗粒物排放的同时，也控制了 NO_x、NH_3、P_2O_5 的排放。据统计，2014 年磷肥工业二氧化硫排放量 1.82 万吨，氮氧化物排放量 2.7 万吨，颗粒物排放量 1.35 万吨，氟化物排放量 920t，氨排放量 250t。其中，氟化物是大气排放中的行业特征污染物。

化肥行业除尘技术主要是静电除尘、袋式除尘和电袋复合除尘等。

（1）静电除尘　目前，中国静电除尘技术已经接近国际先进水平。静电除尘器最大的优点是设备阻力低，处理烟气量大，去除率高，运行费用低，维护工作量少，使用温度范围广，除尘效率为 99.0%～99.8%，颗粒物排放水平可达 $50mg/m^3$ 以下，甚至达到 $30mg/m^3$ 以下。

（2）袋式除尘　袋式除尘器是一种高效、稳定的干式除尘器。由于袋式除尘器不受烟尘、比电阻的影响，去除细颗粒物的能力优于电除尘器。袋式除尘器的总除尘效率在99.5%以上，最高可达99.99%，颗粒物排放浓度甚至可低于$10mg/m^3$。袋式除尘器的运行费用主要是更换滤袋的费用，电能消耗主要来自设备阻力消耗、清灰系统消耗、卸灰系统消耗。

（3）电袋复合除尘　电袋复合除尘器综合了电除尘器和袋式除尘器的优点，其工作原理为：前级电场预收烟气中70%~80%以上的颗粒物量；后级袋式除尘装置拦截收集烟气中剩余颗粒物。其中，前级电场的预除尘作用和荷电作用为提高电袋复合除尘器的性能起到了重要作用。目前开发出的新型高效除尘器主要有"预荷电＋布袋"形式、"静电-布袋"并列式和"静电布袋"串联式。电袋复合除尘器的收尘效率可达到99.99%以上。

（4）湿式除尘　磷肥行业广泛采用旋风分离器、袋式过滤器和湿式除尘器。在钙镁磷肥生产时，还采用重力除尘器先除去粒径较大的粉尘，然后再进入旋风除尘器和湿式除尘器。对粉尘进行干法及湿法两级治理后排放。湿式除尘器通常选用文丘里洗涤器和旋流洗涤塔。

8.10.2　磷肥废水

磷复肥工业是水资源消耗密集型产业，磷肥生产废水属于高含氟、含磷的酸性废水。它主要来源于磷石膏池中逸出的清液、含氟废气洗涤器流出的洗涤水以及冲洗设备（主要是过滤机）和地面等所得到的大量污水。磷肥工业废水的基本特征是产生量比较大、污染物种类比较集中、污染物浓度较高，如不加以处理及控制，对水环境危害较大。

据统计，2014年磷肥工业废水排放总量为1327万吨，其中氟化物排放量为199t（以F计），总磷排放量为124t（以磷计），化学需氧量为929t，氨氮为176t。在严厉的环保政策和严格的污染物排放标准的约束下，全行业废水排放总量和主要水污染物的排放量呈逐年下降的趋势，而且下降幅度比较大。

废水处理主要是去除氟、磷、砷并调整pH值，采用石灰中和沉降方案。该废水主要污染物为磷、氟、砷等，特别是氟和砷会对环境造成严重污染。行业内企业在污水资源化综合利用方面进行了大量的研究和实践工作，开发了多种污水利用的新途径，许多企业已经做到了正常生产时的污水零排放。

国内磷肥工业废水处理方法大多采用中和沉淀法，即采用中和剂和混凝剂与废水进行中和反应，根据出水中氟、磷浓度要求的不同，又分为一级或多级处理等，经沉淀后废水达标排放或者回收利用。

8.10.3　磷肥废渣

磷肥工业废渣来源主要是湿法磷酸排出的磷石膏。磷石膏多呈灰白色，有的呈黄色和灰黄色，密度为$2.05~2.45g/cm^3$，容重$0.85g/cm^3$，是一种多组分的复杂晶体。在通常情况下，湿法生产1t磷酸100% P_2O_5计，产生4.5~5.5t磷石膏。

磷石膏的主要杂质为磷，尚有碱金属盐、硅、铁、铝、镁等杂质。碱金属主要以碳酸盐、硫酸盐、磷酸盐、氟化物等形式存在，$w(R_2O)$在0.05%~0.3%（以钠当量计）；磷石膏含1.5%~5%的SiO_2，以石英为主，还有少量Na_2SiF_6；磷石膏中的Fe_2O_3、Al_2O_3、MgO，还有一些有机质，它们由磷矿石引入。磷石膏如果处理不当，将会造成环境污染。

特别要注意防止磷石膏对水质的污染，其污染源主要是磷石膏中所含的可溶性磷和氟盐。

我国磷石膏产量与磷复肥产量呈正相关。目前磷石膏的处理主要有堆存和综合化利用两种方法。2015年我国磷石膏产生量为8000万吨，同比增长5.26%，其中堆存5350万吨；综合利用量为2650万吨，利用率为33.13%。

目前磷石膏的处理主要有堆存和综合化利用两种方法（图8-33）。

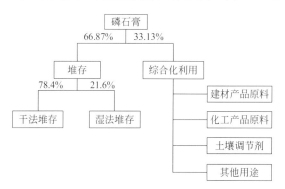

图8-33　2015年中国磷石膏利用堆存情况

（1）堆存　欧洲一些磷酸工厂多建立在水运方便的海边，经过简单处理，直接排入海中。中国磷石膏产排特征是年产生量大、产出地相对集中、远离石膏建材消费市场等。尽管近些年，我国加大对磷石膏资源化利用的步伐，但是受多种因素的影响，相当长时期内，堆存仍然是大量化处置的主要方式。

目前磷石膏堆存的方法有干法堆存和湿法堆存。干法堆存是将磷石膏从磷酸装置的排渣处，用汽车、索道或皮带等送至渣场，此种堆存方法适用于小规模的磷酸生产，具有占地少、排渣系统相对独立等优点，只要强化管理，及时压实减少雨水冲刷淋溶，就能避免环境污染；湿法堆存适合于大、中型磷酸装置，是将磷石膏用水再浆成含固量18%~25%的渣浆，再用泵经管道输送到渣场的石膏沉降池，经澄清后石膏沉积底部。该法可以实现系统循环使用，回收部分磷，降低磷酸成本，但由于磷石膏长期浸泡在池水中，有害组分浓度较大，由此带来的环境问题也比较复杂。目前中国大部分磷石膏堆存仍然采取的是干排干堆，占比为78.4%，因此对于我国大部分磷肥企业来说，加大投入，建立堆场全过程在线安全监控系统，降低磷石膏堆场安全、环境风险，成为企业当务之急。

（2）资源化综合利用　磷石膏的综合利用如图8-34所示，主要体现在以下几方面。

① 建材产品原料　磷石膏作为建材产品主要用作水泥缓凝剂、建筑石膏和砖。根据统计，2015年，我国磷石膏生产建材产品的消耗量为1330万吨，约占总消耗量的50%。

用作水泥缓凝剂：水泥生产中需要大量的石膏作为延长凝结时间的缓凝剂。目前，我国水泥行业中所用的缓凝剂大部分为天然石膏，消耗量约为20Mt/a。将磷石膏代替天然石膏做水泥缓凝剂，是磷石膏综合利用的一条重要途径。试验表明，用经过预处理的磷石膏代替天然石膏做水泥缓凝剂，不但不会降低水泥强度，而且使水泥的后期强度比天然石膏还高，且能降低生产水泥的成本。

用作建筑石膏和砖：符合《建筑材料放射性核素限量》（GB 6566—2010）的磷石膏，经净化除去其中的磷酸盐、氟化物、有机物和可溶性盐等，再经干燥、煅烧脱去物理水和一个半结晶水陈化后成为建筑石膏，用于生产纸面石膏板、纤维石膏板、石膏砌块或空心条板、粉刷石膏、石膏无机保温砂浆等，其中以纸面石膏板的市场需求量最大，应用范围最

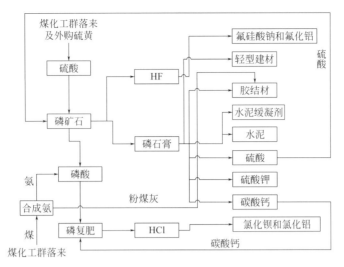

图 8-34 磷肥副产物资源化利用

广。尤其是在禁止使用黏土砖的地区和城市，利用磷石膏生产环保型的墙体材料，具有一定的市场前景。

② 化工产品原料　磷石膏作为化工产品原料主要用作生产硫酸和水泥、硫酸铵和硫酸钾。根据统计，2015 年，我国磷石膏生产化工产品原料的消耗量为 130 万吨，约占总消耗量的 4.9%。

③ 用作生产硫酸和水泥　制造硅酸盐水泥需要 CaO、SiO_2、Al_2O_3、Fe_2O_3 四种主要成分，而制造硫酸需要 SO_2 气体。磷石膏的主要成分是硫酸钙，利用高温使磷石膏分解成 CaO 和 SO_2，可以代替普通水泥厂的石灰石生产水泥熟料，同时为制酸系统提供 SO_2 气体。因此，磷石膏用作制水泥和硫酸的原料，是能大量消耗磷石膏和实现硫钙资源循环利用的最有效方法。

④ 用于生产硫酸钾和碳酸钙　国内外开发的磷石膏制硫酸钾的方法为复分解法，有一步法和两步法。一步法是将石膏与氯化钾在浓氨水中反应，析出硫酸钾，最突出的优势是原料来源广泛。但副产物氯化钙难于回收利用，污染环境，且要求低温反应，需配冷冻装置，设备与投资费用高。目前尚未有工业化的报道。二步法则是由碳酸氢铵与石膏反应生成碳酸钙和硫酸铵，然后硫酸铵与氯化钾反应制取硫酸钾。二步法的副产物为氯化铵和碳酸钙，前者可作肥料，后者可用于制水泥。二步法兼有一步法的优点，但该工艺流程长，投资高，生产成本高，生产稳定性差，产品质量不高，采用该工艺的中试或生产装置近年基本都停产了。目前国内没有年产万吨级以上的成熟可靠生产技术。

⑤ 土壤调节剂　在农业上用作硫肥、改良土壤结构、中和碱土、农用化学品的载体和农家肥的稳定剂；其原理是基于磷石膏中含有构成农作物生命物质的关键营养性元素磷、硫、钙、镁、铁、锰、锌、铜、硅等，而且含有的大量钙离子能有效地拮抗土壤中的钠离子，从而用来改良盐碱土壤。另外，由于磷石膏含有一定的游离磷酸，使土壤局部酸化还可释放存在于土壤中的微量营养元素。

⑥ 代替石灰用于矫治强酸性红壤　根据对我国大部分磷石膏的化学组成分析检测结果，磷石膏含有 CaO、SO_3、SiO_2、Fe_2O_3、MgO、P_2O_5、K_2O、MnO 等有益于农作物生长的营养元素，所含重金属放射性元素及氟含量指标低于"耕地土壤中的允许标准"，可以在农

业生产中作为硫、钙肥直接施用。磷石膏作为新开垦酸性红壤的土壤调理剂，其改良效果要优于石灰。但过量施用磷石膏会导致土壤容重增加。

⑦ 其他用途　加固软土地基：磷石膏与水泥配合加固软土地基，其加固土强度可比纯用水泥加固成倍提高，且可节省大量水泥，降低固化剂成本。特别是对单纯用水泥加固效果不好的泥炭质土，磷石膏的增强效果更加突出，从而拓宽了水泥加固技术适用的土质条件范围。因此，用工业废石膏与水泥配合加固软土地基能带来显著的技术经济和环境效益。

石膏基磁性材料：将磁化粒子如铁氧体类和稀土类，采用特殊工艺复合于石膏材料中，使磁化粒子在制品中定向排列，制成石膏基磁性材料。这些材料的应用将使建筑体具有自动传感、自控调节及其他特殊功能，从而使建筑体能较容易地实现智能化与多功能化。如新型功能性磷石膏板材具有装饰、恒湿、恒温的作用。

制建筑胶结材料：采用磷石膏-矿渣-氧化钙体系作为胶结料配方，且采用50%磷石膏、40%矿渣、10%水泥，外掺2%～3%的激发剂、早强剂和水一起用搅拌机搅拌，然后浇注振动成型。通过调节胶结料与砂的比例，可以制备出不同力学性能的胶砂制品。

磷石膏目前已经成为磷肥发展的主要瓶颈，综合利用开发已是当务之急。

8.11　中国磷肥行业发展概况及未来发展方向

新中国成立70年来，我国磷肥工业走过了一条从"引进来"到"走出去"的发展之路，即由进口产品到进口技术再到出口产品、技术的发展之路。实现了由进口大国向制造大国再到出口大国的历史跨越，成为全世界产量第一的磷肥生产大国，取得了令世界瞩目的成就。磷肥产品的数量、品质、生产技术，以及磷肥行业的设备制造、企业管理、市场营销和盈利水平，都实现了由量变到质变的跨越；磷肥品种也从单一养分、低浓度，向高浓度、复合化、多品种发展。

8.11.1　磷肥行业发展历程

与世界磷复肥工业发展相同，中国磷复肥工业走的也是浓度从低到高、品种从单一到复合、规模从小到大、贸易从进口大国到出口大国的发展道路。

8.11.1.1　由低浓度磷肥起步，浓度从低到高

(1) 从生产磷矿粉开始　新中国建立时，受资源、技术和资金等条件的制约，尚不具备大规模建设磷肥工业的条件。为了满足农业对磷肥的需要，国家决定在第一个五年计划期间（1953～1957年），磷肥工业以发展磷矿粉为主，同时增加过磷酸钙进口。

(2) 重点发展过磷酸钙　1953年，原重工业部化工局决定以锦屏磷矿精选磷矿粉为原料，着手试验研究和工厂筹建工作。1955年，在上海制酸厂建成了1万吨/年过磷酸钙中间试验厂，为设计工业化装置提供数据。1958年，结合引进苏联技术，先后在南京和太原采用立式搅拌、回转化成工艺，建成了40万吨/年和20万吨/年的粒状过磷酸钙工厂。同时，1952～1957年间，在哈尔滨、辽阳、济南、衡阳也分别建设了2万～6万吨/年的小型过磷酸钙厂。1958～1978年间，各地因陋就简地兴建了很多生产能力低于10万吨/年的过

磷酸钙厂，加快了过磷酸钙的发展。在相当长的一段时期内，过磷酸钙是中国主要的磷肥产品。

(3) 开创高炉法钙镁磷肥的生产　鉴于我国磷矿杂质含量较高，而含硫资源又不足，在 1953 年确立了磷肥加工路线要实行酸法、热法并举的方针。从 1953 年起，四川、云南、浙江、北京等地的工厂、研究和设计单位相继开展了钙镁磷肥的研制工作。1958~1959 年，北京化工实验厂和浙江兰溪化肥厂等先后采用冷风直筒型高炉生产钙镁磷肥，但炉龄短，消耗高。1963~1964 年，江西东乡磷肥厂先后将两台高炉改造，连续生产钙镁磷肥取得成功，能力分别达到 3 万吨/年和 6 万吨/年，从而开创了中国采用高炉生产钙镁磷肥的历史。1976 年，原郑州工学院提出玻璃结构因子配料方法，以 $P_2O_5 \geqslant 16\%$ 的低品位磷矿为原料，为钙镁磷肥直接利用低品位磷矿开创了一条新路。

8.11.1.2　高浓度复合肥发展

20 世纪 50 年代初，在世界高浓度磷复肥刚刚起步之际，我国已经意识到这是今后磷肥工业的发展方向，开始安排上海化工研究院在研制过磷酸钙的同时，利用中国磷矿进行湿法磷酸、热法磷酸、重过磷酸钙、磷酸铵、硝酸磷肥以及脱氟磷肥等产品的研制和中间试验工作，并在 20 世纪 60 年代先后取得了科研成果，为我国发展高浓度复合肥料奠定了基础。

(1) 积极探索热法磷酸生产高浓度磷肥的可行性　1976 年，广西磷酸盐化工厂建成了年产 1.5 万吨黄磷、2.5 万吨 P_2O_5 热法磷酸、5 万吨热法重钙和三聚磷酸钠等装置。投产后，由于热法重钙生产成本高，不能用作肥料，只能少量生产供糖厂做净化剂用。

20 世纪 80 年代，为了发挥云南省的磷电优势，决定建设 6 万吨黄磷（2 台电炉）、14 万吨 P_2O_5（2×230t/d）热法磷酸、40 万吨（1440t/d）热法重钙装置进行试点，总投资约 30 亿元，已于 1997 年建成。但是由于各方面情况发生了很大变化，电站和磷肥投资都增加了好几倍，电价也由当初 0.102 元/(kW·h) 上升到 0.126 元/(kW·h)，重钙成本超过售价，只能用泥磷制的磷酸生产少量重钙供做肥料使用。

(2) 为了解决硫资源不足开展硝酸磷肥试点　1984 年，开封化肥厂采用磷酸、硝酸混酸法建设了年产硝酸磷肥 13 万吨和 NPK 复合肥 3.5 万吨装置。

20 世纪 80 年代，济南化肥厂采用间接冷冻法建成了年产 15 万吨 NP 装置，因技术和经济方面的原因，设备处于封存停产状态。

1987 年，山西（潞城）化肥厂建成了以煤为原料的 30 万吨/年合成氨、54 万吨/年硝酸、90 万吨/年 NP 装置，当时总投资约 16 亿元，引进的挪威 NorskHydro 间接冷冻法技术，是世界上最大的 NP 生产装置。

(3) 重点发展以湿法磷酸为基础的高浓度磷复肥

① 重钙

1982 年，依靠国内开发的技术和设备，在云南磷肥厂内建成了 110t/d P_2O_5 磷酸和年产 10 万吨重钙装置。

1997 年，引进技术在湖北荆襄磷化工公司建成了 670t/d P_2O_5 磷酸、56 万吨/年（1880t/d）化成造粒法重钙装置，总投资约 28 亿元。

② 磷酸铵

1966 年，南京化学工业公司采用国内开发的技术和设备，建成了 50t/d P_2O_5 磷酸和 3 万吨/年 DAP 生产装置，从而揭开了中国磷铵生产的历史。

同时为加快国内磷复肥技术的发展，自 1983~1994 年，中国有 11 个工厂引进磷酸/磷铵装置，其中除鹿寨化肥厂外，其他已全部建成生产。南京、大连、中阿3个厂是以进口磷酸为原料，进行生产 DAP/NPK 的试点。为缩短国内磷肥技术发展历程起到了很重要的作用。

1988年，四川银山磷肥厂与成都科技大学（现四川大学）合作，针对金河磷矿杂质含量高的特点，采用氨中和稀磷酸，双效浓缩料浆工艺，建成了3万吨/年工业生产装置。1991年，四川大学又开发了喷浆造粒机内返料工艺，节省了投资和成本。料浆法磷酸铵是结合我国磷矿资源的特点、自主开发的磷酸铵生产工艺，在当时增加国内供应、满足国内磷肥需求方面发挥了重要的作用。

③ NPK复合肥料

1993年，山东红日化工股份有限公司研发的氯化钾低温转化法生产硫酸钾三元复合肥获得成功，简化了流程，节省了投资，降低了成本，取得了很好的经济效益和社会效益，开启了高端肥"平民化"的时代。

8.11.1.3 规模从小到大

1980年，全国共有磷肥企业739家，工业总产值为16.45亿元；2000年，全国磷复肥生产企业1020家，其中磷肥企业554家，复合肥企业466家，工业总产值为314.09亿元；2015年，全国共有规模以上磷复肥生产企业1429家，其中磷肥生产企业215家，复混肥生产企业1214家。经过多年发展，我国磷肥工业产能位列全球第一，大中型高浓度磷复肥的工艺技术和装备水平基本达到世界先进水平。目前除普钙和钙镁磷肥装置为中小型规模外，绝大多数的磷酸二铵、磷酸一铵和氮磷钾复合肥装置已经大中型化，特别是磷酸二铵及配套的生产装置系列生产规模已经达到国际先进水平。目前，磷酸二铵装置单系列最大规模达到60万吨/年，磷酸一铵装置单系列最大规模达到40万吨/年，二水法工艺的磷酸装置单系列最大规模为30万~40万吨/年，硫黄制酸装置单系列最大规模为80万吨/年。

在生产规模大型化的同时，高浓度磷复肥的生产技术装备水平也大大提高。大型硫酸装置的硫铁矿焙烧炉、硫黄焚烧、废热锅炉、净化及转化设备，大型磷酸装置的萃取、过滤、浓缩设备，大型磷铵装置的造粒和干燥转鼓、提升、冷却及除尘设备等均能够在国内设计、制造、安装，并且运行情况良好。

国内自主开发的硫基氮磷钾生产技术和装备，利用中低品位磷矿生产高浓度的三元复合肥为国际首创。

据统计，1980年我国磷肥产量为230.66万吨P_2O_5，2000年产量则跃升至663万吨P_2O_5；2005年磷肥产量为1125万吨P_2O_5，产量居世界第一；2006年磷肥产量为1210万吨P_2O_5；2007年，我国磷肥产量达到1351万吨，首次实现磷肥净出口（表8-25）；2015年，我国磷肥总产能为2370万吨P_2O_5，协会统计口径产量为1795万吨P_2O_5，占世界磷肥产量38.4%。

20世纪90年代以前，我国磷肥特别是高浓度磷复肥因不能满足国内农业需求，每年需进口一定量的磷酸二铵和NPK复合肥产品。2006年以前，我国一直是磷肥净进口国。国家花大量外汇购买美国、苏联等地的DAP、NPK等肥料。1991年我国磷肥对外依存度高达39%；1998年磷肥净进口量最高达294万吨P_2O_5，占当年磷肥表观消费量的31%，其中DAP进口量高达550万吨，占当年世界DAP贸易量的35%，占我国当年DAP需求量的85%；2002年磷肥净进口量也达到220万吨P_2O_5，之后随着国产磷肥产量的增加，进口量逐年减少。2006年，我国净进口磷肥2.6万吨P_2O_5，基本实现自给。2007年之后，中国磷肥在实现自给有余的基础上，还能部分出口，且出口形势整体呈现出增加的态势。2015年我国进口磷复肥28.2万吨P_2O_5，继续呈现同比下降态势；出口磷复肥578万吨P_2O_5，其中磷酸一铵和磷酸二铵出口量创历史新高（磷酸二铵出口量801.9万吨实物，磷酸一铵出口量274.2万吨实物）占磷肥总产量的32.2%，占全球贸易量的39.3%。

磷肥实现自给有余，意味着我国农民真正放心地用上了价格稳定、物美价廉的国产肥。同时，出口产品覆盖南亚、东南亚市场，既有效缓解了企业连续生产、季节销售的矛盾，又提升了我国磷肥企业的竞争力。

2005年以来，我国磷肥消费量一直稳定在1100万～1200万吨P_2O_5，2015年磷肥表观消费量为1245万吨P_2O_5（表8-25），我国磷肥消费量的变化，除了受种植结构、高产需求和品质改善的影响外，同时也受到土壤磷素水平、磷素价格的限制，这些因素的共同作用导致近年来磷肥用量水平保持平稳。

表8-25 我国磷肥产量、进口量、出口量、表观消费量情况 单位：万吨P_2O_5

类型	1991	1998	2005	2007	2015
产量	456	663	1125	1351	1795
进口量	288	294	120	46	—
出口量	—	—	78	255	578
表观消费量	744	957	1167	1142	1245

8.11.1.4 品种从单一到复合

自20世纪70年代开始从俄罗斯等欧洲国家进口复合肥，经过较长时间才逐渐被广大农民所接受。80年代初期，我国磷肥品种几乎全部为低浓度的普钙和钙镁磷肥，经过"七五"和"八五"计划的产品结构调整，高浓度的磷复肥品种发展很快，特别是20世纪90年代初，国内开始自行生产复合肥。1993年，山东红日化工股份有限公司研发的氯化钾低温转化法生产硫酸钾三元复合肥获得成功，简化了流程，节省了投资，降低了成本，生产和使用量迅速增加。1980年国内复合化率仅为2.1%，经过30年的发展，截至2014年年底复合化率已提升至35.3%，复合肥行业取得了巨大的进步。最近十年，国内磷酸二铵、磷酸一铵和NPK复合肥、缓控释肥和水溶肥料等新型肥料高浓度产品发展相当迅速。

磷肥产品中重钙产量的增长主要源自出口增长的动力；硝酸磷肥产品一直没有新建及扩建项目，产量一直保持稳定；磷铵和三元复合肥产品产量的增长主要来自国内外市场对于该产品的强劲的需求拉动；普钙和钙镁磷肥是低浓度磷肥产品，处于逐渐萎缩态势，在中国部分地区农民购买化肥能力相对比较弱，低浓度磷肥仍有一定的市场需求。中国磷肥高浓度、低浓度产量如图8-35所示，中国磷肥各品种产量如表8-26所示。

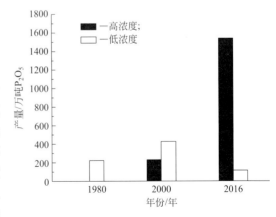

图8-35 中国磷肥高浓度、低浓度产量

表 8-26　中国磷肥各品种产量　　　　　　　　单位：万吨 P_2O_5

品类	1980 年	2000 年	2016 年
磷肥总产量	230.66	663	1662.3
高浓度磷肥	4.57	235	1544.3
其中：DAP			722
MAP		207	665.8
磷酸基 NPK	4.57		105
TSP		19	48.4
NP		9	3.1
低浓度磷肥	226.09	428	118
其中：过磷酸钙	164.57	364	103
钙镁磷肥	61.52	64	15

8.11.2　产业集中度与产能分布

中国磷肥工业发展初期到中期的生产布局是极为分散的。为满足农业用肥需要，几乎全国各县都建设有磷肥厂，主要是普钙生产装置，个别地区为钙镁磷肥装置，生产规模以小型装置为主，产业集中度非常低，生产力布局分散。随着世界性的磷肥产品结构调整（由低浓度的普钙、钙镁产品转向高浓度的磷铵、重钙产品）、生产规模的大型化以及配套资源（主要是磷矿资源和硫资源）条件的制约，中国磷肥工业的产业布局也在悄然变化。

为降低生产成本，建设大型高浓度磷复肥生产装置需要原料配套、相对条件较好且相对集中供应。中国磷矿资源分布比较集中，主要集中在云南、贵州、湖北、四川。中国硫资源（主要是硫铁矿和有色金属伴生硫资源）主要分布在广东、安徽、江西、内蒙古、甘肃等省区。受上述磷硫资源分布的影响，"七五""八五"期间建设的大中型高浓度磷复肥装置基本分布在云南、贵州、湖北、安徽等省区，布局趋向集中。

近些年国内硫资源的供应情况发生了很大的变化，受国际硫黄资源供大于求且价格低廉的影响，国内许多已有磷复肥生产企业和全部的新建企业硫酸的生产纷纷由硫铁矿或硫精砂为原料转向以进口硫黄为原料，进口硫黄量逐年大幅度提高，使硫黄原料在中国硫酸生产中，原来基本为零变为主要的原料。这种趋势的变化，也在影响着中国磷肥产业生产布局。受上述种种因素的影响，中国磷复肥行业的产业布局发生了很大变化。国内磷复肥生产的分布特点是：生产布局相对集中，高浓度磷复肥生产的产业集中度高，大型基础肥料（主要为磷铵产品）的生产装置向磷资源集中的云、贵、鄂省份集中，而三元复合肥和二次加工肥料则向市场地转移，原有的低浓度普钙和钙镁磷肥生产布局没有多大变化。

2000 年，磷肥产量前四名的省份有云南、湖北、山东、四川，其产量之和为 315.89 万吨 P_2O_5，占总产量的 47.61%；而到了 2016 年我国磷肥产量向资源地集中的趋势更加明显，云、贵、川、鄂四省磷肥产量继续提升，其产量之和达到 1301.2 万吨 P_2O_5，占总产量的 78.3%（表 8-27）。

表 8-27　我国磷肥产量前四名省份　　　　　单位：万吨 P_2O_5

2000 年		2016 年	
省市	产量	省市	产量
云南	92.74	湖北	574.8
湖北	88.77	云南	383.0
山东	71.51	贵州	225.9
四川	62.87	四川	117.5

8.11.3　磷肥行业主要产品发展概况

我国磷矿的特点是资源量大，基础储量占世界第二位，仅次于摩洛哥，约占世界磷资源基础储量的 5%，分布较为集中，南方占绝大部分，北方分布很少。中低品位磷矿多，富矿少，平均品位只有 18%，杂质含量高，大部分是难选的中低品位胶磷矿。西方发达国家生产磷铵采用传统的"磷酸浓缩法工艺"，除去大部分水分后，再与氨中和反应，反应料浆直接造粒干燥后，得到产品。该工艺要求以高品位优质磷矿为原料，否则浓缩加热器内结垢严重，生产难以为继。同时磷酸浓缩腐蚀严重，对设备和材质要求较高。

为促进我国高浓度磷复肥发展，国家在 20 世纪 90 年代中后期耗巨资引进成套国外生产技术，多达 40 多套，几乎涵盖了世界上所有的磷肥生产工艺技术。以高浓度磷酸工艺而言，先后引进包括法国 R-P 单槽和双槽工艺技术、比利时 Prayon 多格方槽工艺技术、美国 Jacobs 单槽多桨工艺技术、美国 Badger 等温反应器工艺技术等多套二水法工艺，在当时的一段历史时期内引进国外技术和一些关键设备对我国磷复肥的发展是很有必要的，但大量的重复性引进也产生大量的浪费。

我国中低品位磷矿用于高浓度磷酸生产，由于杂质含量高，磷酸的质量分数（以 P_2O_5 计）很难达到 48%~50%，磷酸加热器管内壁结垢严重且不易清除，造粒机内结疤严重，制约了行业发展。

同时在当时，高浓度的 NPK 三元复合肥生产也基本处于空白状态，为数不多的三元复合肥也是传统意义上的物理造粒，因原材料问题，成本居高不下。

20 世纪 90 年代中后期两项技术的应用发明，对我国高浓度磷复肥的快速发展产生了重要影响。即四川大学的料浆法磷铵生产工艺和山东红日化工股份有限公司发明的低温转化法生产硫基 NPK 生产技术。

四川大学和原银山磷肥厂等单位针对传统磷酸浓缩工艺不适应我国具体国情的难题，在 20 世纪 70~80 年代初进行了大量的基础研究和中试规模的开发研究。其技术核心是，先以氨中和稀磷酸，制得的中和料浆再进行浓缩蒸发，从而避开了磷酸浓缩遇到的困难，由此形成了一系列更具优势和特点的料浆法制磷铵新工艺。

山东红日化工股份有限公司在 20 世纪 90 年代发明的氯化钾低温转化法生产硫基 NPK 复合肥，是用氯化钾和硫酸反应后加入磷酸，然后用氨中和，直接在造粒机内喷浆造粒生产复合肥，工艺简单，成本低。

（1）**磷酸**　磷酸生产分为热法磷酸、湿法磷酸、窑法磷酸三种。热法磷酸由磷元素氧化制取，酸质量好，主要用来制造磷酸盐或食品级磷酸盐。窑法磷酸是用中低品位磷矿、煤做还原剂，高温将磷矿中的磷还原为单质磷，再氧化为五氧化二磷制得磷酸。目前该技术还不成熟。

湿法磷酸有多种工艺，有半水法、二水法、半水-二水法、二水-半水法等，二水工艺由于磷矿的适应性强，工艺简单，操作简便而被广泛使用。我国湿法磷酸始于1953年，首先是二水工艺，1963年完成中间试验，1967年并在南京磷肥厂建成同心圆型单槽多桨、空气冷却1.5万吨磷酸试验工厂。1982年在云南磷肥厂建成年产3.5万吨磷的生产装置。

二水法发展迅速，也得益于1987年化工部全国45亿化肥专项基金，全国布局83套，使得二水法磷酸生产技术、设备制造取得了飞速发展。

（2）磷酸一铵　近二十年，我国磷酸一铵发展迅速，主要用作复混肥生产原料。2000年磷酸一铵产量仅为173万吨；2015年，中国磷酸一铵产能为1800万吨，产量为1481.8万吨。相对于磷酸二铵行业来说，我国磷酸一铵行业集中度不高，67家企业的总产能为1800万吨，平均产能只有26.5万吨。产能超过80万吨以上的企业有7家，其产能之和占总能力的42.3%。40家企业的装置能力小于20万吨，平均能力只有9.5万吨，见表8-28。

表8-28　2015年磷酸一铵企业规模（按能力计算，实物）

规模	企业数/个	能力/万吨	占比/%
能力≥80万吨	7	762	42.3
80万吨＞能力≥40万吨	8	380	21.1
40万吨＞能力≥20万吨	12	280	15.6
能力＜20万吨	40	378	21.0

2015年磷酸一铵前十名企业产量总计875.5万吨，同比上升25.9%；占总产量比例为59.1%，比上年提升5.8个百分点。由于国内外磷酸一铵市场需求良好，湖北新洋丰、湖北祥云、云南云天化、安徽司尔特等企业的磷酸一铵产量均有所增长（需要说明的是，若按相同的统计口径，湖北新洋丰2014年的磷酸一铵产量应为124.6万吨，则前十名企业的总产量为751.9万吨，占全国总产量的57.7%）。2015年湖北新洋丰产量超过云天化，位居榜单首位。

2016年磷酸一铵前十名企业产量总计875.6万吨，同比持平；占总产量比例为60.7%，比上年提升1.6个百分点。虽然出口减少，但由于国内复合肥市场需求尚可，大型企业磷酸一铵产量同比变化不大。2016年湖北祥云产量超过云天化和新洋丰，位居榜单首位，见表8-29。

表8-29　2014~2016年磷酸一铵企业实物产量前十名企业　　　　　　　　　　单位：万吨

序号	企业名称	2016年	企业名称	2015年	企业名称	2014年
1	湖北祥云	165.15	湖北新洋丰	168.7	云天化集团	134.4
2	湖北新洋丰	153.09	湖北祥云	152.9	湖北祥云	104.8
3	云天化	140.57	云天化	142.6	湖北新洋丰	68.0
4	安徽司尔特	94.63	安徽司尔特	95.6	安徽司尔特	63.5
5	湖北鄂中	58.69	贵州开磷	57.7	中化涪陵	62.7
6	铜化集团	56.53	湖北鄂中	57.5	贵州开磷	59.3
7	中化涪陵	55.41	中化涪陵	56.8	瓮福集团	56.5
8	贵州开磷	54.70	湖北泽东	52.5	湖北鄂中	51.0

续表

序号	企业名称	2016年	企业名称	2015年	企业名称	2014年
9	湖北泽东	50.61	贵州路发	47.1	湖北泽东	49.1
10	湖北三宁	46.23	湖北三宁	44.1	四川龙蟒	46.0
小计		875.61		875.5		695.3
总计		1443.5		1481.8		1303.3

(3) 磷酸二铵 自2000年"以产顶进"的政策之后，我国磷酸二铵行业得到快速发展。根据中国磷复肥工业协会统计，2000年磷酸二铵实物产量仅为151万吨，2015年，中国磷酸二铵产能为1960万吨，全球占比为31.90%；产量为1746.8万吨，全球占比为49.60%，呈现逐年增长的态势。由于磷肥生产的资源属性，我国磷酸二铵行业集中度较高，24家集团企业平均产能为77.3万吨，其中7家企业产能超过90万吨，其产能总和占总产能的76.1%。14家企业的装置能力在60万吨或以下，平均产能只有20.6万吨，见表8-30。

表8-30 2015年磷酸二铵企业规模（按能力计算，实物）

规模	企业数/个	能力/万吨	占比/%
产能≥90万吨	7	1492	76.1
90万吨>产能≥60万吨	3	180	9.2
产能<60万吨	14	288	14.7

2015年磷酸二铵前十名企业产量总计1536.6万吨，同比2014年上升14.9%，占总产量88.0%，比上年提升1.9个百分点。云天化以421.5万吨的产量继续蝉联榜首，开磷、瓮福、宜化等企业的产量均比去年同期上涨，六家企业的产量均超过百万吨。

2016年磷酸二铵前十名企业产量总计1402.3万吨，同比2015年下降8.7%，占总产量89.0%，比上年提升1个百分点。其中，云天化产量下降，但仍以328.6万吨产量蝉联榜首，开磷集团产量同比小幅上涨，瓮福集团、宜化集团等企业的产量均同比下降，见表8-31。

表8-31 2014～2016年磷酸二铵企业实物产量前十名企业   单位：万吨

序号	企业名称	2016年	企业名称	2015年	企业名称	2014年
1	云天化	328.6	云天化	421.5	云天化	387.5
2	贵州开磷	266.8	贵州开磷	265.4	贵州开磷	231.7
3	贵州瓮福	202.7	贵州瓮福	224.2	瓮福集团	183.5
4	湖北宜化	201.9	湖北宜化	203.9	湖北宜化	134.6
5	云南祥丰	117.6	云南祥丰	114.8	铜化集团	107.0
6	铜化集团	113.8	铜化集团	109.0	云南祥丰	93.0
7	湖北大峪口	85.8	湖北大峪口	87.5	湖北大峪口	82.4
8	广东湛化	34.1	广东湛化	48.4	广东湛化	48.1
9	湖北三宁	25.7	湖北三宁	31.8	湖北三宁	35.4
10	中化涪陵	25.3	湖北黄麦岭	30.1	双赢集团	34.0
小计		1402.3		1536.6		1337.2
总计		1576.6		1746.8		1553.5

8.12 磷肥工业发展

(1) 产量变化 2011~2015 年,我国磷复肥产量变化如表 8-32 所示。

表 8-32 我国磷复肥主要产品产量变化 单位:万吨 P_2O_5

年份	过磷酸钙	钙镁磷肥	磷酸二铵	磷酸一铵	复合肥①	重钙	硝酸磷肥	合计
2011	208	20.7	578	591	150	88	6	1641.7
2012	211	20	663.4	596.1	148.8	48.3	5.6	1693.2
2013	151.2	21.5	711	570.1	147	44.6	7.3	1652.7
2014	135.6	21.4	710	604	167	66	4	1708
2015	119.0	14.0	800.1	683.5	126.6	47.6	4.3	1795.1

① 复合肥仅为磷酸基复合肥,不包括以单质肥料为原料的复混肥和掺混肥。

据表 8-32 可知,2015 年中国磷肥折纯产量为 1795.1 万吨,与 2011 年的 1641.7 万吨相比,增长了 9.3%。"十二五"期间磷肥产品结构继续向高浓度化发展,磷酸二铵、磷酸一铵、复合肥等高浓度产品产量不断提升,而过磷酸钙、钙镁磷肥产量持续下降,重钙和硝酸磷肥也有所下降。

全球和我国磷肥产量见表 8-33。2014 年,我国磷肥产量占全球磷肥总产量的 38.0%(IFA,2015)。

表 8-33 全球和我国磷肥产量 单位:万吨 P_2O_5

年份	全球磷肥产量		中国磷肥产量			
	FAO①	IFA②	FAO	IFA	国家统计局	中国磷复肥工业协会
2011	4716.3	4426.0	1766.3	1763.1	1561.2	1641.7
2012	4744.3	4357.1	1955.9	1638.7	1564.4	1693.2
2013	4564.2	4341.5		1654.5	1685.9	1652.7
2014		4499.3		1657.6	1669.9	1708.0

① FAO 联合国粮农组织。
② IFA 国际肥料协会。

2011~2014 年间,全球磷肥产量每年以将近 24.4 万吨的速度增长,其中,中国磷肥年增长约为 22.1 万吨,对全球磷肥增长的贡献率高达 91%。中国磷肥产量增长的原因主要有:产业技术水平提升,生产装置大型化水平明显提高,产品需求多样化,产品结构呈现多元化发展态势,产品出口明显增长,国内外两个市场拉动。

(2) 产能变化 "十二五"期间中国磷肥总产能累计增长近 300 万吨 P_2O_5(表 8-34)。新增产能多以高浓度磷复肥为主,低浓度磷复肥产能处于下降的趋势。其中磷酸二铵产能增长了 156 万吨 P_2O_5,磷酸一铵产能增长了 94.4 万吨 P_2O_5,磷酸基复合肥产能增长了 52.5 万吨 P_2O_5。与"十一五"期间相比,产能增加近 300 万吨 P_2O_5(中国磷复肥工业协会数据)。全球同期磷肥产能增长 518 万吨 P_2O_5(表 8-35),其中磷酸二铵增长 271.5 万吨,磷酸一铵增长 146.1 万吨，中国磷肥总产能增长占全球总量的 54％，磷酸二铵占 57％，磷酸一铵占 64.5％。

表 8-34　我国磷肥不同产品产能年际变化　　　　　　　　　　单位：万吨 P_2O_5

磷肥产品名称	2011	2012	2013	2014	2015
磷肥(折纯 P_2O_5)	2091	2200	2350	2350	2370
磷酸二铵	1670	1900	1950	1950	2010
磷酸一铵	1615	1730	1750	1750	1800
重过磷酸钙	200	200	200	200	200
硝酸磷肥	100	100	110	110	110
磷酸基复合肥	1100	1100	1200	1200	1450
过磷酸钙	1680	1750	1550	1550	1500
钙镁磷肥	163	132.8	200	200	200

数据来源：中国磷复肥工业协会。

表 8-35　全球磷肥不同产品产能年际变化　　　　　　　　　　单位：万吨 P_2O_5

磷肥产品名称	2011	2012	2013	2014	2015
PA(磷酸)	5112.5	5239.9	5405.2	5510.8	5630.8
DAP(磷酸二铵)	2641.3	2682.6	2825.4	2812.8	2912.8
MAP(磷酸一铵)	983.3	1022.2	1103.9	1114.6	1129.4
TSP(重过磷酸钙)	370.5	394.0	395.5	403.4	407.9
SSP(过磷酸钙)	1156.9	1177.0	1197.6	1219.2	1232.3

数据来源：国际肥料工业协会（IFA，2015）。

IFA 估计 2015～2020 年，全球主要加工磷酸盐产能将增加 730 万吨，达到 5200 万吨 P_2O_5，DAP 产能达到 3480 万吨 P_2O_5，MAP 产能将达到 1290 万吨 P_2O_5，TSP 产能将达到 430 万吨 P_2O_5。2016 年全球 DAP 和 MAP 产能将分别接近于 6300 万吨和 2200 万吨（产品），TSP 产能保持在 960 万吨。

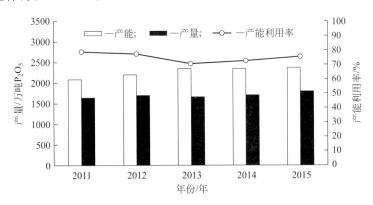

图 8-36　我国磷肥产能利用率变化

"十二五"期间我国磷肥产能利用率一直保持在 75％左右（图 8-36），与国际大型企业相比仍有一定的差距（美盛公司平均开工率在 80％～85％），面临产能过剩。中国磷复肥工业协会预计2015～2020年，磷肥产能将进入平台期，磷肥新建装置增速大幅放缓，化解产能过剩，淘汰落后装置成为行业的主要任务。市场竞争力不足的低浓度磷肥，以及同质化严重的基础肥料，将成为主要的被淘汰对象。

（3）进出口　我国磷肥属于产能严重过剩产品，基本不需要进口（表8-36）。由于国际间平衡贸易的原因，每年还从非洲部分国家进口少量二铵。另外，进口复合肥也会间接进口部分磷肥。

表8-36　我国磷肥进口量变化　　　　　　　　　　　　　　　　　　　　　　　单位：万吨

年份	磷酸一铵	磷酸二铵	复合肥	重钙	过磷酸钙	硝酸磷肥	NP二元复合肥	合计(P_2O_5)
2011	0	9.3	101.8	7.0	0	0	4.5	21.7
2012	0	16	131.9	10	0	0	2.2	31.99
2013	0	22.1	134.8	4.2	0	0	2.8	32.79
2014	0	22.9	110.8	3.2	0	0	3.5	29.26
2015	0	7.3	146.2	0.4	0	0	3.3	26.12

数据来源：中国化工信息中心。

中国磷肥出口量总体呈上升态势，尤其是磷酸一铵、磷酸二铵、过磷酸钙（表8-37）。从2014年至今，中国磷肥出口量一直居世界第一，2015年中国磷酸二铵出口量占全球总出口量的33%。磷肥出口已经成为调节国内产业供需的重要途径，其中，磷酸二铵46%用于出口，磷酸一铵20%用于出口，重钙90%以上用于出口。出口量增加的主要原因是关税下调和国际市场的需求提振，以及国内产品品质的提升。"十二五"期间磷肥出口大幅增加的原因是从2015年1月1日起，我国取消了化肥淡旺季执行不同出口关税的制度，改为全年统一关税，关税大大下降。另外，规模化生产和技术进步也提高了产品竞争力。印度是中国磷肥的最大出口国，2015年中国二铵出口到印度的数量占总出口量的48%，另外，泰国、孟加拉国也是中国磷肥的主要出口市场。巴西、印度尼西亚共和国、斯里兰卡、澳大利亚和古巴是中国重钙前五大出口国，占总出口量的88%，其中最大出口国为巴西，2015年占总出口量的36%。

表8-37　我国磷肥出口量变化　　　　　　　　　　　　　　　　　　　　　　　单位：万吨

年份	磷酸一铵	磷酸二铵	复合肥	重钙	过磷酸钙	硝酸磷肥	NP二元复合肥	合计(P_2O_5)
2011	86.5	401.8	2.4	173.3	69.2	0.1	395.8	327.5
2012	59.5	393.4	4.3	85.3	25	0.1	85.6	265.9
2013	70.9	382	0.9	77.6	60.4	0.7	55.8	260.9
2014	232.5	488.2	9.4	87.9	74.9	3.5	77.2	393.3
2015	272.4	801.9	6.7	87.6	101.1	0	85.6	559.5

数据来源：中国化工信息中心。

预计2015～2020年磷肥进口仍保持在目前水平。出口量也将平稳甚至略有下降。原因：2014～2015年因关税降低促进了磷肥的出口。然而，全球来说，世界经济复苏乏力、大宗工业品需求疲软、磷肥贸易市场存在很大变数，特别是未来几年，北非、西亚等地新建磷肥产能将集中释放，全球磷肥生产贸易格局将发生巨大变化，我国磷肥国际竞争能力将被削弱。

8.13 2016年磷复肥行业运行特点

(1) 行业运行艰难　2016年是磷复肥行业最为困难的一年。产能过剩凸显、需求明显不足；经济环境欠佳，生产、出口、市场均严重受挫。磷肥企业效益每况愈下，大部分企业处于微利或亏本运行。各项优惠政策相继取消，安全环保日趋严格，导致成本大幅上升。

(2) 化肥施用总量趋于平衡　根据农业部数据，2015年我国化肥施用量为6022.5万吨，较2014年增加27万吨，增幅为0.45%；2016年全国化肥用量接近零增长，有10个省份实现负增长。化肥利用率也在稳步提高，2015年主要粮食作物肥料利用率为35.2%，比2013年提高2.2个百分点。但是我国农作物亩均化肥用量为21.9kg，仍高于世界先进水平，是美国的2.6倍，欧盟的2.5倍。

(3) 高浓度磷肥占比趋于平稳　2016年磷肥产量同比下降7.4%，其中高浓度磷肥产量同比下降7.1%，占磷肥总产量的93.0%，比2015年提升0.4个百分点；低浓度磷肥产量同比下降11.4%，仅占磷肥总分产量的7.0%；高浓度磷肥产量趋于平稳。

(4) 行业盈利能力较差　氮肥行业已连续三年亏损，2016年亏损加剧，而磷肥行业同样不容乐观。国际农产品价格下跌和供求失衡导致2016年磷肥生产和出口双双下降，整个磷肥行业的利润仅有6.4亿元，已处于亏损边缘。国内需求增长放缓，出口市场价格下滑，导致国内竞争加剧；化肥价格单边下滑，大部分主要化肥产品价格创5年新低，尿素等化肥价格创10年新低，企业生产装置开工偏低，生产企业盈利能力受到较大冲击。造成行业性亏损的原因是多方面的，需求下降只是一个表观原因，产品结构单一、技术含量低、附加值低才是背后的原因。

(5) 国际市场竞争日趋激烈　2016年世界经济增长继续疲软，特别是下半年发达经济体增长乏力，新兴和发展中经济体虽增长走强，但总体上弱于以往的水平。摩洛哥OCP公司的颗粒磷肥产能将在2019年达到1500万吨，其下一步产能扩张将在2020年启动，从Boucraa新中心开始，产能增加约为50万吨P_2O_5和100万吨颗粒磷肥（包括磷酸一铵、磷酸二铵和三元复合肥）。从2020~2027年，OCP计划平均每年增加100万吨颗粒磷肥产能，终年能达到2300万~2500万吨。如果我国磷肥市场一直秉承"调结构、去产能"的大政方针，时至2027年，摩洛哥磷肥产能将达到甚至赶超中国，其在国际市场上的优势将会更加突出。沙特Ma'aden磷肥公司二期于2017年投产，产能增产300万吨；目前实际投产120万吨，至2019年才可完全释放；三期预计在2025年以后投产。

(6) 环保倒逼行业升级　近两年我国非常重视节能减排和环境保护及农业可持续发展，相继颁布了"大气十条""水十条""土十条"、《关于推进化肥行业转型升级发展的指导意见》《长江经济带发展规划纲要》等相关政策，这些举措对化肥行业绿色发展和转型升级提出了要求，要求化肥行业要在资源环境的约束下，保障农产品有效供给和质量安全。2016年国家先后对不同省份开展环保督查，环保执法力度加大，许多企业被迫停产或削减负荷。为了满足日益严格的环保要求，不少企业新建环保装置，改造生产工艺，减少污染，实现达标排放。

8.14 磷肥行业未来发展方向

整体来看，未来中国磷复肥行业经济正在向形态更高级、分工更复杂、结构更合理的阶段演化，发展方式正从规模速度粗放型向质量效率集约型转变，产业结构正从增量扩能向调整存量、做优增量深度调整，经济发展动力正从传统增长点转向新的增长点。

(1) 总能控制，优化存量　根据磷复肥行业"十三五"规划，到2020年磷复肥产能控制在2200万吨P_2O_5/年左右，高浓度磷复肥品种年均产能利用率达到80%。

推行先进质量管理技术和方法，建立企业品牌管理体系，努力提升行业运行质量，以科技创新和安全环保为抓手，通过产业链和服务链的延伸以及提高行业准入等各种手段，提升行业盈利能力和抵御市场风险的能力，增强产业的竞争实力，实现磷复肥行业由做大变为做强的转变。

(2) 结构调整：资源、能源利用效率稳步提高，行业发展质量和效益明显增强。

① 原料结构　多渠道增加国内硫资源的供应，提高保障程度，对外依存度下降10个百分点。鼓励各种途径回收硫资源，"十三五"末，硫黄回收量达到1000万吨，硫黄对外依存度降低到50%以下；煤电厂回收二氧化硫制硫酸产量为超过600万吨，折合硫资源200万吨；硫铁矿折硫继续增长；开发磷石膏制酸生产新工艺、新技术、新设备，降低成本，进一步拓宽我国硫资源的来源。

继续下大力研发适应于不同矿种及不同选别元素的选矿工艺和新型药剂，加大中低品位磷矿的利用，磷矿浮选的入选品位下降2%~4%，提高磷资源的利用效率。

② 产品结构调整　我国肥料未来研究的重点是如何提高肥料效率和利用率，基础肥料和复混肥料可通过添加增效剂、中微量元素等形式，或与有机肥、土壤改良剂等配合，指导农民按照农业实际需要使用。"十三五"期间，稳定基础肥料的发展规模，着力提高新型肥料产品的产能、产量和质量水平，新型肥料的市场占有率提高10个百分点；肥料利用率提高3~5个百分点。

发展低成本、高收率的湿法磷酸精制工艺路线，全行业工业用湿法磷酸提高到200万吨/年，优化和延伸磷复肥企业的磷化工产品结构。

③ 产业布局调整　磷肥是资源性产业，资源配置是否合理和优化，是决定磷肥企业竞争力的基本条件。随着行业整体技术水平的提高和产业结构的不断调整，基础性肥料向资源产地转移，各种作物专用肥料向用肥市场转移的思路早在2000年就已确立。"十三五"期间，继续实施基础肥料生产以资源产地为主，终端肥料靠近市场的产业布局调整思路。

④ 组织结构调整　鼓励磷复肥企业进行纵向和横向的兼并重组，形成更多的大型、综合性、跨地区、跨行业的企业集团；鼓励有条件的大型企业以产品、技术等为纽带走出国门，与行业中影响力强的国际大公司实行强强联合、实现优势互补。

加快信息化与工业化深度融合，"互联网+"与企业现代化管理和农化服务的深度结合，增强企业现代化管理的转型升级能力，建立智能型生产、管理、服务系统和应急响应中心，打造智能化制造和服务的新模式。

(3) 产业转型升级　突破一批制约行业发展的关键共性技术并实现产业化，加大对行业以及综合利用共性关键性技术研发的支持力度，提高和突破半水法、半水-二水法、二水-半水法湿法磷酸生产工艺及应用范围，提升全行业磷得率和节能降耗整体水平；实现氟化工产品由初级向高端化产品的转型升级，全行业氟的回收率提高 10 个百分点；同时降低磷石膏中水溶磷和氟的含量，以减少堆存风险，推进磷石膏的利用。

以提高肥料利用率为目标，大力发展新型肥料。加快新型肥料生产技术研发，开发质量稳定、绿色环保、肥效高、成本低廉的新型肥料品种和施用技术。

加大对磷石膏综合利用的扶植政策和税收优惠政策，开发和推广磷石膏无害化预处理技术及生产新型石膏建材产品技术，推广化学法分解磷石膏等大利用量的技术和装备，不断提高磷石膏综合利用水平，磷石膏年综合利用率达到 40%。

（4）绿色可持续发展　全行业实现安全生产，环保水平进一步提升。

通过实施清洁生产方案，把污染消除在生产过程中，实现污染物全部达标排放。磷复肥生产过程中的"三废"排放全部达标。

2017 年，工信部将重新修改"磷铵企业准入条件"，抬高门槛，优胜劣汰，作为调整磷肥产业结构的重要手段，促进磷复肥产业健康可持续发展。

8.15　中国磷复肥工业协会

中国磷复肥工业协会（China Phosphate & Compound Fertilizer Industry Association，CPFIA）成立于 1990 年，是经民政部批准成立的全国性磷复肥行业社团，是由磷肥、复混（合）肥料、掺混肥料、各种作物专用肥、配方肥、缓控释肥、水溶性肥、叶面肥等新型、功能性肥料等肥料的生产经营企业、科研、设计、大专院校、设备制造和区域性行业协会等单位和个人自愿结成的全国性磷肥工业行业组织，是具有全国性社会团体法人资格的国家 4A 级协会。截止到 2017 年 11 月 22 日，现有会员单位 299 家。

协会的宗旨是竭诚为行业服务，为会员服务，为政府服务，维护会员的合法权益，反映行业的愿望和要求，传达贯彻政府的意图，在政府部门和行业之间起桥梁和纽带作用。

协会的主要工作是协助政府做好行业管理基础工作；组织调研行业发展中的重大问题，向政府建言献策；总结推广企业生产及科学管理的经验，促进行业生产经营管理水平的提高；组织新技术、新设备、新产品、新材料的开发研制和推广应用、技术转让、技术咨询和技术服务，推动行业的技术进步和科技创新；开展行业统计，建立信息网络平台，向会员提供国内外技术、经济和市场信息服务；积极发展与国外有关团体和组织的联系，开展经济、技术等方面的交流和咨询、项目洽谈活动，促进中外技术经济合作等。

长期以来，协会充分发挥业务优势、协调优势以及行业自律功能，秉承协会宗旨，在加强政策调研和行业管理力度，协调行业自律行为，积极反映行业诉求、企业困难以及促进行业健康发展等方面，做了大量卓有成效的工作，取得了显著成绩，得到了社会各方面的支持和认同。

原化学工业部化肥司磷肥处是国家行政机构，为了逐步将政府职能转变为团体职能。1990 年 10 月由部化肥司磷肥处组建中国磷肥工业协会，历届协会理事长（或常务副理事长）均由磷肥处处长兼任直至化工部建制撤销，磷肥处的政府职能完全移交协会。第一任协会理事长余敏，第二任理事长林乐，第三任理事长武彦希，第四任理事长周竹叶，常务副理事长修学峰，并于 2015 年更名为中国磷复肥工业协会。

1985 年由余敏理事长推荐由原郑州工学院（现郑州大学）化工系主任许秀成组建中国磷肥工业协会会刊——《磷肥与复肥》，已发行了 30 多年，成为国内外磷复肥行业有一定影响的科技类期刊，自 2007 年起每两年在全国不同大型磷肥企业召开全国磷复肥/磷化工技术创新论坛。中国磷肥产业取得的重大成果都得到了历届磷复肥工业协会的支持。

钙镁磷肥采用玻璃结构因子的配料方法是由第一届协会理事长余敏、副理事长武彦希在全国范围进行推广。湖北大峪口含 18% P_2O_5 的低品位磷矿低于当时规定的 24% P_2O_5 使用低限，但采用玻璃结构因子的配料方法，利用湖北大峪口含 14% P_2O_5 的低品位磷矿，可生产含 12% P_2O_5 的合格品钙镁磷肥，并使大峪口磷矿年经济效益超过 5000 万元，该配料方法于 1983 年获国家技术发明奖。

使用 MgO 含量较高的中品位磷矿（$P_2O_5>26%$），采用料浆法生产磷酸铵类肥料是由第二届协会理事长林乐在全国范围进行推广并为此获得国家科技进步一等奖。

用脲硫酸分解中品位磷矿（$P_2O_5>24%$），不排出磷石膏直接生产中浓度多营养功能性复合肥料及支持钙镁磷肥的发展，得到了修学峰常务副理事长及中国石油和化学工业联合会的支持，并在鲁西化工、云天化等上市企业推广使用并获得中国石油和化工联合会科技进步二等奖。

本研究报告介绍的中国磷肥工业的成就仅仅是一部分，还有许多创新发明分布在全国众多的高校、研究机构及企业开发部门。这里期望这些尚未收集的成果能与我们取得联系，在今后对外交流时进行补充并发挥中外桥梁作用，使我国磷肥工业的发明创造能为世界同行所认识并在"一带一路"国家得到推广应用。

本研究报告认为：我国高等院校的发明创造必须与行业协会社团密切结合，才能使科技成果迅速转化为生产力。

8.16 《磷肥与复肥》杂志

《磷肥与复肥》创刊于 1985 年，是由郑州大学与中国磷复肥工业协会联合主办的化工技术期刊，大 16 开，双月刊，国内外公开发行（CN 41-1173/TQ，ISSN 1007-6220）。现任《磷肥与复肥》杂志主编为郑州大学化工学院汤建伟教授。

《磷肥与复肥》为中国磷肥工业协会会刊，鉴于协会另出刊《磷复肥与硫酸信息》《硫酸磷复肥技术经济信息》报道有关行业信息及经济运行状况，因此，《磷肥与复肥》杂志定位于专业技术期刊。技术性专业期刊的内涵随时代不同而有变化，早期报道磷肥不同品种的文章居多，继而增加了与磷肥相关的硫酸、黄磷、磷酸盐栏目。随着复合肥料的发展，复混肥文章增多，也就需要更多的农化服务知识作为施肥指导。今后应逐步转移到多发表有关循环经济，施肥对环境、生态的影响，以及环境友好、根际友好、根际调控等新型肥料的文章。

参考文献

[1] Sikora F J, Dillard E F, Copeland J P, et al. Chemical characterization and bioavailability of phosphorus in water-insoluble fractions of three mono-ammonium phosphate[J]. J Assoc Off Anal Chem, 1989, 72(5): 852-856.
[2] 罗洪波, 钟本和. 磷铵及其不溶物的组成研究[J]. 成都科技大学学报, 1994, (6): 1-7.
[3] 张宝林, 汤建伟, 侯翠红, 等. 改善过磷酸钙物性 缩短熟化期的研究[J]. 化肥工业, 1999, 26(03): 19-23.
[4] 张保林, 汤建伟, 侯翠红, 等. 短熟化时间、不结块过磷酸钙肥料及其制造法[P]. ZL98115708. 4.
[5] 陈五平. 无机化工工艺学[M]. 3 版. 北京: 化学工业出版社, 2001.
[6] 《化肥工业大全》编辑委员会. 化肥工业大全[M]. 北京: 化学工业出版社, 1998.
[7] 上海化工研究院. 磷肥工业: 修订本[M]. 北京: 化学工业出版社, 1979: 195-202.
[8] 许秀成, 侯翠红, 王好斌, 等. 低化学稳定性复杂组分含磷铝硅酸盐玻璃体结构: 含磷铝硅酸盐玻璃体结构模型与肥料开发[J]. 中国科学: 化学, 2010, (7): 922-926.
[9] 武秀兰, 陈国平, 嵇鹰. 硅酸盐生产配方设计与工艺控制[M]. 北京: 化学工业出版社, 2004: 44-57, 111-133.
[10] 许秀成. 钙镁磷肥玻璃体结构理论及其应用[J]. 郑州工学院学报, 1982, (2): 1-10.
[11] 张孝根. 采用玻璃结构因子指导钙镁磷肥料合理利用低品位磷矿[J]. 磷肥与复肥, 1996, 11(1): 28-33.
[12] Dean J A. Lange's Handbook of Chemistry. 15th ed. New York: McGraw-Hill Book Co, 1999.
[13] 安藤淳平. 各種熔融りん肥・スウゲの礦物組成, ガㄙ構造と溶解性[N]. 日本工業化學雜志, 1960, 63(1): 83-92.
[14] 栗原·淳, 越野正义. 肥料制造学[M]. 邱标麟, 译. 台南市: 复文书局, 1988: 156.
[15] 江善襄. 化肥工学丛书. 磷酸/磷肥和复混肥料[M]. 北京: 化学工业出版社, 1999: 987-1039.
[16] 许秀成. 熔融磷钾肥: 中低品位磷矿与难溶性钾矿的高效利用[C]. 全国磷肥、硫酸行业第十七届年会论文集, 2009: 16-19.
[17] 侯翠红, 张宝林, 王光龙. 清洁型脲硫酸复肥新工艺研究[J]. 河南化工, 2007, 24(4): 25-27.
[18] 侯翠红, 张宝林, 王光龙, 等. 尿素硫酸复肥生产新工艺研究[J]. 化工矿物与加工, 2002, 31(9): 14-16.
[19] 侯翠红. 清洁型脲硫酸复肥研究[D]. 郑州: 郑州大学, 2004.
[20] 张保林, 王光龙, 侯翠红, 等. 清洁型脲硫酸复混肥的制造方法: 中国, 200510106021. 2[P]. 2005-09-22.
[21] 王光龙, 侯翠红, 张宝林. 脲硫酸复肥新技术的研究进展[J]. 化肥工业, 2002, 29(6): 3-5.
[22] 侯翠红, 王光龙, 张宝林, 等. 脲硫酸复肥新工艺减少氟逸出的研究[J]. 化工环保, 2003, 23(5): 249-252.
[23] 侯翠红, 张宝林, 王光龙, 等. 脲硫酸分解磷矿过程氟逸出规律的研究[J]. 环境污染与防治, 2004, 26(1): 42-59.
[24] Hou C H, Wang G L, Zhang B L. Bubble point pressure of the solutions of $H_2SiF_6+H_2O$ and $H_2SiF_6+CO(NH_2)_2+H_2O$ from 323K to 353K[J]. Journal of chemical and engineering data, 2006, 51(3): 864-866.
[25] 侯翠红, 许秀成, 王好斌, 等. 一种脲硫酸多营养功能性复肥的生产方法: 中国, 201310096516. 6[P]. 2013-03-22.
[26] 侯翠红, 王光龙, 张宝林, 等. 脲硫酸分解磷矿宏观动力学研究[J]. 化学工程, 2007, 35(1): 28-32.
[27] 赵秉强, 等. 新型肥料[M]. 北京: 科学出版社, 2013.
[28] 陈森森, 韩效钊, 马友华, 等. 缓释/控释包膜肥料的研究现状与发展[J]. 安徽化工, 2008, 34(4): 18-21.
[29] 杨相东, 曹一平, 江荣风, 等. 几种包膜控释肥氮素释放特性的评价[J]. 植物营养与肥料学报, 2005, 11(4): 501-507.
[30] 张保林. 新型缓释性复合肥料: 包裹型复合肥[J]. 化肥工业, 1995, 22(6): 329-336.
[31] 缓释肥料. GB/T 23348-2009[S]. 北京: 2009-09-01.
[32] 罗斌, 束维正. 我国缓控释肥料的研究现状与展望[J]. 化肥设计, 2010, 48(6): 58-60.
[33] 夏培桢, 王少仁, 许秀成, 等. 包裹复合肥料及其肥效研究[J]. 土壤通报, 1989, (2): 74-76.
[34] 王少仁, 夏培桢. 包裹复肥的肥效及其氮磷的利用[J]. 土壤, 1992, (2): 80-87.
[35] 侯翠红, 王好斌, 李苘萍. 乐喜施可控制释放肥料不同施用方法对氮利用率的研究[J]. 磷肥与复肥, 1997, (5): 69-70.
[36] 汤建伟, 许秀成, 王好斌, 等. 含除草剂复混肥的除草效果试验[J]. 磷肥与复肥, 2001, 16(3): 68-70.
[37] 李苘萍, 王好斌, 胡建民, 等. 夏玉米施用乐喜施可控释放复合肥料的大田实验[J]. 磷肥与复肥, 1998, (2): 66-67.
[38] 赵荣芳, 孟庆锋, 陈新平, 等. 包裹型缓/控释肥对冬小麦产量、土壤无机氮和氮肥利用效率的影响[J]. 磷肥与复肥, 2009, 24(5): 77-80.

[39] 王海红,宋家永,贾宏昉,等.肥料缓施对小麦氮素代谢及产量的影响[J].中国农学通报,2006,22(7):335-336.
[40] 王好斌,侯翠红,王艳语,等.无机包裹型缓释复合肥料及其产业化应用[J].武汉工程大学学报,2017,(6):557-564.
[41] 复混肥料(复合肥料)单位产品能源消耗限额及计算方法:HG/T 5047-2016[S].北京:化学工业出版社,2016.

第 9 章

磷肥农业使用过程

9.1 磷在肥料领域的作用与特点

磷是植物必需的 17 种营养元素之一。"必需"（essential）的意思是：植物缺乏该元素，正常生长发育受阻，不能完成其生长史，只有补充该元素才能阻止症状的发展。因此，磷对植物生长具有不可替代性。可以说："没有磷，就没有生命（No phosphorus，No life）"。

磷存在于植物的一切活细胞内，参与多种关键的植物功能，包括能量转化、光合作用、养分在植株体内的运输及植物的代间遗传。例如：磷酸盐是脱氧核糖核酸（DNA）、核糖核酸（RNA）组成中的桥键物，使核糖核苷单元构成大分子；植物细胞内需要能量供应的过程都是以腺苷三磷酸（ATP）的形式供应的；磷脂与蛋白质分子镶嵌形成多种膜结构，保证细胞的区域化，使不同酶系统所催化的代谢途径能在不同区域内进行，不致相互干扰，却又相互联系、相互协调等。

9.1.1 磷的作用

磷不但是植物体中许多重要化合物的成分，而且以多种方式参与植物的新陈代谢过程。

（1）磷是植物体中多种重要化合物的成分。磷是核酸核蛋白的成分，而这些是细胞核和各种细胞器的成分，因此，缺磷会抑制新细胞的形成，使根系发育不良，植株生长停滞，出现生产中常遇到的"僵苗"现象。磷也是磷脂、植素和 ATP 的成分，磷脂是细胞生物膜的成分，植素是种子中磷的一种特殊储存形态并对淀粉的合成有促进作用，ATP 是一种高能物质，为许多生化过程提供能量。此外，许多酶亦含有磷。

（2）磷与作物主要代谢过程有密切的联系。首先磷有促进碳水化合物的合成和运输的作用；其次磷对蛋白质的合成与分解都起着重要的作用，严重缺磷时，蛋白质只有分解没有合成；磷还有促进脂肪合成的作用。所以施用磷肥对提高蛋白质、糖和油脂含量有良好的效果。

（3）磷能提高作物对外界环境适应能力。首先它能增强作物的抗旱和抗寒能力，因为磷能增强细胞抗脱水和忍受较高温的能力，促进根系的生长发育，并调节作物体内许多重要的代谢过程；其次，磷能增强作物对抗外界酸碱变化对作物影响的能力，即缓冲能力。此外，磷对提高作物抗病和抗倒伏能力也有一定的作用，如马铃薯晚疫病施磷肥后可减轻。

9.1.2 作物缺磷表现出的症状

由于磷是许多重要化合物的组分,并广泛参与各种重要的代谢活动,因此缺磷的症状相当复杂。缺磷对植物光合作用、呼吸作用及生物合成过程都有影响,对代谢的影响必然会反映在生长上。从另一个角度来看,供磷不足时,核糖核酸合成降低,并波及蛋白质的合成。缺磷使细胞分裂迟缓,新细胞难以形成,同时也影响细胞伸长,这明显影响植物的营养生长。所以从外形上看,生长缓慢,植株矮小、苍老、茎细直立、分枝或分蘖减少、叶小。在缺磷初期叶片常呈暗绿色,这是由于缺磷的细胞其伸长受影响的程度超过叶绿素所受的影响,因而,缺磷植物的单位叶面积中叶绿素含量反而较高,但其光合作用的效率却很低,表现为结实状况很差。

缺磷的果树,花芽出生速率低,开花和发育慢而弱,叶片常呈褐色,易过早落果,果实质量差。植物缺磷的症状常常首先出现在老叶上,因为磷的再利用程度高,在植物缺磷时老叶中的磷可运往新生叶片中再被利用。缺磷的植株因为体内碳水化合物代谢受阻,有糖分积累,从而易形成花青素(糖苷)。许多1年生植物(如玉米)的茎常出现典型的紫红色症状。豆科作物缺磷时,由于光合产物的运输受到影响,其根部得不到足够的光合产物,而导致根瘤菌的固氮能力降低,植株生长也受到一定的影响。缺磷植物的果实和种子少而小,成熟延迟,产量和品质降低,但轻度缺磷外表形态表现不明显。

在缺磷环境中,植物自身有一定的调节能力,如植物根系形态发生变化,表现为根和根毛的长度增加、根的半径减小,而每单位重量根的长度增加,这样可使植物在缺磷的土壤中吸收到较多的磷。不同作物缺磷症状表现有所差异,如图9-1所示。

图9-1 植物缺磷的不同表现

此外，在缺磷的情况下，某些植物还能分泌有机酸，使根际土壤酸化，从而提高土壤磷的有效性，使植物能吸收到更多的磷。不同基因型植物的自身调节能力不同，因而对磷的利用效率也有差异，根的形态是一个重要因素。缺磷时，光合产物运到根系的比例增加，引起根的相对生长速度加快，根冠比增加，从而提高根对磷的吸收和利用。但施磷素过多可能会导致作物缺少锌、铁、镁等元素，并影响作物的产量和品质。

自 1980 年以来，我国农业生产的快速发展，磷肥的大量投入，农田土壤磷素含量得到了提高。但在高产的要求下，磷仍是仅次于氮的主要养分限制因子。特别是西北地区土壤磷素的有效性低对作物产量限制更加严重；而中国南方热带、亚热带地区磷素多被土壤铁铝离子所固定，有效性低，也是作物生产的主要养分限制因子之一。因此无论南北方，施用磷肥都有增产效应，如在北方地区，施入每千克 P_2O_5 可增产甘薯 27.5kg，冬小麦 12.1kg，夏玉米 10.1kg；南方每公顷施 75kg P_2O_5（每亩 5kg），每千克 P_2O_5 增产稻谷 18.9kg。施用必需数量的磷肥是保证作物高产，提高作物品质的必要条件。

土壤供磷状况是磷肥合理使用的依据之一。土壤全磷含量以 P_2O_5 计在 0.08%～0.1%以下，施用磷肥均有增产效果，超过此界限，磷肥效果不稳定。土壤有效磷含量更能反映土壤磷素供应状况。中国农业大学资源与环境学院陈新平教授以土壤中有效磷含量达40mg/kg（以磷计）作为预测我国磷肥需求量的目标值，并认为至 2035 年我国土壤达 40mg/kg 后，每年只需施 1100 万吨 P_2O_5，则可达到平衡施肥的目标（图 9-2）。

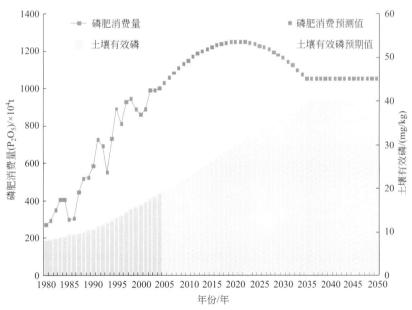

图 9-2 我国磷肥需求预测
陈新平，中国农业大学资源与环境学院，2009 年

中国科学院南京土壤研究所鲁如坤研究员认为，在南方高产田块中，当土壤有效磷含量在轻质水稻土中高于 20mg/kg，质地较黏的水稻土中高于 40mg/kg，会形成水体磷富营养化的风险。因此，过多施用磷肥既不是作物所必需，又会造成资源浪费与环境污染。

我国农业磷肥用量经过快速增长后已经进入平稳阶段。1990 年我国农业磷肥用量达到 577 万吨 P_2O_5，成为世界第一大磷肥消费国；2004 年我国磷肥消费量突破 1000 万吨 P_2O_5；

2005~2008 年，农业磷肥消费量稳定在 1100 万~1200 万吨 P_2O_5；2009~2013 年攀升至 1400 万吨 P_2O_5；2015 年又回归至 1200 万吨 P_2O_5。我国农业磷肥消费量已进入下降期。

9.2 磷肥消费量基本状况

我国的磷肥消费主要来自农业领域，表观消费量与农业用量是一致的。从表 9-1 可以看出，近 20 年来我国磷肥农业用量增速呈倒 U 形变化，"十五"期间比"九五"增长 134 万吨 P_2O_5，"十一五"比"十五"增长 225 万吨 P_2O_5，增速提高。但"十二五"比"十一五"增长 125 万吨 P_2O_5，增速降低。磷肥表观消费量从"九五"期间 881 万吨 P_2O_5 增加至"十二五"期间 1365 万吨 P_2O_5。我国磷肥生产量、进口量、出口量和农业消费量均日趋稳定，年际间变异度逐渐减小。

表 9-1 近 20 年我国磷肥消费总量变化 单位：万吨 P_2O_5

时期	生产量	进口量	出口量	表观消费量	工业用量	农业用量
1996~2000 年	636±38	264±32	19±6	881±51	0±0	881±51
2001~2005 年	911±153	165±48	62±8	1015±28	0±0	1015±28
2006~2010 年	1363±139	47±40	170±13	1240±50	0±0	1240±50
2011~2015 年	1698±60	28±39	361±16	1365±60	0±0	1365±60

注：数据为各个时期的平均值±标准差。
数据来源：生产量和工业用量数据由中国磷肥工业协会提供，进口量和出口量数据由中国化工信息中心提供；农业用量＝表观消费量－工业用量，此处农业用量包含种植业和林牧渔业化肥用量。

种植结构对化肥用量的影响可以通过粮食作物与主要经济作物（如蔬菜和水果）化肥用量比例变化得出。从表 9-2 可以看出，过去 20 多年来，三大主要粮食作物氮肥用量比例下降非常明显，从"九五"期间 51.4%（水稻 24.1%，小麦 13.7% 和玉米 13.6%）下降到"十二五"期间的 39.5%（水稻 12.8%，小麦 11.2% 和玉米 15.5%），下降了 12 个百分点；而蔬菜和水果氮肥用量的比例稍有增加，从 13.4% 和 10.3% 增长至 15.7% 和 11.3%；粮食作物对磷肥用量的比例在 33%~41.5% 波动，而蔬菜和水果对磷肥用量比例在逐步增长，从 25.8% 增长至 45.4%；粮食作物对钾肥用量的比例稍有增长，从 36.8% 增长至 44.6%，而蔬菜和水果对钾肥用量的比例增长则比较明显，从 52.7% 增长至 66.1%，上升了 13.4 个百分点。

表 9-2 近 20 年来中国各领域化肥消费去向 单位：%

项目	1996~2000 年（"九五"）			2001~2005 年			2006~2010 年			2011~2015 年（"十二五"）		
	N	P_2O_5	K_2O	N	P_2O_5	K_2O	N	P_2O_5	K_2O	N	P_2O_5	K_2O
表观消费量	100	100	100	100	100	100	100	100	100	100	100	100
工业用量	2.6	0	5.7	6.0	0	7.9	12.8	0	10.0	17.9	0	10.9
农业用量	97.4	100.0	94.3	94.0	100.0	92.1	87.2	100.0	90.0	82.1	100.0	89.1
种植业	82.6	80.4	103.8	76.3	84.7	91.0	73.6	87.7	117.6	77.3	104.6	123.1

续表

项目	1996~2000年("九五")			2001~2005年			2006~2010年			2011~2015年("十二五")		
	N	P_2O_5	K_2O	N	P_2O_5	K_2O	N	P_2O_5	K_2O	N	P_2O_5	K_2O
水稻	24.1	17.2	18.4	18.8	14.3	14.3	14.6	12.6	20.1	12.8	13.1	19.2
小麦	13.7	17.4	14.7	10.0	12.4	7.3	11.3	15.1	11.2	11.2	14.9	11.6
玉米	13.6	5.4	3.7	12.4	6.3	3.6	12.8	8.6	6.8	15.5	13.5	13.8
蔬菜	13.4	12.8	28.0	14.9	17.5	29.0	14.7	17.7	34.6	15.7	23.5	38.5
水果	10.3	13.0	24.7	10.0	14.9	24.0	9.7	16.4	29.5	11.3	21.9	27.6
豆类	0.9	1.7	1.5	0.9	2.4	1.5	1.0	2.1	2.0	0.7	1.7	1.3
薯类	0	0	0	2.9	3.8	3.1	2.9	3.1	3.2	3.2	3.9	2.9
甘蔗	1.3	2.0	2.8	1.1	2.0	2.0	1.2	2.0	2.6	1.5	2.4	2.2
甜菜	0.2	0.5	0.5	0.1	0.2	0.2	0.1	0.1	0.1	0.1	0.1	0.1
花生	0.7	1.8	0.9	0.8	2.2	1.0	0.7	1.9	1.2	0.9	2.1	1.0
油菜	1.6	2.7	0.9	1.7	2.7	0.7	1.3	2.0	0.6	1.6	2.1	0.8
棉花	2.1	3.5	1.3	2.3	4.2	1.3	3.0	4.6	1.7	2.4	4.0	1.2
烟叶	0.6	2.5	6.4	0.4	1.7	2.9	0.4	1.5	3.6	0.4	1.5	2.9
林牧渔业	14.7	19.6	0	17.7	15.3	1.1	13.5	12.3	0	4.7	0	0
不确定性	0	0	−9.6	0	0	0	0	0	−27.6	0	−4.6	−34.0

注:表观消费量=生产量+进口量−出口量;工业用量为国际或中国肥料工业协会统计数据;农业用量=表观消费量−工业用量;种植业用量为中国主要作物化肥用量(包括:稻谷、小麦、玉米、豆类、薯类、甘蔗、甜菜、花生、油菜、棉花、烟叶、水果、蔬菜);化肥总用量=单位面积用量×播种面积×施肥面积比例;单位面积用量数据来源于发改委成本收益资料汇编;播种面积数据来源于国家统计局;施肥面积比例根据中国农业大学农户调研数据推算;不确定性=农业用量−种植业−林牧渔业。

表 9-3 中外主要作物施肥量对比   单位:kg/ha

作物		中国(2009)					其他国家			
		样本量	产量	N	P_2O_5	K_2O	产量	N	P_2O_5	K_2O	代表国家
水稻	寒地水稻	1559	8371	155	61	61					
	稻麦(油)	4999	7304	197	58	87					
	稻稻系统	2359	6732	223	59	103					
	平均	9956	7209	195	59	78	5331	105	37	57	日本(2011)
小麦	冬小麦	3362	6600	232	96	56					
	稻麦	701	6081	200	72	67					
	旱地小麦	2039	4737	193	84	20					
	平均	6370	5747	215	88	49	8300	124	24	17	欧盟(2011)
玉米	春玉米	1641	9520	188	81	59					
	轮作夏玉米	3463	7783	205	60	40					
	山地玉米	976	5059	237	58	19					
	覆膜玉米	1810	7245	239	51	19					
	平均	9956	7655	209	65	42	9300	140	61	72	美国(2008)

续表

作物		中国(2009)					其他国家				
		样本量	产量	N	P_2O_5	K_2O	产量	N	P_2O_5	K_2O	代表国家
杂粮		258	2624	189	73	47					
豆类		323	4437	61	59	29	3121	6.21	64	62	巴西(2011)
薯类		625	26367	150	80	54					
花生		59	4283	172	82	79		55	54	103	美国(2011)
烟叶		117	2677	228	145	289					
油菜		740	2402	131	61	46					
棉花		288	4308	210	108	105		82	29	65	美国(2011)
茶园		70	3071	535	96	68					
果园	平均	6863	39000	555	228	284					
蔬菜	设施	316	30300	688	215	213					

注：数据来自张卫峰和张福锁等，2013。

从表9-3可知中国主要作物施磷量均偏高。每公顷作物水稻比美国多施22kg，小麦比欧盟多施64kg，玉米比美国多施4kg，花生比美国多施28kg，棉花比美国多施79kg。2015年中国作物播种面积水稻3021.6万公顷，小麦2414.1万公顷，玉米3811.9万公顷，花生461.6万公顷，棉花379.7万公顷。这五种作物比日本、欧盟、美国多施磷肥279.2万吨P_2O_5。

20世纪90年代初，中国磷肥投入量超过作物地上部带走量，随后，磷素盈余不断增加，至2010年每公顷盈余达到31.2kg，作物当年地上部收获带走量24kg/ha，相当于过量130%。由于盈余的磷素大部分累积在土壤中而不会损失到环境中，因此至2010年全国有6420万吨磷素累积在土壤中（图9-3），由此直接导致土壤磷素含量从20世纪80年代的8.4mg/kg提高到了现在的23.7mg/kg（Li et al., 2011）。2035年后中国土壤磷素含量将达40mg/kg，磷肥也将结束矫正施肥期进入平衡施肥期，每年只需施1100万吨P_2O_5。

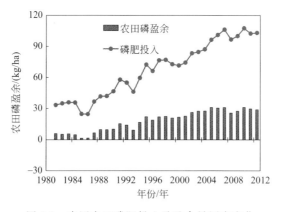

图9-3 中国农田磷肥投入及盈余量历史变化

中国肥料偏生产率（PFP）、增产效率（AE）、回收效率（RE）都较低的根本原因之一是与过量施肥有关。关于施肥量的标准，经过多年研究发现保持化肥投入与作物带走量一致是同时满足作物生产、土壤肥力保持、环境成本最低的临界值（张福锁等，2006；Ju et al.，2012）。以此为依据，发现过量施肥从 20 世纪 70 年代就在太湖地区存在，随后关中灌区、华北平原也逐步出现过量施肥。

近 20 年（1996～2015 年）来，中国稻谷磷肥施用量从 152 万吨 P_2O_5 增加至 179 万吨 P_2O_5；小麦磷肥施用量从 154 万吨 P_2O_5 增加至 203 万吨 P_2O_5；玉米磷肥施用量从 48 万吨 P_2O_5 增加至 184 万吨 P_2O_5；三大粮食作物磷肥施用量增加了 212 万吨 P_2O_5，其中玉米增加了 136 万吨 P_2O_5。20 年来，中国水果磷肥施用量从 114 万吨 P_2O_5 增加至 299 万吨 P_2O_5；中国蔬菜磷肥施用量从 113 万吨 P_2O_5 增加至 352 万吨 P_2O_5；蔬菜、水果磷肥施用量增加了 424 万吨 P_2O_5，是三大粮食作物增加量的一倍。中国磷肥施用量的增加，蔬菜、水果、玉米贡献最大，高达 560 万吨 P_2O_5。

9.3 中国磷资源消耗和环境影响

现代磷肥生产是以酸（硫酸或者硝酸）分解磷矿石的酸法工艺为主，其中硫酸可通过硫黄或者硫铁矿焙烧获得，今后主要通过石油天然气、有色金属冶炼、热电厂等含硫物质燃烧后的废气脱硫获得。中国既缺乏天然硫黄矿，也没有大规模回收硫，因此进口硫大幅增长。据中国硫酸工业协会统计，2016 年我国进口硫黄总量在 1196 万吨，占世界硫黄贸易量的 34.6%。据国家统计局统计数据显示，2016 年累计生产硫铁矿（折含量 S 35%）1466 万吨，我国硫黄表观消费量 1746 万吨，81% 的硫黄用于制硫酸，19% 用于其他行业；而 75% 的硫黄制酸直接用于磷肥制造，消耗约 1050 万吨硫黄，占硫黄总消费量的 60%。相对于硫，磷矿石则是生产磷肥的重要原料，而且并没有可替代性。磷肥在生产中存在多种环境影响。首先是耕地破坏，如磷矿开采土地破坏、选矿中的尾矿堆存、磷肥生产中磷石膏堆存等。对于全国而言，这并不是一个大的数值，例如 2005 年估计磷肥生产中耕地占用面积为 475 km^2，但对于生产地而言往往会成为一个大问题（zhang et al. 2008）。

磷肥生产中的环境问题可用磷石膏产量来笼统表示，磷石膏是磷肥加工后的废渣，高浓度磷肥（磷酸一铵、磷酸二铵、重过磷酸钙）生产后会存在。生产 1t 磷肥（P_2O_5）就会产生 5t 的磷石膏，而且磷石膏以堆存方式处理，不仅占用土地，更重要的是磷石膏中存在含氟等有害物质，会随水流失，从而破坏生态环境。随着中国磷肥产量的不断增加以及高浓度磷肥比例的提高，2016 年磷石膏产量 7600 万吨，综合利用 2770 万吨，利用率为 36.4%。

磷肥施用后只有一少部分当季利用，大部分存留在土壤中，然而土壤磷累积存在上限。据曹宁（2007）研究，土壤磷含量超过 40mg/kg，会大幅增加淋洗量。按照目前中国磷肥用量，土壤磷的累积仍将继续，预计 2035 年之后土壤磷含量会超过临界值。磷肥的大量施用也会导致土壤锌的缺乏。高浓度磷肥施用另一个问题是导致 Ca、Mg、Si 等元素的不平衡。中国传统磷肥产品是过磷酸钙和钙镁磷肥，估计在 1998 年时通过施用过磷酸钙和钙镁磷肥带入土壤的钙、镁、硅分别达到 1271 万吨 CaO、395 万吨 MgO、546 万吨有效 SiO_2，极大的平衡了作物从土壤中吸收带走的 Ca、Mg、Si。而随着过磷酸钙和钙镁磷肥的衰退以及高浓度磷酸铵类产品的增长，钙、镁、硅的补充下降了 60% 以上，通过其他途径补充 Ca、Mg、Si 已经成为必然措施，由此导致大量的资源浪费（图 9-4）。

估算过量施磷肥的经济损失：2015年中国实际生产磷肥1795万吨，满足工业和农业需求1100万吨即可，年浪费约700万吨；按照每吨磷肥（P_2O_5）消耗3.8t磷矿（标矿30% P_2O_5）计算，年浪费2700万吨标矿；按照每吨磷肥产生5t磷石膏计算，年浪费的磷肥多排放3500万吨磷石膏；按照每吨磷（P_2O_5）市场售价6000元计算，每年农民因过量施磷肥多浪费420亿元。

9.4 中国施肥合理的标准

根据中国农业大学编制的《主要粮食作物区域大配方》中作物的目标产量及推荐施肥量，利用曲线拟合的方法建立施肥合理区，将农户的施肥情况与合理区进行匹配，根据匹配情况将农户施肥量划分为：施肥过量区域、施肥合理区域和施肥不足区域。如果农户最大地块上的每一种粮食作物的施肥量和产量，落在施肥合理区则判断为该农户施肥合理，落在施肥过量区则判断为施肥过量，落在施肥不足区则判断为施肥不足；施肥合理的农户占所有农户的百分比即为施肥合理度，如图9-5所示。

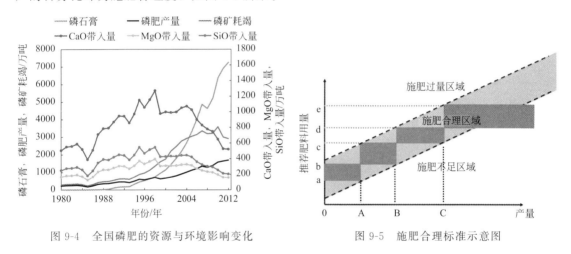

图9-4 全国磷肥的资源与环境影响变化　　图9-5 施肥合理标准示意图

图9-5中，深色方块是推荐用量和目标产量的变化范围，当单产目标为0~A kg/ha时，推荐肥料用量为a~b kg/ha；当单产目标为A~B kg/ha时，推荐肥料用量为b~c kg/ha；当单产目标为B~C kg/ha时，推荐施肥用量为c~d kg/ha；当单产目标大于C kg/ha时，推荐肥料用量为d~e kg/ha。浅色区域为施肥合理区域，浅色部分以上为施肥过量区域，浅色部分以下为施肥不足区域。

9.4.1 养分平衡法

养分从外界投入到农田，一部分养分经作物吸收利用而存在作物体内，一部分养分经土壤固持而残留在土壤中，一部分养分损失到地表水、地下水或大气中。维持养分投入与作物收获养分的平衡，保持土壤的肥力，降低养分的损失，是农田生态系统可持续发展的标志。评估农户施肥是否合理，是否符合可持续发展的原则，其农田养分平衡是重要指标。农田养分平衡的组成包括养分投入与养分输出，如图9-6所示。

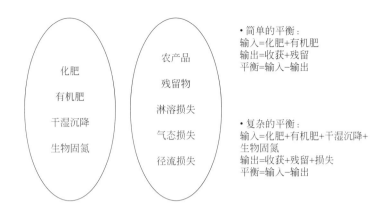

养分平衡=养分投入−养分输出
(资料来源：Stoorvogel和Smaling,1990)

图 9-6　养分平衡示意图

不同的养分平衡将对作物生产、土壤肥力和环境产生不同的影响。按照欧美发达国家的经验，氮用量与作物地上部吸收量持平，因为秸秆还田会归还一部分氮素，相当于在继续增加土壤氮素累积，这显然是土壤有机质提升和增产所需要。磷、钾用量则与籽粒等收获物带走一致。但如果动物废弃物等外源投入增加，其实是在继续增加土壤输入，培肥地力，美国就是这种情况。英国磷、钾投入远低于籽粒带走量，原因在于长期大量施用化肥导致土壤累积较多，另一方面，因为动物废弃物和城市废弃物循环补充较多。为了评估农田养分投入对作物生产、土壤肥力和环境的影响，中国农业大学建立了以下四种平衡方法。

平衡1：化肥投入N=籽粒N和秸秆N；化肥投入P或K=籽粒中P或K；达到平衡意味着不仅满足作物需求，而且持续培肥地力，但存在养分损失和环境污染的风险。

平衡2：化肥投入=地上部收获物带走量（地上部吸收量−秸秆还田的养分；其中如果秸秆粉碎或覆盖还田，则秸秆中氮磷钾养分全部还田；如果秸秆焚烧，则氮全部损失，磷钾还田率为100%；如果秸秆带走，则氮磷钾还田率为0），意味着满足作物需求的同时，保持土壤肥力，环境损失较小。

平衡3：化肥投入=地上部收获物带走量−有机肥施用的养分。如果实现平衡，则表示不仅满足作物需求，保持土壤肥力，而且加强养分循环大幅降低环境污染。

平衡4：化肥投入=地上部籽粒收获带走。由于2000年数据缺乏农户层面的秸秆和有机肥的指标，所以对比2000年的磷钾肥平衡状况时需要采用此方法。

养分平衡计算中涉及的农家肥养分含量参数，农家肥采用鲜基换算，$1m^3$农家肥折$1t$。输出部分主要指作物收获籽粒养分与秸秆养分，籽粒养分浓度及单位质量秸秆养分参数。另外，由于中国农户受教育程度低、地块规模小、机械化程度低，要精确实现养分投入与产出完全平衡是不可能的。欧美发达国家能够实现养分投入与养分产出之间相差不超过10%，中国农业大学也确定养分投入和产出的差额在正负10%以内为养分平衡。

从这三个目标出发，分别计算了氮、磷、钾的养分平衡、盈余和亏缺的农户比例，分别以10%的养分盈亏率为界线，即：

养分平衡指：盈亏率介于−10%和+10%之间。

养分盈余指：盈亏率大于+10%。

养分不足指：盈亏率小于−10%。

9.4.2 磷肥过量、合理与不足

以拟合曲线法评价农户磷肥用量合理性,结果发现,磷肥用量合理的农户比例是上升的,尤其是最近五年。三大作物合理用磷的农户数平均从2000年的17%提升到了2008年的19%,进一步提高到2013年的26%(表9-4)。磷肥过量的农户在小麦上有明显减少,在玉米上反而显著增加;磷肥不足的农户比例在玉米上显著降低,降幅达到29个百分点,小麦的磷不足的农户比例有小幅增加。总体而言,旱地上磷肥过量的农户比例最高,而水田上投入不足的比例最高。

表9-4 2000~2013年全国主要粮食作物磷肥用量合理性评价

作物	样本量			磷合理农户比例/%			磷过量农户比例/%			磷不足农户比例/%		
	2000	2008	2013	2000	2008	2013	2000	2008	2013	2000	2008	2013
小麦	2952	927	753	20	21	31	64	63	44	16	16	25
冬小麦		927	753		21	31		63	44		16	25
水稻	2834	706	680	19	16	26	20	31	22	61	54	53
早稻		203	171		15	34		41	23		43	43
晚稻		178	171		11	29		38	31		52	40
一季稻		325	338		18	20		20	16		62	64
玉米	3115	1279	1033	10	16	22	28	55	59	62	29	19
春玉米		411	294		28	28		40	49		32	23
夏玉米		868	739		11	20		62	63		27	17
三大作物平均	8901	2912	2466	17	19	26	37	46	41	46	35	33

注:农户比例为每个作物的全国农户比例,三大作物平均为《中国统计年鉴》相应年份相应作物的全国播种面积平均。

以养分平衡法评价农户磷平衡的合理性,实现平衡的农户比例较低,仅6%~13%,但也能看出比2000年有所增加。以方法一为准,过去13年实现平衡的农户增加7个百分点(表9-5)。过量的农户比例小幅增加,增幅达到4个百分点,不足的农户比例有所下降。但是,2008~2013年来,这种过量的趋势已经趋于乐观,2013年同2008年比,方法一和方法二均显示出磷合理的农户比例增加了4~7个百分点,过量的农户比例已经开始下降,下降了5~9个百分点。总体而言,磷盈余的农户比例还是很高,这虽然可以进一步提高土壤磷含量,但应该警惕继续提高土壤磷含量带来的环境影响(表9-5~表9-8)。过去五年磷肥管理的进步小于氮肥。过量施用磷肥的农户比例偏高的特点决定了应该注意引导过量施磷农民减少磷肥在不同作物上的分配效率。

表9-5 2000~2013年磷平衡变化(方法1)

作物	样本量			磷平衡农户比例/%			磷亏缺农户比例/%			磷盈余农户比例/%		
	2000	2008	2013	2000	2008	2013	2000	2008	2013	2000	2008	2013
小麦	2952	927	753	4	6	9	16	14	24	80	79	67

续表

作物	样本量			磷平衡 农户比例/%			磷亏缺 农户比例/%			磷盈余 农户比例/%		
	2000	2008	2013	2000	2008	2013	2000	2008	2013	2000	2008	2013
冬小麦		927	753		6	9		14	24		79	67
水稻	2834	706	680	8	8	14	69	58	60	23	33	26
早稻		203	171		8	19		46	51		45	30
晚稻		178	171		6	15		54	50		39	35
一季稻		325	338		9	11		68	70		23	19
玉米	3115	1279	1033	4	11	14	74	42	39	22	47	47
春玉米		411	294		17	19		43	30		40	51
夏玉米		868	739		8	12		42	42		50	45
三大作物平均	8901	2912	2466	6	9	13	53	41	42	41	50	45

表 9-6　2008 与 2013 年磷平衡变化（方法 2）

作物	样本量		磷平衡 农户比例/%		磷亏缺 农户比例/%		磷盈余 农户比例/%	
	2008	2013	2008	2013	2008	2013	2008	2013
小麦	927	753	2	5	4	6	94	89
冬小麦	927	753	2	5	4	6	94	89
水稻	706	680	10	18	47	47	43	35
早稻	203	171	10	20	33	39	58	42
晚稻	178	171	8	13	43	40	48	47
一季稻	325	338	11	19	59	55	30	26
玉米	1279	1033	5	13	29	32	66	55
春玉米	411	294	5	19	9	25	86	56
夏玉米	868	739	6	10	38	35	57	54
三大作物平均	2912	2466	6	13	28	30	66	57

表 9-7　2008 与 2013 年磷平衡变化（方法 3）

作物	样本量		磷平衡 农户比例/%		磷亏缺 农户比例/%		磷盈余 农户比例/%	
	2008	2013	2008	2013	2008	2013	2008	2013
小麦	927	753	2	4	3	6	96	90
冬小麦	927	753	2	4	3	6	96	90
水稻	706	680	10	16	34	43	56	41
早稻	203	171	7	17	18	36	75	47
晚稻	178	171	11	13	36	37	53	50

第 9 章　磷肥农业使用过程

续表

作物	样本量		磷平衡农户比例/%		磷亏缺农户比例/%		磷盈余农户比例/%	
	2008	2013	2008	2013	2008	2013	2008	2013
一季稻	325	338	11	17	42	49	46	34
玉米	1279	1033	5	12	26	30	69	58
春玉米	411	294	2	16	4	19	94	65
夏玉米	868	739	6	11	37	34	57	55
三大作物平均	2912	2466	6	12	21	27	74	61

表 9-8 2000～2013 年磷平衡变化（方法 4）

作物	样本量			磷平衡农户比例/%			磷亏缺农户比例/%			磷盈余农户比例/%		
	2000	2008	2013	2000	2008	2013	2000	2008	2013	2000	2008	2013
小麦	2952	927	753	2	2	5	11	7	12	87	91	83
冬小麦		927	753		2	5		7	12		91	83
水稻	2834	706	680	8	9	14	47	43	30	45	48	55
早稻		203	171		9	13		33	25		58	63
晚稻		178	171		7	12		43	29		49	60
一季稻		325	338		9	16		50	34		41	50
玉米	3115	1279	1033	3	7	7	68	28	23	29	65	70
春玉米		411	294		12	8		16	12		71	80
夏玉米		868	739		5	7		33	27		62	66
三大作物平均	8901	2912	2466	4	7	9	41	27	22	55	66	69

本研究报告注意到：中国农民施磷过量的比例很高，而磷平衡施肥的比例很低。

9.4.3 磷合理施用与产量的关系

按照专家推荐量评估的磷肥用量不足、合理及过量的农户用量相差非常大，不足的农户平均用量为 37kg/ha，合理的农户平均用量为 73kg/ha，过量的农户平均用量为 134kg/ha（表 9-9）。按照养分平衡评估的磷肥用量不足、合理及过量的农户平均每公顷用量分别为 35kg、65kg、115kg，同样表现出专家推荐用量略高于养分平衡（表 9-10）。但两种方法评估的所有作物产量差异表现出一致的趋势，即施肥不足的农户产量高于施肥合理的农户，施肥合理的农户产量又高于施肥过量的农户。施磷不足的农户产量与合理用量之间作物产量相差不大，但施肥过量的农户产量显著低于用量不足及合理的农户。

这一结果与我们传统认识完全相反，也证明施肥不足不是产量低的原因，而施肥过量已成为产量降低的原因。按照中国农业大学"大配方"评估施肥合理的农户产量并不是最大的，甚至略低于不足的农户。但是按照养分平衡评估施肥合理的农户产量是最高的。现阶段将磷的推荐量向养分平衡靠拢有助于增产节肥。

表 9-9　每公顷施磷不足、合理、过量的农户平均施磷量和产量（按大配方推荐）

作物	样本量			平均施磷量/kg			平均单产/kg		
	磷不足	磷合理	磷过量	磷不足	磷合理	磷过量	磷不足	磷合理	磷过量
冬小麦	189	231	333	44	90	167	7860	7406	6797
早稻	74	58	39	29	63	123	6629	6716	6819
晚稻	68	50	53	27	58	105	6924	6663	5909
一季稻	216	67	55	43	67	121	8670	7574	6941
春玉米	69	82	143	42	89	136	8523	9041	9329
夏玉米	127	145	467	20	50	116	8211	8103	7752
三大作物平均	743	633	1090	37	73	134	8076	7799	7447

注：仅采用2013年样本，农户比例为每个作物的全国农户比例，三大作物平均为《中国统计年鉴》相应年份相应作物的全国播种面积平均。

表 9-10　每公顷磷亏缺、平衡和盈余的农户平均施磷量和产量（按养分平衡方法2）

作物	样本量			平均施磷量/kg			平均单产/kg		
	磷亏缺	磷平衡	磷盈余	磷亏缺	磷平衡	磷盈余	磷亏缺	磷平衡	磷盈余
冬小麦	48	38	667	25	45	123	7700	7973	7177
早稻	66	34	71	28	57	96	6733	6849	6602
晚稻	68	22	81	28	57	89	6928	7236	6012
一季稻	186	63	89	41	61	101	8719	8165	7031
春玉米	73	56	165	49	97	125	8963	10386	8652
夏玉米	261	77	401	33	68	124	8179	8350	7631
三大作物平均	702	290	1474	35	65	115	8129	8433	7405

过去五年主要粮田有机肥带入的养分量越来越少。主要原因是随着规模化养殖的快速发展，一般小农户缺乏农家肥原料。随着秸秆还田的发展，秸秆中的有机养分成为主要补充源，农家肥已经居于第三位。2013年农家肥带入的磷素养分与2008年相比降低了11kg/ha（表9-11）。

表 9-11　磷投入结构变化情况

作物	样本量		化肥磷素养分/(kg/ha)		秸秆磷素养分/(kg/ha)		农家肥磷素养分/(kg/ha)	
	2008	2013	2008	2013	2008	2013	2008	2013
春玉米	411	294	93	101	6	8	40	12
冬小麦	927	753	125	113	33	38	17	5
夏玉米	868	739	82	86	9	12	3	2
一季稻	325	338	54	61	8	10	21	10
早稻	203	171	65	62	6	8	22	6
晚稻	178	171	57	60	6	10	9	4
全国平均	—	—	86	86	14	17	16	5

2011~2012 年期间，全国测土配方施肥技术专家组利用 301 个小麦试验、509 个水稻试验、372 个玉米试验数据分析发现（表 9-12），三大粮食作物氮肥、磷肥、钾肥利用率的加权平均分别为 32.6%、23.9%、42.0%，分别比 2001~2005 年期间提高了 5.1%、12.2% 和 10.4%。

表 9-12　1981~2012 中国三大粮食作物的肥料利用率变化

年代	作物	肥料利用率/%			数据来源
		氮肥	磷肥	钾肥	
2001~2005	水稻	28.3	13.1	32.4	张福锁等. 2008
2005~2009	水稻	32.7	22	37.5	文献数据汇总
2011~2012	水稻	34.9	24.6	41.1	农业部测土配方施肥专家组
2001~2005	小麦	28.2	10.7	30.3	张福锁等. 2008
2005~2009	小麦	29.7	18.7	26.9	文献数据汇总
2011~2012	小麦	32	19.2	44.4	农业部测土配方施肥专家组
2001~2005	玉米	26.1	11	31.9	张福锁等. 2008
2005~2009	玉米	30.4	20.5	35	文献数据汇总
2011~2012	玉米	32	25	42.8	农业部测土配方施肥专家组
1981~1983	小麦、水稻、玉米	30~35	15~20	35~50	朱兆良
2002~2005	小麦、水稻、玉米	28.7	13.1	27.3	中国农科院. 2008

要实现中国养分管理目标，化肥工业也需要从产量、产品类型、市场结构、节能减排多个方面进行转型，从现在开始至 2030 年是转型的黄金期。根据国际先进经验，中国农业大学提出以下转型目标：第一要控制总量，在农田中将化肥投入控制到与作物需求一致，则现在氮肥和磷肥的生产量和施用量需要减少 40%，钾肥保持稳定；第二要调整肥料产品结构提高农田利用率，如氮肥中将硝态氮的比例提高到 40%，与德国和美国接近，磷肥中应该保持和提升钙镁磷肥和过磷酸钙的比例为 40% 左右，以适应我国不同土壤类型以及中微量元素的需求；第三要提高技术水平降低消耗以提高国际竞争力及可持续发展能力，如要达到目前国际先进水平，则合成氨能耗需要从目前的 51.3GJ/tN 降低到 32.8GJ/tN，降幅为 36%。将磷肥的磷矿消耗从 3555.7 万吨降低到 2416.2 万吨，降幅接近 32%，如表 9-13 所示。

表 9-13　中国化肥生产施用评估　　　　　　　　　　　单位：万吨

化肥	2015 年产能	2015 年产量	2015 年表观消费量	2015 年农业用量	2030 年农业理论需求量	2030 年理论需求（加上工业）
氮肥	6050	4791	3836	3100	2100	3000
磷肥	2370	1795	1262	1262	800	1000
钾肥	775	571	1140	1012	430	510

注：农业理论需求是根据 2030 年人口最大时作物产量目标，计算作物生产地上部养分吸收量所得。工业需求包括出口和工业使用，假设在国家限制政策下，出口量保持目前水平。

本研究报告注意到中国农业大学的研究结果：施肥不足的农户产量高于施肥合理的农户，施肥合理的农户产量又高于施肥过量的农户。施磷不足的农户产量与合理用量之间作物产量相差不大，但施肥过量的农户产量显著低于用量不足及合理的农户。这一结果与传统认识完全相反，证明施肥不足不是产量低的原因，反而证明施肥过量是产量低的原因。

同时注意到：化肥提供了绝大部分的磷素养分，秸秆还田及有机肥提供的磷素养分不多；中国磷肥利用率不到 24%。减少中国磷肥的施用量潜力很大！

参考文献

[1] 中国农业百科全书编辑委员会，等. 中国农业百科全书：农业化学卷[M]. 北京：农业出版社，1996：178，430.

[2] H. Marschner. 高等植物的矿质营养[M]. 李春俭，等译. 中国农业大学，2001：185-193.

[3] 周艺敏. 中国北方土壤磷素状况及磷肥的增产作用[J]. 高产施肥（加拿大 PPI/PPIC 中国项目部出版物），2002,(8)：22-25.

[4] 谭宏伟，等. 南京土壤磷素概况及磷肥效应[J]. 高产施肥，2002,(8)：26-28.

[5] 中华人民共和国国家统计局. 中国统计年鉴 2016：汉英对照[M]. 北京：中国统计出版社，2016.

[6] 中国磷复肥工业协会，中国硫酸工业协会. 2016 年度磷复肥行业生产运行报告[R]. 硫酸磷复肥技术经济信息年报，2016：22-23.

[7] 叶学东. 磷石膏利用现状、问题及建议[C]. 第六届全国磷复肥/磷化工技术创新（富邦股份）论坛，武汉，2017：172-175.

第 10 章

如何永续利用地壳中的磷？

10.1 基本状况

地球中的磷来自宇宙，地壳中的磷来自地幔。地壳形成后，通过火山爆发能增加少量的磷外，地壳中可以利用的磷基本上为常值。

地壳中的磷不同文献提供的数据从 8×10^{14} t～3.2×10^{16} t，相差 40 倍。但本研究报告认为，地壳中含磷 $(2\sim3)\times10^{16}$ t。由于地壳中的磷主要以化学稳定性极强的氟磷酸钙的形式存在，它不会逸散离开地壳，仅是在地壳水生系统、陆生系统循环。能被人们开采利用的磷资源量 2009 年为 2.9×10^{11} t，潜在的磷资源量为 4.6×10^{11} t。随着海洋磷资源的开发，预计将达到 3×10^{12} t，也仅是地壳中总磷含量的万分之一。

2015 年可商品化的磷矿基础储量为 680 亿吨（6.8×10^{10} t），2016 年为 686.3 亿吨。人类如何永续利用这将近 7×10^{10} t 的磷，是本研究报告研究的目标。

据美国地质调查局（USGS）2013 年矿产品年鉴，2012 年世界磷矿资源量超过 3000 亿吨。2013 年全球磷流向及库存（图 4-7）：2013 年全球磷矿储量（reserve）为 80.41 亿吨磷，当年磷矿的采掘量（extraction）为 6870 万吨磷，若保持这种采掘速度，全球磷矿储量的开采寿命为 117 年。

2015 年世界总人口 73.47 亿，美国人口调查局预测，2070 年人口的最高峰达到 90 亿后，人口将开始下降，到 2300 年全球仅有 10 亿人。

据称，人类的鼎盛期在公元 3000 年。据某模型推测，人类有 95% 的可能会在未来 9111 年内（即公元 11130 年）消亡，届时人类在地球上仍生存的可能性为 5%。霍金曾认为人类还能存在 2600 年。

据预测，全球磷资源开采寿命最长 400 年，如何使全球磷永续利用至公元 3000 年，甚至永续利用是人类最关切的问题之一。

10.2 哪些因素影响磷矿基础储量的使用寿命?

磷资源消耗的理论量：人们开采磷矿是满足人对磷的社会需求。磷是人体第六大元素，约占人体重量的1%，假设全球人体平均重量为50kg，则每人的人体含有500g磷。2015年世界总人口73.47亿，中国人口13.75亿，则世界全体人口体重中的磷为367.35万吨，中国人口体重中的磷为68.8万吨。2015年，中国人口自然增长率为0.05%，每年新增人口约690万人，新增人口中含磷3450t，相当于2.63万吨标磷矿。

人体每天摄入的磷约1.25g（1~1.5g），约合9.5g标磷矿。2015年全球人口需摄入的磷为335.2万吨，相当于2559万吨标磷矿。2015年全球磷矿开采量2.41×10^8t，即2015年全球每人每天耗标磷矿约90g，全球每人每天实际消耗磷矿量约为人体理论摄入量9.5g的10倍。

2015年中国人口需摄入的磷为62.73万吨，相当于479万吨标磷矿；2015年中国磷矿开采量为1.20×10^8t，中国每人每天耗磷矿239g，为人体理论摄入量9.5g的25倍。

2015年中国每人每天耗磷矿量为世界人口平均的266%，降低中国磷矿的消耗量潜力很大。

基于4.3全球磷资源的流向所述，采掘的磷矿中，磷对人类的贡献率为16%，因而，2015年全球磷矿开采量应为$2.559\times10^7/0.16=1.6\times10^8$t，而实际全球磷的开采量为$2.41\times10^8$t；中国磷矿开采量应为$4.79\times10^6/0.16=3\times10^7$t，而2015年中国开采磷矿实际量为$12\times10^7$t。

10.3 影响磷资源消耗的因素

10.3.1 全球磷资源流动模型效率因子

David A. Vaccari在全球第五届磷峰会上做的"全球磷资源流动的物质模型"，由磷矿制得磷酸，磷酸制成磷肥，施用到土壤中，一部分磷被作物吸收，一部分磷随水土流失，一部分磷被固定在土壤中。作物被动物食用后粪肥施用于土壤中，从而将磷再次带入土壤；作物收获后被加工成食品供人类食用，在此过程中会有食物浪费和人类浪费，从而会造成磷的损失。该磷资源流动模型对磷资源的可持续发展来说是一个切实可行的规划工具。

图10-1为David A. Vaccari在全球第五届磷峰会上做的"全球磷资源流动的物质模型"，并对全球磷资源的需求进行了敏感性分析。

表10-1为图10-1全球磷资源模型各个环节磷的流动量，表10-2为全球磷资源流动模型效率因子。

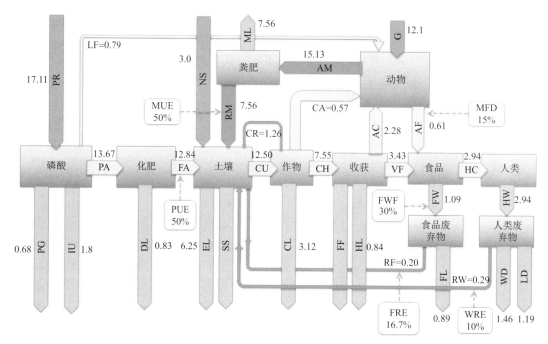

图 10-1　全球磷资源的流向

表 10-1　全球磷资源流动模型中各个环节磷的流动量

环节	代号	名称	年流动量/百万吨
精选磷矿	PR	磷矿石	17.11
人类和废弃物	HW	排泄物	2.94
	LD	垃圾填埋	1.19
	WD	地表水径流	1.46
	RW	废水或排泄物再利用	0.29
食物输出	HC	饮食中的磷	2.94
	FW	食物浪费	1.09
	FL	食物链损失	0.89
	RF	有机固体废物输入（来自食物）	0.20
食物供应	FS	总食物供应（浪费前）	4.04
	AF	动物性食物供应（总的）	0.61
	AFG	牛羊食物供应	0.47
	VF	植物性食物供应	3.43
牲畜	AI	动物总磷的输入	15.73
	G	放牧输入利用	12.10
	FI	输入动物中的肥料	3.63
	LF	畜禽饲料添加剂	0.79

续表

环节	代号	名称	年流动量/百万吨
秸秆回收作为饲料	AM	动物粪肥	15.13
	ML	损失	7.56
	RM	施用于土壤	7.56
收获	AC	动物饲料	2.28
	FF	燃料和纤维	1.00
	HL	收割滞后损失	0.84
作物	CL	作物损失	3.12
	CR	作物残留（再循环进入土壤）	1.26
	CA	施入牧草的肥料	0.57
	CH	作物收获	7.55
适合耕种的土壤	RI	循环输入	9.31
	EL	水土流失损失	6.25
	SS	土壤存储	6.41
	CU	作物吸收	12.50
肥料	FA	施到土壤中的肥料	12.84
	DL	分布损失	0.83
磷酸生产	PG	进入磷石膏中的损失	0.68
	PA	磷酸到肥料	13.67
	IU	工业使用	1.8

表 10-2 全球磷资源流动模型效率因子

代号	主要效率因子	模型值	名义值	代号	主要效率因子	模型值	名义值
WRE	人类废弃物循环效率/%	10.0	10.0	Gmax	牧草最大利用量/(百万吨/年)	12.10	12.0
FWF	食物浪费比例/%	27	27	IU	工业使用磷矿量/(百万吨/年)	1.8	1.8
FRE	食物废弃物循环效率/%	18.0	18.0	NS	耕地中的天然磷源/(百万吨/年)	3.00	3.0
MFD	饮食中肉类比例（以磷计）/%	15.0	15.0	NP	人口/十亿	6.45	6.7
MUE	畜禽粪肥利用率/%	50.0	50.0	PPC	人均需磷量/[g/(cap·d)]	1.25	
PUE	农业磷资源利用率/%	30.0	30.0	Conv	转化因子	2.36	

注：主要效率因子计算为：MFD=AF/(AF+VF)=15%，PUE=CH/(输入总量)=30%，MUE=RM/AM=50%，FWF=FW/(AF+VF)=27%，FRE=RF/FW=18%，WRE=RW/HC=10%。

10.3.2 全球磷资源永续利用敏感性分析

在磷资源消耗敏感性分析中，人类废弃物循环效率（WRE）最低，仅为10%，依次为食物废弃物循环效率（FRE）为18%，农业磷资源利用率（PUE）为30%，有机肥利用率为50%。

磷资源消耗的高敏感因素有MFD（饮食中肉类比例）、PUE（农业磷资源利用率）、FWF（食物浪费比例）；低敏感因素为WRE（人类废物回收效率）和FRE。全球磷资源消耗量与人口呈正相关，敏感性与MFD有关，如图10-2、表10-3所示。

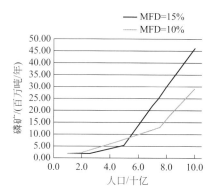

图10-2 不同MFD条件下磷资源消耗量与人口的关系图

表10-3 不同MFD条件下人口相对敏感性分析

人口/十亿	敏感系数	
	MFD=10%	MFD=15%
4.0	1.88	1.32
6.0	1.88	8.09
8.0	6.40	8.09

当全球人口为80亿时，MFD为15%时，敏感性为8.09，每年磷矿的消费量为3000万吨；若MFD（饮食中肉类比例）降为10%，则每年只需1500万吨磷矿。

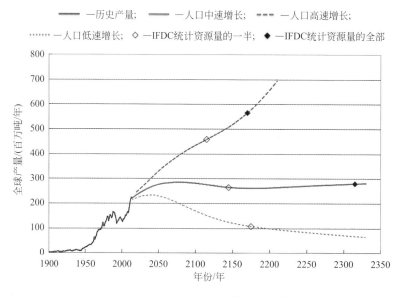

图10-3 人口增长模式与全球磷矿生产量关系图

全球磷矿生产量与人口增长模式有极大关系，如图10-3所示。2012年以后，若人口高速增长，则IFDC（International Fertilizer Development Centre，国际肥料发展中心）统计的全部磷矿基础储量将于 2175 年（156 年后）耗尽；若人口中速增长，全部的磷矿基础储量将于 2325 年（306 年后）耗尽；若人口低速增长，全部的磷矿基础储量可用至 2350 年以后（331 年后）。

10.4 磷回收的工艺技术

在欧洲，特别是北欧，政府的驱动促进磷的回收与再利用。国际上各国计划将污水处理厂变成营养物（nutrient）、能源（energy）与再生水（water）的制造厂。荷兰计划 2030 年前减少 50% 的矿物原料使用（主要是磷资源），到 2050 年实现磷资源循环利用；瑞士在 2016 年建成了第一个磷资源封闭循环系统，将完全取代依赖的进口磷矿石。瑞士苏黎世州认为污泥焚化回收磷是最适宜的磷回收方法，磷的回收率可达到 75% 以上；英国诸多磷回收和再利用计划中，以 Zerowaste Scotland（苏格兰零排放计划）最具代表性；法国建立了磷回收网络系统，法国工业联合会制定了磷回收利用的生物质废料清单，为法国磷回收项目打开了销路；德国为磷回收制定了相应的法律框架，在今后十年，德国将会大量建设工业化规模的磷回收装置，提高回收磷在传统磷肥中的比例；丹麦 50% 的市政污泥可直接用于农业生产，50% 以焚烧处理为主，有效控制了 85% 以上的磷污染。丹麦为欧洲最大的渔业国，已着手实现养殖业的磷循环；瑞典环保局 2015 年的目标是将污水中磷的回收与再利用率提高到 60%，30% 以上用于耕地施肥；挪威开发的磷回收项目，将实现磷资源的自给自足。

磷回收技术主要用于生活污水厂含磷废水的处理，主要方法是在含磷的上层清液中，加入铝盐、镁盐和石灰等，使磷酸根以磷酸铵镁、磷酸钙、磷酸铝、磷酸铁等形式沉淀分离出来。

目前，磷酸铵镁与磷酸钙是最有前景的磷回收途径。据统计，全球 40 多家磷回收工厂的磷肥产能已经达到每年 10000t。

国外磷回收工艺有：从废水中回收磷酸铵镁技术如：AirPrex、Pearl、NuReSys、Puques、Multiform Harvest 和 Crystalactor，已有大范围的应用；其他革新技术如：Gifhorn 和 Stuttgart 的污泥浸提工艺；污泥焚化技术 Mephrec、LeachPhos 以及 AshDec，目前正处于试验研究阶段。

磷回收工艺技术如图 10-4 所示。三种技术磷的回收率不同：从废水中回收磷酸铵镁，磷的回收率仅为 7%～12%；污泥浸提工艺磷回收率为 50%；污泥焚化磷回收率为 70%～90%。下文主要介绍从废水中回收磷的工艺技术。

10.4.1 AirPrex 磷回收工艺

AirPrex 工艺中，将二氧化碳通入气升式反应器，保持一定的 pH 值，为了促进鸟粪石（磷酸铵镁）的结晶，向气升式反应器中加入氯化镁溶液，经过一段时间反应后，磷酸铵镁的结晶开始形成，当结晶颗粒增大到一定程度，结晶会在反应器的锥形底部慢慢积累，然后经过洗涤，烘干，最终作为肥料出售（图 10-5）。德国柏林的 Wasserbetriebe 公司注册了磷酸铵镁肥料商标。

回收技术
1. 从污泥(a)或污水(b)中回收磷酸铵镁*
AirPrex
Ostara Pearl
Struvia
(Nuresys)
(Crystalactor)
2. 污泥浸提**
Stuttgart
Gifhorn
3. 污泥焚化
Mephrec
Leachphos
AshDec

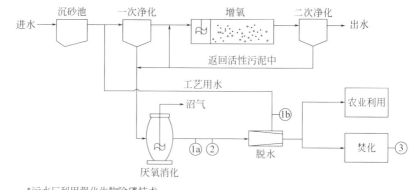

*污水厂利用强化生物除磷技术
**污水厂利用铁、铝磷酸盐沉淀法除磷

来源：Kabbe(2015)

图 10-4　磷回收工艺技术流程图

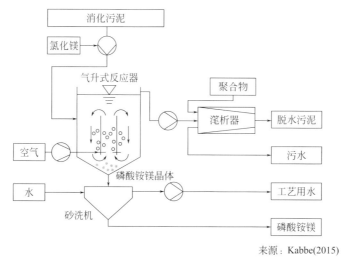

来源：Kabbe(2015)

图 10-5　AirPrex 磷回收工艺流程图

10.4.2　Ostara Pearl 磷回收工艺

Ostara Pearl 磷回收工艺通过氢氧化钠来调节 pH 值，加入氯化镁溶液促进结晶形成。Ostara Pearl 反应器独特的设计使颗粒的粒径达到一定直径，并且在反应器的底部累积，通过流化床干燥后包装，作为缓释肥出售。磷酸铵镁颗粒含 P_2O_5 28%、MgO 16.6%、N 5%，工艺流程如图 10-6 所示。中国湖北富邦科技公司改进了 Ostara 工艺，并已实现从含磷工业废水中回收磷酸铵镁。

10.4.3　第二代磷回收工艺

从富含磷的生活污水中回收磷酸铵镁已是一种成熟的技术，全球已有 40 多个磷回收工厂。第一代磷酸铵镁回收装置磷的回收率在 5%～25%，相比之下，第二代磷回收装置可使磷的回收率提升一倍。

（1）Ostara Wasstrip、Pearl 和 Lysotherm 组合工艺　荷兰阿默斯福特污水处理厂将三种技术组合，即 Ostara 的 Wasstrip 工艺、Pearl 工艺和 Lysotherm 污泥热干燥工艺（图 10-7）。

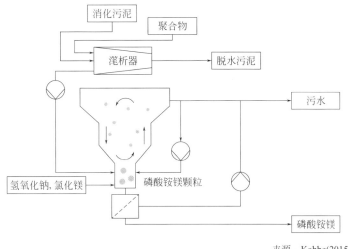

来源：Kabbe(2015)

图 10-6　Ostara Pearl 磷回收工艺流程图

该工艺促进了生物降解和沼气产量的增加；水溶液中高浓度的磷酸盐，提高了磷的回收率，减少了需要处置的污泥量。该组合工艺，提高了具有强化生物除磷（EBPR）和厌氧消化（AD）的污水处理厂实现养分回收技术的经济效益，运营成本每年可减少近万欧元。

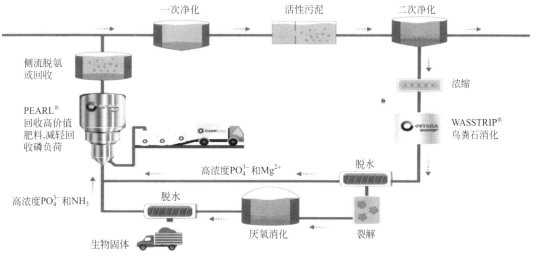

来源：Ostara

图 10-7　养分回收组合工艺流程

第二代磷回收工艺项目已在德国不伦瑞克的斯坦赫夫污水处理厂进行调试，是首个全面提高碳、磷和氮养分回收的技术，将污泥热水解和氨汽提结合，回收磷酸铵镁和硫酸铵。回收的磷酸铵镁可作为一种缓释肥料，给作物提供氮、磷和镁（5-28-0+10Mg）等养分。

该组合工艺流程为：进入污水处理厂的污水初步澄清后对污泥进行活化，再进行第二次澄清，污泥浓缩后进入 WASSTRIP® 工序，消化后进行脱水处理，含有高浓度磷酸根和镁的液体，直接进入 PEARL® 工序；脱水后的污泥裂解后，经过厌氧消化和脱水处理分离出污泥，脱水后含有高浓度磷酸根和氨的液体也进入 PEARL® 工序，在此生成磷酸铵镁结晶；工序侧线进行氨氮去除和回收。该工艺回收的磷酸铵镁缓释肥料直接由 Ostara 公司销售，减轻了污水处理厂的负担。

（2）布登海姆 EXTRAPHOS® 工艺　在现有的污水处理厂，磷酸铵镁直接结晶不可行，因为磷是采用化学沉淀法从废水中除去，产生难溶性铁或铝磷酸盐。因此，磷需要重新活化才能得以回收，通常采用低 pH 的硬酸（指低极化性、小尺寸和高正氧化态的路易斯酸，没有易激发的外层电子，如 H^+、Li^+ 和 Al^{3+}）浸出污泥。污泥浸出的难点是从磷的最终产品分离出重金属，因为重金属同时可以被酸活化出来。另外，中和后的污染和浸出剂的处理也是另一大缺点。

同时，磷产量越高，消耗的化学品越多，对污水处理厂的运营和环境影响较大，磷的回收率要大于 70%，需要投入更高的成本（化学品/或能量）。一些数据表明，在浸出 pH 为 5 时，经济可行，磷回收率在 40% 左右。布登海姆化学公司开发了一个很具前景的替代工艺：EXTRAPHOS® 工艺，如图 10-8 所示。

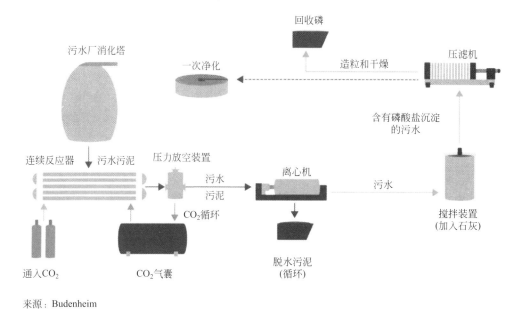

图 10-8　布登海姆 EXTRAPHOS® 工艺示意图

该工艺流程为：污水污泥经过消化塔消化分解后进入连续反应器，在压力高达 10bar（1bar=100kPa）下，通入二氧化碳溶剂来溶解磷，CO_2 可以循环使用；然后污水污泥进入离心机分离出脱水污泥，离心过的污水进入搅拌装置，加入石灰，搅拌反应后含有磷酸盐沉淀的污水进入压滤机，压滤后的固相物进行干燥和造粒，最终成为磷酸氢钙产品。

EXTRAPHOS® 工艺主要是通过添加石灰使溶解的磷酸盐沉淀为磷酸氢钙（DCP），是成熟的市场化产品，磷回收率在 50% 以上。污泥脱水对磷酸铵镁回收工艺来说仍是一项难题，如果污泥脱水得到改进，这项技术对那些采用化学法除磷的污水处理厂将有很大的吸引力。

10.4.4　生物-结晶法磷回收工艺

污水生物除磷是利用聚磷菌的超量磷吸收现象。聚磷菌在厌氧条件下会释放出在好氧条件下吸收的磷。聚磷菌（polyphosphate accumulating organisms，PAOs）分为两类种群，一类是以 O_2 作为电子受体，在好氧条件下完成吸磷；另一类是以 NO_3^- 作为电子受体，在缺氧条件下完成吸磷，称为反硝化聚磷菌（denitrifying polyphosphate accumulating organisms，DPAOs）。两者都在厌氧条件下释放出磷，并吸收水中的挥发性脂肪酸（volatile fatty acids，VFA），完成磷的代谢循环。

强化生物除磷（enhanced biological phosphorus removal，EBPR）就是有选择性地富集 PAOs，并由聚磷酸盐、聚-β-羟基链烷酸（Poly-β-hydroxyalka-noates，PHAs）或聚-β-羟基丁酸（Poly-β-hydroxy-butyrates，PHBs）和糖原等生物高聚物参与磷代谢循环的典型工艺。生物-结晶法回收磷工艺是将生物除磷法和化学除磷法结合在一起，见图 10-9。

图 10-9　生物-结晶法回收磷工艺示意图

聚磷菌在厌氧条件下，释放细胞内聚积的聚磷酸盐（Poly-P）来摄取环境中的挥发性脂肪酸，在细胞内以聚-β-羟基链烷酸的形式储存，同时，这一过程还需要细胞内储存的糖原进行糖酵解而产生的还原力；当聚磷菌进入好氧条件，细胞内储存的聚-β-羟基链烷酸被氧化，产生能量并合成糖原，环境中的磷以聚磷酸盐的形式被过量吸入细胞内，使磷以细胞（表现为污泥）的形式去除。富磷活性污泥在厌氧池中经过消化，含磷清液进入环流结晶器中，加入钙盐、镁盐和 NH_4OH，最后以磷酸铵镁、羟基磷酸钙结晶析出。

将生物-结晶法应用于生活污水除磷领域，并尝试利用微生物的代谢活动来促进结晶过程，达到同步生化结晶除磷以降低当前结晶除磷工艺的复杂性、工艺成本及提高磷的去除及回收效率，这将是今后废水除磷研究的重要方向。

2015 年 1 月 1 日，新《环保法》实施，"水十条""大气十条"等法律法规相继出台；2018 年 1 月 1 日，《环境保护税法》和新的《中华人民共和国水污染防治法》已实行。随着我国环保政策的不断深化，生活污水污泥中磷回收必将成为未来的发展趋势，高浓度工业废水中有用物质的回收技术也必将迎来阶段性发展。结合最新的技术进展不难发现，未来水处理一定是资源循环利用模式，以"磷回收、碳中和"等为代表的新技术必将逐步占据主导地位。

10.5　磷肥生产领域，中国磷资源永续利用新模式

10.5.1　"郑州大学-云天化-富谊联"磷资源永续利用新模式

云天化是中国第一大磷肥生产企业，2015 年生产磷肥 278.5 万吨 P_2O_5，其中：磷酸二铵实物产量 421.5 万吨，占全国总产量的 24%；磷酸一铵实物产量 142.6 万吨，约占全国总产量的 10%。

云天化在磷资源利用方面最大的优势是选矿。云天化的全资子公司云南磷化集团是目前

国内最大的磷化工采选加工企业，集地质勘探、磷矿采选、磷化工生产、技术研发为一体。磷矿浮选能力居全国首位，不同原矿品位的选矿业绩如表 10-4 所示。

表 10-4 云天化云磷集团的磷矿选矿业绩　　　　　　　　　　　　　　　单位：%

矿区	原矿 P_2O_5 品位	精矿 P_2O_5 品位	尾矿 P_2O_5 品位	选矿回收率
昆阳	25.2	31.7	8.7	91.7
海口	25.0	31.8	9	88.5
昆阳、晋宁混矿	23.7	30.5	11	88
待云寺	20	31.5	10	76
待云寺	15	30.7	6.8	68.7
尾矿	10	27	4.7	66

云天化已可将含 P_2O_5 10% 的尾矿，二次选得含 P_2O_5 27% 的过磷酸钙用矿；将含 P_2O_5 15%～25% 的磷矿，选得含 P_2O_5 大于 30% 的高品位磷矿。云天化磷资源绿色全量资源化利用的示意图如图 10-10 所示。

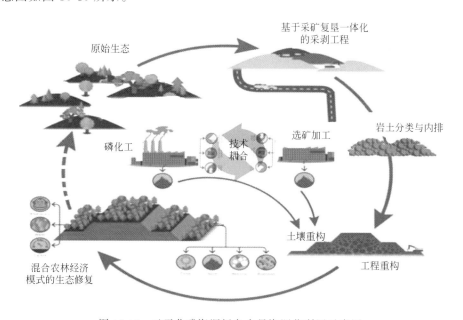

图 10-10　云天化磷资源绿色全量资源化利用示意图

基于地球磷资源的有限性及中国磷资源现状，"郑州大学-云天化-富谊联"及其合作单位开发并工业实施了一系列旨在延长我国磷资源使用寿命的生产工艺技术，即"郑州大学-云天化-富谊联"磷资源永续利用新模式，对各种品级的磷矿，可采用如下方式分级利用。

（1）利用含 P_2O_5 15%～25% 的磷矿，通过高效率选矿成含 P_2O_5 30% 的商品磷矿供磷铵、磷酸生产使用。

（2）利用磷酸生成的淤渣酸及精制磷酸的萃余酸，采用郑州大学开发的专利技术生产包裹型缓释肥料。该项目工艺技术已在云天化实施并获得应用。

（3）对于磷矿选矿尾矿浮选获得的含 P_2O_5 27% 的磷矿，采用脲硫酸分解中品位磷矿生产中浓度、多营养功能性复合肥料，不排磷石膏，并可利用生产磷酸的副产物为原料直接生产复合肥料，已在云天化天安公司投产。生产出的 20-20-0 中浓度复合肥料含 N 20.22%、P_2O_5 20.16%、枸溶性 CaO 7.53%、MgO 1.22%、S 2.33%、FeO 1.30%、可溶性 SiO_2 1.60%，此外，尚含有微量及有益元素（以 mg/kg 计）Mn 720、Se 370、Cu 16、Ni 23、Co 2.6、Cr 104。水溶性 P_2O_5 占有效 P_2O_5 的 63.6%，是优质的二元复合肥料。

（4）利用磷矿尾矿二次选矿获得含 P_2O_5 27% 的磷精矿用于生产过磷酸钙。

（5）利用含 P_2O_5 14%～24% 的磷矿生产多营养、碱性熔融钙镁磷肥。云南化工研究院利用云天化云南磷化集团海口磷矿浮选尾矿（含 P_2O_5 10%、CaO 31%、MgO 14%、SiO_2 8.6%），配以高镁磷矿（含 P_2O_5 24.5%、CaO 39.6%、MgO 3.6%、SiO_2 16.6%），制成混合矿（含 P_2O_5 15.62%、CaO 32.14%、MgO 8.61%、SiO_2 17.67%），所生产的钙镁磷肥含有效 P_2O_5 可达 15%，每吨钙镁磷肥可消耗浮选磷尾矿 0.5～0.6t。每吨钙镁磷肥的制造成本仅 520 元，比以中品位磷矿原矿生产的制造成本低 120 元。

（6）利用磷矿顶板含钾页岩生产熔融磷钾肥。云南光明磷化工总厂所属白登磷矿为寒武系下寒武统梅树村组含磷钾岩层，其主含磷层（第二层）为层厚 4m 的高品位磷矿（P_2O_5 32.82%），但其上层为含 P_2O_5 18%～20.5% 的含镁砂质磷块岩，梅树村组上部为筇竹寺组，第 4 层为砂质海绿石含钾砂岩及白云质砂岩。利用这些含镁砂质磷块岩、砂质海绿石含钾砂岩、白云质粉砂岩，采用郑州大学开发的钙镁磷肥生产工艺，可得到枸溶性 P_2O_5 > 12%、枸溶性 K_2O > 1.5%、有效 CaO + MgO + SiO_2 大于 70% 的碱性矿质磷钾肥，用于改良酸性土壤，增加作物抗倒伏、抗病害能力的肥料。与之相类似，云南磷化集团昆阳磷矿 ZK41-12 钻孔柱状图中含 P_2O_5 15.3%～23.3% 的灰色半风化白云质磷块岩，与其下部黑色半风化黏土页岩，利用云南昆明滇白化工有限公司的钙镁磷肥高炉，也能制得碱性矿质熔融磷钾肥。

（7）对于磷矿尾矿选矿后仅含 P_2O_5 5% 的二次尾矿，可参考从污泥和废弃物中回收磷的思路，与滇池污泥加微生物菌剂，制成土壤调理剂。利用特定的微生物活化低品位磷的能力，提高土壤中磷素的有效性，促进作物对磷素的吸收。该工艺技术为郑州大学提出的新思路，正在开发中，与云南磷化集团国家磷资源开发利用工程技术研究中心共同完成。

利用这种独特的云天化磷资源利用模式，可使磷资源获得充分利用，如图 10-11 所示。

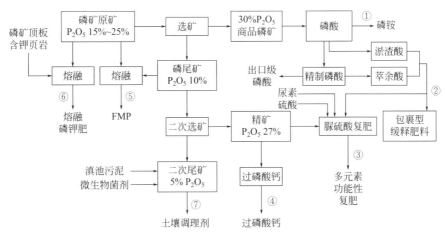

图 10-11 "郑州大学-云天化-富谊联"磷资源永续利用新模式
①～⑦代表磷资源分级利用

利用"郑州大学-云天化-富谊联"磷资源利用模式，可以使各品位的磷资源得到合理利用，仅从磷肥生产角度，便有可能使中国磷资源开采寿命从110年延长至300年以上；这种利用模式的各种生产工艺，若在世界推行，也可能使全球磷资源开采寿命从500年延长至千年。

图10-12为郑州大学与云南磷化集团技术人员考察露天开采磷矿剥离层黑色半风化黏土页岩及重介质选矿场（见文前彩图）。

10.5.2 金正大生态工程集团股份有限公司磷化工清洁生产技术体系

金正大生态工程集团股份有限公司采用硝酸法和硫酸法两种酸解磷矿工艺，磷化工清洁生产技术体系路线如图10-13所示。

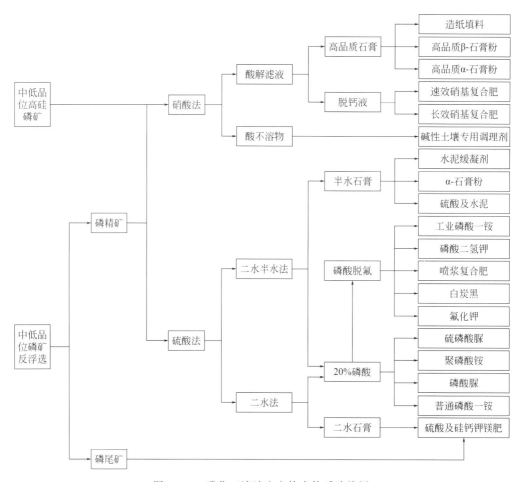

图 10-13 磷化工清洁生产技术体系路线图

（1）硝酸分解磷矿制备硝基复合肥技术简介　适宜的磷矿与硝酸进行酸解反应、分离，酸不溶物滤饼配以辅料制得碱性土壤专用调理剂；酸解滤液与预溶解的硫酸铵经脱钙、转晶、过滤洗涤制得硝磷酸溶液及纯度在95%以上、白度在92%以上硝基石膏。

将硝磷酸溶液与气氨进行中和反应并分离，含有枸溶性磷酸盐的滤饼送入喷浆复合肥装置生产长效硝基复合肥（图10-14）；中和滤液经浓缩后进入高塔复合肥装置，生产速效硝基复合肥（图10-15）。

图 10-14 喷浆长效复合肥装置

图 10-15 高塔速效复合肥装置

硝基石膏加工方向如下：一是采用水热法制得 α-半水石膏粉；二是经煅烧改性制得 β-石膏粉；三是经研磨处理制得替代碳酸钙的造纸填料。

（2）传统二水法磷酸副产磷石膏制备硅钙钾镁肥　以磷石膏及钾长石为主要原料，经高温煅烧制得硅钙钾肥熟料，再配以磷尾矿等辅料制得粉状和粒状硅钙钾镁肥（图 10-16～图 10-19），产品符合《硅钙钾镁肥》（GB/T 36207—2018）国家标准中的指标要求。

图 10-16 硅钙钾镁肥进料预热

图 10-17 硅钙钾镁肥回转窑

图 10-18 尾气制酸转化器

图 10-19 尾气制酸吸收塔

（3）二水-半水法磷酸联产高强度 α-半水石膏　开发出二水-半水法磷酸工艺，该工艺在二水石膏部分取出成品磷酸，在半水部分取出 P_2O_5 含量小于 0.2%、性能达 α40 标准以上的半水石膏，并在萃取转晶过程实现能量自平衡及磷酸脱硫。

α-半水磷石膏的应用：一是直接用于石膏制酸联产水泥装置，生产出合格的水泥产品；二是经加工制备出性能与天然石膏相当的水泥缓凝剂；三是经烘干加工成 α-石膏粉，可用

第 10 章　如何永续利用地壳中的磷？

于石膏基自流平砂浆、石膏基抹灰砂浆、防静电地板基板等。

（4）磷酸净化及氟盐的制备　分别以硫化钠为脱砷剂、以钾盐为脱氟剂脱除磷酸中的部分砷与氟，制得氟硅酸钾及净化磷酸（图10-20）。

以氟硅酸钾与气氨为原料经反应、过滤、洗涤，分离出的硅胶滤饼经打浆、干燥制得白炭黑；分离出的氟化铵滤液与氢氧化钾进行混合、蒸发、干燥制得氟化钾产品（图10-21）。

图 10-20　磷酸脱氟装置

图 10-21　氟化钾装置

（5）磷酸分级利用技术

① 工业级磷酸一铵联产农用磷酸一铵　将净化磷酸与气氨的中和料浆进行分离，滤液经加工制得达到行业标准中Ⅰ类指标要求的工业级磷酸一铵；含有枸溶性磷盐的滤饼与结晶滤液加工制成低养分的农用磷酸一铵。

② 磷酸二氢钾联产冲施肥　将净化磷酸与气氨的中和料浆进行分离，含有枸溶性磷盐的滤饼用于生产长效复合肥；磷酸一铵滤液与氯化钾经加工制得符合行业标准优等品要求的磷酸二氢钾；结晶滤液加工成冲施肥。

③ 聚磷酸铵　净化磷酸进行浓缩后，以尿素为缩合剂，与气氨在反应器中进行高温反应，同经后续加工制得具有较高聚合率的粉状聚磷酸铵产品。

④ 磷酸脲联产硫磷酸脲　将净化磷酸进行浓缩，再与尿素经加工制得符合国家标准要求的磷酸脲产品。结晶滤液配以其他辅料，制得 N 含量为 16%、P_2O_5 含量为 30% 的硫磷酸脲肥料。

金正大生态工程集团股份有限公司建立了一条磷化工清洁生产技术路线体系图，从生产加工、固废副产物及尾气回收利用，生产高附加值产品，使磷资源得以高效利用，有利于我国磷资源的可持续发展。

10.6　农学、化学、化工多学科联合，探讨中国磷矿资源危机及缓解对策

在中国科学院南京土壤研究所邢光熹资深研究员倡议下，中国科学院南京土壤研究所土壤与农业可持续发展国家重点实验室，中国科学院土壤环境与污染修复重点实验室邢光熹、王慎强、赵旭；厦门大学化学化工学院赵玉芬院士；郑州大学国家钙镁磷复合肥技术研究推广中心许秀成、侯翠红；中国科学院封丘农业生态实验站钦绳武、顾益初，曾联合探讨中国磷矿资源危机，采取何种对策才能缓解磷矿资源的枯竭，使中国磷矿资源的枯竭期可推迟数百年以至千年。

10.6.1 调整磷肥产品结构，合理利用中国的磷矿资源

中国磷矿储量的世界排名虽位居前列，但富矿比例低，中低品位磷矿比例相对较高。2007 年中国矿产资源库数据中，在已查明磷矿资源量 176.3 亿吨基础储量中含 $P_2O_5 \geqslant 30\%$，可直接作为商品的富磷矿仅 16.6 亿吨，占总储量的 9.4%，含 P_2O_5 20%~30% 的中品位磷矿 48.5 亿吨，含 P_2O_5 10%~20% 的低品位磷矿 82 亿吨，含 P_2O_5 2%~10% 的磷矿 29.2 亿吨。

中国磷矿资源的另一特点是磷块岩占总资源的 80% 以上，特别是难以选矿的钙（镁）质磷块岩，硅钙（镁）质磷块岩占 56.5%。这些磷矿用于生产磷铵、重过磷酸钙、硝酸磷肥及磷酸基 NPK 复合肥等高浓度磷复肥，对脱镁要求很高，更增加了对选矿的要求。当前中国主流的磷肥生产工艺背离了中国磷矿资源的特点，2011 年生产的高浓度磷肥占 82.3%，而可直接利用中、低品位磷矿的低浓度磷肥只占 17%。

中国磷肥生产中调整产品结构为首要之举。按现行的中国磷肥生产中消耗磷矿的增长速度和磷肥生产中以高浓度的磷复肥为主的模式运行，中国磷矿资源枯竭期的来临不会超过 100 年，富矿资源不会超过 20 年。调整中国磷肥产品结构的核心是降低高浓度产品的比例，提高低浓度产品的比例，为此，中国科学院学部咨询评议项目《我国磷科技发展关键问题与对策》（2009—2011）曾提出以下可行性建议：将磷肥的总生产量控制在每年 1000 万吨 P_2O_5，磷肥自给率保持在 90% 左右，并调整产业结构。

(1) 使磷铵类、重过磷酸钙、硝酸磷肥等高浓度磷复肥的产量从 2010 年占总产量的 82% 降低到 50%，每年约需要使用 1900 万吨 $P_2O_5>30\%$ 的富磷矿。

(2) 把低浓度磷肥产量从占总产量的 17% 提高到 50%。其中磷酸基脲硫酸复肥、过磷酸钙、部分酸化磷矿肥料占磷肥总产量的 30%，约需使用 1100 万吨含 $P_2O_5>24\%$ 的中品位磷矿。

(3) 使钙镁磷肥（含镁熔融磷肥），熔融磷钾肥及其他热法磷肥占磷肥总产量的 20%，约需要使用 1100 万吨含 $P_2O_5>20\%$ 的低品位磷矿，或 2200 万吨含 $P_2O_5>10\%$ 的低品位磷矿。

这一调整比例，既考虑到中国磷矿资源的特点和现有的磷肥生产状况，又考虑到了基于中国农田土壤性质对磷肥的需求。降低高浓度磷肥的比例可大大减少为满足高浓度磷肥生产选矿过程中磷矿资源的损失，提高低浓度磷肥产量的比例，可充分发挥中国中低品位磷矿资源多的优势。低浓度的磷肥含有效 Ca、Mg、S、Fe、Mn 等中微量元素及有益元素可溶性 SiO_2，在中国有很好的应用价值。中国长江以南地区，约半个中国的土壤主要为热带、亚热带酸性红壤、黄壤类土壤。长期的农业生产实践证实，过磷酸钙、部分酸化磷肥、钙镁磷肥等在磷素缺乏的这些酸性土壤地区都有很好的肥效，对增加高产作物抗倒伏能力、增强抗病害能力有积极的意义。

实施上述调整方案，可使中国磷矿每年最大开采量降至 6000 万吨。以中国磷矿资源储量 176.3 亿吨计，并考虑今后 300 年内中国新增磷矿资源储量 35 亿吨，磷矿开采回收率为 85%，则中国磷矿资源可维持约 300 年。

10.6.2 磷资源循环利用

每年把中国有机肥资源量的 50% 返回农田，可减少二分之一磷矿资源的消耗。据统计

数据，中国 2006 年有机肥中（人畜排泄物和作物秸秆）的磷资源达到了 1456 万吨 P_2O_5，高于 2006 年化学磷肥的消耗量（1135 万吨 P_2O_5）。

在华北平原河南封丘地区小麦-玉米一年两熟农田，从 1999～2009 年 20 年的长期试验结果，证明了有机肥中的磷资源对保障粮食安全的作用。100%有机肥，或 50%化学磷肥与 50%有机肥中的磷配合使用与 100%化学磷肥三种处理小麦、玉米得到了相同水平的产量（图 10-22），50%的有机肥中的磷替代 50%的化学磷肥是完全可能的。有机肥与无机磷肥配合使用能达到与等当量 N、P、K 化学肥料相同的水稻产量，也在中国南部湖南省祁阳县 23 年（1982～2005）的长期试验中得到了验证。

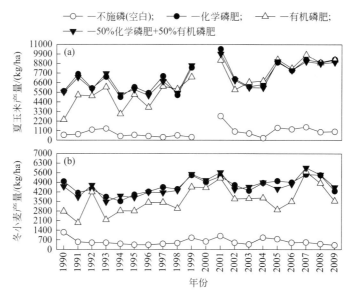

图 10-22 黄淮海平原玉米/小麦轮作农田化学磷肥和有机肥中的磷及其配比长期施用（1990～2009）对作物产量的影响

长期等量施用有机肥料磷或有机肥料与化学磷肥配合施用，与施用化学磷肥相比，更有利于土壤有效磷库的累积（图 10-23，图 10-24）。

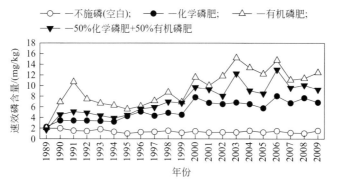

图 10-23 黄淮海平原玉米/小麦轮作农田化学磷肥和有机肥中的磷及其配比长期施用（1989～2009）下 Olsen-P 含量变化

在中国只要把 50%的有机肥中的磷资源利用起来，则化学磷肥的需求可减少一半，原来可利用 300 年的磷矿资源就可延长到 600 年。

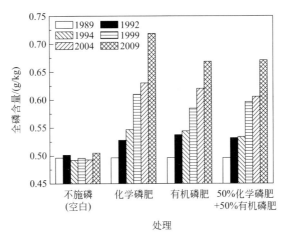

图 10-24　黄淮海平原玉米/小麦轮作农田化学磷肥和有机肥中的磷
及其配比长期施用（1989～2009）下土壤全磷含量变化

有机肥的利用具有重要的战略意义，即使到某一年，磷矿资源枯竭了，也能支持相应规模人口的生存，因为有机肥不仅含有磷，也含有丰富的 N、K 和其他营养元素。在农耕社会时代，没有化学磷肥，有机肥的使用对于支持人口增长起到了决定性的作用。现以中国清王朝为例，自 1661～1901 年的 240 年间，人口由 1661 年的 7655 万人增至 1901 年的 42644 万人。240 年间总耕面积虽有所增加，但人均耕地面积大幅下降，人均耕地由 47.9 公顷降至 14.5 公顷。农耕社会粮食增产主要靠开垦荒地扩大耕地面积和有机肥的施用。这 240 年间人口增加了 5.55 倍，而耕地只增加了 1.68 倍（图 10-25）。可见，维持人口增长所需的粮食增长并不是靠扩大耕地面积，有机肥中包括磷在内的营养元素的循环利用是关键措施。当然，兴修水利与品种改良对农业生产也有很大作用，然而，在中国除 2000 多年前兴建的四川都江堰外，还没有兴建其他大型水利工程的记载。在 300 多年前，品种改良也不可能有突破性进展。

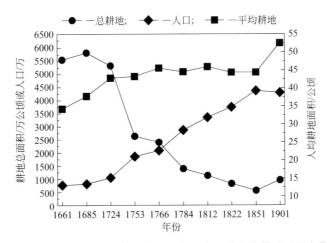

图 10-25　1661～1901 年间耕地面积、人口及人均耕地面积变化

10.6.3　建立科学施磷制度

Natasha Gilbert 在 2009 年 Nature 论文中，引用了 Alan townsend 的话："剩下多少磷

矿可被开采并不重要,减少磷肥用量,提高肥效才是重要之策"。这一观点,对中国来说也是至关重要的。

近 30 年来,由于化学磷肥的大量投入,中国农田的磷状况发生了重大变化,20 世纪 80 年代以前 80% 的耕地缺磷。这是因为 1980 年前(1949～1979),中国农田土壤的磷平衡以有机肥为主,化学磷肥只占有机肥料中的磷的 1/2,每年每公顷收到的磷平均只有 0.02t P_2O_5(表 10-5)。至 2000 年转变为 90% 以上的耕地不缺磷,这是因为 1980～1999 年的 20 年间,农田累计施磷已达 172.99 万吨 P_2O_5,每年每公顷接收的磷平均为 0.070tP_2O_5,比 1949～1979 年间增加了 3.5 倍(表 10-5)。

表 10-5　1949～2009 年 60 年间我国磷肥投入量

年代区间	累计施磷量/百万吨 P_2O_5			平均每公顷年代区间接收的磷量/t P_2O_5	每年每公顷平均接收的磷量/t P_2O_5
	有机肥①	化学磷肥②	合计		
1949～1979(30 年)	48.70	24.63	73.33	0.60	0.02
1980～1999(20 年)	54.28	114.75	172.99	1.42	0.07
2000～2009(10 年)	—	126.02	126.02	1.03	0.103

①化学磷肥根据中国统计年鉴中 1949～2010 年数据计算。
②有机肥根据李庆逵等,1998《中国农业持续发展中的肥料问题》第二章中的数据制表。

从表 10-5 可以看出,自 2000～2009 年的近 10 年来,化学磷肥的消耗量又达到一个新水平,累计已达 126.02 万吨 P_2O_5,超过了 1980～1999 年 20 年间化学磷肥的累计施用量,这一数量可使中国目前的 1.22 亿公顷耕地每年平均接收磷肥量达到 103kg P_2O_5。然而,在这样的施磷水平下,中国的绝大多数地区,仍然是年年施磷,季季作物施磷,缺乏科学管理,盲目施用磷肥,这是中国当前磷肥施用中存在的主要问题。2009 年在中国太湖平原典型地区宜兴市和常熟市的农户施磷状况和土壤磷库调查结果显示,当前一个稻麦作物季,化学磷肥的施用量(以 P_2O_5 计)已超过 120kg/ha,如此大量的磷肥投入已造成土壤磷大量积累。虽然在 20 世纪 80 年代前,欧美国家曾大量施用磷肥,丰富了土壤磷库,然而在降水充沛的中国南部地区有试验证实,通过农田径流进入水体的磷与施磷量成正比。因此,我们主张科学施磷,即根据土壤、作物和农作制,应用土壤测试技术,施用磷肥。达到既能满足作物需求,又不对环境产生危害的目标。

最近几年进行的太湖地区稻麦轮作农田的 10 种主要类型水稻土 7 季作物的盆栽试验结果表明,与 7 季作物季施磷处理相比较,麦季不施磷,麦季施磷和稻季不施磷对水稻产量无显著差异(图 10-26)。然而,7 季作物季施磷土壤有效磷库都达到了一个很高的水平(图 10-27)。另外,来自华北平原原阳的水稻土和江西余江两种不同母质发育的水稻,前三季作物水稻施磷与不施磷对产量都无明显影响(图 10-28),这表明,中国不同地区稻麦轮作稻田一季不施磷是完全可行的。

目前,虽然还不能对科学施磷对减少磷肥施用量和磷资源消耗量作出全面的估算,但坚持科学施磷对于减少磷资源消耗的潜力是巨大的。以水稻生产为例,可对科学施磷的效果作出计算。2010 年中国水稻种植面积 2987 万公顷,占作物总播种面积的 20% 左右。目前中国水稻平均施磷在每公顷 60kg P_2O_5,以水稻一季不施磷计算,全中国仅此一项可减少磷肥投入 179 万吨 P_2O_5,一年可减少磷矿消耗 810 万吨。

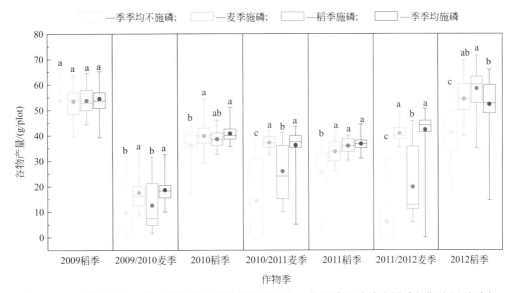

图 10-26　太湖流域 10 种主要类型稻麦轮作农田土壤上化学磷肥季季或隔季长期施用对稻麦产量的影响（2009～2012；盆栽）

注：线和圆点对应值为 10 种土壤（各 3 个重复）作物产量的中值和平均值。长方形对应值为 25% 和 75% 数据点区间。竖线底部和顶部分别代表最大值和最小值。不同字母代表同一季节不同处理间的显著性差异（$p<0.05$）

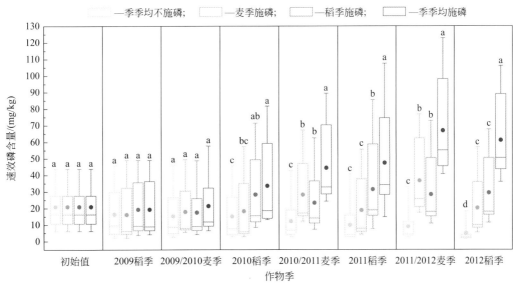

图 10-27　太湖流域 10 种主要类型稻麦轮作农田土壤上化学磷肥季季或隔季长期施用下土壤 Olsen-P 含量变化（2009～2012；盆栽）

注：线和圆点对应值为 10 种土壤（各 3 个重复）作物产量的中值和平均值。长方形对应值为 25% 和 75% 数据点区间。竖线底部和顶部分别代表最大值和最小值。不同字母代表同一季节不同处理间的显著性差异（$p<0.05$）

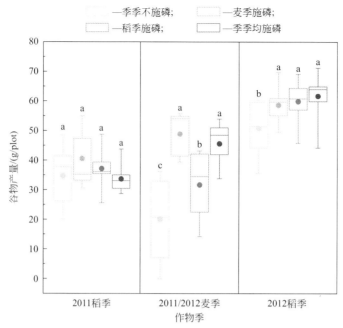

图 10-28　河南原阳水稻土和江西余江两种不同母质发育的水稻土上
化学磷肥季季或隔季长期施用对稻麦产量的影响（2011～2012；盆栽）

注：线和圆点对应值为 3 种土壤（各 3 个重复）作物产量的中值和平均值。长方形对应值为 25% 和 75% 数据点区间。竖线底部和顶部分别代表最大值和最小值。不同字母代表同一季节不同处理间的显著性差异（$p<0.05$）

鲁如坤（1998）提出，根据小麦、玉米的生物特性及生长季节气候条件的差异，建议小麦生长季施磷，玉米生长季少施或不施磷。鲁剑巍等（2011）建议，从一个轮作周期考虑磷肥的分配，小麦季占 2/3、玉米季占 1/3 是小麦-玉米轮作体系减少磷肥用量，发挥磷肥后效的科学施磷的一种模式。

多学科联合探讨的结论：中国磷矿资源的利用，磷肥产品的结构，都存在严重的不合理现象。中国磷资源的使用，包括化学磷肥的施用和有机肥资源的利用都缺乏科学管理。若能采取下列有效对策：第一，从中国的矿资源特点出发，调整磷肥产品的结构；第二，利用中国丰富的有机肥资源中的 50% 磷；第三，实行科学施磷，则中国磷矿资源的枯竭期可推后至数百年以至千年。

2015 年，中国磷矿储量仅占全球储量的 4.56%；磷矿年开采量为 1.42 亿吨，占世界磷矿产量 50%；中国人口为 13.75 亿，占世界 73.47 亿总人口的 18.7%。中国磷矿资源正在快速枯竭。

本研究报告确信多学科联合探讨的结论：中国磷矿资源枯竭期可推后至数百年乃至千年，世界磷矿资源的枯竭期也可推后至千年。人们通过回收利用废弃物中的磷，减少磷使用过程中的各种损失，更重要的是管理好现有磷资源的开采与利用，至 2100 年后世界人口将大幅度减少，从而可能达到人类永续利用地壳中磷的目标。

参考文献

[1] Peter L. Phosphorus recovery finally breaks through[J]. Fertilizer International，2015，469：43-47.

[2] Peter L. P recovery: from evolution to revolution[J]. Fertilizer International, 2017, 479: 37-41.

[3] 徐丰果, 罗建中, 凌定勋. 废水化学除磷的现状与进展[J]. 工业水处理, 2003, 23(5): 18-20.

[4] 王广伟, 邱立平, 张守彬. 废水除磷及磷回收研究进展[J]. 水处理技术, 2010, 36(3): 17-22.

[5] Hu Z R, Wentzel M C, Ekama G A. Anoxic growth of phosphate-accumulating microorganism in enhanced biliological phosphorus removal process[J]. Water Research, 2002, 36(19):4927-4937.

[6] Andrew A R, Liu Y H. Polyhydroxyalkanoates form potentially a key aspect of aerobic phosphorus uptake in enhanced biological phosphorus removal[J]. Water Research, 2002, 36(14):3473-3478.

[7] Mino T, Liu W T, Kurisu F, et al. Modeling glycogenstorage and denitrification capability of microorganisms in enhanced biological phosphate removal processes[J]. Water Science Technology, 1995, 31(2): 25-34.

[8] 侯翠红, 李英翔, 许秀成, 等. 磷资源可持续利用新模式研究[J]. 化工矿物与加工, 2017, (5): 1-3, 67.

[9] 侯翠红, 许秀成, 王好斌, 等. 倡导复肥新潮流: 中浓度、多营养元素、功能性复肥[J]. 磷肥与复肥, 2013, 28(3): 7-10.

[10] 侯翠红, 许秀成, 王好斌, 等. 一种脲硫酸多营养功能性复肥的生产方法: 中国, 201310096516.6[P]. 2013-03-22.

[11] 侯翠红, 陈树宏, 王好斌, 等. 一种利用磷酸渣酸生产的颗粒复合肥及其生产方法: 中国, 201810519431.7[P]. 2018-05-28.

[12] 侯翠红, 苗俊艳, 王好斌, 等. 一种用脲硫酸分解磷矿粉制备颗粒脲基复合肥的方法: 中国, 201810722694.8[P]. 2018-07-04.

[13] 李莳萍, 王好斌, 许秀成, 等. 含有丰富中微量元素的矿物肥料在复合肥生产中的应用[J]. 化肥工业, 2016, (3): 91-94.

[14] Liu X, Sheng H, Jiang S Y, et al. Intensification of phosphorus cycling in China since the 1600s[J]. Proc Natl Acad Sci U S A, 2016, 113(10):2609-2614.

[15] Kalmykova Y, Karlfeldt Fedje K. Phosphorus recovery from municipal solid waste incineration fly ash[J]. Waste Management, 2013, 33(6): 1403-1410.

[16] 高伟. 磷酸铵盐结晶法回收农药废水中的无机磷[D]. 郑州: 郑州大学, 2015.

[17] 滕泽栋, 李敏, 朱静, 等. 解磷微生物对土壤磷资源利用影响的研究进展[J]. 土壤通报, 2017, 48(1): 229-235.

[18] 王广伟, 邱立平, 张守彬. 废水除磷及磷回收研究进展[J]. 水处理技术, 2010, 36(3): 17-22.

[19] 孙梦, 张培玉, 张晨. 城市污水的除磷技术分析[J]. 水处理技术, 2010, 36(8): 16-20.

[20] 杨建浩, 韩晓日, 刘勇涛, 等. 我国磷资源和磷施用中存在的问题及对策[J]. 辽宁农业科学, 2011, (6): 36-40.

[21] IFDC, Phosphate rock and mineral Commodity summary, January 2010:33.

[22] USGS, Mireral Commodity Summaries[M]. United States Government Printing Office, Washington: January 2013:119.

[23] 张福锁. 我国肥料产业与科学施肥战略研究报告[M]. 北京: 中国农业大学出版社, 2008: 50-60.

[24] 沈善敏. 中国土壤肥力[M]. 北京: 中国农业出版社, 1998: 212-273.

[25] 张国荣, 李菊梅, 徐明岗, 等. 长期不同施肥对水稻产量及土壤肥力的影响[J]. 中国农业科学, 2009, 42(2): 543-551.

[26] Natasha Gilbert. The disappering nutrient[J]. Nature, 2009, 8(461):716-718.

[27] 曹志洪. 中国土壤质量[M]. 北京: 中国科学出版社, 2008: 134-138.

[28] 中华人民共和国国家统计局. 中国统计年鉴, 1949-2010[M]. 北京: 中国统计出版社, 2010.

[29] Zuo Q, Lu C A, Zhang W L. Preliminary study of phosphorus runoff and drainage from a paddy field in the Taihu Basin[J]. Chemosphere, 2003, 50(6): 689-694.

[30] Zhang H C, Cao Z H, Shen Q R, et al. Effect of phosphate fertilizer application on phosphorus(P) losses from paddy soils in Taihu Lake Region: I. Effect of phosphate fertilizer rate on P losses from paddy soil[J]. Chemosphere, 2003, 50(6): 695-701.

[31] Zhang Z J, Zhu Y M, Guo P Y, et al. Potential loss of phosphorus from a rice field in Taihu Lake Basin[J]. Journal of environmental quality, 2004, 33(4): 1403-1412.

[32] 王慎强, 赵旭, 邢光熹, 等. 太湖流域典型地区水稻土磷库现状及科学施磷初探[J]. 土壤, 2012, 44(1): 158-162.

[33] 鲁如坤. 土壤-植物营养学原理和施肥[M]. 北京: 化学工业出版社, 1998: 152-205.

[34] 张福锁. 测土配方施肥技术[M]. 北京: 中国农业大学出版社, 2011: 105-122.

第 11 章
肥料领域颠覆性创新理论

在参与中国科学院赵玉芬院士主持的中科院学部咨询评议项目《适应农业新需求，构建我国肥料领域创新体系》过程中，广泛收集了现代农业、未来农业的资料。通过对美国、以色列、泰国的农业考察，对现代农业、未来农业有了概括的认识，并提出了肥料领域颠覆性创新理论。

11.1 未来农业发展方向

11.1.1 精准农业

11.1.1.1 大数据与云技术

全球监控无处不在，一切都被记录，一切都被分析！世界的活动每天新产生 2.5×10^{18} 字节大数据（big data）！这些被记录的片段数据被称为"面包屑"。通过云计算对大数据进行分析、预测、释放出数据的隐藏价值，指导社会各方面的工作。

"云计算"是拥有几千台独立计算机或大型、超大型计算机所组成的数据中心，来处理大数据所涉及的各方面问题。因为以前的程序在绘制服务器图标时会在图标之外加一个圆圈。从网络图来看，多个服务器便会形成几个相互重叠的圆圈，看上去就像云彩一样，这些复杂的、多重的计算被称为"云计算"（cloud computing）。所以，"云计算"并不是将数据传送到云端，在云端进行计算！而是传送到计算机数据中心，通过"算法"进行计算。

11.1.1.2 精准农业

精准农业（图 11-1）是使用全球定位系统（GPS）、地理信息系统（GIS）、遥感系统（RS），对植物、土壤和天气收集全面的数据进行"信息采集"；然后用计算机分析所有数据，生成农场作物产量分布图，再根据田间地形、地貌、土壤肥力等参数的空间分布图，支持作物管理的数据库与作物生产发育模拟模型，投入产出模拟模型，作物管理专家库等建立作物管理决策支持系统，生成作物管理处方图，完成"信息处理分析"；根据田间处方图，实施定时、定位、定量的农业物料（种子、肥料和农药、灌溉水）的投入，实现科学的投入与管理。精准农业可使肥料更高效地施用，同时可以节时、省力，获得最佳的经济效益和社会效益。

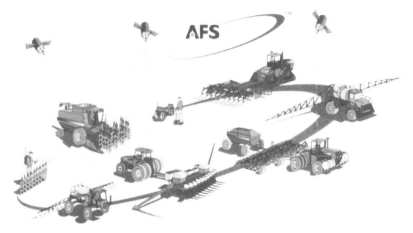

图 11-1　精准农业

变量施肥技术是将各种单质肥（氮、磷、钾）、含中量、微量元素的颗粒肥分别储于施肥斗内，或配制的各种水溶肥，随施肥机或灌溉施肥机的运行，在 GPS 的引导下进行变量施肥。变量施肥将养分准确地施在作物需要的地方，而不是均匀地施在整个地块，降低了成本投入和环境影响，提高作物产量和质量，并提高了农场的利润。因此，今后单质肥（尿素、磷铵、钾盐）、水溶肥将会有广泛的应用前景，而固定配比的复合肥料很难满足变量施肥的需求。

大数据是现代农业的引擎，农业大数据核心是服务精准农业。计算机云技术及信息化技术正在改变农业模式向精准农业发展。美国是世界上最早提出并实践精准农业的国家，果园里安装湿度感应器，可随时监测土壤湿度变化，传递给计算机群处理，反馈给灌溉系统，并进行精准喷灌，可节省 20% 的水。美国这一技术主要应用在高价值作物如开心果、核桃和葡萄上。另外，行栽作物如玉米和大豆也正在使用高科技，播种、浇灌、施肥和收获全程计算机控制，土壤也在监测范围之内。

目前，美国有 200 多万个农场，其中有 60%～70% 采用了精准农业技术，主要应用于中西部大豆、小麦、玉米和部分经济作物。农场越大，精准农业技术带来的利润也就越高，成本回收周期越短。2400 英亩（971 公顷）以上的大型农场可以每年获利 3.9 万美元，只需约 2 年的时间即可收回成本；而 800 英亩（324 公顷）的小型农场只能获利 1.1 万美元，需要 6 年多才能收回成本。总体来看，美国精准农业技术主要应用于大型农场，未来的农场如图 11-2 所示。

图 11-2　未来农场

法国可以利用 GPS 和 GIS（地理信息系统）测定生产率，用电子化拖拉机与自动喷洒装置组成联合机组进行肥料和农药的撒播和喷洒。

以色列实施新兴的精准农业，拥有先进的自动化控制技术、成熟的农业微灌、喷灌和滴灌技术、精准化的良种开发技术及精确的水肥合理供给技术。图 11-3 为赵玉芬院士项目组考察以色列 Agroweblab 智慧农业试验田（见文前彩图）。

以色列 SupPlant 公司的 Growth-Based Irrigation（简称 GBI）基于生长型的灌溉技术，就是通过智能传感系统对作物进行持续的检测，然后将这些数据传输到云计算系统后，使用该公司独特的算法，计算出摄水量对作物生长的影响，并且调整灌溉系统来适应作物任意的水量需求。GBI 技术智能传感器主要分为气象、土壤、叶片和生长传感器（图 11-4）。

气象传感器　　　　叶片传感器　　　　土壤传感器　　　　生长传感器

图 11-4　以色列四种智能传感器

气象传感器主要包括对太阳辐射、风力、空气湿度、降雨量和湿度的监测，提供一个所有植物耗水量的估计——每日潜在的蒸发量和植物的抗逆性。水蒸气的压力差可以预测植物的每日的需水量。

叶片传感器主要有叶片温度夹和红外辐射照相机，提供开放气孔的信息和作物的胁迫系数，累积的压力量表明需要改变灌溉量。

土壤传感器主要用于土壤温度、湿度、张力和电导率检测等。根据土壤类型可以确定相应的土壤最低湿度水平，基于胁迫值、盐分和养分，调整预设值。一段时间内土壤湿度的改变有利于决定土壤性质和设置最低灌溉频率。

生长传感器主要包括对茎粗、果实直径的测量等。可以实时监测增长率的变化并且能立即检测其所受的生长压力。茎的生长与气象条件关系，可以判断其是否缺水。

2015 年，以色列 SupPlant 公司基于生长型的灌溉技术应用（GBI），在番茄上节省了 25% 的灌溉用水和肥料；在春葡萄柚上，基于 GBI 的灌溉与常规的灌溉相比，实现了生长速率 166% 的增长；在夏玉米上，在同样产出的情况下，实现了 15% 的节水量。

全球最大农业机械制造商 John Deere 在机械上安装全球定位系统，可以锁定地球上的几厘米范围，实现精准化种植，其设备能精确在 3cm 之内种植单个种子，收获时可随时测定单位面积粮食产量，结合 GPS 数据可绘制产量地图，指导下季作物的种植。农民可通过无人机来收集信息，机载设备能通过监测植物覆盖的数量来区分作物和杂草，并将杂草去除，甚至可以使用微波或激光来除草，满足有机食品的要求。

国际无人机系统协会认为，在未来无人机商用市场中，农用无人机的份额预计达到 80%，采用多光谱分析技术监测植物吸收或反射不同波长太阳光的能力，从而判断作物生长情况。多光谱传感器安装在施肥装置上，还可评测作物的氮磷钾需求，进而调整剂量进行喷洒。液体肥料将是未来的发展方向，因其可以根据需要配置养分，灵活方便。

11.1.1.3 中国农业大数据的构建者——"数字富邦"

湖北富邦科技有限公司旗下盘古数字土壤检测有限公司的"近地γ射线感应"测土"月球车"（图 11-5，见文前彩图），每小时可跑 35km，一天能测 27 公顷土地，一次可获得 56 组数据，已对多地进行了测试。"数字富邦"可以准确、快速地获取土壤的多项理化数据：包括植物生长所需的大量元素（氮除外）和中微量土壤元素、土壤改良数据和土壤修复所需检测的重金属、腐殖质、二噁英、多氟联苯、放射性元素等，生成高精度数字化地图，为精准农业服务。通过"云计算"，公司旨在打造"中国第一个数字化地图"，建立富邦科技"田小二"平台为中国智慧农业服务。

商业模式在不断地发生变化，农业公司不仅仅是出售机械、种子或化肥农药等，他们需要与计算机云处理及信息技术结合起来，建立软件平台管理农场，这就为没有涉足农业的信息化公司进入智能化农业市场提供了机遇。

11.1.2 机器人与城市农业

农业机器人是机器人在农业生产中的运用，是一种可由不同程序软件控制，能感觉并适应作物种类或环境变化，有检测（如视觉等）和演算等人工智能的新一代无人自动操作机械（图 11-6）。它的广泛应用，改变了传统的农业劳动方式，降低了农民的劳动强度，促进了现代农业的发展。

带有智能感知系统的大田除草机器人可确定农田中的杂草，并将它们清除；施肥机器人也可在不损坏作物的情况下，通过机载多光谱相机对农场作物的需肥量进行评估，配施合适的剂量；采摘机器人可以采摘蔬菜和水果，西班牙一家公司开发的机器人通过摄像头识别来采摘成熟的草莓（图 11-7）。因此，研究开发收获高产作物的机器人将可大大减少人力成本。十年后一些富裕国家将大部分使用机器人完成农业劳动。

图 11-6　农业机器人

图 11-7　采摘草莓机器人

11.1.3 植物工厂

植物工厂是通过在设施内高精度环境控制实现作物周年连续生产的高效农业系统，是利用电子计算机和电子传感系统对植物生长的温度、湿度、光照、CO_2浓度以及营养液等环境要素进行自动控制，使设施内植物的生长发育不受或很少受自然条件制约的省力型生产方式。它是设施农业发展的最高阶段。植物工厂不占农地，产品无污染，操作省力，机械化程度高，单位面积产量可达到露地产量的几十倍甚至百倍，被认为是21世纪解决人口、资源、环境问题的重要途径。

日本的未来农业将走"植物工厂"之路。这是因为日本社会"少子、高龄化"，日本农民平均年龄超过65岁，日本政府鼓励企业投资农业。日本建筑业因经济低迷，建筑项目减少，投资农业寻求新发展；连锁餐饮和超市企业希望自建蔬菜基地，以形成稳定的原料供应；日本制造部门向海外发展后有闲置车间厂房，稍加改造就可变身植物工厂。因此，这三个行业积极投资于植物工厂，并希望将植物工厂作为未来的主要内容，打入中东等缺水地区市场。

植物工厂分为太阳光利用型及人工光利用型两类。

太阳光利用型植物工厂是在半封闭的温室环境下，主要利用太阳光，但在夜晚或白天连续阴雨寡照时，采用人工光源补充；栽培方式为营养液的水耕栽培和基质栽培；温室内有多种环境因子监测和调控设备。

人工光利用型植物工厂是在密闭可控的环境下，采用人工光源与营养液栽培技术，在几乎不受外界气候条件影响环境下，进行植物周年生产（图11-8）。植物的光敏色素是告诉植物何时发育、生长、开花、结果和衰老的重要感光分子。光敏色素就像眼睛一样，可以把光线变成化学信号，当植物处于阳光充分照射下时，光敏色素吸收红色光线并切换到活跃模式，告诉植物结籽或结果。黑暗中生长的植物有可能引发下一次绿色革命。

2013年，日本有304家植物工厂，其中，太阳光利用型占大多数。但植物工厂生产成本高，限制了其发展。我国已建成了不同类型的植物工厂，植物工厂的一些关键技术，如LED节能光源、制冷——加热双向调温控温、营养液在线检测与控制、数据采集与自控以及基于物联网的智能管理。在中国农业科学院设施农业研究中心主任杨其长研究员的团队努力下，均取得重大突破，奠定了我国在国际植物工厂领域的先进地位。特别可贵的是开发了家庭微型植物工厂，在一个长1.35m、宽0.8m、高1.8m的家庭微型植物工厂内（任何$2m^3$空间，包括潜艇内），有三层立体栽培结构，每茬可种45棵菜，年产蔬菜60～80kg，还可培养食用菌，为推进我国植物工厂的普及发挥展示作用。

"地下农场"（growing underground）是由史蒂芬·德林和理查德·巴拉德建立的，在伦敦市中心有个地铁站，叫克拉彭北站，在这个站附近有个二战防空洞，约33m深，但是现在里面是个种植园。它种植了大约20种类型的沙拉植物，出售给城市的厨师和三明治店（图11-9）。在地下建农场有许多优点：首先在地面下种植农作物，不受天气影响，可以常年种植作物；其次，农场依靠水栽培技术和LED照明技术。这些技术使农场比传统农场减少了70%水资源的使用，还能很好地控制室内温度，让温度维持在20℃左右。这样也减少了化肥和杀虫剂的使用。

在很多方式上，地下种植很像户内水培操作，但有一个很大的区别，通常的温室用玻璃或碳酸酯墙，目的是尽可能多的进入阳光。但是地下种植是排除阳光，照明由LED发光二极管提供，根据植物所需的光谱进行精确调整，它们发出最佳的光，使植物进行光合作用，可以大大缩减作物的生长周期。

图 11-8 人工光型植物工厂

图 11-9 "地下农场"的创始人巴拉德（左）、德林（右）和英国名厨米歇尔·鲁（中）

集装箱种植将打开农业新天地（图 11-10）。美国的 22 个州和加拿大的两个省安装了 60 多个货运农场集装箱，其市场巨大，前景广阔。每个集装箱里可以装着满满的 256 个整齐的垂直植物种植塔，沐浴在粉色的强光中，由 128 条发光二极管提供光源。还有一套水循环系统、容量达 8 加仑（1 加仑约合 3.8L）的液体肥料箱和一个用来产生补充二氧化碳的天然气罐，这些装置每天仅需 10 加仑水和 80 度电的能源，就可在六周内完成种子到可销售产品的种植过程。

图 11-10 集装箱种植

日本宫城县多贺城市向媒体展示了全世界最大的 LED（发光二极管）人工光型植物工厂，占地面积约为 2300 m^2，使用 1.75 万个 LED 照明灯，可全年进行生产，预计每天能收获约 1 万棵生菜，产量为自然栽培的 100 倍，用水量却不到自然生长的 1%。

在瑞典，日光灯也用于同样的业务。在常规的温室中，这样的灯用来补充阳光，但是在无光的条件下和史蒂芬地下种植起一样的作用。它们像阳光是有效的、持久的，具有光谱优势。LED 灯补充光照也可用在地下种植和垂直农场上，在城市的高楼大厦上种植作物，可以是一个现代版的城市花园，在土地资源日益宝贵的城市将是未来的发展方向。

中国科学院长春应用化学研究所张洪杰院士开发的以稀土发光材料为光源的 LED 灯可根据植物生长的需求，调节不同波长和强度的光，为 LED 灯农用取得了突破性进展。

11.1.4 基因工程、基因编辑与基因选择

基因工程是从分子生物学角度来优化作物品种，早前的转基因工程是在玉米、大豆和棉

花内植入来自细菌的基因，使其可以抗虫害、除杂草。此项技术深受农民喜爱，虽然没有证据表明转基因食品对健康有害，也未能证明它们危害环境，但大多数消费者仍在排斥转基因食品。

未来的基因工程是基于 DNA 序列的精确识别，可以单个改变某一基因，通过增加、减少或替换一个最小的基因单元（核苷酸）调整现有位置的 DNA，称为基因重组或基因编辑。这比起目前的转基因来说，不需改变整个作物或动物的基因，类似于作物育种的基因突变。

基因编辑最重要的是利用了一种先进的编辑工具，基因编辑剪刀 CRISPR/Cas9。CRISPR（成簇的规律间隔短回文重复序列）是正常细菌的杀手——噬菌体的免疫系统，例如大肠杆菌基因的尾端有一个很奇怪的重复系列 CRISPR，它能对病毒性感染进行处理，病毒入侵后，它会产生 CRISPR 相关蛋白（Cas 蛋白）结合到病毒 DNA 上，从上面剪下一块病毒 DNA，然后将其转运到细菌细胞的基因组，实现对病毒再次入侵的免疫。科学家将这种 CRISPR/Cas9 作为高效基因编辑的工具——基因编辑剪刀。从细菌分解入侵病毒基因的方法中获得的 Crispr/Cas9 技术，使得基因重组成为现实。使用此技术可阻止小麦的自花授粉，实现杂交；中国农业大学的研究者也正在使用 Crispr/Cas9 技术可使小麦耐受严重威胁的白粉病。广西大学王富军的团队在 2016 年培养出了一种转基因水稻，可以抵抗对水稻威胁最为严重的致病真菌。

基因选择是一种分子标记辅助选择的高级形式，可以取代传统的作物育种技术，也为作物的科学增产提供机会。目前，下一代木薯项目计划已经历经三代基因选择，可使木薯抗病害。未来也寄希望于可成倍提高产量，增加淀粉含量（营养价值）。如果将基因选择用在难提高产量的作物育种上，比如小米和山药，增产效果将是非常显著的。

热带地区的几种重要作物如玉米、小米、高粱和甘蔗采用 C_4 形式的光合作用，其中间体含有四个 C 原子。而作为全球第二重要作物水稻，采用的是 C_3 形式的光合作用，效率要低于 C_4 形式，如果在水稻中增加五种额外的酶，使其采用 C_4 形式的光合作用，可打破产量瓶颈，水稻产量将比目前增加 50% 左右，国际水稻研究中心的学者正在努力探究这一项目。其他的研究小组正在致力于培育耐旱、耐热、耐冷和耐盐的作物品种；致力于增加作物免疫力、提高营养价值；致力于高效利用资源比如水资源和磷资源；使没有固氮能力的作物可以直接从空气中获得氮，进而取代氮肥。美国农业研究部门建议重设以前变革中没有发现的光合作用过程，建议调整叶绿素分子以便可以利用更广范围的光和更有效的利用光能，他们正在寻找提高植物吸收 CO_2 的方法，希望作物可以迅速生长且高产。

基因工程的发展将给全球农业生产带来巨大的冲击，同时也为传统的农业生产向现代农业生产转变奠定了坚实的基础。

11.1.5 蓝色经济

蓝色经济是从生态设计的角度出发，在生态系统中寻找改变高度浪费的生产和消费模式，像大自然一样将养分和能源串联利用以达到可持续性，它摒弃了对废物的传统认识，提出一种模拟自然的经济发展模式，提高人类对食物需求所做出的反应。

内陆养殖海洋鱼类将减轻海洋的压力。海洋与环境技术研究所的水产养殖者正试图创造一个人工生态系统，持续不断的循环供应三组细菌净化的盐水，一组将鱼排出的氨转化为硝酸根离子；第二种将这些离子转化为氮气和水；第三种将水中过滤的固体废物转化为甲烷，经过一种特殊的发电机，为整个系统的运转提供部分能源。整个系统是封闭循环的，可以建在任何地方，而且不产生污染，免受病体侵害。

曾经预测，从现在到 2050 年，世界人口可能从 73 亿增加至 97 亿。联合国粮农组织 2009 年的报告提及，到 2050 年粮食产量要增加 70% 来满足人类的需求，然而耕地资源有限，那么粮食必须高产。过去认为，农业已经历了高产阶段，包括第二次世界大战之前的机械化、新作物种类引进和 20 世纪 50～60 年代期间的农业绿色革命。然而，主要作物诸如小麦、水稻，在世界一些密集的地区产量已经停止增产，即所谓的"产量停滞"现象。但是，未来农业是高效农业，依靠当代科学技术的应用，现代农业正以一个崭新的面目呈现于世人之众。未来农业前景灿烂辉煌，人类完全可以依靠自身的力量使未来生活得更好。

11.2 中国农业现状

依据《中国统计年鉴 2016》，2015 年中国农业现状：总人口 13.75 亿，农林牧渔就业人口 2.7 亿，占总人口 20%，随着技术进步我国农林牧渔就业人口将会大量减少。人均耕地 0.1 公顷，耕地复种指数 1.23，随着农村经济多样化，耕地复种指数将下降，为休耕、轮作创造条件。

依据 *The Economist* 2016 年统计：2013 年中国、印度、美国为全球三个最大的农业产出国（中国 9250 亿美元，印度 3110 亿美元，美国 1990 亿美元），也是全球三个人口最多的国家（中国 13.86 亿，印度 12.52 亿，美国 3.2 亿）。2013 年全球农产品生产量排名前几的国家如下。

谷物：中国 551 百万吨、美国 437 百万吨、印度 294 百万吨。
粗粮：美国 368 百万吨、中国 226 百万吨、欧盟 158 百万吨。
蔬菜：中国 581 百万吨、印度 121 百万吨、美国 34 百万吨。
水果：中国 152 百万吨、印度 83 百万吨、巴西 38 百万吨、美国 27 百万吨。
肉类：中国 83 百万吨、美国 43 百万吨、巴西 26 百万吨。

中国人口是美国的 4.3 倍，而谷物和粗粮的总产量几乎与美国相当，蔬菜产量是美国的 17 倍、水果产量是美国的 5.6 倍、肉类产量是美国的 1.9 倍。对比可知：中国生产谷物、粗粮不够！中国生产蔬菜太多！中国生产水果也足够！美国人吃肉类太多！

《中国食物与营养发展纲要（2014—2020）》提出，到 2020 年要达到人均蔬菜 140kg、水果 60kg。但是，2016 年中国大陆生产了 79780 万吨蔬菜，人均 587kg，为 2020 年人均蔬菜的 419%，我国蔬菜生产大量过剩；2016 年中国大陆生产了 28351 万吨水果，人均 208kg，为 2020 年人均水果的 347%，我国水果生产也大量过剩。然而，地方政府还在鼓励发展蔬菜大棚，并在大棚内种香蕉、黄桃；许多肥料企业也热衷生产高价的高端肥料供应蔬菜、水果施用。

种植者为了追求蔬菜、水果的高产、早收获卖高价，过量施用养分结构不合理的肥料，致使"奶奶时代的"一个苹果营养，需要吃 8 个现代的苹果！

日本 50 年来菠菜、胡萝卜的营养物质也大幅度下降（表 11-1）。1950 年 100g 菠菜含铁 13mg、维生素 C 150mg、维生素 A 8000IU（1IU=0.3μg），而 2000 年的菠菜营养物质分别降至 2mg、35mg、700IU。

表 11-1　日本菠菜、胡萝卜 50 年营养物质变化情况

营养成分	菠菜		胡萝卜	
	1950	2000	1950	2000
铁/(mg/100g)	13	2		
维生素 C/(mg/100g)	150	35	10	4
维生素 A/IU	8000	700	13500	1500

德国 1985～1998 年常见食物营养变化如下：苹果中的维生素 C 含量减少了 80%，香蕉中的维生素 B_6 减少了 93%，马铃薯中钙含量减少了 71%，菠菜中镁含量减少了 69%。

尚未收集到近 50 年来我国食物营养变化的对比数据，但我国蔬菜种植追求产量，早上市，急功近利；施氮肥多，蔬菜含水分大，纤维素少，病虫害多发；品质下降，不耐存放，蔬菜从田头到餐桌的损失在 50% 以上。以青蚕豆为例，市购蚕豆荚由于多施氮肥，豆荚很大，看似饱满，但每个豆荚内只有一粒青蚕豆。经测重：豆荚重占总重 63%，蚕豆瓣外皮占 12%，可食用的去皮豆瓣仅占总重的 25%。这种青蚕豆 75% 是垃圾。若少施或不施氮，仅施磷钾肥，则每个豆荚有蚕豆 3 粒，豆瓣占总重的 50%，50% 是垃圾。多施氮肥的蚕豆荚很不耐存放，几天后豆荚变黑，只能降价处理。

对于世界第二大经济体，中国没有必要生产这么多蔬菜、水果。要绿水青山，不要遍地白色、黑色塑料薄膜。

从 2012 年起我国蔬菜的产值已超越粮食成为农产品中最大的产业。蔬菜产业从业人员 1.7 亿人，其中生产领域 9000 多万人，流动领域 8000 多万人。我国蔬菜在农产品中是出口创汇最多的产业。蔬菜每年进口额不到 5 亿美元，但 2017 年蔬菜出口额达 147 亿美元。

我国应该多种一些露地生长的应季蔬菜，生长期长，营养成分丰富，口感好；露地种植生长在大自然环境中，比大棚种植光照充足，受微风抚摸、强风洗礼，沐浴在阳光下，植物心情舒畅；露地种植受大自然多变天气的影响，受寒气袭击，酷暑煎烤，狂风暴雨的逆境考验，增加作物的抗逆性；种植应季蔬菜，符合天意（天即自然），应季蔬菜吸收当季的日月精华，这些被植物固化的日月精华，以蔬菜为媒介，传递给食用者，使食用者也接收了当季的日月精华，比食用反季节蔬菜使人们更健康。据报道，日本人过百岁的饮食九大秘密之六为吃时令食材。很多日本人在谈到吃的时候，经常说"现在是吃某种食材的时节"之类的话。日本人通常依照时令选择食材，不会吃其他地区引进的食材或者温室中培育的作物。

我国应学习德国的经验，露地蔬菜一年只收一季，节水、节肥、节劳动力。德国大田黄瓜每公顷施 190kg N、110kg P_2O_5、400kg K_2O、60kg MgO，N+P_2O_5+K_2O 共 700kg，这与国内专家（李家康）推荐的 323+156+272=751kg 相近；德国大白菜每公顷施 210kg N、110kg P_2O_5、420kg K_2O、30kg MgO，N+P_2O_5+K_2O 共 740kg；大田茄子每公顷施 170kg N、30kg P_2O_5、400kg K_2O、80kg MgO，N+P_2O_5+K_2O 共 600kg。

德国巴伐利亚州农业科学院对露地蔬菜营养需求，计算推荐施肥量如下。

施肥量=植物需求-土壤有效养分。

德国 52 种露地蔬菜的营养需求平均为折纯氮磷钾 532kg/ha，其中 170kg/ha N、62kg/ha P_2O_5、300kg/ha K_2O、40kg/ha MgO（1∶0.36∶1.76∶0.24），实际施肥量需减去土壤有效养分量，仅约 300kg/ha。

日本 16 种露地蔬菜单位面积施肥量：目标产量平均 40t/ha，施肥量 580kg/ha（基肥

506kg/ha，N 137kg/ha、P_2O_5 228kg/ha、K_2O 141kg/ha，N：P_2O_5：K_2O 为 1：1.66：1.03；追肥 N 37kg/ha、P_2O_5 2.5kg/ha、K_2O 35kg/ha）。

2015 年，我国蔬菜播种面积 2200 万公顷，占农作物总播种面积的 13%，蔬菜总产量 7.8526 亿吨，单位播种面积产量 35.7t/ha，蔬菜单位面积施肥量 627kg/ha，其中 N 280kg/ha、P_2O_5 169kg/ha、K_2O 178kg/ha（N：P_2O_5：K_2O ＝ 1：0.6：0.64）；张福锁等介绍，2007～2009 年我国 2810 个大田蔬菜样本平均施肥 714kg/ha。2011～2015 年期间，平均蔬菜播种面积 2085.9 万公顷，单产 551.96kg/ha，单位面积化肥用量 727kg/ha。

我国上述蔬菜单位面积化肥用量的平均值为 690kg/ha，作为我国近年来大田蔬菜的平均施肥量。与中国相比较，日本为 500kg/ha；美国为 245kg/ha；欧盟为 220kg/ha，欧盟蔬菜用肥量仅为中国的 30%。

中、日、德蔬菜用肥特点：①中国蔬菜种植追求产量，急功近利，施氮肥多，含水分大，纤维素少，病虫害多；品质下降，不耐存放；②日本为火山灰质土壤，固磷能力强，利用此特性，多施磷肥，使其固定在土壤中，提高土壤磷含量，日本科学家放眼未来，为今后全球磷资源枯竭时，利用转基因技术，使作物均具有能利用土壤中磷酸铁、磷酸铝的功能，以保证作物有充足的磷供应；③德国为保证蔬菜品质多施钾肥，重视镁肥，促进光合作用，保证产量。

我国减肥的最大潜力在于控制蔬菜的种植。将我国蔬菜的自给率由 420% 降低至 150%，年人均蔬菜产量由 587kg 降低至 210kg。按我国最大人口 14 亿计，年需蔬菜产量为 2.94 亿吨，与 2016 年中国大陆生产了 7.978 亿吨相比，每年蔬菜产量减少约 5 亿吨；按单位播种面积产量 35.7t/ha，相当于减少蔬菜播种面积 1400 万公顷；以 690kg/ha 作为我国近年来大田蔬菜的平均施肥量，相当于每年减少施肥量近 1000 万吨。

中国农资在世界的地位如下。

2017 年 5 月，农资产业并购后，中国化工-先正达（Syngenta-ChemChina）成为全球最大农药公司，年销售额超过 135 亿美元，占全球市场 27% 份额。

英国农化资讯商 Agrow 公布 2018 年度全球农化公司（Agrochemical）二十强名单，先正达、拜耳作物科学、巴斯夫位列前三位。20 强企业中的先正达和安道麦均隶属于中国化工集团，此外颖泰生物、潍坊润丰、南京红太阳、福华通达、江苏扬农和江苏辉丰六家中国企业也进入 20 强行列。

2015 世界农药市值三强分别为：巴西 103.38 亿美元；美国 72.40 亿美元；中国 53.65 亿美元。中国为世界农药产值全球第三强。

全球第四大农业商品贸易商中国粮油食品公司（COFCO Group），年销售额 633 亿美元；全球第六大化肥公司 Sinofert Holdings Ltd（中化化肥），年销售额 45.92 亿美元，占全球市场份额的 2.5%；全球第十大农机商 YTO Group 年销售额 11.97 亿美元，占全球市场份额 1.1%

农资产品通常指化肥、种子、农机、农药、农膜；但广义的农资——"农业资源"，还包括：劳动对象——土地、劳动者——人才、资金支持、水资源保障。

（1）劳动者——人才 据 U.S. Agriculture outlook 2016 介绍，美国对农民宽泛的定义是每年生产农产品或畜牧业产品价值超过 1000 美元的人。2015 年大约有 230 万人从事农业生产，其中 130 万人在庭院种植作物；约有 70 万农民生产价值不到 25 万美元的商品；真正商业化规模生产的只有 30 万人左右，占美国农业产值的 85%。美国 30 万高资本、高知识农民，2015年创造3221.5亿美元农业产值，人均107万美元；美国农民一般要比城市居民平均收入水平高。美国未来农业对高学历人才的需求在不断增加。

我国农林牧渔就业人口2.7亿，2013年中国农业产出9250亿美元，人均3430美元；美国高资本、高知识农民创造的农业产值是中国的312倍！中国智慧依附于资本，知识分子与资本拥有人是雇佣关系，而美国是合伙人。今后中国知识分子与资本拥有人将成为合伙人，或者知识分子本身就是资本拥有人！中国用1500万高资本、高知识的农民一定能创造出比美国更高的农业产出！

2017年，我国新型职业农民已达1500万人，人均农业经营纯收入已达2.78万元。我国应出台政策，鼓励硕士生到农村去创业。大量的农民在农村组建"田园综合体""景观村落"，在小镇建设"特色小镇"。在房前屋后种植露地、应季蔬菜，过着绿水青山的田园生活！在这种转变中，重要的是引导农民读书、提高思想水平、科学素质，不能让打麻将消耗人生。

（2）劳动对象——土地　美国是世界上耕地面积最大的国家，其耕地面积达19745万公顷，占世界耕地总面积（150151万公顷）的13.15%。美国人均耕地0.7ha（大约7000m^2），是世界人均耕地（0.23ha）的3.0倍。

原国土资源部2015年调查数据：2015年我国陆地面积947.8万平方公里（947800万公顷），其中耕地面积13500万公顷，占世界耕地总面积（150151万公顷）的9%。2015年我国人口137462万，人均耕地0.1ha，是世界人均耕地（0.23ha）的43%；园地1430万公顷；林地25300万公顷，是耕地的1.87倍；牧草地21940万公顷，是耕地的1.63倍；其他农用地2370万公顷；未开发利用土地26380万公顷，是耕地的1.95倍。我国林地、牧草地47240万公顷（为耕地、园地14930万公顷的316%），人均达0.34ha（5.1亩），应该充分利用林地和牧草地，发展中国特色农业。

中国土地如何使用？发展"植物工厂"是不经济的方法，中国没有必要向日本学习大量建设"植物工厂"；中国也没有必要向荷兰学习大量建设"日光温室"。中国可向美国学习，以高学历（硕士、学士）人才，充沛的资金，在大面积土地上，使用大型农业机械，标准化的种植模式，高效种植粮食作物。中国可向以色列学习精准农业系统和节水灌溉技术。

郑州富谊联科技有限公司作为第三方受中国博鳌农业论坛组委会委托，2016年和2017年分别完成了《中国肥料发展绿皮书》和《中国农资发展绿皮书》，其结论为：中国农业前景乐观！

11.3 肥料领域颠覆性创新理论

为适应农业新需求，我国肥料领域的创新不能再郁于肥料投入的自身，而应该扩展为整个农业投入品——一切能影响作物生长的因素。

11.3.1 肥料领域颠覆性创新理论由来

颠覆性创新理论由哈佛大学商学院创新大师克莱顿·克里斯坦森（Clayton Christensen）提出，旨在描述新技术（革命性变革）对现有公司的影响。他创立了

Innosight 公司（创新视界公司），研究创新与市场的关系。不同风格的创新，如何影响一个公司、甚至一个行业的生存、死亡。在他 1997 年的专著《创新者的困境：当新技术使大公司破产》（*The Innovator's Dilemma：When New Technologies Cause Firms to Fair*）中，首次提出颠覆性技术（disruptive technologies）的理念。

克莱顿认为公司在寻求新的增长业务时，有两种选择。一种是维持性创新（sustaining innovation），企业沿着既有技术和产品的改进轨道逐步向前推进或转向高端市场，当前我国大多数肥料企业均走这条创新路线。但肥料服务于农业，走高端路线有损农民利益。另一种选择是通过颠覆性创新（disruptive innovation），开辟新的市场或者扎根于那些现有产品的最差顾客群。我们认为肥料领域应选择颠覆性技术这一条路线。

克莱顿认为颠覆性创新本身并不是翻天覆地的技术创新，仅是破坏现有秩序，也可称为破坏性创新。早期的破坏性技术被界定为：更简单、更便宜，比现有技术更可信赖和更方便的技术。例如数码技术代替感光胶片的傻瓜相机，颠覆了胶片相机市场。

徐匡迪院士 2016 年 8 月 15 日在上海大学提出：创新的"顶层"是什么？正是颠覆性的技术，真正的颠覆性技术具有两个共性。

一是基于坚实的科学原理，它不是神话幻想，而是对科学原理的创新性应用。

二是跨学科，跨领域的集成创新，并非设计、材料、工艺领域的"线性创新"，是和业界主流的想法相悖，提出一个行业里的人从来没有考虑过的新问题。

在新想法、新技术初现的时代，大多数人一般都不看好、不赞同，甚至无法理解，而我国现有的重大科研项目专家评审制很难通过。徐匡迪院士认为，对颠覆性创新的意识应给予宽容、理解与支持，需要建立以市场为主导的机制，需要战略眼光以及风险投资机构的支持。

颠覆性创新是革命性创新，它颠覆原有技术创立一种全新的解决方案（例如：数码代替胶片；精确打击的斩首行动代替战争中狂杀平民；网购代替实体店）；颠覆性创新建立在新思维、新技术基础上，它以新思维、新技术为支撑；因此，必须有自身的理论依据及独特的解决方式。中国生产领域要从跟随者、并行者变成领跑者，就必须进行颠覆性技术创新。中国要从肥料大国走向肥料强国必须弯道超车，进行颠覆性创新。

在中国科学院学部咨询项目《适应农业新需求，构建我国肥料领域创新体系》第 3 次工作研讨会（福州会议，2016 年 3 月 24 日）上，郑州大学提出了"试论肥料领域颠覆性创新"的设想。

11.3.2 肥料领域的概念创新

中国科学院唐本忠院士在 2018 年第 1 期《化学通讯》阐述了"概念创新是科学追求的圣杯"，他认为中国从科技大国向科技强国进军，为实现这一目标，必须力求质量而不能仅满足于数量。在诸多决定研究质量的因素中，概念创新（conceptual novelty）占据决定地位，概念创新可引领新的发展潮流，开辟新的研究领域，改变思维模式，甚至改变我们的生活方式。唐院士认为在科学研究史上，有大量的实例证明：新概念的提出和建立为领域的突破和发展提供了新的平台。1953 年诺贝尔化学奖得主、德国化学家赫尔曼·施陶丁格提出的大分子概念，导致了高分子学科的诞生与发展。尽管人类从远古时期就开始使用天然产物纸张、虫胶、丝绸、木材、羊毛等，但是没有人知道它们是生物大分子。施陶丁格的开创性工作使能够在化工厂生产"人造大分子"，催生了聚合物制造产业。高分子科学改变了我们的思想，而聚合物工业改变了世界的面貌。

唐本忠院士认为新概念产生于对现象的概括与归纳，或对现有知识或已知观点的推演与转化。多年来郑州大学许秀成教授团队一直遵循这条路线进行概念创新。

基于对天文学知识的长期追踪及对生物学的浓厚兴趣，许秀成教授提出了"宇宙同源""生物同理"的概念，并延伸为跨界融合的肥料领域颠覆性技术创新。

11.3.3 宇宙同源

巨系统宇宙、微系统核糖核酸均为科技前沿问题，也同属"宇宙同源"的范畴。在尺度上，10^{23} m（1千万光年距离）的宇宙星云结构与 10^{-10} m 的碳原子电子云的微观结构是相类似的。许秀成教授根据银河系的双螺旋结构与DNA的双螺旋结构有相类似之处，将双螺旋结构简化为太极图，所开发的高效混合器，达到相同混合程度远比普通混合器能耗降低一半。在太极图的鱼眼中安装高速搅拌器模仿银河系中心的两个黑洞，可开发黑洞高效混合装置。

在第一章中就提出了"宇宙同源"是研究探索"肥料领域颠覆性创新"的基本出发点。正因为宇宙中万物发展规律是相同的，霍金可以用地球人的思维来构思宇宙（图1-3）；霍金的宇宙发展构思与"循环宇宙""共形循环宇宙学"推测相近。

美国新闻周刊网站2018年9月7日公布了天文科学家用设在智利的天文台，利用大数据技术捕获到一颗超新星死前一瞬间所发出的"死前闪光"；可以联想，人们焚香时当香燃尽，香头瞬间变亮而熄灭；人死前的"回光返照"是死前一瞬间集中体内能量，与宇宙中恒星死亡前夕的现象相同。

如第一章已述，当前宇宙中的恒星正在经历第三轮"发生—发展—衰亡—重生"的循环。宇宙中的元素是从恒星中的热核聚变中产生的。钾的生成过程也是经历了氢→氦→碳→氧→硅→钾的核聚变过程。在恒星死亡过程中，它挤压核心，把温度提高到数十亿K，恒星突然坍塌，将恒星内部的物质喷射到太空中，成为一颗超新星。超新星爆发产生脉冲星，脉冲星是高速自转的中子星，大量中子创造出更重的元素（例如92号元素铀）；超新星爆发将其残余物喷出，这些喷出物被纳入后来一代代的恒星和行星中，包括我们的太阳和地球也是继承了太空残留物。

除人工合成元素外，地球上所有原子要么是大爆炸的残留物，要么是早已死亡的恒星或宇宙射线的残留物。当太阳在50亿年后衰亡时，它所包括的元素又被抛回太空，最终重新凝聚成一个新的太阳系，那是多么壮观的回归啊！

11.3.3.1 "宇宙同源" 概念

"宇宙同源"概念包含双重意义。

（1）地球上所发生事物的规律是遵循了宇宙中的规律。恒星、宇宙有发生→发展→衰亡。人类也是遵循这一发展规律。只不过人类在"生老病死"中多了一个病的环节。中医认为人生病原因有内因、外因、不内外因。"宇宙同源"认为内因是人类进化过快导致基因突变所付出的代价，外因是人类贪图享受经常违背自然规律所带来的后果。"宇宙同源"的意义是人们可以根据地球上所发生的一切来推测宇宙的变化规律（例如：爱因斯坦、霍金等先哲们），也可以用"宇宙同源"的概念来认识地球上所发生的一切，我们将从宇宙中充满了"波"来阐述它们对作物减肥、减农药的应用。

(2) 地球上的物质均来自宇宙中的星云。

"宇宙同源"的概念与"大分子"概念的共同特点是通过观察归纳提出的一种新的理念。

11.3.3.2 地球上的氮、磷、钾均来自宇宙

(1) 氮 地球从宇宙星云中获取了大量的氮,其中岩石圈氮贮量为 $1.636×10^9$ 亿吨;大气圈含 $3.86×10^7$ 亿吨氮;水圈含 $2.36×10^5$ 亿吨氮;生物圈含 2800 亿吨氮。地球是岩石类星球,氮是岩石圈的普通成分之一,地球岩石圈中所含氮是大气圈中的 40 倍;每一平方英尺的地球表面上空有 2700kg 氮气,大气圈中的氮又是水圈中所含氮的 170 倍;水圈中的氮又是生物圈中所含氮的 80 倍。生物圈的氮是指有生命物质中所含氮,它是我们所关心的动物、植物、微生物中的氮。

通过微生物固氮作用,每年可从大气圈氮气中固定 1.75 亿吨氮,其中约有 8000 万吨氮是豆科作物固定的氮。全世界依赖化学方法(合成氨工业)固定的氮每年约 1 亿吨,我国将近 5000 万吨,但我国未能很好地利用豆科植物固定氮。

(2) 磷 如第二章已述,地壳中含有 (2~3) 亿亿吨磷,绝大多数以含磷 0.1% 的浓度分散在花岗岩等火成岩中,地壳中的磷质是高度分散的。经火山、地壳变迁,生物富集等作用,使高度分散的磷成为具有工业使用价值的磷资源。2017 年全球磷资源仅有 3000 亿吨,其中可商品化的基础储量 682 亿吨,摩洛哥及西撒哈拉 500 亿吨,占全球基础储量总量的 73.3%;中国基础储量 33 亿吨,居全球第二位,但仅占全球基础储量的 4.8%。2016 年中国磷矿的开采量占世界开采量的 50%。据国外最新估计,中国磷资源将在 2127 年完全枯竭,只能用 110 年。我国应该高度重视保护磷资源,如农学、化学、化工多学科联合探讨,我国磷矿资源枯竭期可推后至数百年乃至千年,世界磷矿资源的枯竭期也可推后至千年。

(3) 钾 钾原子序数 19,宇宙中元素的丰度随原子序数的增加迅速下降,且原子序数为偶数的元素丰度比其相邻的两个原子序数为奇数的丰度高,宇宙中氮原子序号 7、磷 15、钾 19 均为奇数。

钾素在宇宙中的平均含量微乎其微,银河系中钾元素的含量也非常少,银河系中氢占 90.74%、氦占 9.1%、钾为 0.000021%;太阳系钾的丰度 0.056%、地球钾的丰度 0.083%,而地壳中代表性岩石花岗岩含钾 3%、砂岩含钾 1.4%,地幔代表性岩石橄榄岩含钾 0.04%、深海沉积物中含钾 2.5%。这说明地球上钾素含量具有从深部到浅层呈富集特征,地球的浅表层是宇宙中钾素最为富集的场所之一。

钾大量保留在陆地,进入海洋的仅有 0.038%,地球海水总量为 $3.61×10^{13}$ t,每 1000t 海水中含有 0.5t 钾,则地球海洋的钾为 $1.8×10^{10}$ t,可推算地球岩石圈中的钾为 $4.73×10^{13}$ t。

钾长石是含钾高(正长石含 K_2O 16.9%)、分布最广、储量最大的非水溶性钾资源。地球岩石圈中水溶性钾盐含有更高的钾,钾石盐含 K_2O 63%、无水钾镁矾含 K_2O 22.7%,光卤石含 K_2O 17%。

世界钾资源总量为 2500 亿吨 K_2O,2016 年全球钾的基础储量为 42.73 亿吨,我国为 3.6 亿吨,占全球 8.43%;2015 年世界钾矿开采总量为 4070 万吨,我国为 620 万吨,约占世界开采总量的 16%。我国钾资源对外依存度较高,我们除充分利用国内外水溶性钾盐外,要加强钾长石等难溶性钾资源的综合利用。

地球从宇宙中继承了第一代、第二代恒星热核聚变产生的,恒星后衰亡抛散在宇宙星云

中非常大量的氮、磷、钾元素。据粗略推算，地球从宇宙中继承氮的数量级约 10^{17} t（10亿亿吨）、磷的数量级约 10^{16} t（1亿亿吨）、钾的数量级约 10^{13} t（10万亿吨）。

人们可利用豆科植物根瘤菌将大气中的氮固定为植物可利用的氮；分级利用火山富集、藻类富集的低品位磷矿；综合利用难溶性钾矿，这些为合理利用地球氮、磷、钾资源指明了方向。

11.3.3.3 "宇宙同源"的应用

一致认为："宇宙同源"的关键词是"波"，宇宙大爆炸 10^{-4} s 后产生的电子、中子、光子这些微粒具有波的性质，宇宙中充满了形形色色的波。

波（wave）是某一物理量的扰动或振动在空间逐点传递时形成的运动，按性质分有机械波、电磁波。波的传播总伴随着能量的传播，机械波传输机械能，电磁波传输电磁能。

阳光、无线电波、人体热辐射都属于电磁波。自然界中的电磁波波长从数亿分之一米到数千米（$10^{-8} \sim 10^3$ m）不等。机械波是构成介质的质点机械运动在空间传播过程形成的，例如弦线中的波、水面波、空气或固体中的声波等。对植物生长有巨大影响的电磁波为光波；机械波为声波。

（1）太阳光波　对农业有意义的是太阳可见光，在可见光范围里，不同波长的光会给人不同的颜色感觉。光波 700nm（605～700）感觉为红色；620nm（595～605）感觉为橙色；580nm（585～595）感觉为黄色；500nm（500～560）感觉为绿色；470nm（450～480）感觉为蓝色；420nm（400～450）感觉为紫色。人类可感受 400～700nm 的光波。光对植物生长的影响如表 11-2 所示。

表 11-2　植物对于不同波长辐射的反应

波长范围/nm	植物的反应
>1000	对植物无效
1000～720	引起植物的伸长效应，有光周期反应
720～610	为植物中叶绿素所吸收，具有光周期反应
610～510	对植物无什么特别意义的响应
510～400	为强烈的叶绿素吸收带
400～310	具有矮化植物与增厚叶子的作用
310～280	对植物具有损毁作用
<280	辐射对植物具有致死作用

光合色素不吸收或很少吸收绿光，叶绿素在蓝紫光区、红光区有两个吸收高峰，绿色光波被植物反射出去，所以植物是绿色的。光合效率紫色、红色最高，如图 11-11 所示。

发光二极管（light-emitting diode，简称 LED）是一种能将电能转化为光能的半导体电子元件。地下种植没有阳光，照明由发光二极管提供，根据植物所需的光谱进行精确调整，它们发出最佳的光波，使植物进行光合作用，可以缩减作物的生长周期。LED 灯补充光照也可用在地下种植和垂直农场上，在城市的高楼大厦上种植作物，在土地资源日益宝贵的城市将是未来的发展方向。

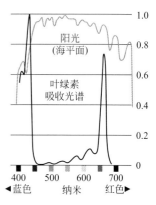

图 11-11　叶绿素的吸收光谱

张洪杰院士开发了稀土发光材料为光源的 LED 灯，可根据植物生长的需要，调节不同波长和强度的光。

地球上绿色植物光利用率很低。地球每年从日光接受约 $4.539×10^{24}$ J 的热量，其中：约 30% 被云层、灰尘等反射至外层空间；20% 为大气层中水蒸气、CO_2、O_2、O_3 等所吸收；50% 到达地球表面，而为生物利用的仅为 1‰（$4.539×10^{21}$ J）。

绿色植物吸收了这 1‰ 的日光，把光能转化为化学能，储存于有机分子中。每年地球上约有 750 亿吨碳原子通过光合作用从 CO_2 转为糖类、氨基酸等。

光是如何被吸收的？光是一种电磁波，它携带着能量。在光化学反应中，每一个感光分子吸收一个量子而被激发，然后发生或引起化学反应。1mol 物质（$6×10^{23}$ 个分子）要吸收 $6×10^{23}$ 个量子，1mol 量子的能量就称为一个爱因斯坦，对应蓝光能量（波长 450nm）为 268kJ，对应红光能量（波长 660nm）为 180kJ。因此，吸收蓝光的能量需求比红光大。供应高能量有利于叶绿素多吸收蓝紫光，光的强度大，光合作用强。

（2）月亮光波　月球表面反射太阳光至地球表面，成为月光。月球表面接受的太阳光 93% 被月球表面吸收，只有 7% 反射出来。在满月时，月面与地球相垂直，它的亮度最大，给大地的照度为 0.25Lux，相当于 40W 的白炽灯在距离 15m 处的照度。太阳距离地球的距离是月球距离地球的 395 倍，而太阳的直径也刚刚好是月球的 395 倍，所以在地面上看到的月亮，就恰好跟太阳一样大。

月亮对地球表面的照度虽然不大，但柔和的月亮有催动植物生殖部分发育的功能，从而保证品种的持久性；月照对于几厘米高、发芽不久的植物最为有利，特别是对向日葵、青豆、玉米等；在植物茎部正在发育增长时，月照有利于加速营养的吸收交替。芸豆、大部分水果，通过光照可以促进成熟。一些遮阴植物，如人参、三七的种植，要注意接受月光的照射。在日本，人们认为植物的生长与周围环境的"阴"与"阳"息息相关。太阳光是阳光，月亮光属阴，采摘花枝，应选择在有月亮照射的时间段，这样可以使摘下的花在花瓶中保持色彩鲜艳，并使保存时间延长一倍。

月球对植物的作用除月光的照射外，尚有月球对地球的引力，月球的引力产生的潮汐，与植物生长也有密切关系。法国学者罗伯特·弗雷德里克曾收集了法国、苏联、日本、中国等的研究成果，成书《月亮及其对植物的作用》，已由郑州大学汤中坚教授译成中文（10.2 万字）。该书系统阐述了月亮与植物的生命、月光与栽培作物、月光与森林、月光与蔬菜、月光与花卉的关系。

（3）高压电电磁波及高频振荡波　2018 年 9 月 16 日香港《南华早报》网站介绍了《带电植物助力中国新的农业革命》。大连市农机推广站刘滨疆总工程师提出的"空间电场生物效应"这一概念。使蔬菜生长在 3m 高的裸铜电线下，裸铜电线能够产生 5 万伏的快速正电荷。这种高压电电磁波使蔬菜产量提高了 20%～30%，农药使用量减少了 70%～100%，化肥用量下降了 20% 以上。

高频振荡波杀虫灯：安装有高频振荡电路、放大电路、继电器等自动控制电路的杀虫灯，已在菜地、果园、大田作物应用。对多种蔬菜害虫有较好的诱杀效果，如斜纹夜蛾、甜菜夜蛾、银纹夜蛾、地老虎、烟青虫、玉米螟、菜螟、黄草地螟、豆荚螟、瓜绢螟、大豆卷叶蛾、红腹灯蛾、小灰蝶、芋单线天蛾、大猿叶虫、叶甲、黄曲条跳甲、象甲、豆天蛾、芫菁等，诱杀效果好。一般菜地每盏灯每天可诱杀害虫 2000 头左右。它是杀虫种类最多、杀虫效果最好的物理杀虫手段。在果树、茶园、花卉地、苗木场，使用杀虫效果均相当好。在一些示范水稻田，或绿色、有机水稻基地，应用了杀虫灯的水稻田，使用化学农药肯定要少。

(4) 声波　科学家们曾猜测原始的创造声音——被称为"大爆炸"。的确它是一个非常低沉的音调，比我们听到的任何声音都更缓慢而低沉，因为它是"暴胀"，体积的膨胀，而不是轰鸣的爆炸声! 从它的共鸣类化出宇宙的振动，也就是万物皆是振动，这是"宇宙同源"的另一种表达。

根据"宇宙同源"，学习了国际声学领域先驱者 Jonathan Goldman 的专著《The 7 Secrets of Sound Healing（声音疗法的 7 大秘密）》，其奥秘之一为"万物皆是振动"，宇宙中充满了振荡波。

音乐在人体胚胎教育和人们日常生活中发挥着重要作用，音乐可以舒缓心情，提高志气，激发创造。利用音乐可以提高牛、羊的受孕率；增加奶牛的产奶量，提高鸡、鸭、鹅的产蛋量等。

音乐是一种有节奏的弹性机械波，它的能量在介质中传播时，会产生化学效应和热效应，能加快养分的传输：当音乐对植物细胞产生刺激后，细胞内的养分受到声波振荡，养分在植物体内更有效地输送和吸收；它能增强植物呼吸功能，增强光合作用。

植物具有接受声音刺激的功能，早上给蔬菜放音乐，蔬菜的气孔就能比较顺畅地展开，呼吸功能增强后，蔬菜能生长得更快。以下介绍一些有关音乐对植物生长的影响。

① 墨西哥农业专家坎德拉里奥·拉米雷斯发现：音乐可以使种植的蔬菜产量增长 3 倍。四个月来，他对菜地里种的西红柿播放古典音乐、乡村音乐和昆比亚音乐，结果西红柿的产量达到每公顷 240t。正常情况下，他种植的西红柿每公顷产量只有 40~60t；而且西红柿长得更大、更重，听音乐以前一个西红柿最多重 200g，听了音乐以后平均每个重达 300g。据拉米雷斯的试验：早上先给西红柿放古典音乐，让它们放松下来；上午放乡村音乐，让它们开始新的一天；下午再放昆比亚音乐，让它们在阳光照射下快乐起来。

② 我国南极考察站的蔬菜温室，自播放轻音乐并结合其他因素后，考察队每顿都能吃到新鲜果蔬，还能送给国外科考队享用。

③ 吉林农业大学的李丹在有机农园里探讨过"音乐肥料"，每天放足 6h 音乐，下午 4 时停止播放，让蔬菜"休息"。每个大棚都配备了播放设备，按时播放音乐。与没有听过音乐的大棚蔬菜比较，有音乐陪伴生长的植株长势更加茂盛，叶子和果实都非常密实。音乐区的黄瓜产量高出了 20%；番茄产量高出 30%；茄子产量高出 18%。

④ 山东临沂地动力肥业有限公司研制过用音乐和专用肥协同作用，提高农作物产量。每亩大棚只需 80g 专用肥加水 80kg，加热螯合后生成用手可以抓起的 A3 菌丝母液，用水稀释一次性施入，每天播放音乐。实验效果与对照相比：根系增大 2~4 倍，产量提高 80%~200%，尤其是大棚西红柿、茄子和辣椒最高产量提高 300%。

音乐的音量应控制在 60~80dB。过强的声波不但无益反而有害，它会使植物细胞破裂以至坏死，噪声的破坏力更大。美国科学家曾做过对照实验：把 20 多种花卉分成两组，分别放置在喧闹与幽静两种环境中。结果表明，噪音的影响能使花卉的生长速度平均减慢 40% 左右。人们还发现在 140dB 以上的喷气式飞机场附近，农作物产量总是很低，有不少农作物甚至会枯萎。

美国歌唱家罗西·莉克莱克做过有趣的实验，把玉米、小麦、天竺葵等分别放在三个屋子里。第一个房子的植物在无声的环境中生长；第二个房子的植物每天不停地听一首 F 调乐曲；第三个房子的植物每天仅仅间隙地听三个小时音乐。两周后，第二个房子里的植物全部枯萎，而第三个房子里的植物比第一个房子里的植物健壮得多。这说明，植物和人一样，生活中需要音乐，但是，过多、过高音量的音乐，会置植物于死地。

（5）等离子体　等离子体（plasma）又叫作电浆，是由部分电子被剥夺后的原子及原子团被电离后产生的正负离子组成的离子化气状物质。它广泛存在于宇宙中，被视为固、液、气外，物质存在的第四态。

在宇宙的构成中71.5%为暗能量，24%为暗物质，4%为星云气体，0.5%为星系。在这4.5%的可见物体中，等离子体占90%以上。等离子体是宇宙中最普遍存在的高能物理状态，它具有普遍性及高能量态的特性。恒星（包括太阳）、星际物质以及地球周围的电离层，都是等离子体。

中科拓达科技公司工程热物理学博士李毅，将在低温状态下生成的等离子体，使其固化于植物提取物中，这种固定了低温等离子体的植物提取物具有高能物理特质，它可单独使用或与化学肥料结合使用。高能量可激发植物生理过程，提高植物品质及产量，提高肥料利用率。

同为物理措施的不同波长的电磁波（紫外光、太阳可见光、月亮反射光），不同波长的机械波（声波），可促进、抑制、杀灭作物细胞生长，选择不同波长的光、声，将成为化肥、农药的部分替代品。

优化肥料品种结构，使无机肥料、有机肥料、生物肥料、物理措施相辅相成，推动我国化肥产业高质量发展；我国众多化肥企业正在转变为农业发展公司，将低温农用等离子体、光波、声波与施肥相结合，作为农化服务的创新点。

参考文献

[1] 周涛. 为数据而生：大数据创新实践[M]. 北京：北京联合出版公司，2016.
[2] 杨其长. 植物工厂系统与实践[M]. 北京：化学工业出版社，2012.
[3] The economist Association. Technology quarterly：The future of agriculture[J]. The economist, 2016, 6：3-10.
[4] Andrea B, Mark D, Lisa D, et al. The Economist Pocket World in Figures 2016 Edition[M]. The Economist Association with Profile books Ltd, 2015.
[5] 中华人民共和国国家统计局. 中国统计年鉴-2016[M]. 北京：中国统计出版社，2016.
[6] 闵九康. 农业生态生物化学和环境健康展望[M]. 北京：中国出版集团现代教育出版社，2010：634.
[7] 吴旭栋. 神奇的音乐肥料[J]. 技术与市场，2005，12(9A)：10.
[8] 赵礼明. 神奇的"物理肥料"[J]. 青少年科苑，2017，(9)：38-41.
[9] Jonathan G. The 7 Secrets of Sound Healing[M]. Hay House, 2011.
[10] Food and Agriculture Organization of the United Nations. World food and agriculture 2015[M]. FAO Statistical Pocketbook, 2016.

第12章

肥料跨界融合创新

12.1 肥料研究/发展方向

国际肥料开发中心（IFDC）在华盛顿成立了有效肥料研究中心（Virtual Fertilizer Research Center，VFRC），他们认为肥料的发展方向是：大化肥（bulk）→精细肥料（fine）→生物肥料（bio）→生物＋纳米肥料（bio+nano）（图12-1）。生物＋纳米是最有前途的肥料方向。

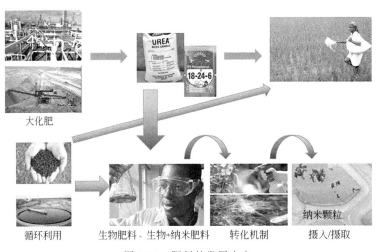

图 12-1 肥料的发展方向

中国科学院院士咨询报告"我国化肥使用存在的问题与对策"提出的三个肥料研究方向为：中浓度、多营养复合肥料；含小分子碳化合物的肥料；含纳米、亚微米增效剂的肥料。

肥料跨界融合创新是以化学肥料（缓控释肥料）为基础与物理措施相结合，借助高能物理、纳米、亚微米（小分子碳）材料、精细化学品，开启植物次生代谢等高新技术，创造植物良好的生存环境，从而使植物生长更健康，并达到增产、提质、节肥、减农药的多重目标。为此，将肥料扩展至农业投入品——一切能影响作物生长的因素。肥料领域跨界融合创新包括以下8个方面，并构成了"肥料领域跨界融合创新"。

（1）植物生长的"气"——农用低温等离子体。

(2) 植物生长的"血"——缓/控释肥料及小分子碳。

(3) 植物的抗体——对外界毒物及不利环境引起应激反应所产生的植物抗体。

(4) 增强作物光合作用的"气灌系统"。

(5) 波（光波、声波）等物理措施。

(6) 纳米、亚微米材料。

(7) 基于分子生物学的精准供应最低量全面营养均衡施肥。

(8) 利用微生物全面提升农产品质量和食品安全水平。

12.2 植物生长的"气"

12.2.1 "气"的认识

李宁先教授1962年毕业于武汉大学化学系，曾在中国科学院大连化学物理研究所、武汉大学化学系和应用技术研究所、深圳市爱华计算机系统工程研究所工作。他是一名20世纪90年代到深圳特区创业的高级知识分子，由于长期的工作过度劳累，多年不愈的心脏病恶化以及心力衰竭，引起体内其他器官衰竭，生命垂危。为了拯救自己的生命，61岁的李宁先教授开始自学中医、自我诊断、自我配药、自我医治的中医药学探索与实践。

李宁先开始对中医学中"气"的本质研究。西医说，人体血液循环靠心脏；中医说，血液在人体内流动是靠"气"在推动，何者对？经过研究后，他认为中医是对的，在西医血液循环理论，心脏把动脉血打出来可能还有点道理，但静脉血靠什么力量回到心脏呢？何况心脏本身运动的动力，也是靠"气"的推动来实现。显然，中医学中所讲的"气"实际上指的是一种"内在能量"，这种能量不但存在于动物，而且还存在于植物。几十米高的大树，它并没有心脏，它能把体内的汁液，克服地球引力，达到树尖。它靠什么力量把它的血液（即汁）输送到树尖和其他部位呢？李宁先认为，也是靠它的"气"。

12.2.2 气血共振的奥秘

我国台湾学者王唯工在《气血的旋律》中，揭开了气血共振的奥秘。体重60kg的人，心脏总输出功率只有约1.4W，可是血液能送遍全身各个细胞。王唯工发现，从左心室射出的新鲜血液进入大动脉时，血液经过血管的走向做了一个180°的大回转，由心脏发射出来的血液，在这里强力的冲撞主动脉的血管壁，将动能转换成血管壁上的振动，这个振动就是中医所说的"气"。中医的"气聚膻中"就是气由膻中穴——主动脉之大转弯处产生的。在血管壁上传输的振动，系由压力波的形式向末端传送，血液压力波的频率较低是次声波，听不到，但身体能感觉到。

据此，可以认为，肥料给植物提供营养，相当于人类补血；等离子体是宇宙中最普遍存在的高能物理状态，它具有普遍性及高能量态的特性。低温等离子体就是推动植物的"气"。人类是"气为血之帅"，低温等离子与肥料的关系就是人类气与血的关系，它起着振奋功能，提高肥料效率，低温等离子体可以推动肥料在植物体内有效的运转。

12.2.3　农用低温等离子体

由西安交通大学李毅博士创制，中科拓达科技公司生产的"农用低温等离子体"是将在人工模拟产生的射流等离子态物质固化于植物提取物中，形成可在常温、常压下长期保存的农用低温等离子体。它参与种子萌发，激活细胞形成和分化，提高植物对水肥的吸收效率和营养转化，从而提高作为植物"血"的肥料利用率，并能提高作物的品质及抗逆性。可使粮食作物平均增产约15%；对作物枯萎病、霜霉病与真菌性病害防治效果超过80%；能快速消除茶叶等作物的农残，达到满足向欧盟出口的标准。农用等离子体已在全国推广应用超过126万亩，以拌种、喷施、与肥料混合的方式用于粮食作物、果树、蔬菜，已产生显著的社会、生态、经济效益，是一种日趋成熟的新型农业投入品。

12.3　植物生长的"血"

12.3.1　缓/控释肥料

12.3.1.1　新型肥料

新型肥料是相对于传统肥料而言，犹如新兴产业相对于传统产业；国外称为"增效肥料"（enhanced efficiency fertilizer，EEF）或"增值肥料"（value-added fertilizers，VAF）。

（1）增效肥料，美国作物营养检察官协会（Association of American Plant Food Control Officials，AAPFCO）于2000年提出了以提高肥效（enhanced efficiency，EE）来描述增加作物吸收，降低养分损失的肥料。根据AAPFCO增效肥料定义，认为增效肥料包括：

Coated fertilizer：相当于我国的包膜、包裹、涂层缓释肥料。

Occluded fertilizer：相当于我国的吸藏、基质、内置缓释肥料。

Stabilized fertilizer：稳定肥料，加入添加剂能降低肥料的转化速度，延长肥料在土壤中的有效时间，相应于我国的添加脲酶抑制剂、硝化抑制剂、控失剂、复合楝油、金属蛋白酶等添加剂型的肥料。

普通氮肥（尿素、碳铵）的氮利用率为25%~35%；缓效肥料（缓释、控释肥料）能提高氮的利用率至40%~70%；接触施肥、灌溉施肥可使氮的利用率达70%~90%。全球因氮的低利用率造成间接经济损失达数十亿美元，损失的氮相当于全球尿素生产量的四分之一左右，达到惊人的3800万吨。含有硝化抑制剂的稳定肥料在美国施用182万公顷，欧洲20万公顷，但这仅占整个粮食作物面积的1.16%和0.29%。据AAPFCO预测，不用多少年，这些产品就会增加在农作物市场的份额。

（2）增值肥料通常指那些能够提高肥料利用率的肥料。英国International Fertilizer期刊认为增值肥料是指缓效肥料、叶面肥、稳定肥料。

我们提出的广义的增值肥料指能增加农民收益的增值肥料；能改善环境的增值肥料；能节约资源（能源）的增值肥料；有利于恢复生态平衡的增值肥料。因此，广义的增值肥料可分为三类。

第一类：能提高利用率的肥料。增值肥料的效益体现在农民增加收益，同时减轻过量施肥对环境的污染，包括三种情况。

① 能增加农民收入又能减轻环境污染的缓释、控释、缓效增值肥料，市场前景好。

② 由于生产成本高，农民增产不增收，但能减轻环境污染，这种增值带来的环境效益使全民受益，国家可从全民税收中予以财政补贴。

③ 单纯增加种植者收益，加重对环境污染的肥料及施肥方法，如大田作物过量施肥，大棚蔬菜的冲施肥，不属于增值肥料，国家应出台政策加以限制或加征污染费。

第二类：具有附加功能的增值肥料，包括：具有抗倒伏功能的肥料；具有抗病害功能的肥料；具有能提高作物品质或增加作物中有益于人畜健康及土壤微生物多样性的增值肥料；具有改善水利用率，节省水资源消耗量的增值肥料。

功能性增值肥料的效益，因生产方法不同，受益对象不同。①通过添加某些营养元素能增加植物细胞壁强度，以达到增强抗倒伏功能；②促进作物体质健壮，以提高作物免疫能力的抗病害肥料；③促使作物根系发达，向纵深发展，使其能利用下层土壤水分、养分的肥料。这类增值肥料生产成本低，单位养分的农学效率高，营养成分高。工厂增收，农民受益，全民健康！

第三类：能合理利用资源的增值肥料，包括可直接利用低品位磷矿、难溶性钾矿、超低品位磷钾矿生产含磷、钾及中微量元素的肥料。

12.3.1.2 增效肥料市场概况

2011~2014年间全球增效肥料产能几乎翻了一番，从每年650万吨增加到1200万吨。缓释肥料和控释肥料约占全球增效肥料需求的4/5，中国和印度几乎占据了世界增效肥料总消费量的3/4。中国已成为世界增效肥料的最大生产国和消费国（280万吨）；北美每年消耗增效肥料约120万吨，其中缓释肥料和控释肥料约占90%的市场份额；拉丁美洲增效肥料每年消费约100万吨，其中稳定性肥料占绝对优势，每年消费约90万吨。2014年增效肥料的市场价值为129亿美元，若每年以8%的速度增长，2024年后将达到199亿美元。到2020年亚洲太平洋地区，尤其是中国和印度很可能成为增效肥料消费最大的国家（图12-2）。中国以缓控释肥为主，印度主要为印楝包膜尿素。

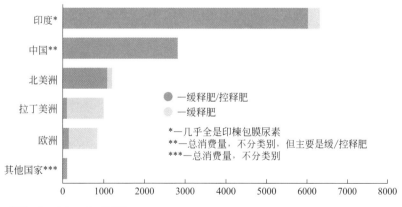

来源：Apostolopoulou（2016）

图12-2 主要国家和地区2014年缓控释肥预估消费情况（千吨）

12.3.1.3 缓控释肥料国际最新进展

缓控释肥料是具有延缓养分释放性能的一类肥料的总称,在概念上可以进一步分为缓释肥料(slow release fertilizer,SRF)和控释肥料(controlled release fertilizer,CRF)。

传统缓释、控释肥料发展极其缓慢。2001年世界传统缓释、控释肥料总消费量不超过80万吨。世界化肥总消费量折纯养分约1.4亿吨,实物量约为3.5亿吨,其中氮肥实物量约2.4亿吨。传统缓释、控释肥经过30多年发展,其世界总消费量仅占化肥总消费量的0.23%,或世界氮肥总消费量的0.33%。这是因为传统缓释、控释肥料由于脱离了大田作物使用,其发展极其缓慢。扩展缓释肥料在大田作物中应用,有利于缓释、控释肥料的发展。

2001~2009年美国控释肥料消费量平均年增长4%,其中,非农市场增长率小于2%,农作物市场平均增长21%。2009年世界缓释肥总产量已超过200万吨,美国缓释肥料消费量为52.4万吨(图12-3)。传统缓释肥料施用量大幅度增长的原因是将其用于大田作物,主要归功于中国及加拿大。加拿大的Agrium公司,2006年1月28日投产了世界最大的聚合物包膜尿素,每小时产量30t,商品名ESN,能适合于大多数大田作物一次性施肥对养分的需求,实现了控释肥料的大田化。该产品主要销往美国用于玉米、小麦,降低了用肥量,提高了作物的产量和品质。该公司有3套控释肥大型装置投入生产(一套在美国密苏里州,两套在加拿大),2009年总产能32.8万吨。中国2009年缓控释肥的产能约为250万吨,生产量约为70万吨。

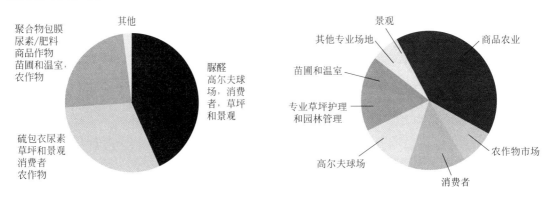

图12-3 2016年美国缓释、控释肥料品种与用途(来源:Apostolopoulou,2016)

北美:2010年Koch Agronomic Services成立,2011年从乔治亚太平洋化学购得两条生产线,购买Agrotain International公司的脲酶抑制剂技术一年后,便推出稳定性肥料。2014年科氏以8500万美元购买了Agrium的草坪和观赏业务,并且拥有了聚合物包膜尿素的商标Polyon。

以色列:2011年以色列化工(ICL)以7000万美元收购了Scotts的全球业务,并将其命名为Everris,在美国拥有三个生产基地,向中东、非洲、马来西亚、印度尼西亚出口产品。

日本:拥有八个增效肥料生产商,主要是包膜产品。JCAM Agri公司生产CDU、PCU产品,也是日本唯一生产IBDU的生产商;Co-op化学有限公司的PCF产品;Central化学公司生产的醇酸包膜复合肥料和醇酸树脂包膜尿素;Katakura Chikkarin有限公司的PCU、PCF产品;MC Ferticom有限公司的PCU产品;住友化学公司的PCU产品;SunAgro有限公司的 UF、PCU、SCU 产品；Taki Chemical 有限公司的 PCU 产品。

中国：安徽茂施农业科技公司是中国领先的可降解聚氨酯包膜肥料企业，拥有 15 项缓控释材料、设备、配方专利及一项美国发明专利。其特征是包衣膜薄，仅占肥料总体积 3%、质量稳定、膜可降解、生产成本低、达到国际先进水平。茂施水稻专用肥，表现为茎秆粗壮、抗倒伏、提高肥料利用率。

此外，郑州大学发明的包裹型缓控释肥料是适合于大田作物的缓释肥料。在玉米、水稻种植中，节约用肥量 20% 情况下，仍保持产量不变。包裹型缓控释肥料已获中国、美国发明专利，具有中国自主知识产权。对大田作物或灌溉施肥作为基肥是很好的选择，也是一种成熟的农业投入品。2016 年中国科学院院士咨询评议项目组在以色列考察期间，这种适合于大田作物的缓释肥受到以色列化工专家的高度评价。使用郑州大学开发的包裹型缓控肥料及优化专用肥配方，添加中微量元素肥料（郑州大学脲硫酸复合肥和湖北宜施壮配方肥）及纳米增效肥效（纳米氧化镁、氧化锌、腐植酸水溶肥和纳米氢氧化镁肥料增效剂）；亚微米含碳小分子化合物；使用钙镁磷肥系列土壤调理剂和以钙镁磷肥为基础的包裹型缓控释肥料，将在"一带一路"竹产业发展中发挥积极的作用。

12.3.2 小分子碳

有机碳营养是指水溶性高易被植物吸收的有机碳化合物，如糖、醇、酸等，即不仅有含氮的有机碳营养，还包括不含氮的碳营养。

12.3.2.1 有机碳营养提出的必要性和重大意义

（1）必要性：经典理论与生产实践不对称，技术创新需要理论支撑　百年经典矿质营养的理论框架已为国内外现代化肥的新发展突破，有机营养肥料产品例如：生物刺激物、腐植酸、增值肥料等有机碳肥的研发及应用，都不是基于"矿质营养论"发展起来的。新型肥料品种的出现正是"农业新需求（新挑战）"的反映。上述研发成果都是从各自某一个技术角度，或解决某一实际问题得出的，是零散的而不系统的并没有反映出这些突破的内在联系。例如：有机氮仍局限于氮肥的范围，对于非氮的有机碳营养，如乙酸、α-酮戊二酸营养作用未能深化认识，更达不到有机碳的优选和组合这一深层次研究。甚至有机肥必须转化为矿质形态才能被植物吸收的观点长期存在，这与只有矿质营养理论而无有机营养理论有关。

（2）农业生产"天补""肥补"并举　有机碳营养还揭示了生态系统中生物质（有机质）的合成，不是只有二氧化碳经光合作用合成碳水化合物一条途径，还可开辟有机碳这一减少对光合作用依赖的新途径，有机碳营养研发成果将为植物营养提供新的可抵御自然逆境（低温，寡照）的营养方式，由"天补"单一途径变为"肥补+天补"两条路径，将增强生态系统中的生物质合成反应，因而对农作物的生物质生产（产量）有较大提升作用。

12.3.2.2 发展有机碳肥建议

华南农业大学廖宗文教授等多年试验证实，有机碳具有一般化肥所没有的独特优势：施 C（有机 C）可增加 N 的吸收；施 C（有机 C）可促进 C（CO_2）的吸收；施 C（有机 C）可增加微量元素的（Fe、Zn）吸收。

由赵玉芬院士主持开展《适应农业新需求，构建我国肥料领域创新体系》的院士咨询评议项目，提出了发展有机碳肥，从矿质营养迈向有机营养的建议：

（1）有机碳肥的代谢途径（^{13}C 示踪、葡萄糖、丙酮酸等）与二氧化碳光合作用的比较研究；

（2）有机营养的种类分析及其生理作用（为开发有机碳新产品提供依据）；

（3）对于低温、寡照的对冲作用量化指标研究（节光能——增产）；

（4）$CO_2 + H_2O \rightarrow$ 碳水化合物 $\rightarrow$ 生物质产量，研究现有常规矿质营养路径；使用有机碳研究"矿质-有机营养"路径；

（5）碳氮平衡-作物养分平衡的新内容，不仅研究氮磷钾平衡，还要研究碳氮营养平衡及其与光照关系增产的新技术。

12.3.2.3 液态有机碳肥——肥料产业新视点

创立植物营养"有机-无机理念"，拓展"植物矿物质营养学说"。应逐步建立与矿质营养理论相辅相成的有机营养理念，并基于植物有机碳营养理念，催生新的有机碳营养肥料产业。

我国化肥使用中过于重视无机化学肥料，人们误认为有了化学肥料，就可以不用有机肥。碳元素是植物必需的六大元素之首，占高等植物干物质的30%～35%。据称在高产、土壤有机质不足、大棚内或阴雨天，作物生长普遍存在"供碳不足"的现象，农作物经常处于"碳饥饿"状态。补充有机碳肥，常能发挥意想不到的增产效果。一些农学家如中国农科院朱昌雄研究员、华南农业大学廖宗文教授、西北农林科技大学刘存寿教授都对植物有机碳营养给予了极大的关注。

福建省诏安县绿洲生化公司李瑞波、吴少全，从有机废弃物、废水中提取液态有机肥，并实现了产业化。李瑞波定义了"有机碳肥"：用有机废弃物为原料的、作物根系可直接吸收的水溶有机碳（有效碳）含量大于5%的植物营养制品，称为有机碳肥。每亩耕地使用2.5kg，可增产20%以上。

福建诏安县绿洲生化有限公司开发的液态有机碳肥的技术指标为如下。

相对密度为1.28～1.30；水溶有机碳含量≥12.5%（160g/L）；水溶碳在慢速定量滤纸自然过滤率（50倍液）≥95%。

用DLS纳米测粒仪测出，粒子分布在几十纳米至$3\mu m$之间，其中95%在$1\mu m$之内，平均粒径约700nm，属于亚微米级碳。

福建绿洲生化公司生产的液态有机碳肥，用于花菜每亩（$667m^2$）仅施2.5kg，可使花菜生物产量增加35%，使萝卜增产22%、水稻增产12.6%。有机碳还能提高作物的抗逆性（抗旱、抗冻害）。从废水中提取的这些"有机碳"精品，可达到意想不到的效果。

有机碳营养理论认为植物能直接吸收氨基酸、多肽、糖类等含有能量的有机小分子物质，为植物提供这类含有光合能量的半成品，直接参加植物体内合成代谢，比从阳光在叶绿素的作用下，由CO_2合成碳水化合物更高效、更节省能量，对于高产、温室遮阴缺乏阳光的场合更为重要。

农作物环境中CO_2浓度为0.1%，光合作用处于最佳值，一般农田，日间CO_2浓度为0.03%左右，所以，为达到农作物高产，普遍缺碳；大棚种植中，塑料膜阻挡了30%～50%的阳光，叶绿素低效运转，作物呈现"碳饥饿"。农作物应补充碳营养，为此，而开发了有机碳肥。

氨基酸对中微量元素的螯合，生产成本仅为EDTA的10%～20%，在复合肥料中添加2%～3%，成本仅提高60～80元/t，添加这种螯合的中微量元素，可增产10%～20%；郑州大学磷肥研究所曾利用毛发水解制氨基酸，用于梨树叶面喷施增产明显。

河南莲花味精开发的螯合微肥,可用作叶面喷施,但其有机肥在生产时喷浆造粒时温度太高,将大量小分子的碳营养"碳化"了。建议,将味精废液直接加工为液态有机碳肥(纳米氨基酸液体肥料),肥效更好,公司的经济效益更高。

我国是碳肥的创始国,碳肥产业的发展和社会化应用将推动我国由农业大国快速跃升为农业强国。

12.4 植物的抗体

植物抗体是对外界毒物及不利环境引起应激反应所产生的。据新的观点,毒物低剂量可引起人体的毒物兴奋效应(hormesis),见图12-4。它是一种适应性应激反应,这种应激反应激活了人体内细胞的修复和维护系统,对人体是有益的,但剂量提高则毒性急速增加。含砷的砒霜如此,二噁英亦如此。大气中极低浓度的二噁英可降低癌症发病率,这是因为毒物低剂量可引起人体的毒物兴奋效应。

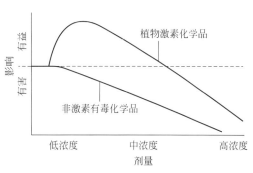

图 12-4 毒物兴奋效应

毒物学研究还表明,水果和蔬菜通常含有低水平的有毒化学物质,当食用适中时,有益健康;吃过量也不好,它们均遵循"First good, Then bad"的原则。这意味着任何对健康有利的"好"食品不要每天都吃,对健康有害的"坏"食品也不要一点都不沾边。

四川龙蟒福生科技有限公司邵家华、陈绍荣将促进叶片脱落、诱导种子休眠、抑制种子发芽的脱落酸,从比较高的浓度降至极低浓度,而研发为具有增产抗逆作用的S-诱抗素,也是将毒物引起应激反应,转化为植物抗体。S-诱抗素已成为植物生物刺激素的一员。

12.4.1 植物生物刺激素的概念与定义

中国植物营养与肥料学会理事长白由路研究员比较全面地介绍了植物生物刺激素。它们是一些物质或微生物产品,当这些物质或微生物应用于植物或根区时,能刺激植物增加营养吸收、提高营养效率、提高抗性或作物品质。

生物刺激素(biostimulants)名称有许多种:如生长调节剂(growth regulators)、植物抗性增强剂(plant defense enhancers)、天然抗性促进剂(natural defense promoters)、植物生物刺激素(plant biostimulants)、活力增强剂(vigour enhancers)、植物强壮剂(plant strengtheners)、生理激活剂(physio-activators)、诱导因子(elictors)等。

植物生物刺激素包括:

(1) 微生物制剂,将在12.6章节中展开叙述。

(2) 腐殖物质　腐殖物质是由动植物残体通过化学和微生物的生物转化过程而来,它构成地球表面主要的有机碳碳库。并有助于调节许多重要的生态和环境过程。腐殖质化学认识的最大突破是认为腐殖物质是一种由一些小的复杂分子通过弱的疏水键连接在一起的自组装超分子结构。在溶液中,腐殖物质可更好地描述为多种物质的集合体,由疏水物和氢键形成动态联合体。亲水/疏水基团比决定于它的环境。目前专门的领域研究腐殖物质结构其及分子组成，被称为腐殖质组学，它可能有助于研究不同腐殖质组分对植物精确代谢过程的影响。

有关腐殖质的研究早在1837年开始，目前有学者采用随机效应荟萃分析方法，分析了腐殖质对植物生长和发育的直接作用。得出：外源腐殖质的应用可提高高等植物根茎干物重22%。研究表明，腐植酸对单子叶的影响要大于双子叶植物。另外，腐植酸来源不同，作用也有差别。从泥炭、堆肥中提取的腐植酸效果要好于褐煤。同时，根据植物酸生长理论，植物在生长过程中根系不断向土壤中分泌有机酸H^+和有机酸（柠檬酸、草酸、苹果酸等），这个过程受生长素所控制。有研究表明，外用小分子有机酸（吲哚乙酸）接近细胞受体，可激发细胞信号，而腐植酸的超分子结构中就含有类似生长素的物质，有240多种。这些物质可接近植物细胞和细胞外的受体，从而增加质子泵的活力。腐殖质还能促进植物对养分的吸收。研究表明，腐殖质通过增加H^+-ATP酶的活性，提高离子的传输能力，从而提高作物对养分的吸收。有人观察到经腐殖质处理后的硝酸盐运转显著加强（与未处理相比增加89%）。同时，可溶性腐殖质可以和微量元素形成复合物，这样能加强植物的微量元素营养，并防止金属离子的淋溶，提高其对植物的有效性。

（3）蛋白质水解物　蛋白质水解物是植物生物刺激素的一个种类，是蛋白质经部分水解得到的多肽、寡肽和氨基酸的混合物。近年来，由于它在作物上，特别是在环境胁迫下的积极表现越来越受到人们的重视。

化学水解是用强酸或强碱来水解蛋白质，主要用于水解动物源的蛋白质。酸解主要使用硫酸或盐酸在高温（>121℃）和一定压力（220kPa）强烈破坏蛋白质。碱解相对简单，在把蛋白质加热后，加入碱，如氢氧化钙、氢氧化钠或氢氧化钾，并保持温度至设定点。

化学水解会打破蛋白质的所有肽键，导致蛋白质高度分解。所得到的游离氨基酸多。同时，也破坏了几种氨基酸如色氨酸，在酸解条件下会全部被破坏，半胱氨酸、苏氨酸也会部分损失，天冬氨酸和谷氨酸可能转化为酸式。化学水解过程中，一些不耐热的化合物如维生素也会被破坏。另外，在水解过程中有个特殊的过程，即一些游离氨基酸会从L型转为D型。由于活体生物蛋白仅为L型，在植物代谢中不能直接利用D型氨基酸参与代谢，这会使蛋白质水解物的有效性降低，甚至对植物有毒，同时，酸解、碱解的水解过程会增加蛋白质水解物的盐度。

酶解通常是适合于生产植物源蛋白质水解物，蛋白酶主要来自动物（如胰液素、胃蛋白酶）和植物（木瓜蛋白酶、无花果蛋白酶）或微生物，这种水解过程较化学水解过程较为温和，且不需要高温（<60℃），蛋白酶通常作用于精准的肽键，如胃蛋白酶只切断苯基丙氨酸或亮氨酸处的键，木瓜蛋白酶仅切断精氨酸和苯基丙氨酸相邻的键，胰蛋白酶切断精氨酸、赖氨基、酪氨酸、苯基丙氨酸、亮氨酸的键。所以，来自酶解的蛋白质水解物是氨基酸和不同长度肽的混合物，盐分较低，成分相对稳定。

蛋白质水解物中，蛋白质/肽和游离氨基酸分布很宽，其含量分别为1%～85%和2%～18%。动物源蛋白质的氨基酸总量高于植物源蛋白质，以胶原蛋白为原料的通常含有较多的氨基糖和脯氨酸；豆科植物蛋白源的氨基酸主要是天冬氨酸和谷氨酸。同时，以鱼为蛋白源的也主要是天冬氨酸和谷氨酸。奶酪源蛋白含有较多的谷氨酸和脯氨酸，在胶原蛋白中还含有两种非标准的氨基酸，即羟基谷氨酸和羟基脯氨酸，它在植物源蛋白中含量很少。

蛋白质水解物可以促进植物生长，包括增加茎秆和根的生长量，施用该产品可加强氮、铁代谢、养分吸收、提高大量元素和微量元素效率。其机理主要是：首先，增加了土壤微生物和土壤酶的活性；其次，提高了微量元素，特别是 Fe、Zn、Mn、Ca 的可移动性；三是改变了植物根系的结构，提高根长、根密度和侧根数量；四是增加了硝酸还原酶、谷氨酸合成酶、铁络合还原酶的活性。

蛋白质水解物能干扰植物内激素的平衡，因而能影响植物发育，主要是由于影响肽类、植物激素合成前体物如色氨酸的形成。施用植物源的蛋白质水解物能诱导类生长素、类赤霉素的生成，从而影响植物的表现，改善营养状况、提高品质，还能抵抗植物对热、盐、碱、营养等胁迫。

生物刺激素为何能促进植物生长发育呢？研究表明，各种环境压力，如干旱、高温，以及紫外线辐射和除草剂的使用，会造成自由基或活性氧分子的产生。过氧化氢和羟基自由基都是强氧化剂，通过损伤脂质、蛋白质和细胞内的 DNA 来损坏植物。一些生物刺激素能促进抗氧化剂的产生，抗氧化剂能够清除自由基，保护植物细胞免受损伤。抗氧化剂包括脂溶性物质，如维生素 E 和 β-胡萝卜素；水溶性物质，如维生素 C、谷胱甘肽和不同种类的酶。植物能够合成 300 多种氨基酸，仅有 20 多种能够合成蛋白质，其他游离的氨基酸可用来抵抗胁迫，增强作物的抗逆性，提高作物产量和品质。

12.4.2 生物刺激素——精细化学品的发展现状

（1）欧洲　法国蒙彼利埃植物分子生理学生物化学系的 Krouk 博士认为植物营养和生物刺激素之间有着强烈的信号交互作用，解读其相互作用的机理至关重要，该研究开辟了植物营养进展的新路径，获得了法国科学奖。在欧洲，效果良好的生物刺激素可以减少一百万吨的氮肥使用。

（2）加拿大　海藻提取物：全球有超过 25000 种海藻，海藻产品含有生长素和细胞分裂素。生长素与细胞分裂素的比例很重要，而不只是关注其含量。褐藻提取物能够促进植物生长、提高作物产量和品质，同时可减轻非生物胁迫，如盐分和水分胁迫。Prithiviraj 博士认为海藻的生物效应远远超过其营养效应。

（3）比利时　腐植酸具有物理效益（改良土壤结构）、化学效益（改变土壤的化学固定属性）和生物效益（生物刺激素和土壤微生物的活性）。根特大学团队研究表明，将腐植酸施入土壤，作物对氮、磷吸收都随之增加，对钾、镁的吸收也起到促进作用，对钠和钙的吸收基本不变。

（4）墨西哥　根际微生物代谢的生长素和类生长素能促进植物生长发育。Jose Lopez-Bucio 教授、德国 Karl heinz Kogel 教授认为，与根相关微生物种类的多样性对植物的生存至关重要，因为其生产的小分子如吲哚乙酸（IAA，生长素）或与生长素相关的物质，能促进根系发育，提高养分吸收。

（5）中国　四川龙蟒福生科技有限责任公司生产的高新生物技术产品 S-诱抗素是全球唯一的工业化生产供应商，是中国唯一获得美国一类农药原药新药登记企业；S-诱抗素制剂开发也已获得突破性进展，实现了规模化应用；S-诱抗素对作物进行喷施，能够开启作物次生代谢途径，诱发抗体产生，增加作物的抗逆性，并提高作物品质。获得美国发明专利，并通过欧洲产品认证。已在国内外推广应用多年，属于日益成熟的农业投入品。

河南中威高科技化工有限公司始创于 1997 年，是国家高新技术企业，致力于植物营养剂的研发与推广，拥有独立的进出口权，并于 2001 年在业内率先通过 ISO9001：2000 国际质量管理体系认证。企业在张爱中董事长的带领下以"做中国最权威的植物营养专家，世界植物保健品供应商"为企业愿景，遵循"绿色·健康未来"的可持续发展理念，坚持走植物营养良性循环之路。1998年就在行业内率先提出"植物营养剂"的概念。公司包括原药、制剂、园林、外贸四大版块，涵盖植物营养剂、生长调节剂、水溶肥及少量绿色广谱杀虫杀菌剂。特别是1994年研发成功的复硝酚钠原粉（"春雨1号"），获农业部首家登记，被业内誉为"复硝酚钠始祖"，其独特的品质更是填补了国内空白。于2002年初被法国质量监督委员会列为"向欧盟重点推荐产品"。中威产品累计出口超过20万吨，产品远销30多个国家，企业拥有的商标、专利达120多个，先后荣获"国家高新技术企业""中国质量、服务、信誉AAA级企业"称号、"中国外贸企业信用体系指定示范单位"称号、"中威"商标被评为"中国著名畅销品牌"。未来，中威将向集团化转型。集团公司下设河南省中威春雨植物营养有限公司、华北植物营养研究院、河南省中威农优产品联盟股份有限公司、（加拿大）你好健康公司，成立中威春雨大健康集团。2018年投资1.5亿元的中威三门峡智能化现代工厂项目完工后，预计每年可产出1万吨植物生长调节剂。

12.5 增强作物光合作用的"气灌系统"

12.5.1 气灌的作用

（1）向植物提供二氧化碳 当前大气中CO_2浓度为0.04%，植物进行光合作用最佳的CO_2浓度为0.08%~0.1%，而密集生长的作物株间，由于光合作用对CO_2的消耗固定为碳水化合物，株间的CO_2浓度仅有0.02%~0.03%。向株间补充CO_2被称为"气肥"，在设施农业（温室、大棚）中已有应用。例如，在大棚内放置碳酸氢铵与硫酸的反应装置，利用发生反应产生CO_2气体，生成的硫酸铵溶液作为肥料；荷兰在温室群中，设置锅炉房，利用废木材燃烧产生的含CO_2废气通入温室中来补充光合作用CO_2的不足，并产生热水，供温室加热，提供处于气温较低的荷兰温室作物生长所必需的室温。高光强、高光合速率需要高浓度CO_2。

由郑州大学侯翠红博士等发明的"气灌系统"专利技术，利用氮肥工业生产合成氨、尿素副产回收的CO_2作为气灌的CO_2源。以煤为原料，每生产1t氨理论上副产3.88t或接近2000m³ CO_2，每生产1t尿素副产CO_2 1.47t或750m³。2015年，我国尿素产量7059万吨，以煤为原料生产的尿素占总产量的75.9%，则2015年以煤为原料的尿素产量为5358万吨，理论上可副产CO_2 7876万吨。将生产尿素副产的CO_2用于植物光合作用是最理想的贮碳方式之一。河南心连心化肥公司，建有年回收40万吨CO_2装置，目前该厂仅有20万吨用于油田充气增加产油量及供可口可乐等碳酸饮料使用，每年尚余20万吨回收CO_2的能力未发挥。可知，利用回收CO_2作为气灌的原料，具有巨大的气源后备。

20万吨CO_2在常温常压下约为10万立方米，可配成含CO_2浓度为0.06%的气灌用气1.25亿立方米，可满足1.25亿立方米需补气0.08%~0.1%的空间所需的气源（面积为1ha、高度为4m的温室空间为4万立方米；面积为1亩、高度2.5m的大棚空间为1668m³），每天补充一次,即可供约10个面积为1ha的温室或约200个面积为1亩的大棚所需。

(2) 气灌系统也可通入不同强度的空气,这相当于植物体操。微风相当于柔软操,有利于保持作物生长青春活力,降低叶面光合作用传质阻力;疾风相当于植物强体操,促进根系发达,增加对自然力的抗性,有利于植物根深、茎粗壮。

在温室或大棚生长的作物,其所处的环境不同于露地自然环境,种植这些反季节作物,人们只追求加速生长,增加产量,产生更多的附加收入,而不考虑作物的"心情",它们与动物圈养一样,在孤独的环境下生长。根据"动植物同理"的认识论推测,成人的孤独症、儿童的自闭症均有可能与食用大棚等反季节蔬菜、圈养的禽畜有关。给作物播放音乐、吹以微风及必要的疾风,使作物在舒畅的环境下生长,可增加作物产量,提高作物免疫力,从而增强抗逆性,可能也有利于减少成人的孤独症、儿童的自闭症。

12.5.2 气灌系统组成

气灌系统由:(1) 小型空气压缩机或高压鼓风机;(2) 气体钢瓶(二氧化碳);(3) 配气装置;(4) 气体浓度测定仪;(5) 气体浓度传感器;(6) 控制器;(7) 输气管道;(8) 气体分布器及喷孔组成(图12-5)。

实例1 选择 $60m^3/h$ 风量的空压机(1),提供 $1m^3/min$ 的空气量;二氧化碳钢瓶(2)中配以 $600ml/min$ 的 CO_2 气体;通过配气装置(3)使混合气中的 CO_2 浓度为 0.06%;后通过输气管

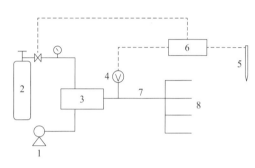

图12-5 气灌系统组合示意图

道(7)、气体分布器(8)的喷孔喷在作物密集生长的下部,并使生长区内空气中含有浓度 $0.08\%\sim0.1\%$ 的 CO_2,当传感器显示空气中 CO_2 的浓度低于 0.05% 时,开启钢瓶的气体出口阀。

实例2 每天早晚,关闭气体钢瓶,仅通入空气,使空气分布器(8)的喷孔,以 $1m/s$ 的风速向作物下部吹以微风,其风力能使作物的茎叶能轻微摇动。通微风时间,可通过控制器(6)控制,每次半小时,一天之内共1h,或吹以疾风每天 $5\sim10min$。

郑州大学发明的"气灌系统"专利技术,是一种新的农艺方法,还可与波(光波、声波)——物理手段相结合。由张洪杰院士开发的稀土发光材料为光源的LED灯,可根据植物生长的需要调节不同波长和强度的光,达到高产提质增效的目的。向作物播放轻音乐,舒缓植物及种植者的心情。

12.6 利用微生物全面提升农产品质量和食品安全水平

12.6.1 微生物

微生物也是植物生物刺激素的一类,据介绍,微生物制剂及提取物(microbial

inoculants and extracts）作为天然生物刺激素的微生物主要是共生菌，包括：（1）促进植物生长的根际细菌（plant growth promoting rhizobacteria，PGPR）；（2）促进植物生长的真菌（plant growth promoting fungi，PGPF）；（3）丛枝菌根（arbuscular mycorrhizal fungi，AMF）。

（1）根际细菌，能改变植物体内激素的含量。有些细菌可以降低 1-氨基环丙烷-1-羧酸（ACC）氧化酶含量，从而减少植物体内乙烯浓度而促进植物生长。有人证明：一些菌株产生的体外植物生长素（IAA）含量与植物生长促进效应呈正相关；有人发现在适宜的水分条件下，枯草芽孢杆菌可产生细胞分裂素，降低寄生植物体内脱落酸含量，从而增大气孔开度，增加光合作物速率；二是释放可挥发有机物（VOCs）。很多人用拟南芥为材料，以培养皿把植物与细菌分开不让其直接接触，证明枯草芽孢杆菌（Bacillus subtilis strain GB03）和解淀粉芽孢杆菌（Bacillus amyloliquefaciens strain IN937a）可释放 2，3-丁二醇和 3-羟基-2-丁酮，能增加植物叶面积、诱导系统抗性。大肠杆菌能释放吲哚，增加生物量和侧根数量。

目前国内外已发现的 PGPR 包括假单胞菌属、芽孢杆菌属、农杆菌属、黄杆菌属、沙雷菌等 20 多个种属，其中荧光假单胞菌被认为最具有应用前景。PGPR 已被成功地用于提高土壤肥力和作物产量的生物肥料中。

（2）丛枝菌根（Arbuscular mycorrhizal fungi，AMF）形成于植物根系之间，是一种特殊的真菌。丛枝菌根与植物共生十分广泛，有 80%～90% 的陆生植物都能形成菌根。它们可提高植物的抗旱性。普遍认为，丛枝菌根可改变植物根系结构，特别是在根长、根粗、侧根数量等方面，共生根所形成的良好的植物根系结构可使植物根系在水分缺乏的情况下，延伸到植物根际耗竭区外更有效地吸收水分和移动性较小的养分（如 P、Zn 和 Cu）。接种丛枝菌根还可使植物产生抗氧化酶（SOD、POD 和 CAT），促进可溶性糖的积累从而提高植物的抗旱性；丛枝菌根还能加速水分从根到茎的传输速率，提高叶片水势，接种丛枝菌根还能快速调节植物体内脱落酸的浓度，使植物在蒸腾和吸水方面达到较好的平衡，从而提高植物的抗旱性；丛枝菌根提高植物的抗盐性，丛枝菌根的抗盐性主要是通过提高叶片组织的 K、Mg、N、P、Ca、Fe、Zn 的含量，降低 Na 和 Cl 的含量，从而提高植物体内的 K/Na 比，进而提高了植物的抗盐性；丛枝菌根在盐影响下，可提高共生植物叶片中的活性氧清除酶的活性，如超氧化物歧化酶（SOD），过氧化氢酶（CAT），过氧化物酶（POD）和抗坏血酸过氧化物酶（APX），同时伴随着较低的脂质过氧化作用，表明共生植物氧化损伤较低；丛枝菌根可提高植物营养效率，研究表明接种丛枝菌根可提高植物对大量元素和微量元素养分的吸收效率和养分的运转效率；特别是可提高磷的利用效率，研究表明：通过接种丛枝菌根，芦笋体内的磷达到最大含磷量时，土壤磷的浓度为 59.3mg/kg，而不接种丛枝菌根的土壤磷浓度为 67.9mg/kg。也有人认为丛枝菌根对养分的作用可以扩展到其他元素，特别是氮。但是，在土壤养分含量较高时，丛枝菌根的作用就会下降，有人在草莓上试验，如果接种丛枝菌根，可节肥 30%。丛枝菌根降低重金属毒害，研究表明，丛枝菌根可通过降低重金属在生物体内的移动性来降低重金属的毒害。不同 Cd 浓度水平下，Cd 浓度越高，丛枝菌根的作用越明显；丛枝菌根提高了 Mg 的吸收，从而提高叶绿素的含量和作物的光合作用速率。也有人认为是稀释效应，有研究表明丛枝菌根上调了 BED 141 基因，阻止了 Cd 向茎的运输。但是，在低浓度金属条件下，丛枝菌根能增加重金属的吸收，在高浓度下茎组织中的 Cd 浓度相对较低。有人认为丛枝菌根可提高抗氧化酶（CAT、SOD、POD）的活性，降低了 Cd 的移动性。丛枝菌根抵抗不良的土壤 pH：酸性条件下，丛枝菌根可通过提高植物对 Al 毒的抗性而获得对不良土壤 pH 的适应。有人认为丛枝菌根在酸性条件下，可改善作物体内一价和二价阳离子（K、Ca、Mg）的状况，因为这些离子往往在酸性条件下容易缺乏。在碱性条件，接种丛枝菌根后，植物的形态、生理和生物化学反应与不接种丛枝菌根比较都有很大不同，植物叶片中保持较高的叶绿素含量和较高的 CO_2 同化率，提高植物体内 P、K、Mn、Zn 特别是 Fe 的含量，从而提高对不良碱性条件的抵抗能力。

（3）微生物活体的功能是通过其分泌物实现的　根瘤菌分泌物——酯几丁基寡糖；天然纳豆菌分泌的聚谷氨酸；湖北中泰化工与加拿大恩典生物开发的 PPF 生物制剂，进入土壤后可以分泌大量的纤维素酶，能将大分子含碳化合物分解为小分子碳化合物；蚯蚓身体分泌的黏液，有助于土壤形成团粒结构，增加土壤肥沃度。微生物是活体，其分泌物是化合物；化合物可以提纯、合成，可以修复土壤、激活肥力。

12.6.2　国内外微生物的研究与发展动向

（1）2016 年 5 月 13 日，美国白宫科学和技术政策办公室（OSTP）与联邦机构、私营基金管理机构等，共同宣布启动一项旨在推进微生物组研究和相关技术创新的"国家微生物组计划"。美国芝加哥大学微生物组中心主任杰克·吉尔伯特以"迎接一个时代的到来"来形容美国"国家微生物组计划"的启动，美国这个计划的一个重要方面就是聚集平台技术开发，并以公私合营机制来保障投资，参与机构的成员能够以向科学家销售微生物组样本创收。吉尔伯特认为除了工业领域，农业也在利用微生物技术来提高农作物的韧性、抵抗力和生产力。在美国不少大型农企和初创公司都已在下一代微生物研究方面投入巨资，积极开发能够预防真菌和线虫感染的技术，甚至改变农作物的特性来提升终端产品的风味和营养价值；运用微生物技术使得农作物能够生长在边际土地上，为农民提供更多的土地资源。吉尔伯特相信在未来十年，通过公私合作，微生物科技领域的研究、开发与转化将不断迈上新的台阶。

（2）人民日报 2016 年 7 月 6 日在第 22 版国际视野发表了中国科学院微生物研究所刘汉江所长的署名文章："（美国）微生物组引发研究开发热潮——掌控人类幸福的重要因素"，他认为：在地球生态系统和人类健康中，微生物组的作用超过想象，加强基础研究与应用相结合，推进技术创新和产业升级，将创造未来新的经济增长点。在美国"国家微生物组计划"启动后的三周，人民日报立即响应，可见我国也将迎接一个微生物组时代的到来。刘双江认为，为什么（美国）微生物组能够引起国际上如此巨大反响和关注？他认为一种菌落（青霉素）抑制了另一菌落（金黄色葡萄球菌）的生长，揭开了微生物合成抗生素的伟大时代。一种微生物拯救了成千上万的个体生命，那么一群微生物将能够拯救未来人类的生存。地球上的微生物物种粗略估计在百万数量级之上，而目前发现的菌种只有数万种，绝大多数微生物物种及其功能还有待挖掘和认知。刘双江在专文中指出：微生物与农作物（根际、叶表、植物体内）在一起，构成农作物微生物组，影响作物营养吸收、病害发生和作物产量；微生物还是污染土壤生物修复的主力军，农药、化工污染物、除草剂等主要是通过微生物降解作用得到消除。环境微生物组将为实施生态文明建设，提高环境质量的国家目标，提供资源和技术的保障。

（3）*Scientific American*（科学美国人）2017 年第 5 期发表未来医疗专题"微生物角色：从破坏者到守护者"，认为科学家可以筛选有益的细菌改善人体肠道健康；还可以通过合成生物学手段，把微生物改造成活动工厂，在人体特定位置持续生产药物，治疗癌症、感染、遗传疾病等。在这期专题中发表了三篇文章主要关注：① 制造治病的细菌；② 体疗法：用病害杀灭致病菌；③ 微生物九大应用。

在微生物九大应用中包括高效农业的助手。从远古时候开始，微生物就成了农民们的亲密战友。植物和微生物之间其实存在着多种多样的共生关系，其中不少已经服务于传统农业生产。

如果用豆科植物和玉米混种，那么玉米就会获得更多的氮和磷，这是因为和豆科植物共生的细菌能够释放出一种酸性物质，使土壤里的氮、磷元素更易被玉米利用。

最近，科学家发现了更加五花八门的"微生物——植物"共生策略。木霉素（trichoderma）的真菌就是一个例子。他们释放出的霉素能够直接作用于病原体，并能促进植物防御系统的活性。

细菌的作用也不差。中华根瘤菌属（Sinorhizobium）的细菌能够将大气中的氮固定在豆科植物的根部，而根瘤菌（Rhizobacteria）则能通过释放激素或维生素促进植物生长。

法国国家自然历史博物馆的马克-安德烈·瑟罗斯认为："未来几年的关键趋势将是重新挑选那些能够利用这些微生物的植物品种。因为目前的植物品种适合于肥沃的土壤，而它们利用微生物的能力不强。"

里昂高等师范学校的彼得·洛高夫斯基则表示，在发展高效农业的进程中，微生物也已经成为生物技术实验室的重要工具。其中，根癌农杆菌（Agro bacterium tumefactions）成了改造植物的首选细菌。根癌农杆菌发现于1977年，它原本是一种能够导致植物冠瘿瘤的病原菌，会向目标植物的基因组插入质粒使其病变。后来科研人员成功地使该质粒失去毒性，并利用它来插入有益的基因，比如那些能够使植物免遭虫害，或者耐受除草剂的基因。

40年来，农杆菌渗入法（Agro infiltration）经受住了时间的考验。在这项技术中，植物的碎片首先浸泡在农杆菌悬浮液中，然后再生为完整植物。2014年，农杆菌成为当之无愧的大明星，精准基因组学的平民化代表。它能高效地将现今的基因编辑工具（如CRISPR/Cas9）导入植物的细胞中。

（4）《化学通讯》（2015年第6期）转载了伊丽莎白·潘尼斯（Elizabeth Pennisi）在Science发表的一篇文章"人体内勤劳的微生物获得迟到的尊重"，认识到过去把细菌、病毒看作敌人与之战斗，现在认识到"它们其实就是我们"。人体每10个细胞中就有9个是微生物。反之肠道就有多达1000余种细菌，它们带来的基因是我们自身DNA承载的基因数的100倍。一些微生物使我们生病，但大部分与我们共生，把人体当成家。它们的基因和我们的基因组成了一个保持身体功能的宏基因组。微生物群系和病害宏基因组的概念有朝一日我们能通过调控身体里的病害和微生物来改善健康、治疗疾病。

（5）Scientific American 2013年9月号在微生物学栏目，发表了Richard Conniff的"Super Dirt（超级泥土）"，他认为对粮食增产的贡献，土壤中细菌和真菌的作用，相对于肥料和农药的过度施用是最重要的、有前途的替代物，他们发现美国东海岸的蔬菜（番茄、甜瓜、菠菜、豆芽）容易爆发沙门菌感染，危害老人、小孩健康，而西海岸不会发生此现象，原因是西海岸土壤中含有丰富的可以抑制甚至杀死沙门菌的细菌，它是一种本地细菌——芽孢杆菌。美国微生物学家可以通过基因工程使玉米、土豆产生海藻糖就像向日葵一样自身产生海藻糖，有助于稳定细胞壁和减少干热风的影响，可比正常条件下提高$10\%\sim 50\%$的产量。

从上述资料可看出近5年来，国际上特别重视微生物组的研究开发与应用。

12.6.3 生物肥料在全球作物生产中的应用

12.6.3.1 生物肥料

狭义的生物肥料,是通过微生物生命活动,使农作物得到特定肥料效应的制品,也被称之为接种剂或菌肥,它本身不含营养元素,不能代替化肥。广义的生物肥料是既含有作物所需的营养元素,又含有微生物的制品,是生物、有机、无机的结合体,它可以代替化肥,提供农作物生长发育所需的各类营养元素。

生物肥料可以作为种子、幼苗或土壤的接种剂,通过提高养分的吸收和利用来促进作物的生长。它们包括固氮微生物、解磷和解钾微生物,表12-1列出了生物肥料中微生物的主要类型。

(1) 固氮微生物　根据固氮微生物的固氮特点以及与植物的关系,可以将它们分为自生固氮微生物、共生固氮微生物和联合固氮微生物三类。

根瘤菌是与豆科植物共生,形成根瘤并固定空气中的氮气供给植物营养的一类杆状细菌。虽然空气成分中约有78%的氮气,但一般植物无法直接利用,花生、大豆、苜蓿等豆科植物,通过与根瘤菌的共生固氮作用,把空气中的分子态氮转变为植物可以利用的氨态氮。根瘤菌作为大豆拌种剂已经使用了几十年,通过固定大气中的氮来提供植物对氮需求的90%。

在谷类作物上,固氮生物肥料能提高氮的吸收量达7%~58%;在甘蔗上,能增加氮的吸收量60%~80%。丛枝菌根真菌(arbuscular mycorrhiza fungi,AMF)也可提高植物对氮的吸收达50%以上。固氮细菌应用的实例如下。

① 固氮菌:一种自生型细菌,在水稻作物固氮中起着重要作用,作为生物肥料被用于小麦、大麦、燕麦、大米、向日葵、玉米、甜菜根、烟草、茶、咖啡和椰子。

② 固氮螺菌:通常用于温带谷物,提高水稻产量。

③ 贝氏固氮菌:通常用于热带地区甘蔗种植园。

④ 葡糖酸杆菌、固氮螺菌和草螺菌:用于甘蔗的氮肥施用中。

表12-1　生物肥料中微生物的主要类型

	分类	微生物
固氮型生物肥料	自生型	固氮菌,贝氏固氮菌,梭菌,克雷伯菌,鱼腥藻,念珠藻
	共生型	念珠藻根瘤菌,弗兰克菌,鱼腥藻,满江红
	联合共生型	固氮螺菌
解磷生物肥料	细菌	巨大芽孢杆菌,磷酸盐细菌,枯草芽孢杆菌,环状芽孢杆菌
	真菌	青霉菌,泡盛曲霉菌
溶磷生物肥料	丛枝菌根真菌	球囊霉菌,巨孢囊霉菌,无梗囊霉菌,盾巨孢囊霉菌,硬囊霉菌
	外生菌根菌	蜡蘑菌,豆马勃菌,牛肝菌和鹅膏菌
	内外生菌根	杜鹃花类菌根菌
	兰科菌根	立枯丝核菌

续表

	分类	微生物
微量元素生物肥料	芽孢杆菌	硅酸盐和锌增溶剂
	植物根际促生菌	
	假单胞菌	荧光假单胞菌

(2) 解磷微生物　土壤中微生物的活动对土壤磷素循环包括磷的转化和有效性影响很大。解磷微生物中能够将土壤中难以吸收利用的含磷矿物转化为可直接利用的水溶性磷的一类，称为解无机磷微生物，能够分解或降解土壤中有机磷化合物为有效磷素的一类，称为解有机磷微生物。

解磷微生物包括微球菌、假单胞菌、芽孢杆菌和黄杆菌、欧文菌、沙门菌等。微生物对土壤中难溶磷的分解有酸解和酶解等机理。解无机磷细菌的代谢产物为乳酸、羟基乙酸、琥珀酸、柠檬酸等，这些有机酸具有溶解土壤中难溶性的磷酸盐的功能。酶解作用是有机磷降解的主要途径，土壤微生物分泌的磷酸酶可将磷脂等有机磷化物水解转化为简单的无机化合物为植物所吸收利用。

(3) 解钾微生物　解钾微生物是指能够在土壤中或者在纯培养条件下，将含钾矿物如钾长石、云母等不能被作物吸收利用的矿物态钾分解产生水溶性钾的微生物，主要包括以下几种。

① 土壤芽孢杆菌：能提高小麦对钾的吸收量。

② 解糖类芽孢杆菌：能提高黑胡椒的干重。

③ 胶质芽孢杆菌：促进茄子、胡椒和黄瓜的生长，提高苏丹牧草的生物产量。

还有一些微生物类型（如假单胞菌、伯克菌、类芽孢杆菌）能够释放云母和钾长石等矿物中的钾，可使钾的有效性提高15%以上。

微生物肥料促进植物生长的机制主要有四个方面：①改变土壤中某些无效元素的形态，使之有效化而利于植物吸收；②合成某些对植物生长发育有直接作用的物质；③防治植物病害；④提高植物的抗逆性。

12.6.3.2　全球领先的生物肥料公司

(1) 北美洲　在美国，小麦、玉米、大豆、棉花和牧草作物占主导地位，农民主要使用豆科植物根瘤菌，很少使用生物肥料。

Loveland公司制造和销售生物肥料产品Accomplish®。它含有酶、有机酸和助剂，能提高肥料和土壤中养分的有效性；还能增加根的大小和分枝数，促进植物对养分和水分的吸收。2010年，明尼苏达大学田间试验表明该产品能提高玉米和大豆的产量。

诺维信（Novozymes）是全球工业酶制剂和微生物制剂的主导企业，产品遍及亚洲、澳大利亚、巴西、加拿大、欧洲和美国。主要代表产品为Cell-Tech®、Nitragin Gold®（含有固氮根瘤菌）和TagTeam®（根瘤菌和青霉菌结合），以粉剂、颗粒和液体等剂型销售。诺维信与孟山都公司结成生物农业联盟，将筛选出作物效益最大和效果最稳定的微生物菌种，旨在帮助全球农民以一种可持续的方式利用更少资源获得更多产量，为农业、消费者、环境和社会带来非常大的益处。

加拿大巴斯夫（BASF）生产了一系列含有枯草芽孢杆菌和大豆根瘤菌的产品。产品Nodulator®在北美、非洲、南美、澳大利亚和欧洲均有销售。

Brett-Young种子公司的Bioboots®生物肥料产品有三种，其中两种含有食酸丛毛单胞菌，是专门为油菜设计的，分别为粉剂和液体制剂；第三种含有食酸丛毛单胞菌与大豆根瘤菌，是专门为大豆而设计的产品。

加拿大维多利亚肥料公司（Victoria Engrais Limited Company，EVL）的EVL coating®产品是多种菌体复合的微生物制剂，可直接喷涂在有机或无机肥料表面，具有增进土壤肥力、协助养分吸收和促进作物生长等作用。

（2）拉丁美洲 阿根廷、巴拉圭、玻利维亚和乌拉圭每年种植大豆作物约3000万公顷，约70%接种了大豆根瘤菌，小麦和玉米作物也接种了固氮螺菌和假单胞菌。

阿根廷Rizobacter公司成立于1977年，在国际生物肥料市场屹立多年，豆科作物用根瘤菌生物肥料在阿根廷、巴西、玻利维亚、巴拉圭、乌拉圭、美国、欧洲和非洲均有销售。

巴西是最早使用生物肥料的国家之一。根据2011年国际植物营养研究所（IPNI）的一项研究，该国每年向豆类、玉米、水稻、甘蔗、大豆、胡萝卜、番茄、棉花、柑橘和桉树施用6万~7万吨的生物肥料。

巴西是几个大型生物肥料生产商的所在地，主要为Embrafos，Instituto de Fosfato Biologico（IFB），Biofosfatos de Brasil和Liderfos。IFB生产的固氮解磷生物肥料Bioativo®产品，含有微生物、有机物、大量元素和微量营养素。

（3）欧洲/俄罗斯 西班牙Symborg公司是欧盟和全球领先的生物肥料企业，产品遍销40多个国家，并在欧洲、美国、南美和亚洲设有子公司。产品VitaSoil WP®是一种微生物土壤修复剂，可以通过滴灌系统应用，产品定位于园艺市场和花卉、果树、谷物、烟草种植园和葡萄园。

Symborg公司的产品主要包括以下几种。

MycoUP®：用于园艺作物的生物接种剂，在黏土载体中含有丛枝菌根真菌（AMF），促进根系生长，从而提高水分和养分的吸收。

MycoUP Activ®：用于园艺作物的生物接种剂，可通过灌溉施用。主要有效成分为菌根真菌，能促进根系生长和提高植物的活力。

Resid HC®：一种粮食作物和谷物种子的生物包衣剂，主要有效成分为菌根真菌，能促进根的生长和提高植物的活力。

Resid MG®：含有丛枝菌根真菌的谷物生物接种剂，可直接使用微颗粒施用器播种，提高作物对土壤中磷的吸收，从而促进作物生长。

位于俄罗斯图拉地区的新莫斯科夫斯克，JSC工业创新公司生产的含有固氮螺菌的固氮型生物肥料，可使小麦、大麦、玉米、胡萝卜和卷心菜的产量增加20%。

（4）亚太地区 印度每年投入约15亿美元用于生产生物肥料和生物农药。总部位于孟买的Biomax公司成立于1998年，已经成为世界生物肥料的主要供应商，产品包括Life®，BiMix®，BioZink®与Biodine®，均含有能够固定氮和溶解土壤养分（磷、铁、镁和锌）的微生物，使其转化为植物可利用的养分。

日本Tokachi农业合作社联合会（Tokachi Federation of Agricultural Cooperatives，TFAC）生产含有根瘤菌的生物肥料主要有：产品Mamezo®含有根瘤菌和泥炭；R-processing Seeds®主要用作豆科种子接种剂；Hyper Coating Seeds®产品含有根瘤菌的碳酸钙胶囊，主要用作豆科种子包衣剂。

中国政府于20世纪90年代中期开始对生物肥料行业进行监管，并开始注册公司。目前中国已有超过 500 家生物肥料公司进行了注册。中国生物肥料集团总部位于德国汉堡市,世界上最大的农业公司之一,其生产的解磷、解钾生物肥料,能减少 30% 化学肥料的需求,并提高作物产量 30% 左右。表 12-2 列出了世界主要代表公司的生物肥料产品。

表 12-2 世界主要代表公司的生物肥料产品

公司	产品	菌株
Novozymes	Cell-Tech®	根瘤菌
	Nitragin Gold®	根瘤菌
	TagTeam®	根瘤菌+青霉菌
Loveland Products. Inc	Accomplish®	植物根际促生菌+酶+有机酸+螯合剂
BASF Canada Inc.	Nodulator®	大豆根瘤菌
	Nodulator® N/T	枯草杆菌 MBI 600+大豆根瘤菌
	Nodulator® PRO	枯草杆菌+大豆根瘤菌
	Nodulator® XL	豆科根瘤菌生物变种 1435
Brett-Young Seeds	Bioboots®	嗜酸丛毛单胞菌
	Bioboots®(soybean)	嗜酸丛毛单胞菌+大豆根瘤菌
EVC Inc.	EVL coating®	植物根际促生菌
Labiofam S. A.	Nitrofix®	固氮螺菌属
Instituto de Fosfato Biologico(IFB)Ltda	Bioativo®	植物根际促生菌
Symborg	VitaSoil®	植物根际促生菌
JSC Industrial Innovations	Azotobacterin®	巴西固氮螺菌 B-4485
Tokachi Federation of Agricultural Cooperatives (TFAC)	Mamezo®	根瘤菌(泥炭)
	R-processing Seeds®	根瘤菌(豆科植物种子包衣剂)
	Hyper Coating Seeds®	根瘤菌(禾本科牧草种子包衣剂)
Biomax	Life®	植物根际促生菌
	BiMix®	植物根际促生菌
	BioZink®	植物根际促生菌
	Biodine®	植物根际促生菌

12.6.3.3 微生物肥料发展的制约因素

微生物肥料在农业上的应用还处于起步阶段,受到以下因素的制约:①不可预测/不稳定的效果;②施用菌株的识别与追踪问题;③微生物与植物的相互作用认知缺乏;④生产技术。

要证明生物肥料能否以及如何发挥作用是很困难的,因为生物肥料中的微生物一旦被接入土壤中,就会面临激烈的竞争,有益效果会严重降低;在不同土壤条件下,微生物表现也有很大差异。

最近一项调查发现,检测了 65 个在售的生物肥料产品,其中 40% 的肥料产品未含有标识的菌株。另一项关于含有丛枝菌根真菌生物肥料产品的调查显示,丛枝菌根真菌增殖能力非常低下,定殖能力也非常有限;还有一些研究表明,特别是在非理想的储藏条件下,接种剂中的微生物种群数量随着时间的推移而降低,导致接种效果大大降低。

尽管生物肥料可与传统肥料一起使用,但化学肥料对接种的微生物有抑制作用。长期施用氮肥能降低土壤微生物的活性，例如对根部菌根菌的定植产生负面影响；肥料中磷酸盐在土壤中的积累也会对丛枝菌根真菌产生负面影响。

国际植物营养研究所（International Plant Nutrition Institute，IPNI）一直在严厉批评生物肥料的功效。2011 年，IPNI 总结道："在北美洲出现的大部分生物肥料都是不可信的"；还补充道"微生物菌剂是一个有趣的研究领域，除豆科植物根瘤菌接种剂外，产品的功效是很难预测的"。

然而，2018 年 1 月 3 日发表的一篇微生物全球综述，对 171 篇同行出版物进行分析，对微生物肥料的肥效及促进农作物生长的作用进行了论证，结论如下：

（1）在干旱气候条件下，生物肥料的效果更好；
（2）生物肥料提高了氮和磷的利用效率；
（3）生物肥料具有解磷和固氮的特性，具有提高作物产量的最大潜力；
（4）土壤磷含量越高，生物肥料的作用越明显；
（5）丛枝菌根真菌（AMF）性能最好，其次是解磷和固氮微生物；
（6）在中性 pH 和土壤中有机质含量较低时，接种 AMF 效果最佳；
（7）AMF 作为一种单独的生物肥料，适用于大多数作物和气候类型。

研究发现，干旱地区农业最能体现生物肥料的效益。随着全球气候的变化，未来全球将会有更多的旱地，同时保证生物肥料在特定作物品种、特定土壤中的施用效果，生物肥料在未来可持续农业中将发挥很大的潜能。

12.6.3.4 中国微生物肥料简况

2016 年中国生物肥料企业超过 1000 个，年产量 1200 万吨（平均 1.2 万吨/个），年总产值 200 亿元（每吨产品平均 1670 元），估计到"十三五"结束时（2020 年）总产值将达 3000 万吨。

"京青科技"——京青（北京）农业科技公司郭中信董事长作为微生物专家，以"生物工程"为中心，与福建农林大学谢联辉院士、郑州大学任雪玲教授建立院士工作站，正力求使公司在农用微生物领域处于国际先进水平。

"京青科技"开发的微生物技术（益生元）能解决的问题如下。

（1）根死树的问题（根朽、紫纹羽、圆盘病、轮纹病、病毒病等）。
（2）重茬（土传病害、再植病）的问题。
（3）土壤调理（产量低、品质差，营养吸收障碍问题）。
（4）肥害烧根的问题。

"京青科技"开发的微生物技术（益微）叶面喷施可调理植物微生态能解决的问题如下。

（1）病害："作物病害的微生态防治技术"用来克服作物连作障碍和土传病害，可以减少农药用量，达到食品安全水平。
（2）抗逆：防冷害、干热风。在东北寒地水稻每亩仅用数十克微生物菌剂便显著地增强水稻的耐寒性。
（3）增药效、解药害：除草剂残留、2,4-D 漂移、农药浓度过大。
（4）伤口愈合。

厦门大学的生物酵素专利技术是覆盖"农业、牧业、生态环境治理、人体健康"四大领域的生物酵素技术。通过进行大量应用性研发和生产应用，使产品性能得以保证，并历经千余次生产实践，产品的各项技术指标均表现显著。将植物酵素先后在黑龙江、吉林、山东、河北、湖南、福建、安徽等全国十余个省区进行了试验示范和生产性实证。2015年由全国农业技术推广服务中心制定方案在全国五省区进行了水稻、玉米、马铃薯、黄瓜、韭菜等十一个品种作物的试验和生产性示范，蔬菜类达到了12%以上的增产幅度，粮食作物平均减施化肥20%，产量提高18%以上，而且品质提升。

以北京世纪阿姆斯生物技术公司为理事长单位，联合北京3家科研单位及11家微生物生产销售单位于2012年4月成立了"首都生物肥料科学技术创新服务联盟"；湖北吾尔利生物工程公司2013年开始布局该公司的生物肥产业，将建成产能达1万吨生物制剂、20万吨生物肥料和20万吨生物饲料的规模；山东谷丰源生物科技集团在2013年9月举办了"生物肥料创新论坛"；湖南泰谷生物科技公司在2013年11月与中国农科院、中国农业大学联合成立"农业部植物营养与生物肥料重点实验室及中国农业大学研究生实践教学基地"；西安德龙生物产业集团2015年6月与农资导报联合举办"全国生物菌肥规范化、规模化高层论坛"；2014年6月26日人民日报科技特刊介绍了山西昌鑫生物农业科技公司，该公司是2004年由山西昌达建材集团产业转型而组建，聘请了陈文新院士为昌鑫公司首席科学家，引进哈尔滨绿洲源生物工程研究所以高淑英所长为首的科研团队研发的生物菌肥技术。2011年8月第一条40万吨生物菌肥建成投产，拥有全国规模最大的菌剂车间，昌鑫生物成立了山西舜天农业微生物科学技术研究院，攻克了厌氧菌与好氧菌的智能复合共生及农作物的重茬病和晚疫病。

12.7 基于分子生物学的精准供应最低量全面营养的均衡施肥

清华大学化工系郭志刚教授从植物细胞工程和植物生长发育控制研究着手，精确分析不同农作物的植物营养需求结构，将细胞营养学、细胞代谢工程以及分子生物学研究与农业生产实践相结合，给农产品品质和肥料产业带来革命性冲击。这是分子生物学给肥料带来的革命性信号。

郭志刚教授的农作物专用配方肥是指根据不同农作物在不同生长发育阶段以及不同土壤环境中对氮、磷、钾等大量元素以及钙、镁、硫、铁、锰、锌、硼等中微量元素的需求差异而设计的全营养配方肥。该配方肥不仅能提供农作物不同生长发育阶段的养分需求，同时具有调控农作物相关基因表达和物质代谢的功能，并能大大提高肥料的利用率，减少肥料的使用量，减少土壤中养分残留，降低农业面源污染。同时增强农作物的抗病能力，减少农药喷洒次数和使用量，无需喷洒生长调节剂等物质，可大幅度降低肥料使用量和人工成本。此外，由于农作物专用配方肥的营养设计科学精准，供给均衡，因此，不但可以促进作物生长，提高作物产量，同时还能提高农产品品质，恢复农产品原风味。农作物专用配方肥的另一贡献是解决了测土配方难题，为农民提供容易操作的施肥方案。

这种大幅度降低肥料用量的农作物专用配方肥，达到相同产量可使玉米减肥12%～21%，小麦减肥20%～28%，水稻减肥33%～44%，马铃薯减肥53%～68%，棉花减肥60%～66%，葡萄减肥75%～80%，如表12-3所示。

表 12-3 农作物专用配方肥每亩试验结果

农作物/试验地	施肥种类	施肥量/kg	N/kg	P_2O_5/kg	K_2O/kg	产量/kg	肥料成本/元
水稻/浙江,江苏	水稻均衡营养肥	40~50	7~10.5	2.7~3	9	550~870	120~150
	农民常规施肥	60~90	19~29	5~6	5	500~800	140~180
	相比较	-33%~44%	-63%	-46%~50%	44%	8%~10%	-14%~16%
玉米/河北,山东	玉米均衡营养肥	50~55	3.2~4	3~3.5	9~9.5	720	150~165
	农民常规施肥	60~70	19.8~20.5	6~6.5	6~6.5	600	180~200
	相比较	-12%~21%	-83.8%	-50%	50%	20%	-20%
马铃薯/内蒙古	土豆均衡营养肥	70~80	4.5~5	4~4.5	12~13	3500	240~300
	农民常规施肥	150~250	26~28.8	16.8~18	20.8~22	3500	350~500
	相比较	-53%~68%	-82%	-75%	-42%	0	-31%~40%
棉花/新疆	棉花均衡营养肥	55~60	3.7~4	2.6~3	8~9	290~350	230~250
	农民常规施肥	140~180	40~50	20~25	15~20	280~320	350~500
	相比较	-60%~66%	-90%~92%	-87%	-46%~55%	3%~9%	-34%~50%
小麦/江苏	小麦均衡营养肥	40~50	8~9	2~2.4	4.5~6	450	100~125
	农民常规施肥	50~70	16~19	6.3	6.3	450	150
	相比较	-20%~28%	-50%~52%	-62%~68%	-28%~0	0	-16%~33%
毛豆/浙江	毛豆配方肥	40	5	1.36	5.76	700	120
	农民常规施肥	60	20	6	6	600	160~180
	相比较	-33%	-75%	-77%	-4%	16%	-25%~33%
葡萄/浙江	葡萄配方肥	40~50	6~8	2.6~3.4	10.5~14	1500	500~600
	农民常规施肥	羊粪1000 化肥200	38~41	32~36	18-21	1500	1000~1500
	相比较	-75%~80%	-80%~84%	-91%	-33%~41%	0	-50%~60%
桃李杏/浙江	桃子均衡营养肥	30~40	3.5~5.2	1.2~2.2	3.6~6	1500	120~160
	农民常规用肥	鸡粪1t 复合肥25	13~19	11~18	13~15	1500	350~500
	相比较		-73%	-88%	-60%~72%	0	-65%

12.8 纳米、亚微米材料农用

12.8.1 纳米材料的特性

纳米是长度单位,1nm 是 10^{-9}m。"纳米科学"是研究至少在一维方向上其尺度在 1~100nm 的分子和组织结构的基本原理。它是一种不同凡响的小尺度,当物质不断分割至小于100nm，将产生一些与原大尺度截然不同的性质。这种在一维尺度上小于100nm的物质称为纳米材料。而粒子尺度在100nm～1μm，称为亚微米。粒径在1～5μm称为微米材料，小于1nm为原子团簇。

当微粒的尺寸进入纳米量级（1～100nm）时，其本身和由它构成的纳米固体具有如下四个方面的效应，也称为纳米效应。

（1）小尺寸效应　当纳米粒子的尺寸与光波的波长、传导电子的德布罗意波长以及超导态的相干长度或透射深度等物理尺寸相当或更小时，周期性的边界条件被破坏，声、光、电、磁、热力学特性等均会随着粒子尺寸的减小发生显著变化。这种因尺寸的减小而导致的变化称为小尺寸效应，也叫体积效应，它是其他效应的基础。这种特异效应的应用开拓了广阔的新领域，例如，随着纳米材料粒径的变小，其熔点不断降低，烧结温度也显著下降；利用等离子共振频移随晶粒尺寸变化的性质，可通过改变晶粒尺寸来控制吸收边的位移，从而制造出具有一定频宽的微波吸收纳米材料。

（2）表面效应　表面效应是指纳米粒子表面原子数与总原子数之比随粒径的变小而急剧增大后，所引起的性质上的变化，因表面原子处于"裸露"状态，周围缺少相邻的原子，有许多悬空键，易与其他原子结合而稳定，具有较高的化学活性。

（3）宏观量子隧道效应　微观粒子具有贯穿势垒的能力，称为隧道效应。电子既具有粒子性又具有波动性，因此存在隧道效应。近年来人们发现一些宏观物理量，例如颗粒的磁化强度，量子相干器件中的磁通量等亦显示隧道效应，故称之为宏观量子隧道效应。而量子尺寸效应，宏观量子隧道效应将会是未来微电子器件生产的理论基础。

（4）量子尺寸效应　纳米粒子尺寸下降到一定值时，费米能级附近的电子能级由连续能级变为分立能级的现象称为量子尺寸效应。量子尺寸效应产生最直接的影响就是纳米材料吸收光谱的边界蓝移。这一效应可使纳米粒子具有高的光学非线性、特异催化性和光催化性质等。

12.8.2　纳米材料的农业应用

2018年12月15日在澳大利亚召开的"营养管理与下一代肥料"研讨会上，加拿大的Maric. C教授作了《纳米技术与分子识别相结合朝向智能（smart）肥料》的报告，利用纳米金粒子与植物根系特定分泌物相结合，在小麦、油菜种植中能够大幅度增加氮的吸收量。

华龙肥料公司刘键博士、张志明研究员介绍：常规肥料添加千分之三的纳米碳，在节氮30%～50%的情况下与100%常规用肥（N 180kg/ha，P_2O_5 75kg/ha，K_2O 45kg/ha）相比，水稻产量（黑龙江、辽宁、吉林、湖南）平均增幅11.3%。

利用纳米碳与肥料相结合研制出了纳米增效肥料。通过蔬菜作物多点的田间试验，产生了明显的增产效果，与常规肥料相比，可使蔬菜增产20%～40%，在同等产量水平下可节肥30%～50%，有促进蔬菜提早成熟和提高某些营养成分的功能。

东北农业大学李淑敏等研究了纳米碳对大豆和玉米生长的影响。研究表明：不同尿素添加纳米碳后可增加大豆干物质积累量，提高苗期相对生长速率，使大豆产量显著增加；纳米碳的添加能提高玉米根系活力和根际土壤脲酶的活性，促进氮素的吸收。

12.8.2.1　纳米氢氧化镁

济源市万科阻燃材料有限公司是集纳米氢氧化镁［$Mg(OH)_2$］，纳米水合碱式碳酸镁

[$4MgCO_3 \cdot Mg(OH)_2 \cdot 4H_2O$] 和纳米氧化镁晶须（MgO）的研发、生产、销售三位一体的专业厂家，年产1万吨纳米氢氧化镁，产品符合HGT 3821—2006纳米氢氧化镁的标准。

（1）纳米氢氧化镁的制备。纳米氢氧化镁的制备方法主要有直接沉淀法、均匀沉淀法、金属镁水化法、均质流体法、液-固电弧放电、沉淀-共沸蒸馏法、全返混均质乳化法。

济源市万科阻燃材料有限公司采用目前国内制备成本较低的化学物理二步法生产工艺生产纳米氢氧化镁。制备工序如下。

① 酸溶，按下列反应式进行反应。

$$MgO + 6H_2O + H_2SO_4 = MgSO_4 \cdot 7H_2O \tag{12-1}$$

$$CaO + H_2SO_4 = CaSO_4 + H_2O \tag{12-2}$$

$$2Fe_2O_3 + 3H_2SO_4 = Fe_2(SO_4)_3 + 3H_2O \tag{12-3}$$

$$Al_2O_3 + 3H_2SO_4 = Al_2(SO_4)_3 + 3H_2O \tag{12-4}$$

将轻烧氧化镁粉按比例加入清水打浆，然后按计算好的硫酸使用量，在搅拌机开启的情况下徐徐加入硫酸，并开启抽气系统，排去酸雾，及时查看温度，严防溢槽。

② 除杂过滤。轻烧镁粉中含有一定量的杂质，常见的有氧化钙、三氧化二铁、三氧化二铝、二氧化硅等，酸溶时要加入各种氧化剂和沉淀剂，以除杂质。除杂过滤后的滤液泵入提纯槽进一步提纯净化，滤饼呈土黄色，无毒无害，为硫酸钙、二氧化硅等混合物，可做建材原料使用。

③ 提纯。利用酸溶反应热，在提纯槽中加入一定量的沉淀剂，沉出残存在溶液中的钙及微量的铁、铜、镉、铅、锌等金属离子。通过提纯过滤，进一步去除杂质，得到纯净透明的硫酸镁溶液。

④ 提取纳米级氢氧化镁。提纯后的硫酸镁溶液泵入氨沉反应釜后，用蒸汽加热到一定温度，在搅拌开启的情况下，将计量好的氨水加入氨沉反应釜中，并加入沉淀剂、助滤剂，经过沉化，得到乳白色氢氧化镁悬浮液。反应式为：

$$MgSO_4 + 2NH_3 + H_2O = (NH_4)_2SO_4 + Mg(OH)_2 \tag{12-5}$$

将沉化好的浆液经泵输送至压滤机进行固液分离，得到氢氧化镁滤饼和硫酸铵、镁溶液。滤饼经过充分反复洗涤，空气压滤后，由皮带机输送至干燥工段干燥，硫酸铵、镁溶液及部分浓洗水一同送至碳沉工段，进行水合碱式碳酸镁的生产。

⑤ 纳米氢氧化镁的干燥。氢氧化镁滤饼经螺旋给料机进入旋闪干燥机，与由热风炉加热的纯净热空气进行干燥。并在干燥主机叶片作用下进行初级粉碎，将块状或大颗粒滤饼打散成小颗粒，打散后的小颗粒产品表面水分迅速蒸发，在搅拌切割下，分散成粉状产品。在热空气的离心作用下，粉状产品经过分级器时，由于离心力的作用，未完全干燥或颗粒稍大的产品，产生的离心力相应较大，被分级环挡在外面，顺干燥机筒壁落入底部粉碎叶片下，重新干燥粉碎。干燥合格的产品，随热风气流进入旋风分离器，在离心力的作用下进行气、固分离，大部分纳米氢氧化镁产品被旋风分离器收集，进入包装工段。经过旋风分离器的废气夹带着少量超细粉料进入脉冲袋式收尘器，进行袋式收集，收集下来的氢氧化镁产品从袋滤器底部旋转放料阀排出，返回包装车间。

纳米氢氧化镁一经问世，便得到业界广大同仁的青睐，许多科研单位和镁产品生产厂家，纷纷进行了大量的投入仿制。但是，由于纳米氢氧化镁尺寸小、易团聚、不易洗涤过滤、工艺复杂、成本过高等生产技术问题，使纳米氢氧化镁大规模生产受到限制。

济源市万科阻燃材料有限公司使用我国专利技术，解决了上述生产技术难题，使纳米氢氧化镁大规模生产成为现实。该公司生产的纳米氢氧化镁，经河南科技大学、郑州大学等多家检测机构测定，纳米氢氧化镁的主要性能指标为：平均粒径<100nm；比表面积 51.67m^2/g；白度96%；堆积密度0.24g/cm^3，达到了HG/T 3821—2006《纳米氢氧化镁》的产品指标要求。

（2）纳米氢氧化镁肥料增效剂的制备方案　根据作物的不同需求，需设计不同的配方肥料。纳米氢氧化镁肥料增效剂的制备方案主要有3种。复配：在复合肥制造过程中时，每吨添加3‰~4‰纳米氢氧化镁，造粒成纳米增效复合肥。掺混：纳米增效剂与复合肥料采取逐级放大混合法，即3~4kg纳米氢氧化镁增效剂与50~100kg复合肥料一次混匀，然后再与950~900kg肥料混匀。包裹：①大田试验用（有包裹设备的厂家），取颗粒复肥投入3m直径包裹机中，在转动条件下，先喷入含尿素的水，水用量为肥料量的0.35%~0.4%，润湿均匀后，按每吨添加3‰~4‰纳米氢氧化镁的标准均匀地将其包裹于肥料表面，而后按试验田用量需要分装待用；②大田试验用（无设备完成包裹），取50kg颗粒复肥（以1亩地用量为基础），用喷雾器喷入肥料用量的0.35%~0.4%的水，润湿均匀后，添加3‰~4‰纳米氢氧化镁，均匀涂布于肥料表面后包装待用。

12.8.2.2　纳米氢氧化镁的作用机理

目前，所研究的纳米、亚微米材料，一部分是小分子团簇。例如：钙镁磷肥玻璃体被2%柠檬酸溶液溶解后，硅酸呈3~5个硅酸四面体（SiO_4）相连的短链，其长度约为1nm；美国BHN公司开发的微碳肥料增效剂是分子量在96~494，1~6个碳环的有机酸小分子，应用于农业生产能够节约氮肥30%及85%以上的磷钾。

纳米氢氧化镁作为肥料增效剂，能够减施化肥用量，它的作用机理尚未进行系统深入研究，推测是以下两点。

（1）纳米氢氧化镁表面能大，可吸附更多养分　由于纳米氢氧化镁的粒径很小，具有大量的表面自由能，使其具有较高的胶体稳定性和优异的吸附性能，增强了肥料的吸附性能，可减少土壤中肥料的挥发、淋溶等损失；另一方面，在植物的生长过程中，根系具有趋肥、趋水性，纳米肥料可充分吸附、结合在根系表面，促进了根毛区对养分的吸收。

（2）纳米氢氧化镁具有"分子识别"功能　高新技术解说系列丛书《纳米技术》，提到纳米材料具有"分子识别"功能，认为一个分子与另一个分子的吸引和结合能力被称作"分子特征识别"，分子识别是纳米技术的重要特征之一。

在土壤、养分、植物三者体系中，纳米氢氧化镁实际上充当了一个养分载体的角色。纳米氢氧化镁肥料增效剂表面还可以引入羟基、羧基、磺酸基、胺基等官能团，使此种肥料成为有生物活性的高分子纳米肥料微粒，被植物吸收后，在植物体内利用静电作用或氢键作用与糖类、蛋白质、核酸等生物大分子产生相互作用，促进糖酵解及蛋白质和核酸代谢，增加了植物ATP的能量水平及中间产物的生成，从而加快植物体内的呼吸代谢和有机物的转化、运输，利于植物的生长和发育。这种"分子识别"功能，也可视为纳米氢氧化镁的"靶向"作用。

镁是合成叶绿素的主要成分，纳米氢氧化镁的靶向作用，促进了叶绿体内淀粉粒的合成、运输，提高了叶片对碳水化合物的合成、转移，提高了植物进行光合作用的效率。

上述两方面作用可能加速了植物的新陈代谢，提高作物吸收养分的能力，增加作物产量。为了验证纳米氢氧化镁肥料增效剂能够减施化肥的效果，针对不同作物设计不同的技术实施方案，并对其进行农化应用效果验证。

12.8.2.3 纳米氢氧化镁的农用效果

纳米氢氧化镁产品用作农肥增效剂，生产工艺和质量稳定，可促进作物对营养元素的吸收，提高肥料的利用率。多地、多点田间试验表明，化肥中添加 3‰~4‰的纳米氢氧化镁，可使大田作物水稻、小麦在减肥 20%~30%的情况下，农作物产量保持不变或略有增产。

肥料中添加 3‰~4‰的纳米氢氧化镁，用于白菜、西红柿等蔬菜种植上，能显著增加蔬菜的叶绿素含量，产量和品质都显著提高；尤其是用于白菜种植的试验表明，硝酸盐含量可降低 20%左右。

2016 年 7 月 15 日，"纳米氢氧化镁的节肥应用技术"获得河南省科技厅成果鉴定证书。到会专家一致认为，"纳米氢氧化镁的节肥应用技术"具有明显的经济效益和社会效益，符合我国目前化肥领域"减肥、提质、增效"的政策和国际肥料的发展趋势，处于国内领先水平，建议尽快争取国家重大项目的支持并积极推广应用。

跨界融合农用低温等离子体、缓/控释肥料及小分子碳、植物生物刺激素、气灌系统、农用微生物、农用纳米、亚微米材料、基于分子生物学的精准供应最低量全面营养等各项技术。优化肥料品种结构，使无机肥料、有机肥料、生物肥料、物理措施相辅相成，推动我国化肥产业高质量发展；在化肥施用上，推进精准施肥、调整化肥使用结构和改进施肥方式，引导生产方式向更加节水、节肥、节药、优质、安全、生态、高效的可持续方向转变。有望至 2030 年中国化肥施用量比 2015 年减少近一半。

2015 年中国化肥产量（折纯 N、P_2O_5、K_2O）7123 万吨，化肥产量 81%用于农业，化肥施用量 5770 万吨。若 2030 年化肥施用量减少至 3000 万吨；则 2030 年中国化肥折纯产量为 4350 万吨（3000 万吨用于农业，1350 万吨用于工业），将比 2015 年减少 2773 万吨。

这意味着通过构建我国肥料领域创新体系，开展肥料领域颠覆性创新，跨界融合各项技术，可使中国化肥折纯产量至 2030 年比 2015 年减少 2773 万吨；2105 年中国化肥养分平均含量约为 42%，则 2015 年中国化肥实物产量从 2015 年 1.7 亿吨减至 2030 年约 1 亿吨，平均每年减少化肥实物产量约 470 万吨，按每吨生产成本 1500 元计，每年化肥生产厂平均节省生产费用 70 亿元；化肥施用量从 2015 年 1.37 亿吨减至 2030 年约 7100 万吨，平均每年减少化肥实物施用量约 440 万吨，按每吨化肥实物施用田头成本 3000 元计，平均每年节省农民施肥费用 132 亿元；每年减少化肥实物施用量约 440 万吨，每吨化肥的环境修复成本以 300 元计，每年减少因施肥造成的环境修复费用 13.2 亿元。以上估算表明，至 2030 年将我国化肥施用量减少约一半，15 年间平均每年将为国家、肥料企业、农民减少开支高达 215 亿元。

对于中国肥料企业化肥实物产量从 2015 年 1.7 亿吨减至 2030 年约 1 亿吨。2015 年肥料制造业利润 334 亿（氮肥盈利 31 亿，磷肥盈利 24 亿，钾肥盈利 40 亿，复合肥盈利 247 亿），每吨肥料毛利润不到 200 元；若 2030 年中国化肥实物产量约 1 亿吨，通过加强农化服务，使每吨肥料毛利润 500 元，肥料制造业利润可达 500 亿元。即 2030 年中国化肥实物产量减少 7000 万吨，而肥料制造业的利润 2030 年将比 2015 年增加 166 亿元。使肥料企业成为有利可图、可良性发展的支农产业，肥料施用量减少可等幅度减少农药用量，为建设我国美好生态环境做出贡献。

参考文献

[1] 王唯工. 气血的旋律[M]. 台北：台湾大块文化出版股份有限公司，2016.

[2] 张卫峰，易俊杰，张福锁，等. 中国肥料发展研究报告2016[M]. 北京：中国农业大学出版社，2017.

[3] 张卫峰，张福锁. 中国肥料发展研究报告2012[M]. 北京：中国农业大学出版社，2013.

[4] 李瑞波，吴少全. 生物腐殖酸与有机碳肥[M]. 北京：化学工业出版社，2014.

[5] 刘键，张阳德，张志明. 纳米生物技术促进蔬菜作物增产应用研究[J]. 湖北农业科学，2009，48(1)：123-127.

[6] 刘键，马筠，张志明，等. 肥料添加纳米碳在水稻上的施用效果[J]. 磷肥与复肥，2011，26(6)：76-77.

[7] 朱昌雄，李瑞波. 液态有机碳肥概述[J]. 磷肥与复肥，2013，28(4)：16-18.

[8] 李淑敏，韩晓光，张爱媛，等. 不同尿素添加纳米碳增效剂对大豆干物质积累和产量的影响[J]. 东北农业大学学报，2015，46(4)：10-16.

[9] 马辰，李淑敏. 纳米碳对玉米养分利用及产量的影响[D]. 东北农业大学，2014.

[10] 侯翠红，张保林，刘祖锋，等. 一种亚微米有机碳肥及其生产方法. 中国：201510466998.9[P]. 2018-03-16.

[11] 赵秉强，等. 新型肥料[M]. 北京：科学出版社，2013.

[12] 张爱民，李乃康，赵钢勇，等. 土壤中解磷、解钾微生物研究进展. 河北大学学报（自然科学版）[J]，2015，35(4)：442-448.

[13] 伊丽莎白·潘尼斯. 人体内勤劳的微生物获得迟到的尊重[J]. 化学通讯，2015，(6)：72.

[14] D'Souza M V. Biofertilizers in crop production[J]. International Fertilizer，2018，(485)：13-17.

[15] Richard C. Enlisting bacteria and fungi from the soil to support crop plantsis a promising alternative to the heavy use of fertilizer and pesticides[J]. Scientific American，2017，(9)：66-69.

[16] Paula G F，Esther M，Raúl R，et al. Role of bacterial biofertilizers in agriculture and forestry. AIMS Bioengineering，2015，2(3)：183-205.

[17] Schütz L，Gattinger A，Meier M，et al. Improving crop yield and nutrient use efficiency via hiofertilization-A Global Meta analysis[J]. Frontiers in Plant Science，2018，(8)：2204.

附 录

附表 1 不同数据来源的中国与世界磷肥消费量年际变化

区域	全球		中国			
数据来源	FAO	IFA	FAO	IFA	国家统计局	中国肥料发展研究报告
1961		1103.7	14.8	12.2		14.8
1962		1179.9	15.6	12.6		15.6
1963		1298.5	24.3	18.9		24.3
1964		1461.9	39.2	33.2		39.2
1965		1602.1	72.5	68.8		72.5
1966		1752.8	98.9	94.6		98.9
1967		1824.5	66.3	62.2		66.3
1968		1890.7	46.7	42.2		46.7
1969		1961.3	76.8	72.3		76.8
1970		2120.2	94.9	90.7		94.9
1971		2237.6	112.4	107.8		112.4
1972		2416.7	131.6	127.9		131.6
1973		2572.3	175.8	187.5		175.8
1974		2420.5	147.5	166.2		147.5
1975		2568.6	160.6	175.5		160.6
1976		2796.6	149.1	163.4		149.1
1977		2913.5	187.3	201.7		187.3
1978		3052.0	134.7	131.0	196.6	134.7
1979		3207.8	204.9	223.3	241.6	204.9
1980		3191.2	274.4	295.2	282.4	274.4
1981		3146.2	293.1	325.8	296.9	326.0
1982		3120.7	347.9	342.4	336.6	342.0
1983		3323.2	405.4	399.6	380.1	400.0
1984		3448.6	407.5	401.1	370.8	401.0

续表

区域	全球		中国			
数据来源	FAO	IFA	FAO	IFA	国家统计局	中国肥料发展研究报告
1985		3352.1	300.4	294.6	370.8	300.0
1986		3490.3	302.6	295.6	420.1	298.0
1987		3632.9	448.9	442.4	441.5	446.0
1988		3758.0	516.2	509.5	462.5	510.0
1989		3755.8	527.2	519.3	512.5	519.0
1990		3592.0	585.3	577.0	576.3	577.0
1991		3515.8	728.4	719.8	634.8	720.0
1992		3120.1	692.1	684.5	669.8	685.0
1993		2895.2	554.5	547.1	751.6	563.0
1994		2955.8	732.9	725.5	800.9	726.0
1995		3096.9	891.2	883.8	856.0	884.0
1996		3110.5	811.8	804.3	903.3	804.0
1997		3330.1	927.7	920.0	955.1	920.0
1998		3322.1	945.7	937.3	956.5	937.0
1999		3328.7	890.7	882.3	991.1	882.0
2000		3281.2	861.0	866.4	996.4	866.0
2001		3334.4	888.7	892.6	1033.6	893.0
2002	3111.6	3373.4	988.0	990.6	1059.0	991.0
2003	3333.0	3492.2	964.2	982.7	1083.8	988.0
2004	3461.9	3747.5	1240.3	1065.7	1137.3	1066.0
2005	3452.2	3725.5	1299.6	1140.7	1178.2	1141.0
2006	3520.5	3879.2	1320.1	1195.8	1231.5	1193.0
2007	3671.6	3853.4	1120.0	1157.0	1274.0	1161.0
2008	3231.6	3391.8	1078.8	1050.0	1316.3	1050.0
2009	3275.9	3747.7	1299.4	1100.0	1363.9	1100.0
2010	3701.4	4056.9	1540.5	1210.0	1405.1	1197.0
2011	3875.0	4154.6	1355.8	1230.0	1450.9	1155.0
2012	3961.7	4139.6	1658.9	1240.0	1491.9	1167.0
2013	3818.2	4123.6			1516.4	
2014						
2015						

单位：万吨 P_2O_5。

附表 2　单位籽粒需氮量指标

作物	不同产量水平组号	产量/(t/hm²) 最小	产量/(t/hm²) 最大	单位籽粒地上部吸氮量/(kg/t)	数据来源
冬小麦	1		4.5	27.1	岳善超.小麦玉米高产体系的氮肥优化管理.博士论文,2013.
	2	4.5	6.0	25.0	
	3	6.0	7.5	24.5	
	4	7.5	9.0	23.8	
	5	7.0	10.5	22.7	
	6	10.5		22.5	
春玉米	1		7.5	19.8	Hou P, Gao Q, Xie R, et al. Grain yields in relation to N requirement; Optimizing nitrogen management for spring maize grown in China, Field Crop Research,2012:129,1-6
	2	7.5	9.0	18.1	
	3	9.0	10.5	17.4	
	4	10.5	12.5	17.1	
水稻	1		7.0	18.6	张毅.长江流域水稻资源型功能肥料的设计与验证.博士论文,2013.
	2	7.0	9.0	18.8	
	3	9.0	10.5	17.9	
	4	10.5		17.4	
夏玉米	1		6.0	20.0	岳善超.小麦玉米高产体系的氮肥优化管理.博士论文,2013.
	2	6.0	7.5	17.2	
	3	7.5	9.0	17.7	
	4	9.0	10.5	17.7	
	5	10.5	12.0	15.6	
	6	12.0		15.5	

附表 3　单位产量磷和钾吸收量

作物	单位产量吸磷量/(kgP/t)	单位产量吸钾量/(kgK/t)
小麦	3	20
玉米	2	16
水稻	4	22

数据来源：高利伟等，中国作物秸秆养分资源数量估算及其利用状况，农业工程学报，2009.